매직 컨베이어 벨트

THE MAGIC CONVEYOR BELT: Supply Chains, A.I., and the Future of Work

매직 컨베이어 벨트

지속가능한 공급망, 인공지능과 일의 미래

MIT 교수 **요시 셰피** 지음

김효석, 이승배, 류종기 옮김

THE

MAGIC

CONVEYOR

BELT

일러두기

1. 본문의 각주는 독자의 이해를 돕기 위해 옮긴이가 추가한 것으로 별도의 역주 표시를 하지 않았다.
2. 본문에 나오는 외래어는 국립국어원의 외래어 표기법을 따랐다. 그러나 인명, 지명, 회사명 등은 정식 한국어 명칭을 따르고 실무에서 널리 통용되어 굳어진 표기는 예외적으로 그대로 사용하였다.
3. 단행본, 잡지, 신문 등은 《 》로, 매체, 논문 등은 〈 〉로 표기했다.
4. 원문의 단위는 문맥에 따라 대략적인 국제표준si 단위로 변경했으나, 부피와 무게 단위는 국내에서 널리 사용되는 리터, 그램 등을 적절히 사용하였다. 또한 변경한 단위가 지나치게 큰 숫자인 경우 원문의 단위를 그대로 사용했다.

2020년대 초 코로나19 팬데믹으로 인한 사회·경제적 혼란은 현대 글로벌 경제에서 전 세계를 아우르는 공급망의 중요한 역할과 미래 경제에서 AI와 자동화를 포함한 디지털 기술의 역할이 커지고 있음을 조명했다. 이 책은 공급망의 정의와 운영 방식, 첨단 기술과 사람 및 프로세스의 통합이 향후 공급망 관리의 가장 큰 특징이 될 것임을 4개의 파트로 나누어 설명한다. 먼저 글로벌 공급망과 이를 복잡하게 만드는 특성을 이해하기 위한 토대를 마련하는 것으로 시작한다. 그런 다음 미래의 글로벌 공급망에 대한 비즈니스 환경의 여러 트렌드가 시사하는 바를 추적하고, 자동화, 로보틱스, 인공지능의 역할과 기능이 근로자의 일자리를 변화시키고 보강할 수 있는지를 살펴본다. 마지막으로 기술이 접목된 일자리의 성격 변화 가능성, 그리고 일의 미래 관점에서 근로자들이 앞으로의 직업 환경에 대비하기 위한 교육과 훈련 필요성을 강조하면서 마무리한다.

공급망

공급망supply chains의 핵심적이면서 기본적인 목적은 지구상 80억 인류가 필요로 하는 식품, 의약품, 에너지, 의류 및 기타 생필품을 공급하는, 즉 인류의 필요와 욕구를 충족시키는 것이다. 제1부 "일련의 움직임"에서는 공급망의 숨겨진 본질적 구조를 파헤쳐 거대한 네트워크를 관리하는 데 따르는 어려움을 독자들에게 알기 쉽게 설명하고 있다. 첫째, 대부분의 소비재는 겉보기에 단순해 보이는 제품이라도 만드는 데 무수히 많은 부품이나 재료(각각 다른 공급업체에서 제공)가 필요하다. 둘째, 이러한 각 부품과 재료는 일반적으로 금속 광석이나 농산물과 같은 원자재 공급업체부터 시작하여 일련의 중간 제품(및 중간 회사)을 거쳐 만들어진다. 때문에 부품 하나만 누락되어도 제품을 생산하지 못할 수 있다.* 글로벌 공급망의 미로 같은 복잡한 지리적 구성은 한쪽에서는 특정 원자재, 전문 지식, 자본을 제공할 수 있는 제한된 지역과 다른 한쪽에서는 완제품이나 일자리를 필요로 하는 광범위하게 분산된 소비자층을 연결한 결과이다. 이 모든 공급망 요소를 연결하는 것은 상품을 효율적이고 안정적으로 신속하게 보관·이동시키며 서비스하는 복잡한 서비스 및 운송 네트워크이다.

공급망에 영향을 미치는 트렌드

그 결과 공급망은 실제로, 제품 배송에 관련된 모든 기업의 생태계가 겹치는 복잡한 구조가 되었다. 제2부 "복잡성과 도전 과제"에서는 지난 50년 동안 기업 비즈니스의 근간이 되어 온 공급망이 어떻게 더 복잡해졌는지 살펴본다. 이 부분에서는 재화에 대한 수요 증가와 빠르고 완

---

* 요시 셰피, 《뉴 애브노멀: 팬데믹의 그림자, 서플라이 쇼크를 대비하라》(드루, 2021) 참조

벽한 배송 서비스에 대한 소비자의 기대 증가를 다룬다. 특히 효율성과 고객 서비스 외에도 공급망에 대한 추가적인 요구 사항에 대해 설명한다. 공급망을 운영하는 기업은 탄소 배출을 최소화하고, 사회 정의를 증진시키며 회복탄력성resilience 강화를 요구받고 있다. 또한 기업은 수요 변동성의 증가, 전 세계적으로 치열한 경쟁, 정부의 규제 강화와 지정학적 제약이 운영을 방해하는 상황에서 이러한 모든 기대치를 충족시켜야 한다.

이러한 상황에서 소비자는 택배가 제시간에 도착하지 않거나 소매점의 일부 진열대가 비어 있다고 해서 화를 내서는 안 된다. 공급망과 관련된 모든 것을 이해하고 나면, 이 모든 것이 실제로 작동한다는 것, 보통은 문제없이 작동한다는 것이 기적처럼 느껴질 것이다.

기술의 역할과 협업의 중요성

제3부 "인간, 중요한 연결 고리"는 제조 및 공급망에서의 기술이 차지하는 역할, 특히 생산과 공급망 활동을 자동화하는 기계(그리고 현재 컴퓨터)의 수세기에 걸친 행진에 주목한다. 많은 전문가와 근로자들은 자동화, 특히 AI와 로봇공학을 사람의 생계를 위협하는 존재로 보고 있지만, 진실은 좀 더 미묘한 차이가 있으며 잠재적으로는 근로자에게 더 유리한 측면이 있다. 이 책은 공급망의 사회적 특성과 사람의 강점이 기계를 자연스럽게 보완하는 방식으로 인해 왜 사람이 공급망에서 계속 없어서는 안 될 존재인지 그 이유를 보여준다. 기계와의 경쟁이 아닌 기계와의 협업은 고도의 자동화 세계에서 비즈니스의 성공과 고용 증대를 위한 전략을 제공한다.

인공지능과 일의 미래

마지막 파트인 제4부 "인공지능과 일의 미래 전망"에서는 복잡성, 변동성, 자동화로 가득 찬 미래에서 사람들이 성공할 수 있는 방법을 설명하며 미래를 향한 이 책의 여정을 마무리한다. 재무적으로 안정적인 기업은 구매력 있는 소비자에 의존하는데, 이것은 고용과 고용 가능한 기술을 필요로 한다. 인구 통계 추세는 미래의 인력 공급과 제품 및 서비스에 대한 소비자 수요의 패턴을 결정할 것이다.

새로운 디지털 도구는 사람들이 기술을 생산적으로 활용하고 자신의 직업과 경제에 더 많은 가치를 창출할 수 있도록 도와줄 것이다. 그러나 새롭고 더 나은 기계가 등장하고 기업이 이를 도입하고 근로자가 이에 적응함에 따라 사람과 기계 간의 업무 배분은 역동적으로 변화할 것이다. 블루칼라(생산직)와 화이트칼라(사무직) 모두에서 고용되고 성공하기 위해 근로자는 새로운 기술을 활용하는 업무 능력skills을 필요로 하게 될 것이다.

새로운 기술의 대부분은 기술적 노하우가 필요하지만, 아이러니하게도 기술이 가득한 경제에서 미래 고용의 열쇠가 될 수 있는 것은 사회성 기술social skills 이다.

마지막으로 디지털 기술은 근로자, 관리자, 경영진이 끊임없이 변화하는 미래 경제에 대처하는 데 필요한 새롭고 변화하는 업무 능력을 저비용으로 교육, 습득할 수 있게 해줄 것이다.

매직 컨베이어 벨트

결론

이 책은 전반적으로 비즈니스의 근간인 글로벌 공급망을 운영하기가 왜 점점 더 어려워지고 있는지를 화두로 내세우면서 인공지능 등 최신 기술의 역할과 일의 미래 그리고 노동의 미래를 논한다. 다행스럽게도 미래 기업의 관리자는 적절한 교육을 받은 직원과 디지털 기술을 함께 활용하여 점점 더 복잡해지는 공급망 문제를 성공적으로 관리할 수 있다는 것이 이 책의 결론이다. 사람과 기업은 디지털 기술을 사용하여 자신과 공급망을 보다 효율적이고 효과적으로 만들어 확장되고 변화하는 지구촌의 요구 사항을 해결할 수 있다.

감사의 말

이 책을 쓰게 된 동기는 여러 가지가 있다. 먼저, 이 책은 2023년 MIT 트랜스포테이션&로지스틱스 연구센터 MIT Center for Transportation & Logistics, MIT CTL 창립 50주년 기념행사의 일환으로 출간할 계획이었다. 또한 팬데믹 이후 점점 더 많은 사람들이 공급망 관리에 관심을 갖고 이를 더 깊이 이해하기를 원한다는 점도 분명해졌다. 동시에 기술, 특히 모든 형태의 로봇과 AI의 성장은 고용 불안의 새로운 라운드에 불을 붙였다. 이 책은 이 모든 질문들과 그 이상에 대한 답을 시도한다. 늦게 시작한 데다 2023년이라는 출간 목표로 시간이 촉박했기 때문에 MIT CTL에서는 자체적으로 출판하기로 결정했다. 그러다 보니 많은 도움이 필요했다.

무엇보다도 워킹 놀리지®의 안드레아 메이어와 다나 메이어에게 감사한다. 이들은 정보 조사와 구성, 초안 작성과 편집을 담당했으며, 가장 중요한 연구 범위에 대한 아이디어와 접근 방식에 대한 엄격한 피드백을 제공해주었다. 심지어 20쪽 분량의 원고를 최종 검토하기도 했다.

그리고 MIT CTL의 많은 동료들이 직접 연구한 아이디어를 제공해주었다. 크리스 카플리스, 데이비드 코렐, 조셉 코플린, 리사 담브로시오, 엘레나 듀건지, 재로드 고엔첼, 밀레나 잔제빅, 크리스 메이아 아구에타, 에바 폰스, 마리아 지저스 사엔즈, 조슈아 발라케즈 마르티네즈 및 마티아스 윈켄백에게 감사드린다. 이들의 소중한 제안과 공헌이 이 책에 포함되어 있다.

MIT CTL 마케팅 팀은 다방면으로 도움을 주었다. 편집자 토비 굴리와 함께 일하게 되어 기뻤다. 댄 맥쿨은 켄 코트릴과 마찬가지로 원고를 편집하고 글의 흐름을 잡고 유지하는 것을 도와주었다. 댄은 본문 디자인과 조판을 넘어 제작까지 맡아주었는데, 그 덕분에 최종 결과물이 좋았다고 생각한다. 책을 교정해준 자넷 파킨슨과 표지 디자인과 삽화를 만들어준 스테판 소서 그리고 이 책을 널리 알리고 홍보하는 데 도움을 준 벤지 캔터, 캐서린 넌지아타, 에밀리 파간, 크리스 프론티에로에게도 감사를 전한다.

그리고 이 책을 위해 아낌없이 시간을 내준 여러 기업 경영진과의 인터뷰도 큰 도움이 되었다.

데이비드 게슬러, 플렉스 부사장, 조달/상품 관리 및 글로벌 공급업체 품질/GPSC 컴플라이언스 담당 이사

램지 키, 웨이페어 비즈니스 예측 및 기획 기술 담당 디렉터

린 토렐, 플렉스 구매 및 공급망 담당 책임 임원

메리 스티븐스, 존슨앤존슨 글로벌 소비자 건강 공급망 담당 부사장

빈디야 바킬, 레질링크 CEO

빌 헐스, 제너럴 모터스 글로벌 공급망 담당 임원(은퇴)

폴 그라나딜로, 모더나 공급망 담당 수석 부사장

헤더 옴 로드리게스, 드퓨 신테스(존슨앤존슨 계열사) 글로벌 공급망
　　담당 임원

마지막으로 이 책을 집필하는 7개월의 힘든 시간 동안 나를 물심양면으로 도와준 결혼 54년차 아내 아낫Anat에게 다시 한번 진심으로 깊은 감사를 전하고 싶다.

혹시라도 이 책이 출간되기까지 도와준 사람 중 내가 소개하지 못한 분이 있다면 용서를 구한다. 그리고 당연히 이 책의 모든 오류, 잘못된 인용이나 실수는 전적으로 저자인 나의 책임이다.

2023년 3월
요시 셰피

차례

1부

일련의 움직임

PART 1

THE GLOBAL DANCE

자동차에는 평균적으로 약 3만 개의 부품이 사용되며, 이 부품들은 모두 제시간에 맞춰 공장에 입고되어야 한다. 한 가지라도 빠지면 자동차를 만들 수 없다. 공급망은 중국이나 카자흐스탄의 광산에서 진열대나 아마존 창고에 있는 완제품에 이르기까지 일련의 프로세스를 말한다. 포드와 같은 회사에는 약 2천 개의 직접 공급업체가 있으며, 각 공급업체는 수백 개의 하위 공급업체를 보유하고 있기 때문에 공급망은 매우 빠르게 늘어난다. 소비자들이 3차, 4차, 5차 공급망에서 어떤 일이 벌어지고 있는지 모르는 것은 놀라운 일이 아니다. 소비자들이 모르고 있던 사실은 오히려 공급 중단이 발생하여 슈퍼마켓 진열대에 상품이 부족할 때 놀라움을 자아낸다.

소비자가 모르는 공급의 진실

Connecting a Cornucopia to Consumers

신차 시승을 위해 대리점을 방문한 소비자는 내비게이션, 헤드업 디스플레이, 차선 이탈 방지, 차량 주변의 보행자 등 위험을 경고하는 각종 첨단 운전보조 시스템과 같이 신차에 탑재된 마법 같은 기능에 감탄한다. 또한 디지털 방식으로 제어되는 승차감, 빠른 가속력, 다양한 실내 온도 조절 설정이나 시트 조절 기능을 체험할 수 있다. 하지만 자동차에 들어가는 모든 부품을 만드는 데 얼마나 많은 사람과 기업이 기여하는지를 아는 소비자는 거의 없다. 일반적으로 자동차 한 대에는 전 세계에서 생산된 약 3만여 개의 부품이 사용되며, 그중 상당수는 여러 국가와 대륙을 넘나들며 제작된다. 그러나 부품의 수는 자동차 제작의 어려움 중 빙산의 일각에 불과하다. 3만 개의 부품 각각은 고도로 설계되고 특정 재료로 구성되며, 세심하게 제조된 다음, 이를 기다리는 수천 개의 공급업체에 전달되어야 하고, 공급업체는 이러한 부품을 조립하여 완성된 하위 조립품을 자동차 공장으로 보낸다. 이 모든 하위 부분이 조립되어야 비로소 정교하면서도 합리적인 가격의 자동차가 만들어지는 것이다.

일상의 기적
The Daily Miracle

복잡함의 규모를 이해하기 위해 독일의 볼프스부르크Wolfsburg를 생각해보자. 베를린에서 A2 고속도로를 따라 북쪽으로 222km가량 떨어진 볼프스부르크는 1938년 폭스바겐의 근로자들을 수용하기 위해 설립되었다. 이 도시는 토요타Toyota와 함께 전 세계 2대 자동차 제조업체 중 하나의 본사가 될 정도로 성장했고, 그 과정에서 면적 기준으로 세계에서 가장 큰 제조 공장의 소재지가 되기도 했다.[1] 2019년 기준 볼프스부르크 공장에는 6만 5천 명의 직원과 5천 대의 로봇이 근무하며 폭스바겐VW 골프, 티구안, 투란, 세아트 타라코 SUV 모델을 포함해 하루 3,500대의 자동차를 생산하고 있다.[2]

이 공장에 대한 많은 통계가 눈길을 끈다. 매일 750대의 운송 트럭과 100대의 레일카(화물열차 차량)가 여러 조립 라인에 공급하기 위해 부품을 하위 조립부품 형태로 배송한다. 그리고 매일 180대의 이층 레일카와 약 185대의 트랙터 트레일러가 50개국으로 향하는 완성차를 싣고 공장을 떠난다.[3] 볼프스부르크는 2019년 약 1,100만 대의 자동차를 생산한,

전 세계 70개 폭스바겐 자동차 제조 공장 중 하나에 불과하다는 사실도 매우 인상적이다.

볼프스부르크에서 서쪽으로 7,200km가량 떨어진 곳에는 자동차 제조에 특화된 또 다른 도시가 있다. 바로 미국 미시간주에 있는 디트로이트이다. 이곳에서 제너럴 모터스General Motors, GM 본사 경영진들은 미국 내 33개의 제조 공장과 19개의 부품 유통센터를 오가는 엄청난 자재와 제품의 흐름을 조율한다. 이 외에도 전 세계 29개국에 55개의 제조 공장이 있다. GM은 글로벌한 자재 취급과 분주한 조립 라인의 일련의 움직임global dance으로 자동차를 완성해내는 이 과정을 '일상의 기적the daily miracle'이라고 표현한다.

자동차나 노트북과 같은 복잡한 제품의 모든 하위 부품들을 관리하는 첫 번째 단계는 모든 부품을 나열하는 것이다. 제조 용어로, 모든 부품의 목록과 제품을 하나하나의 단위로 만드는 데 필요한 수량을 자재명세서Bill of Materials, BOM 라고 부른다.

이해를 돕기 위해, 장난감 자동차를 제조하는 경우를 예로 들어보자. **그림 1**은 부품 번호로 표시된 BOM과 조립 공정의 조립 단계를 보여준다.

차축 세트의 제작과 완성차에 포함되는 과정을 설명하는 그림의 중간 부분에 표시된 프로세스를 살펴보자. 먼저 차축axle용 핀 2개(부품 #2)가 절단되고(공정 3에서) 드럼 4개(부품 #3)가 드릴링되어(공정 4) 차축 세트(부품 #6)에 용접된다(공정 5). 금속 페인트(부품 #7)를 차축 세트에 도포(공정 6)한 다음, 4개의 타이어(도면 왼쪽의 공정 1과 2에서 조립)와 함께 조립(공정 7)하여 휠 세트(부품 #8)를 생산한다. 그런 다음 이 부품을 (공정 12에서) 차체(공

그림 1　장난감 자동차의 부품과 공정

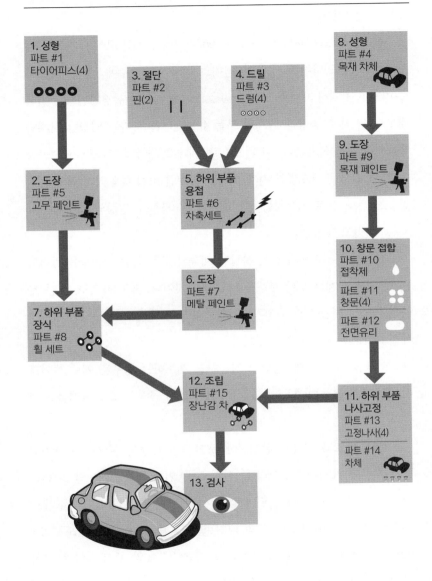

정 11에서 만들어진 부품 #14)에 결합하여 장난감 자동차(부품 #15)를 생산한다.

이 예에서 알 수 있듯이 장난감 자동차의 경우에도 BOM은 간단하지 않다. 실제 자동차의 BOM은 아래에서 설명하는 것처럼 어지러울 정도로 복잡하다.

(그다지) 단순(하지 않은) 제품
(Not So) Simple Products

대부분의 독자는 자동차 공급망이나 백만 개가 넘는 부품이 사용되는 보잉 항공기 복잡성과 규모에 크게 놀라지 않겠지만, 단순해 보이는 제품이라도 정교하고 복잡한 공급망이 필요하다. 예를 들어, 글로벌 소비재 제조업체 P&G Procter & Gamble 가 만든 팸퍼스 기저귀는 50개 이상의 '부품(!)'으로 구성된다. 여기에는 기저귀의 각 부분마다 다른 재질이 포함되어 있는데, 신축성 소재뿐만 아니라 직조 및 부직포 소재로 제작된 것으로, 기저귀의 각 부분별로 상이한 소재를 포함하고, 안감(탑시트), 흡수층, 커버(백시트) 및 코어를 포함한다. 이외에도 기저귀의 부품에는 다양한 후크, 매직벨트, 테이프, 접착제 등이 있다. 미국 시장용 기저귀는 대부분 미국에서 만들어지지만, 부품과 소재의 대부분은 다른 나라에서 만들어져 장거리 운송으로 이동한다.

코로나19 팬데믹은 공급망 복잡성의 근본적인 원인 중 하나인, BOM의 전 세계 종속성을 많이 밝혀냈다. 페인트와 코팅이 좋은 사례이다. 네덜란드의 가정용 페인트 제조업체 악조노벨 AkzoNobel 의 대변인은 "페인트를 만들려면 50~60가지의 재료가 필요하다"[4]라고 말했다. 이렇게 많은 재료가 필요하기 때문에 팬데믹 기간 동안 공급 위험이 발생했다. 악조노벨의 글로벌 색상 소싱 디렉터인 이그나시오 팔라Ignacio Pala는 "전체 페인트와 코팅 산업과 함께 2021년에 원자재 부족에 직면했다"라고 덧붙였다.[5] 놀랍게도 2020년 말부터 시작된 파란색 페인트 부족 현상은 가정용 페인트와 산업용 코팅에서 선호하는 밝은 파란색을 만드는데 필요한 흰색 안료인 이산화티타늄TiO_2이 부족했기 때문이라고 악조노벨은 밝혔다. 또한 합성 울트라마린 블루를 생산하는 프랑스 공장 두 곳 중한 곳에서 생산이 중단되면서 다른 공장에서도 안료의 수출을 제한했다.

2021년 2월 겨울, 폭풍으로 미국 텍사스주 전력망이 마비되면서 석유화학 공장 단지의 가동이 중단되어 페인트에 필요한 수지가 부족해지면서 페인트 부족 현상은 더욱 악화되었다. 팬데믹으로 인한 건강 열풍으로 아마씨flax seeds에 대한 수요가 증가하자 다른 페인트에 필요한 아마인유(아마씨에서 추출한)도 부족해졌다. 인도 정부가 코로나19 환자를 치료하는 병원에 산업용 산소를 공급하도록 지시하면서 다른 색상도 영향을 받았다. 이로 인해 합성을 위해 순수한 산소가 필요한 자홍색 및 노란색 안료까지 부족해졌다.

BOM의 규모가 크든 작든 생산 계획 담당자는 자재 소요량 계획Material Requirements Planning, MRP이라는 프로세스를 사용하여 원하는 수의 제품을 만들기 위해 적절한 부품과 자재를 적시에 적절한 수량으로 확보한다. 이를 위해서는 제품에 대한 수요, BOM의 필수 부품 목록 및 수량, 가용 부품 재고, 부품을 제공하는 공급업체의 리드타임 등의 데이터를 사용한다. MRP는 부품을 주문해야 하는 시기를 결정하여 제조 공정에 적합한 시기에 부품을 사용할 수 있도록 한다.

매직 컨베이어 벨트

하위 부품의 필요성
Some Subassemblies Required

자동차와 같이 복잡한 제품의 수많은 부품을 관리하기 위해 자동차 회사는 모든 부품을 직접 취급하지 않는다. 대신 포드 같은 대형 자동차 회사는 실제로 약 1,800개의 부품만 직접 관리하고 조달한다. 이 숫자에 포함된 대부분의 부품은 사실 공급업체가 만든 하위 부품(서브어셈블리)이다. 엔진, 트랜스미션(변속기), 대시보드, 배기 시스템 등 각 하위 부품은 그 자체로도 복잡한 제품이다. 이러한 각 부품은 여러 투입물과 부품을 포함하는 자체적인 광범위한 공급망에 의존하며, 자동차의 총 부품 수는 30,000개에 달한다.[6]

차량에서 비교적 단순한 단일 중간 부품인 차량 배기 장치를 예로 들어보자. 배기 장치는 GM의 자동차용 BOM에는 하나의 부품으로 기재되어 있지만, 배기 장치를 만드는 제조업체에서는 자체 BOM이 있는 부품이다. 이는 방향을 자유자재로 전환할 수 있는 여러 개의 플렉시블 파이프, 촉매 변환기, 산소 센서, 다양한 절연체, 개스킷 및 클램프, 공진기 어셈블리, 파이프 부속품 및 머플러 어셈블리를 포함한 수십 개의 부품(그림 2 참조)으로 구성된다.

이제 배기 장치의 BOM에서 단일 부품인 촉매 변환기를 살펴보자. 이 부품은 멕시코 공장에서 조립할 수도 있지만 전 세계 다른 곳에서 제조된 하위 부품도 포함된다. 그 부품 중 하나는 독일에서 제조되어 변환기의 내부 부품을 감싸는 특수 금속 쉘이다. 변환기의 주요 내부 부품은 일본에서 제조된 귀금속 촉매로 코팅된 세라믹 허니콤 기판으로, 노스캐롤라이나에 있는 제조업체에서 기판에 적용된다. 기판 자체는 중국 광저

그림 2 자동차 배기 시스템

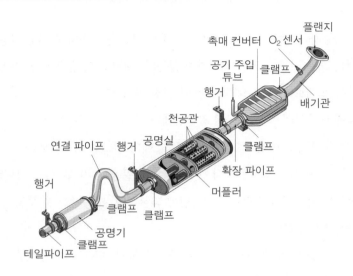

우에서 정교한 공정을 통해 제조된다. 기판에는 다양한 합성 또는 채광 광물(주로 코디라이트, 멀라이트(둘 다 합성 알루미노실리케이트 물질), 알루미나 및 기타 소량의 광물)로 구성된 BOM도 있다.

중국 공급업체가 허니콤 기판 하나를 만든 후 GM이 디트로이트의 자동차에 배기 시스템 하위 부품으로 설치되기까지 약 3개월이 걸린다. 그 기간 동안 부품은 다른 부품의 일부로 작업되고 설치되어 전 세계로 운송된다. 기판을 제조하고 코팅한 후 다른 부품과 함께 외피로 감싼 다음 다른 부품과 조립하여 배기 시스템을 만든다. 그런 다음 배기 장치는 다른 많은 하위 부품과 함께 생산라인의 자동차에 설치되는 것이다.

모든 공급망의 모든 작업에는 투입 자재, 장비, 노동력이라는 세 가

매직 컨베이어 벨트

지 요소가 동시에 같은 장소에 있어야 한다. 이어 소개하는 바나나라는 다소 단순한 공급망에서도 마찬가지이다.

놀랄 만한 바나나의 공급망
The Banana's Appeal

바나나는 미국에서 가장 자주 구매하는 식료품으로 전 세계 모든 나라에서 인기가 높다. 2019년 바나나 재배업자들은 전 세계적으로 2,100만 톤 이상의 바나나를 수출했다.[7] 상식적으로 바나나는 하나의 '제품'으로만 구성되어 있고 조립이 필요하지도 않으며 자체 '포장'되어 제공되기 때문에 공급망을 추적하는 것이 비교적 간단해 보인다.

사실 슈퍼마켓에 있는 바나나는 보기와는 달리 자연 그대로의 단순한 제품이 아니라 다양한 생산 공정, 화학물질 사용, 운송 과정을 거쳐 제조된 제품이다. 코스타리카의 치키타농장 Chiquita plantation 에서 미국 매사추세츠주 보스턴의 한 슈퍼마켓 진열대까지 바나나 공급망의 여정을 살펴보면 이를 잘 알 수 있다.[8]

자연은 바나나의 BOM(자재명세서)에 이산화탄소, 물, 햇빛이라는 세 가지 주요 성분을 공급한다. 하지만 바나나를 성공적으로 재배하려면 비료, 유기물, 영양소, 해충 방제 약품 등 다른 투입물도 필요하다.

바나나 송이가 아직은 초록색을 띠지만 익어가는 시기에 도달하면 농장의 인부들은 바나나를 잘라서 금속 트랙을 따라 선별장으로 옮긴다. 그런 다음 바나나 송이의 외관을 수작업으로 검사하고 크기별로 분류한다. 포장업자는 선별 및 품질관리 절차를 거친 바나나를 18kg 상자에 담아 팔레트 위에 48개의 상자를 쌓는다.

생산라인의 끝에서 근로자들은 1톤짜리 바나나 팔레트를 트럭에 싣고 코스타리카 동쪽 카리브해 리몬에 있는 푸에르토모인 항구로 운반한다. 항구에서 팔레트는 각각 20개의 팔레트가 들어가는 12m 높이의 냉장 컨테이너에 적재된다. 그런 다음 대형 크레인이 수백 개의 컨테이너를 뉴올리언스로 향하는 선박에 싣는다.

뉴올리언스의 항구에서 바나나 컨테이너는 배에서 내려 철도와 트럭을 통해 미국 최대 바나나 생산·유통업체 치키타Chiquita 또는 소매업체가 관리하는 냉장 유통센터로 운송된다. 유통센터에서 작업자들은 밀폐된 숙성실에 과일 팔레트를 쌓는다. 바나나를 소매점으로 배송하기 직전에 치키타는 숙성실에 에틸렌 가스를 주입하여 숙성 과정을 다시 시작한다. 이들은 각 소매점에서 요구하는 강한 녹색, 녹색, 노란색의 3가지 숙성 수준들을 맞추기 위해 가스 노출을 제어한다.

바나나가 소매업체가 원하는 색상에 도달하면 소매점으로 배송된다. 예를 들어, 매사추세츠주 메투엔에 위치한 쇼 슈퍼마켓Shaw's Supermarket 유통센터에서는 매일 수천 개의 바나나 상자가 트럭에 실려 쇼Shaw 의 소매 식료품 매장으로 가는 다른 부패하기 쉬운 품목들과 함께 배송된다. 신선식품 관리자는 매일 적절한 숙성 단계에서 정확한 수의 바나나가 매장에 도착할 수 있도록 일련의 이벤트 시간을 정확히 맞춰야 한다.

위의 설명은 바나나 자체에 초점을 맞추고 있지만, 각 프로세스에는 바나나보다 더 많은 것이 필요하다. 재배, 수확, 적재, 운송, 하역, 냉각, 숙성, 저장, 배송 등 운영하고 관리하려면 작업자, 기반 시설, 도구, 기타 투입물과 조직이 필요하다. 그리고 이 모든 것은 조립이 필요 없는 단순한 제품인 바나나를 위한 것이다. 근로자가 비료와 농기계를 사용하는 농장이든, 근로자가 에틸렌 가스를 사용하여 바나나가 익는 속도를 제어하는 냉장창고이든, 모든 작업에는 노동, 재료 투입과 장비의 조합이 필요하다.*

공급망이라는 마법의 컨베이어 벨트
Supply Chains: The Magic Conveyor Belt

나의 아내에게 내가 MIT에서 무엇을 연구하고 가르치는지 물었던 사람들은, 공급망 관리라고 대답하면 대부분 어리둥절해했다. 하지만 코로나 19가 시작되면서 모든 것이 바뀌었다. 2020년 5월, 홀푸드Whole Foods 슈퍼마켓 농산물 코너 점원에게 진열대에 오렌지가 없는 이유를 묻자, 17살의 어린 점원은 "손님도 아시다시피, 공급망에 문제가 있어요"라고 주저 없이 대답하는 것을 들을 수 있었다.

　팬데믹 이전에는 공급망이 붕괴되고 일부 제품을 구할 수 없더라도 일상생활에 미치는 영향이 크지 않았기 때문에 공급망 문제가 뉴스에 거의 등장하지 않았다. 대부분의 공급망 문제는 특정 지역 자연재해와 관련된 고립된 사건이었고 공급망 관리자는 대체로 이러한 문제로부터 별탈 없이 소비자를 보호할 수 있었다. 허리케인이나 겨울 폭풍이 오기 전에 매장 진열대가 비워질 수도 있지만, 이는 예상되는 일이었고 많은 경

---

* 《밸런싱 그린: 탄소중립시대, ESG 경영을 생각한다》, 탄소발자국 평가: 바나나의 호소 참고

우 계획에 있는 일이었기 때문에 심각한 문제는 발생하지 않았다.[9]

돈과 시간이 무제한으로 주어진다면 누구나 거의 모든 일을 할 수 있다. 현대 공급망의 진정한 마법은 제한된 시간과 제한된 예산으로 얼마나 많은 일을 할 수 있는지에 있다. 수십 년 동안 공급망 설계, 관리와 운영을 위한 이론, 사례 및 도구의 개발을 통해 공급망 관리자는 대부분의 상황에서 적은 비용으로 많은 제품을 일관되게 제공하는 방법을 배워왔다. 크고 작은 소매점에서는 수만 가지, 많게는 수십만 가지의 다양한 제품을 소비자가 장바구니에 담아 구매하고 집으로 가져갈 수 있도록 제공했다. 전자상거래 매장에서는 수백만 가지의 다양한 제품을 제공하고 있으며, 그중 상당수는 소비자의 집 앞까지 당일 배송된다. 소매업체, 제조업체, 원자재 생산업체, 부품 공급업체, 창고·화물 운송업체에서 일하는 수백만 명의 사람들은 소비자가 원할 때마다 끊임없이 제품을 공급하는 '풍요의 뿔cornucopia(추수감사절의 풍요를 상징, '화수분'과 같은 의미)'이라는 환상을 만들어냈다.

현대 최신 공급망의 고성능 덕분에 소비자는 언제든 매장이나 인터넷 웹사이트를 방문하여 필요한 물건을 찾아서 구매할 수 있었다. 그리고 슈퍼마켓 진열대에 상품이 없더라도, 다음날 다시 매장을 방문하면 마치 공급망 산타클로스와 요정들이 한밤중에 보충한 듯 여전히 진열대를 가득 채운 상품들을 다시 보게 된다. 이를 위해 무대 뒤에서는 방대한 기업 네트워크가 경쟁력 있는 가격으로 상품의 원활한 흐름을 만들기 위해 열심히 노력하고 있다.

《뉴욕타임즈New York Times》가 "팬데믹 이전에는 물류의 이상을 알리는 작은 경고음도 없었다"[10]라고 인정할 만큼 공급망은 눈에 보이지 않을

매직 컨베이어 벨트

정도로 원활하게 운영되어 왔다. 그러나 코로나19 팬데믹이 시작되면서 공급망은 그들이 스스로 이룩해온 성공의 희생양이 되었다. 공급망이 원활하게 운영되던 시기와 팬데믹으로 인한 공급 부족의 원인은 모두 현대 공급망의 근본적인 구조, 피할 수 없는 복잡성 그리고 방대한 규모에서 비롯된다.

공급망 정의 및 구조
Supply Chain Definition and Structure

기업의 공급망supply chain은 광산이나 현장에서부터 고객에 이르기까지 각 특정 제품을 만들고 적절한 목적지로 배송하는 데 필요한 엔드 투 엔드(종단간) 프로세스의 일부를 처리하는 모든 조직들의 네트워크로 구성된다. 각 제품의 공급망에는 기업에 자재와 부품을 공급하는 직접 공급업체(1차 벤더), 직접 공급업체에 납품하는 다양한 하위 공급업체, 그리고 이러한 하위 공급업체와 거래하는 소규모의 공급업체 등을 모두 포함하며 광산 채굴과 같은 가장 단순한 원자재까지도 포함된다. 공급망에는 운송, 창고 회사와 같은 물류 서비스 제공업체가 포함되어 있으며, 이를 통해 운송 및 보관을 지원한다.

'망chain'이라는 개념은 실제로 제품을 시장에 출시하는 데 관련된 많은 사람과 조직으로 이루어진 복잡한 네트워크 또는 생태계를 지나치게 단순화한다. 제품이라고 하는 것은 냉장고나 두루마리 화장지와 같은 완제품일 수도 있지만, 농부에게 공급되는 질소 비료 또는 자동차 제조업체에 공급되는 차량 타이어처럼 산업 자재 또는 부품 형태의 제품일 수도 있고 슈퍼마켓에 배달되는 바나나일 수도 있다. 따라서 하나의 글로벌 공급망이 있는 게 아니라 수천에서 수백만 개의 제품별(그리고 상호 연관된) 공급망이 존재한다.

'공급망'이라는 용어는 일반적으로 각 제품이 원자재를 생산하고, 정제하고, 제품 부품을 만들고, 작은 부품을 하위 부품으로 조립하고, 최종 제품을 조립하여 해당 제품을 고객에게 전달하는 일련의 특수 단계가 필요하기 때문에 생겨났다.

진열대나 전자상거래 물류창고에 있는 제품의 가용성에 대한 가장 놀라운 사실은 관련된 네트워크와 프로세스의 규모나 복잡성이 아니다. 이 모든 수천 개의 조직과 수백만 명의 사람들이 특별한 중앙 집중적인 통제 없이 일하고 있다는 것이다. 어떤 제조업체가 어떤 산업 고객에게 제품을 공급하는지, 각 구매자와 판매자 간의 거래 조건은 무엇인지, 어떤 제조 공정이 사용될지, 부품과 제품이 공급업체에서 고객에게 정확히 언제 어떻게 배송될지를 결정하는 정부나 글로벌 조직 또는 '차르(czar, 절대군주)'는 없다.

경제학자 애덤 스미스Adam Smith는 '보이지 않는 손invisible hand'을 자주 인용했는데, 이 용어는 자유 시장에 참여하는 모든 개인과 기업이 상호 의존적인 시스템 내에서 자신의 이익을 위해 활동하여 유익한 사회적 결과가 발생하는 메커니즘을 의미한다.[11] 애덤 스미스는 일반적으로 시장을 언급했지만, 글로벌 공급망의 운영은 당사자들이 독립적으로 체결하는 여러 구매자—판매자 간의 거래로 구성되므로 이와 비슷하게 설명될 수 있다. 하지만 이러한 조정, 통제 부족에도 불구하고 수십억 톤의 자재와 부품이 수많은 제조업체, 화물 운송업체, 정부기관, 창고 운영자,

매직 컨베이어 벨트

중개인, 유통업체, 소매업체로 구성된 네트워크를 통해 완제품 형태로 소비자의 가정까지 효율적으로 전달된다.

2020년에서 2022년까지의 코로나19 기간 중 발생한 여러 공급망 붕괴와 마비는 글로벌 공급망이 얼마나 상호 연결되고 복잡한지를 보여주었다. 예를 들어, 2022년 2월 러시아가 우크라이나를 침공하여 '유럽의 곡창지대'인 우크라이나의 곡물 출하를 차단하자 세계 곡물 가격은 급등했다.[12] 이러한 가격 상승은 다른 곳에 남아 있는 곡물 농가의 수익을 증가시키는 데 도움이 될 것으로 예상할 수 있지만 실제로는 그렇지 않았다.

러시아 침공 이후 러시아와 벨라루스에 대한 제재로 인해 비료 공급이 우회적으로 차단되었다. 러시아와 벨라루스는 전 세계에서 가장 큰 비료 수출국이다. 제재와 이에 대한 러시아의 대응은 비료 제조에 필요한 천연가스의 공급과 가격에 영향을 미쳤고, 이는 비료 제조업체의 경제성에 영향을 주었다. 높은 비료 비용으로 인해 일부 농부들은 비료 사용을 줄여 수확량을 줄이거나, 경작 면적을 줄이거나 아예 농사를 그만두기도 했다. 이러한 농업 공급망의 파급 효과는 전 세계 소비자들에게 식량 가격 상승과 일부 식량 부족이라는 사태로까지 이어졌다.[13]

회사의 관점
Company Viewpoint

공급망이라는 개념은 비교적 최근에 생겨났다. 이전에도 분명 기업에는 공급업체가 있었고, 그 공급업체에는 또 다른 공급업체가 연결되어 있었다. 농장과 광산에서 공장과 창고를 거쳐 소매업체와 소비자에게 자재가 흘러들어 갔다. 공급망은 존재했지만, 이 모든 공급망에서 기업 관리자들은 그들이 만들고 관리하는 데 도움을 준 기본 경제 시스템에 대한 총체적인 인식을 갖고 있지 못했다. 1982년에야 부즈 앨런 해밀턴Booz Allen Hamilton의 경영 컨설턴트인 키스 올리버Keith Oliver가 '공급망 관리'라는 용어를 만들었다.

1980년대 이전에는 기업들이 공급망의 다양한 측면을 조달, 자재 관리, 제조, 창고, 운송, 고객 서비스 등 서로 다른 기업 부서 집합으로 관리했다. 독립적인 '사일로silo'로 운영되는 각 기업 부서는 필요한 원료 공급업체를 찾고, 운영에 필요한 공급품을 관리하고, 제품 재고를 보관하고, 고객에게 제품을 배송하는 등 각각의 서비스를 제공했다. 대부분의 조직에서는 이러한 세분화된 기능을 '코스트 센터(원가관리단위)'로 취급하여 각 조직에 특정한 업무가 주어졌고 가능한 한 낮은 비용으로 수행할 것을 기대했다.

관련 산업 협회의 명칭 역시 공급망에 대한 사람들의 사고의 확장에 맞춰 진화했다. 1963년 미국 물류관리협의회National Council of Physical Distribution Management, NCPDM가 결성되어 회사 제품의 물리적 유통뿐만 아니라 창고 및 자재 취급에 중점을 두었다. 1985년 제조에 필요한 인바운드 자재와 제조에 의해 생성된 아웃바운드 상품의 보관 및 이동에 대한 통합적인 인식이 높아짐에 따라 NCPDM은 이후 물류관리위원회CLM로 변경되었다. 그 후 2005년에 CLM은 공급망 관리가 그 자체로 하나의 전문 분야가 되고 훨씬 더 넓은 범위를 다뤄 미국 공급망전문가협회Council of Supply Chain Management Professionals, CSCMP로 명칭을 변경하며 발전하였다.

공급망 관리 전문가 범위가 확대된 것은 공급망 관리협회Association

매직 컨베이어 벨트

for Supply Chain Management. ASCM 에 속한 비영리 공급망협의회 Non-profit Supply Chain Council 가 개발한 공급망 운영 참조 Supply Chain Operations Reference. SCOR 모델을 통해 알 수 있다. 기본 수준에서 이 모델은 7가지 주요 공급망 관리 프로세스의 관리를 포함한다.

- **조정** orchestrate : 공급망 전략의 통합 및 구현과 관련된 활동
- **계획** plan : 다음 다섯 가지 프로세스 각각에 대한 리소스 및 요구 사항을 계획
- **조달** source : 필요한 원자재, 부품 및 서비스 조달
- **변환** transform : 수요 충족을 위한 제품 생산에 필요한 활동
- **주문** order : 고객의 제품 및 서비스 구매 관리
- **이행** fulfill : 고객 주문 및 배송 실행
- **반품** return : 상품의 수집, 수리, 재제조 및 폐기

각 프로세스들은 추가적인 하위 프로세스들을 포함하고 있다. 예를 들어 조정 orchestrate 프로세스는 공급망 전략, 비즈니스 규칙, 지속적인 개선, 데이터 및 기술, 인적자원, 계약, 네트워크 설계, 규제 준수, 리스크, 환경, 사회 및 기업 거버넌스, 비즈니스 계획, 세분화 및 순환 공급망 관리 등 13개의 하위 프로세스로 구성된다.[14]

그림 3은 기업 공급망에서 SCOR 모델의 주요 프로세스를 보여준다. 이 무한 루프 다이어그램은 공급망이 프로세스 사이의 경계가 없이 계속해서 움직이는 일련의 활동으로 구성되어 있음을 설명하기 위한 것이다. 이 모델은 주문 입력부터 주문 처리까지 공급망을 따라 이루어지는 모든

그림 3 SCOR 모델의 상위 7개 프로세스(공급망 관리 협회에서 제공)

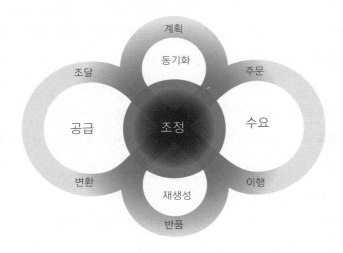

상호작용을 포괄한다.

모델의 공급 측면에서 회사는 부품 및 자재를 조달하는 공급업체와 상호작용한다. 이 제품들은 제품으로 변환transform 프로세스에 들어간다. 이 프로세스에는 생산, 조립, 유지, 수리 등이 포함된다. 수요 측면에서 기업은 필요한 배송 날짜, 배송 장소, 지불 방법 등을 포함한 고객의 주문을 받는다. 이행fulfill 프로세스에는 제품의 선택, 포장, 배송, 설치뿐만 아니라 고객에게 송장을 발송하는 프로세스가 포함된다.

공급망이라는 기치 아래 여러 기능을 통합하는 것은 총비용을 최소화하는 데 각 기능 간 주고받기가 포함될 수 있다는 인식이 확산되고 있음을 의미한다. 예를 들어, 교체를 최소화하기 위해 긴 생산 배치batch를 사용하여 제조비용을 절감하면 재고 운반비용이 높아진다(창고는 판매되는

매직 컨베이어 벨트

제품을 대량으로 보관해야 하므로). 더 중요한 것은 배송 속도를 높이는 것과 같은 전략은 더 높은 운송비용이 발생하지만 제품 재고 부족과 매출 손실을 최소화할 수 있다는 점이다. 다시 말해, 통합 물류 및 공급망 관리는 시스템 전반의 상충관계가 수반되며, 이는 시스템에 대한 보다 넓은 관점 없이는 최적화할 수 없다.

복잡하게 뒤틀린 공급망

Tears in the Tiers

그림 4는 광산에서 소매점까지 이어지는 공급망의 선형적인 모습을 간략하게 스케치한 것이다. 이 그림은 원재료가 땅속(원료채굴)에서 출발하여 진열대에 놓인 소비재(소비자 유통)로 차례로 전환되는 과정을 추적한다. 그러나 공급망의 실제 모습은 여러 측면에서 이보다 더 복잡하다.

　그림의 공급망은 몇 가지 측면에서 단순화되어 표시되어 있는데, 먼저 재료, 부품, 제품 등 물리적 흐름에 초점을 맞추고 있다는 점이다. 그러나 공급망에는 정보의 흐름과 현금 흐름이라는 두 가지 흐름이 추가로 존재한다. 일반적으로 고객이 공급업체에 물품 대금을 지불하므로 돈은

그림4 선형linear 공급망 체계

물리적 흐름의 반대 방향으로 흐른다. 그러나 구매 주문이 업스트림*으로, 접수통지acknowledgements 및 알림alerts 이 다운스트림으로 흐를 때 정보는 양방향으로 흐른다(기술이 공급망에서 정보 흐름을 어떻게 지원하고 활성화하는지에 대한 자세한 내용은 "디지털 기술이 공급망 관리에 미치는 영향" 참조).

공급업체의 BOM과 잉여
Of BOMs and Surfeits of Suppliers

그림 4가 엄청나게 단순화되어 표현된 또 하나의 측면은 각 단계별로 단일 공급업체를 묘사하고 있다는 점이다. 실제로 각 조직(기업)에는 관계하는 공급업체가 다수 존재한다. 왜냐하면 기업이 생산하는 제품 BOM에는 여러 개의 재료와 부품이 포함되어 있기 때문이다. 앞에서 언급한 바와 같이 하나의 차량은 30,000개의 부품으로 구성되어 있고 일회용 기저귀를 만들더라도 50개의 부품이 여러 공급업체에서 제공된다. 모든 제품

---

* 업스트림upstream은 제품 생산에 필요한 원자재와 부품을 확보하고 이동시키는 조달 측면의 공급망, 다운스트림downstream은 제품을 시장에 내놓기 위한 유통과 운송 측면의 공급망을 의미함

의 BOM에 있는 여러 부품은 운영상의 문제와 전략적인 문제를 모두 내포하고 있는데, 이는 회사가 BOM에 단 한 개의 부품이라도 부족할 경우 제품을 출고할 수 없다는 단순한 사실에서 기인한다. 따라서 공급망 관리자는 공장이 작업을 실행하고 제품을 만드는 데 필요한 모든 부품과 부속품을 항상 충분히 보유하고 있는지 확인해야 한다.

전략적 과제는 필요한 각 자재와 부속품에 대한 공급업체를 찾고, 해당 부품을 제공할 수 있는 역량을 갖추고 있는지, 부품의 품질이 우수한지를 점검하고, 좋은 협력 관계를 구축하는 것이다. 좋은 협력 관계는 공급망이 붕괴되었을 때 필요한 부품의 지속적인 흐름을 보장하는 핵심이다. 그럼에도 불구하고 공급업체 조달 문제supplier failure로 인한 영향을 최소화하기 위해 기업은 특정 부품에 대해 하나 이상의 공급업체와 계약할 수 있다.

각 부품에 대해 단일 또는 복수의 공급업체를 둘 것인지를 결정하는 것은 많은 상충관계trade-offs를 고려해야 한다. 한편으로 해당 부품에 대한 기업의 모든 요구 사항을 충족하는 단일 공급업체는 기업에 더 많은 물량을 판매할 수 있기 때문에 더 낮은 가격을 제시할 수 있다. 단일 공급업체의 또 다른 장점은 공급업체가 모든 고객을 위한 재고가 충분하지 않아 어떤 주문을 이행할지를 선택해야 할 때, 공급업체가 기업에 우선권을 줄 수 있다는 점이다. 그러나 그 단수 의존성은 공급업체가 실패할 경우 기업에 위험을 수반한다. 반면에 공급업체가 복수인 경우 한 공급업체에 장애가 발생하더라도 기업은 (적어도 부분적으로는) 생산을 계속할 수 있다. 하지만 공급업체가 여러 곳이면 더 많은 업체를 관리, 검사, 감사, 협상해야 하므로 관리가 복잡해진다. 또한 다수의 공급업체 중 한 곳에

매직 컨베이어 벨트

서라도 원칙에 맞지 않는 프로세스나 문제가 발견될 경우 원청회사의 평판 위험에 대한 노출도가 증가한다.

그림 4는 또한 기업이 다수의 공급업체를 보유하고 있을 뿐만 아니라 모든 단계에서 각 부품 및 서브어셈블리가 여러 하위 공급업체와 함께 자체 공급망을 관리한다는 사실을 이해하기 어렵다. 앞의 자동차 배기 장치의 예에서 알 수 있듯이, 완성차 업체(현대자동차, 토요타, 포드 등 국제적 브랜드를 가진 대기업을 뜻하며, 업계에서는 이러한 최종 제품 제조업체들을 이들의 생산방식인 OEM 용어를 사용하여 호칭함)는 자체 공급망을 보유한 공급업체로부터 서브어셈블리 및 장치(시스템)를 구매하고, 공급망의 더 깊은 계층의 공급업체로부터 부품과 자재를 조달한다. 실제로 기업의 공급망을 따라 있는 각 주체들은 각자의 공급망 관리라는 난제를 가지고 있는데, 이는 **그림 5**로 대표될 수 있다.

따라서 공급망은 단일 선형 스트링(또는 각 부분에 대해 하나의 스트링)이 아니라 최종 제품 제조업체에서 공급망을 백업하는 공급업체 계층의 트리tree와 같은 구조로 이루어져 있다. 최종 제품 제조업체 기준으로 부품과 조립품을 직접 구매하는 첫 번째 계층의 공급업체를 '티어tier 1 공급업체', 즉 1차 협력사라고 한다. 1차 협력사에 직접적으로 공급하는 업체는 최종 제품 제조업체 기준으로는 티어 2 공급업체, 즉 2차 협력사라고 한다(물론 OEM의 2차 협력사는 OEM의 1차 협력사 기준으로는 1차 협력사인 셈이다). 예를 들어, 포드 자동차와 같은 완성차 업체는 약 1,200개의 1차 협력사가 있지만 수천 개의 2차 협력사와 수만 개의 더 깊은 계층의 공급업체가 있다.

OEM과 협력사들과의 간의 관계는 **그림 5**의 왼쪽에 나열된 티어 3

그림 5 최종 제품 제조업체와 공급업체의 계층

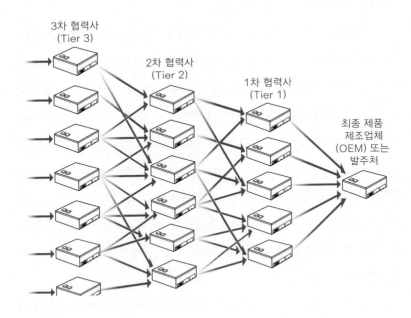

공급업체, 즉 3차 협력사는 계층을 거쳐 그림의 맨 오른쪽에 있는 OEM 에 공급하는 것으로 이해할 수 있다. 다운스트림(다시 말해서, 그림의 왼쪽 에서 오른쪽)으로 흐르는 많은 지류들이 결국 커다란 강으로 모이는 것을 상상할 수 있는데, 여기에는 최종 제품 제조업체로 가는 도중에도 다른 OEM들을 공급하는 복잡하고 다양한 계층이 존재한다.

매직 컨베이어 벨트

하나에서 여럿으로: 아웃바운드 배포
From One to Many: Outbound Distribution

그림 5는 모든 1차 협력사가 생산물을 OEM 고객에게 보내는 모습을 보여준다. 그러나 협력사들은 일반적으로 많은 고객과 거래한다. 즉 최종 제품 제조업체 기준으로 많은 공급업체의 '팬인(fan-in, 한 모듈로 입력되는)'은 일반적으로 한 기업에서 많은 고객에 대한 '팬아웃(fan-out, 한 모듈에서 펼쳐 나가는)'이 된다. 물론 여러 고객들에게 제품을 조달하고 서비스를 제공하는 것은 높은 수익과 안정적인 수요를 포함하여 많은 장점들을 수반한다. 그러나 이러한 여러 고객의 다양한 요구는 광범위한 제품을 준비해야 하고 많은 고객에게 제품을 제공해야 하는 두 가지 주요한 이유로 기업 운영에 더 많은 복잡성을 가져온다.

첫째, 고객마다 크기, 가격, 색상, 맛, 포장 등의 측면에서 각자의 필요나 취향에 맞는 각기 다른 제품을 원할 수 있다. 하나의 기본 제품에서 변형 가능한 제품의 수는 매우 많을 수 있다. 콜게이트 치약은 25가지 종류가 있고 자동차와 같은 복잡한 제품은 수백 가지에서 수천 가지의 버전이 있다. 이러한 다양한 제품의 종류는 기업이 모든 제품 종류에 해당하는 다양한 부품과 공급업체가 필요하다는 것을 의미하기도 한다.

둘째, 상이한 고객들, 특히 산업 고객마다 배송 장소, 배송 시간, 최소 수량, 결제 조건, 지원 서비스 및 보증 측면에서 서로 다른 수준의 서비스를 기대할 수 있다. 따라서 기업은 배송 대상뿐만 아니라 배송 방법과 시기까지 관리할 수 있는 시스템이 필요하다.

또한 고객 수가 증가함에 따라 많은 고객이 소량의 제품만을 필요로 할 가능성이 높고, 이 경우 배송에 많은 비용이 발생할 수 있다. 예를 들어 제너럴 밀스General Mills 의 경우, 치리오스 시리얼(우유를 부어 먹는 아침 식사 대용)을 배송하는 가장 효율적인 방법은 트럭 한 대에 팔레트 26개를 가득 채우고 팔레트당 60상자, 상자당 치리오스 8상자로 하여 총 12,480 상자의 시리얼을 적재하는 것이다. 하지만 어떤 소비자는 단 한 상자만 필요할 수도 있다. 이것이 바로 기업이 **그림 6**과 같이, 제품을 보관하고 유통하기 위해 중개기관을 이용하는 이유 중 하나이다.

여기에는 (기업 고객에게 서비스를 제공하는) 유통업자와 (소비자에게 서비스를 제공하는) 소매업자가 포함된다. 이들은 대량의 상품을 구매한 다음 다수의 소비자에게 소량으로 판매한다. 기업 유통업체는 또한 복잡한 수출입 규칙, 외국어, 고객 선호도 및 해당 국가의 규정을 처리하여 기업의 상품을 외국에서 판매하는 데 도움을 줄 수 있다. 전반적으로, 제3자third party 유통을 통해 제조업체는 효율적인 대량 생산에 집중할 수 있으며,

그림 6 간략하게 표현한 유통망 체계

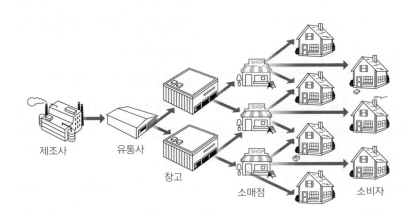

제조사   유통사   창고   소매점   소비자

매직 컨베이어 벨트

다수의 소비자에게 소량씩 배송하는 역할은 다른 전문 업체에 맡길 수 있다.

여러 고객에 대한 팬아웃은 식료품을 포함한 소비재 제조업체에서 가장 광범위하게 이루어진다. 오프라인 매장이든 온라인 매장이든 간에 소매업체는 일반적으로 소비재 유통의 마지막 단계를 처리한다. 소비자에게 제품을 전달하는 과정에는 소비자가 매장 내에서 쇼핑을 하거나, 매장 앞이나 픽업박스에서 상품을 수령하거나, 운송 전문 통합업체(UPS 나 페덱스) 또는 대행업체gig operator(예를 들어 포스트메이트,** 인스타카트*** 같은 수십 개의 업체 중 하나)로부터 집으로 배달을 받는 방법이 포함된다. 이러한 다양한 '라스트 마일last mile' 배송 옵션은 소매업체가 옴니채널 유통으로 알려진 여러 옵션을 고객에게 제공하려고 할 때 복잡성을 야기한다(9장의 "옴니채널 복잡성"에서 설명).

공급망을 흐르는 강에 비유한 관점을 계속 이어가면, 제조업체를 넘어서는 물리적인 흐름은 강 하류의 삼각주처럼 보인다. 제조업체에서 여러 창고, 많은 소매점 및 수많은 소비자에 이르기까지 **그림 6**의 간략하게 표현된 그림에서 보여주는 것처럼 배송은 물 흐르듯 왼쪽에서 오른쪽으로 진행된다.

일반적으로 많은 공급자들은 다른 산업에서 여러 고객들에게 서비스를 제공한다. 따라서 타이어 공급망은 자동차 공급망의 일부이지만 오토바이, 트럭, 건설 장비, 항공기 등을 위한 다른 공급망의 일부이기도 하다. 결국, 타이어 공급망은 천연 재료와 인공 재료를 모두 포함하는 고

** 　포스트메이트Postmates는 '배달의 민족(배민)'과 유사한 미국의 배달 앱

*** 　인스타카트Instacart는 고객을 대신해 마트를 돌며 장을 봐주는 미국의 식료품 배달업체

무 공급망에 의존하며, 이러한 고무 공급망은 신발(고무 밑창), 개인 보호 장비(위생 보건 장갑), 장난감, 도구(고무 손잡이), 심지어 껌과 같은 다른 많은 공급망에도 공급될 수 있다(굿이어타이어는 씹는 껌용 합성 고무도 만든다).[1] 이 모든 제조업체들의 융·복합 네트워크는 복잡하고 예상치 못한 상호 작용을 만든다.

공급망의 어두운 면과 뒤틀림
The Murky Depths, Twists, and Turns of Supply Chains

실제 공급망에는 앞에서의 그림에 표시된 것보다 훨씬 더 많은 참여자가 있다. 예를 들어, 상당수의 인텔Intel 반도체 칩은 작은 탄탈 콘덴서(칩 패키지 일부에 작고 직사각형의 부품을 박음질한 것)에 의존한다. 탄탈륨 광석을 제공하는 광산은 인텔 공급망에서 12계층까지 심층 구조로 존재할 수 있다. 광산에서 나온 광석은 브로커, 광석 집광기, 광석 가공기, 제련기, 금속 가공기 및 여러 제조업체를 거쳐 노트북에 탑재되는 완성된 반도체 칩의 부품이 될 수 있다.

그림 4, 그림 5, 그림 6에 표시된 간략한 화살표는 공급망 구성원들 간에 상품이 이동하는 곳으로 화물이 출발지에서 목적지까지 여러 운송 수단(예: 트럭-레일(기차)-선박-레일트럭)을 통해 운송될 수 있기 때문에 일련의 운송업체를 나타낼 수 있다(제5장 참조). 이러한 운송업체 외에도 여러 서비스 제공업체가 중간중간 운송을 지원한다. 여기에는 운송에 필요한 다양한 형태의 운송업체를 찾는 데 도움을 주는 화물 중개업체, 여러 화물을 통합하여 비용을 절감하는 화물 통합업체, 화물이 국경을 통과하는

매직 컨베이어 벨트

데 도움을 주는 세관 중개업체가 포함된다.

해외에서 소비자의 집까지 단 한 번의 운송이 어떤 과정을 거치는지를 이해하고 나면, 왜 물건이 제시간에 도착하지 못하는지보다는 애초에 그런 일이 가능하다는 사실에 놀라움과 경이로움을 느끼게 될 것이다.

마지막으로, 앞에서 예로 든 바나나의 단순한 공급망은 농장에서 시작되는 것처럼 보이지만 실제로는 그렇지 않다. 농부들은 농기구, 트랙터 연료, 각종 비료와 살충제, 농기구 예비 부품, 관개용 물 등을 위해 다른 산업 공급망에도 의존한다. 따라서 공급망에는 업스트림(조달)의 '시작점'이 없으며, 각 작업에는 서로 다른 투입물이 필요하다. 제품을 분해하고 다른 제품을 생산하는 데 구성 요소를 사용하는 재활용을 고려하면 다운스트림(유통)의 공급망에도 '종점'이 없다는 뜻이다.

이 모든 심층 계층과 숨겨진 참가자는 공급망과 그 관리를 복잡하게 만든다. 이러한 공급망은 너무 길고 많은 조직이 관여하고 있기 때문에 당사자들은 공급망의 맨 끝에서 무슨 일이 일어나고 있는지 추정할 수 있을 뿐, 일반적으로는 제대로 알 수 없다. 이것은 또한 겉보기에는 관련이 없어 보이는 혼란seemingly unrelated disruptions, 예를 들어 유럽에서의 천연가스 부족이 아프리카에서의 식량 부족과 같은 예상치 못한 영향을 일으킬 수 있다는 것을 의미한다.

왜 다층 구조인가?
Why Multiple Tiers?

'그렇다면 왜 기업들은 모든 것을 스스로 만들지 않는가?'라는 질문은 타당할 수 있다. 이렇게 공급망이 복잡하고 불안하다면 왜 자급자족하지 않고 외부 공급업체로부터 부품과 조립품을 구입하는가? 다시 말해서, 부품이나 재료의 제조를 아웃소싱하는 이유는 무엇일까?

1920년대 미국 미시간주 디어본Dearborn에 위치한 포드의 리버 루즈 River Rouge 공장은 자동차 제조의 전 과정을 직접 소유하고 관리하는 것으로 유명했다. 포드는 땅에서 원자재를 직접 채굴하여 거대한 공장의 한쪽 끝으로 들어가게 하여 자동차가 완성되어 다른 반대쪽으로 나오도록 했다. 포드는 철광산, 석회석 채석장, 탄광, 고무 농장, 산림을 소유하고 있었고 소유한 광산에서 공장으로 자재를 운송하기 위해 바지선과 철도도 소유하고 있었다. 포드는 철광석, 석회석, 석탄을 리버 루즈로 가져와 자체 제철소에서 제련하여 철강을 생산했고 유리를 만들기 위해 모래를 가져오고 타이어를 만들기 위해 생고무를 가져왔다. 심지어 공장과 10만 명이 넘는 근로자에게 전력을 공급하기 위해 현장에 자체 전기 발전소를 건설하기도 했다. 포드는 공급망 전반에 걸쳐 전부는 아니더라도 많은 생산 단계(심지어 물류와 기타 서비스까지)를 자체 소유하기 위해 노력했다. 리버 루즈 공장이 가동될 당시 환경이 관심사였다면, 포드는 매일 5,500톤의 석탄이나 매일 사용되는 5억 3,800만 갤런의 물 등 전체 공정이 미치는 영향을 문서화할 수 있었을 것이다.

아웃소싱, 즉 기업이 기존에 만들었으며 앞으로 만들 자산과 노하우를 가지고 있는 부품 품목과 서비스까지 외부 공급업체에 맡기는 관행은

매직 컨베이어 벨트

새로운 것이 아니다. 사실 리버 루즈 공장조차도 많은 특수 자재, 부품 및 소모품을 6,000개 이상의 외부 공급업체에게 의존하고 있었다. 포드는 자체 생산하지 않는 품목뿐만 아니라 자체 생산 능력을 보완하기 위해 아웃소싱을 하기도 했다. 예를 들어, 포드는 자동차 제조에 처음으로 콩을 사용했다. 1935년까지 포드 자동차의 페인트와 플라스틱 성형에 60파운드의 콩이 사용되었다. 포드는 결국 약 7,300만 평의 콩 농장을 소유하게 되었지만, 이 농장은 필요한 콩의 극히 일부만을 공급할 수 있었고 포드는 이 원료의 대부분을 외부 재배자로부터 구입했다.

1980년대로 들어서며 아웃소싱이 점점 더 유리한 사업 전략으로 인식되면서 아웃소싱은 더욱 널리 받아들여졌다. 이전에는 내부 능력을 보완하는 것이 목적이었지만, 점점 더 많은 기업들이 비용 절감을 위해 아웃소싱에 참여하기 시작했다. 또한 많은 기업이 일부 부품 제조 사업에서 철수하고 전체 사업을 공급업체나 독립적인 분사 회사로 이전했다. 예를 들어, 자동차 제조업체들은 포드의 비스테온이나 GM의 델파이 Delphi 처럼 내부 부품 생산 부문을 분사했는데, 이는 해당 부서가 시장에 직접 노출되어 다른 회사에 부품을 판매함으로써 더 큰 규모를 갖추게 된다면 경쟁력이 높아질 것이라는 의도에서였다. 심지어 일본 자동차 제조업체들은 공급업체가 OEM과 긴밀하게 통합되어 있는 유명한 '게이레쓰' (계열화) 시스템도 느슨하게 만들었다. 20세기 말, 기업들이 자체 핵심 역량에 집중하고 외부 공급업체가 더 효율적으로 수행할 수 있는 기능과 프로세스를 아웃소싱하는 데 가치를 발견하면서 이러한 아웃소싱 추세는 더욱 가속화되었다. 또한 기업들은 전문화된 노하우와 혁신 등 외부 자원을 활용하여 경쟁우위를 확보하기 시작했다. 더욱이 아웃소싱은 변화하는 물량과 기술 요구 사항을 충족시키기 위해 공급업체를 유연하게 선택할 수 있는 이점을 가져다주었다.

아웃소싱 및 오프쇼어링
Outsourcing and Offshoring

비즈니스에서 잘 알려진 격언에 따르면, 비용을 절감하는 가장 빠른 방법은 기업이 무엇을 구입하고 누구로부터 구입하는지를 조사해서 바꾸는 것이다. 20세기 말로 갈수록 비용 압박이 가중되면서, 사업장의 일부를 해외로 이전하는 오프쇼어링offshoring 이 주도적인 흐름으로 자리 잡으며, 많은 기업들이 해외에 있는 공급업체를 이용했다. 이러한 해외 사업장과 공급업체 중 상당수는 중국과 기타 개발도상국의 낮은 인건비와 느슨한 환경 및 노동법의 이점을 활용하기 위해 해외로 이전했다.

그러나 효율성 추구라는 동일한 동기가 있더라도, 아웃소싱과 오프쇼어링은 동일한 의미는 아니다. 아웃소싱은 단순히 기업이 제품이나 부품, 서비스를 직접 제공하는 대신 근처나 바다 건너편에 있는 다른 기업에서 구매하기로 결정하는 것을 의미하며 오프쇼어링은 사업장을 해외로 이전하는 것을 의미한다. 이는 오프쇼어 공급업체로부터 구매하는 아웃소싱의 형태일 수도 있고, 현지 노동력을 사용하여 회사의 자체 사업장을 해외로 이전하는 것을 의미할 수도 있다.

이러한 추세의 결과로, 일부 공급업체는 규모가 매우 커져 점점 더 많은 부품과 서비스를 제공할 수 있게 되었다. 게다가 20세기의 지난 수십 년은 브랜드 오너 기업을 위해 완제품을 제조하는 이른바 위탁생산업체Contract Manufacturing Organizations, CMOs가 생겨났다. 이러한 기업들 중 상당수는 소비자에게 잘 알려져 있지 않다. 예를 들어, 재빌Jabil 은 하니 웰Honeywell의 온도 조절 장치와 타일Tile의 위치추적장치location device를 만들고, 플렉스Flex 는 자동차 전자 모듈뿐만 아니라 CT, MRI, X-ray 기 계를 만들고, 마이크로소프트Microsoft 에 게임기 Xboxes를 납품한다. 폭 스콘Foxconn 은 애플Apple 의 아이폰을 만들고, 윈스트론Wistron 은 델Dell, 레노버Lenovo, 에이서Acer, 애플, 휴렛팩커드Hewlett Packard, 마이크로소 프트를 위해 노트북을 만든다. 컴팔Compal 은 여러 기업에게 컴퓨터와 게 임기를 제조하여 납품하고 아마존 알렉사Amazon Alexa 를 제조한다. 이러 한 CMO(재빌, 타일은 미국 기업이고 폭스콘, 윈스트론, 컴팔은 대만 기업)와 이와 유사한 많은 기업들은 브랜드 소유주들이 따라올 수 없는 깊은 전문성과 규모의 경제를 발전시켰다.

흥미롭게도 제조업체는 비용 절감이나 핵심 역량에 집중하는 것과 무관한 일부 오프쇼어링 및 아웃소싱 결정을 내린다. 예를 들어, 일본 정 부는 보잉의 747 항공기부터 일본항공JAL이 보잉 항공기를 구매하는 조 건으로 일본에서 제조된 상업용 항공부품을 포함할 것을 주장하였다. 일 본 공급업체 부품의 사용 비율은 747 기종의 단순 부품에서 767 기종의 16%, 777 기종의 21%, 그리고 일본 기업 컨소시엄이 제작한 787의 경우 35%로 증가하였다.[2]

중국은 중국 시장에 진출하기 위한 조건으로 유사한 요건을 주장하 고 있다. 이러한 '로컬 콘텐츠' 요건은 정부가 부과하는 정책으로, 기업이 자국 경제에서 활동하기 위해 국내 소유 파트너, 국내 제조 제품 또는 국 내 공급 서비스를 사용하도록 요구한다. 정부는 이 도구를 사용하여 현지 기술과 산업을 발전시키고 고용을 증가시킨다.

중국은 한 걸음 더 나아가 현지 기업에 기술 및 지적 재산권 이전을 빈번하게 요구하고 있다. 예를 들어, 중국 정부는 코로나19 백신 제조사로 유명한 모더나Moderna 가 중국 국민에게 백신을 접종하기 위해 수십억 달러 규모의 계약을 체결하는 조건으로 mRNA 백신 개발의 핵심 지적 재산권을 중국에 넘겨야 한다고 주장했다. 결국 모더나는 백신 레시피를 중국에 넘기는 것을 거부하였고, 협상은 2022년 10월에 결렬되었다.[3]

당연히 해외 아웃소싱에는 고유한 비즈니스 과제가 뒤따른다. 여기에는 기밀성과 보안 문제뿐만 아니라 멀리 떨어져 있는 직원과 파트너를 관리하는 데 따르는 어려움을 포함한다. 또한 일자리를 해외로 이전하는 것에 대한 대중의 반발이 커지면서 기업의 평판 및 규제 리스크가 커지고 있다. 새로운 경쟁자가 생길 수 있다는 가능성 역시 중요하다. 예를 들어, 보잉 777에 구조적인 부품을 납품한 지 10년도 채 되지 않아, 미쓰비시 중공업이 주도하는 일본 기업 컨소시엄이 로컬 여객기인 MRJ90을 출시했다.[4]

물론, 현지 공급업체에 아웃소싱을 맡기면 경쟁자가 생길 수도 있다. 예를 들어, 1903년, 존과 호레이스 닷지 형제는 포드 자동차의 투자자이자 포드 자동차의 오리지널 모델 A와 여러 후속 자동차(모델 B, C, F, K, R, S)의 주요 공급업체였다. 닷지 형제는 포드에 엔진, 변속기, 차축을 공급했다. 하지만 1914년 닷지 형제는 포드의 베스트셀러 모델인 T와 직접 경쟁하는 모델 30-35를 출시하며 미국 비즈니스 역사상 가장 전설적인 불화로 이어졌다.

21세기에 들어서면서 아웃소싱이 일반적인 것이 되었다. 그러나 일부 기업은 다른 기업보다 아웃소싱을 적게 하는 반면, 일부 기업은 이전에 아웃소싱했던 분야에서 역량을 개발하고 있다. 예를 들어, 삼성은 텔레비전, 스마트폰, 컴퓨터 제품에 사용되는 프로세서, 메모리 칩, 카메라 칩, 디스플레이 등 많은 부품을 자체 생산한다. 시스코, 마이크로소프트, 나이키, 크리스찬 디올과 같은 기업은 거의 모든 제품의 생산을 아웃소싱하지만, 소수의 기업들은 반대 방향으로 움직이고 있다. 예를 들어, 아마존은 페덱스, UPS 및 다른 배송 회사에 의존하던 물류와 택배 서비스를 자체적으로 개발하고 있다. 아마존이 자체 배송을 도입한 중요한 이유는 비용 절감도 있지만, 그보다 더 중요한 이유는 아마도 기업이 고객 경험을 통제할 수 있기 때문일 것이다.

무역, 교환의 이점

Trade: The Advantages of Exchange

아웃소싱과 오프쇼어링이 보편화되었지만, 왜 그렇게 지배적이 되었는지에 대한 의문은 여전히 남아 있다. 왜 기업들은 비즈니스를 내부적으로 통제하기보다 외부와의 무역을 선택했을까? 이 질문에 대답하기 위해서는 훨씬 더 과거로 거슬러 올라가야 한다. 네안데르탈인Neanderthals은 호모 사피엔스Homo Sapiens보다 더 큰 두뇌를 가졌고 신체적으로도 더 강했다. 네안데르탈인은 간단한 도구를 만들고, 말하고, 예술을 창조하고, 문화를 발전시킬 수 있었다. 하지만 가족 외부와 무역 관계를 맺을 수 없었기 때문에 파멸을 피할 수 없었고, 약 4만 년 전 멸종되었다.[1] 대조적으로, 호모 사피엔스는 두뇌는 더 작았지만 무역망을 발전시켜 가속화된 발전을 이끌었다. 고고학적인 발굴에 따르면 3만 년 전 유럽 중심부에 살던 사람들은 지중해와 대서양 연안에서 조개껍데기를 얻었는데, 이는 장거리 무역의 결과였을 것이다.[2] 8만 년에서 2만 년 전 사이에는 이전의 수백만 년보다 더 많은 혁신(예를 들어, 뼈 도구, 예술, 도자기)이 있었다.

무역이 성장과 발전에 매우 중요한 이유는, 사람마다 적성과 역량이 다른 것처럼 기업도 각기 다른 유형의 전문성을 제공하기 때문이다. 아웃소싱을 통해 기업은 공급업체의 이러한 다양성을 활용해 비용 절감, 품질 개선, 새로운 제품과 서비스 개발이라는 필수적인 목표를 실현시킬 수 있다. 심지어 호모 사피엔스 간의 초기 무역 관계도 분업과 전문화로 이어졌고, 이는 다시 전문성으로 이어졌다. 또한 무역을 통한 상품의 흐름은 아이디어의 흐름과 교환을 가져왔다.[3] 물리적 제품은 한 사람만 소유하거나 사용할 수 있지만, 아이디어는 아이디어를 제공한 사람과 받은 사람이 동시에 사용할 수 있는 진정한 공유가 가능하다. 따라서 멀리 떨어져 있는 네트워크 간 거래는 지식의 축적과 기술 개발을 가속화하고 더 빠른 발전을 가져왔다. 그 시점부터 인간의 무역 능력 덕분에, 생활 수준의 발전은 생물학적 진화를 앞질렀다.

절대우위
Absolute Advantage

애덤 스미스는 1776년 저서 《국부론》에서 절대우위absolute advantage 라는 개념을 사용하여 국가 간 무역의 경제적 이점을 설명했는데, 이는 두 나라 모두를 더 잘 살게 해준다고 주장했다. 스미스의 주장을 이해하기 위해, 미국의 비옥한 농장은 영국의 농장보다 근로자 시간당 더 많은 밀을 생산할 수 있고, 영국의 잘 발달된 방직 공장은 미국보다 근로자 시간당 더 많은 천을 생산할 수 있다고 가정해보자. 만약 두 나라의 노동 임금이 동일하고 운송비가 상대적으로 적다면, 미국은 두 나라 밀을 모두 생산하고, 영국은 모든 천을 생산해야 하며, 두 나라는 자유롭게 교역해야 한다. 그 결과 모든 근로자는 가장 생산적인 활동에 유익하게 고용되고 모든 소비자는 밀과 천 모두를 전반적으로 더 낮은 가격으로 누리게 될 것이다. 따라서 두 나라 모두 자립하려고 노력하지만 일부 상품을 비효율적으로 생산하는 나라에 비해 더 나은 삶을 누릴 수 있을 것이다.

물론, 현지 대체재가 없다면 무역은 자연스럽게 증가한다. 일본은 석유 매장량이 적기 때문에 사우디아라비아에서 석유를 구입한다. 마찬가지로, 중국은 현지 수요를 충족할 만큼 현지 구리 광석이 없기 때문에 칠레산 구리를 구입한다. 알루미늄, 철강, 금, 밀, 과일 등도 마찬가지이다.

비교우위
Comparative Advantage

그러나 절대우위는 무역의 절반에 불과하다. 어떤 나라는 모든 제품이 비싼 경우처럼 어떤 상품에서도 절대우위가 없는 반면, 또 다른 나라는 대부분의 제품이 저렴하기 때문에 여러 종류의 절대우위를 가지고 있을 수도 있다. 이와 관련하여 익숙한 시나리오는 한 나라는 임금이 높고 다른 나라는 임금이 낮은 경우이다. 직관적으로 보면 절대우위가 없는 나라는 모든 것을 수입하고 아무것도 수출하지 않을 것이고, 절대우위가 있는 나라는 모든 종류의 제품을 수입하고 수출할 것이라고 예상할 수 있다. 그러나 이러한 예측은 비교우위comparative advantage의 효과 때문에 잘못된 것인데, 비교우위는 한 당사자가 다른 당사자보다 적은 자원으로 모든 상품을 잠재적으로 생산할 수 있더라도 지역을 넘나드는 무역이 어떻게 두 거래 당사자에게 가치를 창출할 수 있는지를 설명한다.

비교우위의 개념은 영국의 정치경제학자 데이비드 리카도David Ricardo가 1817년 자신의 저서 《정치경제와 조세의 원리》에서 영국과 포르투갈을 대표적인 사례로 사용한 데서 기인한다. 리카도는 포르투갈이 영국보다 와인과 천을 모두 싸게 생산할 수 있다고 가정했지만, 두 나라의 상대적 생산비용은 차이가 있었다. 리카도의 예에서 영국은 천을 적당한 비용으로 생산할 수 있었지만 와인은 매우 높은 비용으로만 생산할 수 있었다. 반면, 포르투갈은 와인과 천 둘 다 매우 저렴하게 생산할 수 있었다.

이러한 상대적인 생산비용 구조에서, 비교우위의 효과는 포르투갈이 현지 직물 생산을 희생하고 고가의 영국산 천을 수입하더라도 영국으로 고수익 수출을 위해 더 많은 와인을 생산하는 것이 이익이라는 것을 의미한다. 즉, 포르투갈 경제는 아마, 목화, 양을 재배하는 밭을 더 많은 포도밭으로 전환하여 고수익 수출을 하는 것이 더 유리할 것이다. 따라서 영국보다 포르투갈에서 천을 생산하는 것이 더 저렴할 수 있지만, 포르투갈은 더 많은 와인을 생산하여 영국산 천과 교환하는 것이 더 이익이 될 것이다. 영국도 천을 생산하는 비용은 그대로 유지하면서 와인을 더 낮은 가격, 즉 천의 원가에 가까운 저렴한 가격에 공급받을 수 있기 때문에 이득을 볼 수 있다.[4] 이 예에서 알 수 있듯이, 국가는 비교우위가 있는 상품을 특화하여 다른 상품과 거래함으로써 이득을 얻는다.

　다음 작가 매트 리들리Matt Ridley가 제안한 비교우위의 수치적 예시를 살펴보자. 잭과 질은 각각 식사를 준비한다. 잭이 빵 한 덩어리를 만드는 데 30분이 걸리고 오믈렛을 만드는 데 40분이 걸린다고 가정하자. 반대로 질은 빵 한 덩어리를 만드는 데 20분, 오믈렛을 만드는 데 10분밖에 걸리지 않는다. 두 가지 요리가 모두 포함된 한 끼 식사에 잭은 70분, 질은 30분이 소요된다. 이러한 생산성 수치로 보면 질은 두 요리 모두에서 절대적인 우위를 갖는다. 그러나 비교우위는 질이 잭으로부터 빵을 얻는 데 더 많은 비용을 지불한다는 것을 의미한다. 질은 20분 동안 오믈렛 두 개를 만들 수 있고 잭은 60분 동안 빵 두 개를 만들 수 있다. 오믈렛 하나를 빵 한 덩어리와 교환하면 둘 다 더 나은 결과를 얻을 수 있다. 질은 식사에 30분이 아닌 20분만 쓰면 되고 잭은 70분이 아닌 60분만 쓰면 된다.[5]

　또한 자신이 만든 제품을 원하는 다른 상품과 교환할 수 있다면, 그 사람은 많은 사람들이 원하는 특정 제품을 전문적으로 대량 생산할 수 있다. 전문화를 통해 점점 더 숙련되고 생산성이 높아져, 더 좋은 품질의 제품을 더 저렴하게 공급할 수 있게 된다. 이것이 바로 무역이 규모의 경제라는 이점을 가져다주는 방식이다.

무역의 숨겨진 현실
The Hidden Reality of Trade

일부 국가가 소비재를 생산하여 전 세계 사람들에게 수출하는 것처럼, "중국이 모든 것을 만든다"[6]라는 무역에 대한 순진한 관점도 존재하지만, 그러한 무역 패턴은 드물다. 현대 공급망의 현실은 한 국가의 수출에는 수많은 국내외 공급업체와의 상호작용이 수반된다는 것이다. 예를 들어, 스마트폰의 라벨에 'Made in China'라고 표시되어 있지만, 이는 최종 조립 단계가 이루어지는 곳일 뿐이다. 휴대폰 안에는 미국산 그래픽 디자인 소프트웨어, 프랑스산 컴퓨터 코드, 대만산 실리콘 칩, 칠레산 구리, 볼리비아산 귀금속 등이 들어 있는 경우가 많다.[7] 기존의 무역 통계는 완제품의 전체 가치를 제조를 최종 완성한 공급망 국가의 몫으로 간주하기 때문에 이러한 복잡성을 반영하지 못한다.

이러한 무역 측정 방식의 지나친 단순화를 바로잡기 위해, 경제협력개발기구OECD 는 보다 정확한 무역 측정 방법론을 개발했다. 이 방법론은 제품에 대한 각국의 기여도, 즉 '부가가치value-added *'를 고려한다. 예를 들어, 이러한 방식은 한 국가가 완제품에 대한 자국의 (많은 경우 간접적인) 경제적 기여를 인정하지 않고, 완제품에 무역 장벽을 부과함으로써 어떻게 스스로를 해칠 수 있는지를 보여줄 수 있다.[8]

이 방법론은 한 국가의 경제가 더 발전하기 위해 원자재 공급에서

---

* 원재료나 반제품을 사용하여 완제품을 만들어내는 과정에서 가치가 얼마나 증대되는가를 파악하는 것으로 어느 한 제품이나 서비스가 생산 과정에서 얼마나 더 높은 가치를 갖게 되는지를 의미함. 예를 들어, 원목을 사용하여 가구를 만들 때 원목 자체의 가치에 비해 완성된 가구는 훨씬 더 높은 가치를 가지게 되는데, 이 과정에서 원목에 추가된 가치, 즉 가구로 완성되면서 더해진 가치를 부가가치라고 함

부품 생산, 완제품 생산으로 진화할 필요는 없다는 사실을 강조한다. 예를 들어, 베트남은 2005년부터 2016년까지 완제품 수출 비중이 64%에서 53%로 감소했지만, 동시에 수출품의 총 국내 부가가치는 약 400% 증가했다.[9]

이러한 통계는 전 세계 중산층이 1975년 10억 명에서 2006년 20억 명으로 그리고 2016년에는 30억 명으로 증가한 이유를 설명한다. 동시에 극빈층에 거주하는 전 세계 인구 비율은 1970년 약 45%에서 2018년 10%로 감소했으며, 두 가지 추세는 대부분 개발도상국에서 일어나고 있다.[10]

세계 경제가 무역과 세계화를 통해 잠재적으로 성장했으며, 공급망이 현대 비즈니스와 생활의 핵심이라는 것은 의심의 여지가 없다. 이 글로벌 공급망, 즉 '매직 컨베이어 벨트'는 원자재와 부품, 씨앗과 비료, 장비와 기계뿐만 아니라 모든 종류의 소비재를 공장과 농장으로, 소매점, 가정, 사무실, 수거 지점, 사물함, 우체통까지 운반한다.[11]

거리와 시간에 따른 거래 활성화
Enabling Trade Over Distance and Time

물류의 두 가지 기본 활동은 상품을 이동하고 보관하는 것이다. 현대의 글로벌 무역은 운송 인프라와 철도 차량, 보관 시스템의 발전 덕분에 가능해졌다. 운송과 보관은 모두 오랜 역사를 가지고 있으며 현재도 계속 발전하고 있다.

운송

국제 무역의 대부분은 바다를 통해 이루어지며, 풍력을 이용한 돛단배부터 대형 벌크 화물 범선, 증기 동력 선박, 대형 컨테이너선을 구동하는 내연기관에 이르기까지 기술이 발전했다. 예를 들어, 2017년에 진수된 마드리드 머스크Madrid Maersk 는 축구장 4개가 넘는 길이의 옅은 파란색(및 빨간) 고래 모양의 선박이다.[12] 이 선박은 화물칸과 갑판에 20,000TEU(20피트(609.6cm) 표준형 컨테이너 1개의 크기단위) 이상을 적재할 수 있는 최초의 선박이었다. 그러나 2022년에는 약 24,000TEU를 적재할 수 있는 MSC 이리나Irina 호와 같은 더 큰 선박이 취항하였다.

마찬가지로 처음에는 증기 기관이 그다음에는 디젤 엔진이 철도가 육상에서 운송물을 운송할 수 있도록 동력을 공급하였다. 유럽이나 중국과 달리, 미국의 철도망은 주로 승객보다는 화물을 운송하는 데 사용되기 때문에 대부분의 미국 공급망에서 중요한 부분을 차지한다. 그러나 철도 인프라의 범위는 철도가 화물을 싣고 내릴 수 있는 장소의 수를 제한한다. 미국에서는 트럭이 철도망의 30배에 달하는 도로망에 접근할 수 있어 운송업체가 더 많은 화물을 더 쉽게 처리할 수 있다.

트럭 운송에서 중요한 발전은 미국 오하이오주 클리블랜드Cleveland 에서 알렉산더 윈튼Alexander Winton 이 개발한 세미 트레일러semi-trailer 개념이다. 원동기와 무동력 화물 운반 장치를 구분하는 이 기본 차량 구조는 초창기 마차에 소를 끄는 유목 동물 시대로 거슬러 올라간다. 트레일러에 화물을 싣거나 내리는 동안 트랙터와 운전자는 계속 움직일 수 있다.

트럭 운송은 미국 경제에 매우 중요한 산업이다. 미국에서는 2021년에 400만 대의 대형Class 8 트랙터-트레일러 트럭과 3,500만 대의 소형 상용 트럭이 109억 톤의 화물을 운송했다.[13] 2014년 미국 50개 주 중 29 개 주에서 트럭 운송이 가장 흔한 직업일 정도로 트럭 운송은 보편화되었다.[14] 트럭 운송의 우세는 미국만의 현상이 아니다. 대략 미국 화물의 72%와 유럽 화물의 77%가 트럭으로 이동한다.[15] 트럭 운전사들은 "구매하면 배송은 트럭으로If you bought it, a truck brought it "라는 말을 즐겨 사용한다. 하지만 바다와 먼 육지로 긴급하게 배송해야 하는 화물은 일반적으로 항공으로 이루어진다.

화물 항공은 1901년 33세의 사업가 윌버 라이트Wilbur Wright가 노스캐롤라이나주 키티호크에서 동생 오빌 라이트Orville Wright와 함께 수행한 글라이더 실험에 대해 《서부 공학자 협회 저널》에서 〈몇 가지 항공 실험〉이라는 제목으로 논문을 보고하며 크게 발전했다. 라이트 플라이어Wright Flyer는 1903년 12월 17일, 오빌이 조종하여 처음으로 하늘로 날아올랐다. 시속 43km의 강풍에도 불구하고, 비행기는 시속 54km의 속도로 36.5m가량을 비행했다.

2019년 약 2,000대의 화물 항공기가 하늘을 가로질러 전 세계 거의 모든 곳으로 익일 또는 2일 배송 서비스를 제공하고 있다.[16] 그러나 대부분의 항공 여행객에게는 알려지지 않은, 2만 대가 넘는 상업용 여객기의 수화물 칸은 전체 항공 화물의 거의 절반을 운송하고 있다.[17]

항공기가 긴급하고 값비싼 화물을 높은 비용과 빠른 속도로 운반하는 반면, 파이프라인pipelines은 그 반대이다. 파이프라인은 상대적으로 단위무게당 가치가 낮은 원유, 천연 가스, 연료, 물과 같은 상품을 저속으로 운송한다. 이러한 상품은 가치는 낮지만 총 물동량이 워낙 많기 때문에 2017년 파이프라인은 미국 내 항공 화물보다 가치당 63% 더 많은

화물을 운송했다.[18]

보관

아주 오래전 공급망 초창기, 제조 작업의 시기와 고객 수요의 불일치로 인해 상품과 부품의 재고를 보관해야 했다. 예를 들어, 식품은 단기간에 수확한 후 다음 해에 천천히 소비되기 때문에 보관이 필요하다.

　　재고의 근본적인 역할은 공급망을 따라 연속되는 두 개의 공정을 분리하여 각각의 공정이 고유한 속도로 운영될 수 있도록 하는 것이다. 예를 들어, 브라질에서 유럽으로 항해하는 초대형 광석운반선 발레 브라질 Vale Brasil 호가 로테르담항에서 391,000톤의 철광석을 하역할 때, 1회 선적물은 입고 공장에서 몇 주 동안 작업할 수 있는 충분한 양이다. 그 결과, 이 공장들은 또 다른 적재물이 도착할 때까지 시간이 지남에 따라 소비될 철광석 재고를 보유하게 된다. 이것은 순환 재고cycle stock 의 한 예로, 이 경우 (공장으로) 들어오는 산발적 운송 이벤트와 철광석의 지속적인 가공 속도를 분리한다. 당연히 철광석이 브라질 측 선박에 모두 적재되기 전에 또 다른 철광석이 축적되어 연속적인 제조 공정과 운송 공정이 분리된다. 이렇게 빈번하지 않은 대량의 운송은 운송비용에 비해 상품의 재고 운반비용이 낮을 때 금전적으로 합리적이다. 하지만 이들에게는 보관 시설이 필요하다.

　　이것은 아주 오래전부터 있었던 개념이다. 11,000년 전 요르단 최초의 농부들은 곡물을 건조하고 곤충과 설치류의 접근을 막기 위해 나무 바닥을 높인 3m가량의 원통형 사일로를 만들었다. 세월이 흐르면서 창고는 점점 더 커졌다. 특히, 로마의 대형 창고horrea 는 여러 제품과 여러 고

객에게 서비스를 제공했다.[19]

현대의 공급망은 공급망 프로세스의 다음 단계를 기다리는 자재 재고 및 상품을 보관하기 위해 방대한 양의 저장 공간을 필요로 한다. 전 세계적으로 15만 개 이상의 창고가 약 7억 평(250억 평방피트)의 저장 공간을 제공했으며,[20] 이는 뉴욕시 5개 자치구 면적의 거의 3배에 달하는 규모이다.

19세기 말과 20세기 초에 체인점이 등장하면서 중앙에 상품을 보관하고 상품 수요에 따라 신속하게 소매점으로 옮기는 소매업체 운영 유통센터distribution centers 의 시대가 열렸다. 하지만 유통센터는 단순히 소매점에만 서비스를 제공하는 것이 아니었다. 100여 년 전부터 통신판매 소매업체들은 소비자에게 직접 상품을 배송하기 위해 주문처리센터를 만들기 시작했다. 여기에는 시어스Sears , 로벅앤코Roebuck & Co.(1906년), 몽고메리 워드Montgomery Ward(1915년) 등이 포함됐다. 지난 몇 년 동안, 창고 층고가 더 높아진 것 외에는 크게 바뀌지 않았다. 대부분의 혁신은 첨단 기계와 보다 나은 정보기술 도구를 사용하여 입고 및 검수 작업을 중심으로 진행되었다.

공급망의 실질적 목적

The Material Purpose of Supply Chains

공급망은 5억 7천만 농장과 수십억 명의 굶주린 소비자들을 연결한다.[1] 또한 공급망은 철, 산업용 금속, 첨단 기술 합금 및 귀금속을 생산하는 모든 공장에 1인당 연간 약 362kg의 광석을 공급하는 수천 개의 광산을 연결한다. 이러한 재료는 건축용 철근, 음료용 알루미늄 캔, 풍력 터빈용 발전기부터 항공기 부품, 각종 기계, 휴대폰 등에 이르기까지 다양한 제품에 사용된다.[2]

　더 큰 규모로 보면 공급망은 전 세계 약 1,000만 개의 공장에 필요한 모든 부품과 자재를 공급하고 구매자가 원하는 상품을 제공하는 과정의 한 단계로 이러한 공장의 생산물을 분배한다. 그러나 현대 공급망의 구조는 업스트림(조달) 공급업체에 대한 많은 의존성을 초래한다("공급망 계층의 복잡성"에서 설명한 바와 같이 제조업체는 대체로 이들 중 상당수가 누구인지 알지 못한다).

　모든 산업 제품의 기본 구성 요소인 기초 소재 기원과 흐름을 이해하는 것은 정부의 정책 결정에 특히 중요하다. 언론과 정치인들이 '리쇼어링reshoring [*]'과 '현지 생산local manufacturing'을 외치는 지금, 최종 조립 단계나 여러 공급망 단계를 국내로 가져오는 것만으로는 충분하지 않다는 사실을 깨달아야 한다. 대부분의 산업 제품의 궁극적인 원천은 지구에서 채굴해야 하는 원자재에 있다. 채굴되는 대부분의 원자재가 국내 혹은 우호국에서 추출되지 않는 한, 종종 적대적인 다른 국가에 대한 의존을 피할 수 없다.

복합 재료
Complex Materials

알루미늄은 음료수 캔부터 엔진 블록, 로켓에 이르기까지 모든 것에 사용되는 반짝이는 흰색 금속으로, 강하면서도 비교적 가볍고 부식에 강하며 쉽게 성형할 수 있고 재활용성이 뛰어나다는 평가를 받고 있다. 겉으로 보기에 알루미늄은 흙처럼 흔한 원소이며, 지구 지각에서 산소와 실리콘에 이어 세 번째로 풍부한 원소이다. 알루미늄의 두 가지 주요 광

---

[*]　비용 등을 이유로 해외에 나간 자국 기업이 다시 국내로 돌아오는 현상. 기업의 생산기지 해외이전을 뜻하는 오프쇼어링off-shoring에 반대되는 개념임

그림 7 전 세계 보크사이트 매장지(출처: US Geological Survey, 2014)

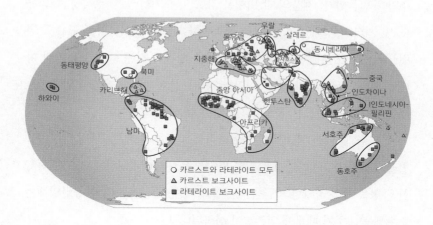

석인 카르스트 보크사이트karstic bauxite와 라테라이트 보크사이트lateritic bauxite의 매장지는 **그림 7**에서 볼 수 있듯이 전 세계 대부분의 지역에서 쉽게 발견된다.[3]

전 세계 약 200개의 제련소에서 광석을 금속으로 변환시킨다. 매년 (2020년 기준) 전 세계 생산업체에서 생산되는 알루미늄의 양은 전 세계 인구 1인당 8kg에 달한다.[4]

그러나 '알루미늄'은 단순하고 순수한 제품이 아니다. 알루미늄 생산자와 사용자는 100가지 이상의 표준화된 알루미늄 합금을 정의했다. 각 합금에는 비스무트bismuth에서 지르코늄zirconium에 이르기까지 최대 12가지 합금 성분의 특정 양을 요구하는 BOM이 있다. 또한 알루미늄 제조업체는 금속의 특성을 조정하기 위해 경화, 열처리 및 고온 시효artificial aging^{**}를 위해 수행되는 특정 작업량으로 정의되는 24가지의 지정된 처리 조건을 만들었다. 제품의 각 변형은 강도, 온도저항성, 내부식성, 제조용도 및 기타 속성의 특정 조합을 제공한다. 금속 합금은 잉곳ingots, ^{***} 빌릿billets, ^{****} 압연판, 시트, 와이어 및 압출 성형과 같은 특정 표준화된 형태로 성형되는 경우가 많다. 이러한 형태는 알루미늄 사용자가 알루미늄 부품 및 제품을 만드는 공정을 시작하는 데 필요한 것이다.

그 결과, 많은 제조업체가 일반적으로 구할 수 없는 특정 알루미늄 합금에 의존하고 있다. 경우에 따라서 특정 애플리케이션에 필요한 정확한 특성을 가진 정확한 합금을 생산할 수 있는 전문성을 갖춘 공급업체는 소수에 불과하기 때문에 의존성이 심화된다.

복잡한 제조 공정
Complex Manufacturing Processes

최신 반도체 칩은 세상에서 가장 정교한 제품 중 하나다. 2021년 IBM은 손톱만 한 크기의 칩 하나에 500억 개의 트랜지스터를 장착할 수 있는 2 나노미터 칩을 발표했다.[5] 이처럼 복잡한 제품을 나노 단위로 생산하는 것은 흔하지 않은 고유한 능력을 필요로 하기 때문에 문제가 생기면 쉽게 대체할 수 없다. 그러나 이러한 고유성은 가장 정교한 제품에만 국한되

---

^{**} 성상을 인공적으로 급속히 안정시키기 위해서 상온보다 높은 온도에서 행해지는 열처리

^{***} 제련된 금속을 나중에 압연·단조 등의 가공처리를 하거나 다시 용해를 할 목적으로 적당한 크기와 형상으로 주조한 금속 덩어리

^{****} 단조, 압연, 사출에 의해 열간 가공된 원형 또는 각형의 반제품

지 않는다. 공급망이 전문화되고 복잡한 공정에 의존하게 된 또 다른 예로는 잘 알려진 아침 시리얼 그레이프넛Grape-Nuts이 있다.

1897년에 찰스 윌리엄 포스트Charles William Post는 밀, 보리, 소금, 효모라는 네 가지 간단한 재료로 구운 덩어리로 만든 바삭바삭한 식품인 그레이프넛을 개발했다. 포스트 컨슈머 브랜드의 최고성장책임자인 딕슨T.D. Dixon은 "일부 현대화 과정을 제외하면, 최고의 바삭함과 식감을 얻기 위해 주철 팬을 사용하여 강하게 굽는 핵심 제조 방식과 공정은 거의 변하지 않았다"라고 말한 후 "125년 전이나 지금이나 변함없는 제품이다"라고 덧붙였다.[6]

코로나19가 발생하고 사람들이 집에 갇혀 지내면서 아침 식사 및 간식으로 그레이프넛의 수요가 급증했고, 매장 진열대의 제품은 모두 동났다. 팬들은 그레이프넛이 단종되는 것이 아닌가 걱정했다. 하지만 사실이 단순한 제품에도 그리 간단하지 않은 생산 시스템이 필요했다. 그레이프넛 브랜드 매니저 크리스틴 드록Kristin DeRock은 "그레이프넛은 쉽게 복제할 수 없는 독점적인 기술과 생산 공정으로 만들어졌기 때문에 이 기간 동안 수요에 맞춰 생산을 전환하기가 더 어려웠다"라고 문제를 설명했다.[7] 이 사례에서 알 수 있듯이, 간단한 재료로 만든 단순한 제품이라도 저렴한 고품질 소비재를 대량으로 생산하기 위해서는 복잡한 장비가 필요할 수 있다. 이러한 경우 회사는 부족한 물량을 보충하기 위해 선별되지 않은 공급업체를 사용할 수 없다.

공급망 계층의 복잡성
Complexity in the Tiers

그림 5는 공급 계층이 3개인 공급망을 보여주지만, 몇 가지 측면에서 지나치게 단순화되어 있어 중요한 공급망 관리 문제를 숨기고 있다. 첫째, 대부분의 기업은 3차 협력사 이상의 공급업체를 보유하고 있다. 둘째, 대부분의 기업이 모든 하위 계층 공급업체의 이름을 매핑한 **그림 5**의 다이어그램을 쉽게 만들 수 없는데, 모르는 공급업체들이 더 많기 때문이다. 셋째, 단순화된 다이어그램은 공급업체의 직접적인 공급망만 포함하고, 모든 공급업체와 연결된 또 다른 모든 기업들을 포함하는 것은 아니다. 실제로 공급망의 복잡하고 깊은 계층 구조는 몇 가지 중요한 문제를 야기한다.

심층적 불투명성 문제

첫 번째 문제는 불투명성opaqueness 인데, 즉 제조업체가 자체 공급망의 깊숙한 곳까지 들여다볼 수 없다는 것이다. BOM에는 제조업체가 1차 협력사로부터 구입하는 부품과 자재가 나열되어 있고, 회사의 기록에도 이러한 공급업체가 명시되어 있지만, 대부분의 제조업체는 1차 협력사에 납품하는 2차 협력사 이상의 하위 공급업체의 신원을 알지 못한다. 그럼에도 불구하고, 광범위한 소재 및 부품 공급업체 생태계에서 어느 한 공급업체에 영향을 미치는 공급 부족이나 중단이 발생하면 최종 제품 부족을 초래할 수 있다.

　2011년 3월 11일 일본에서 발생한 지진, 쓰나미, 원전 붕괴라는 3중 재난에 대응하는 과정에서 인텔의 비즈니스연속성Business Continuity, BC

팀은 자재, 제품, 프로세스에 대한 예상되는 문제를 파악하는 데 집중했다.***** 인텔은 일본에 자체 공장이 없기 때문에 BC팀은 공급업체 문제, 특히 피해 지역의 공급업체로부터 조달하는 365개의 자재 현황에 초점을 맞췄다. 재해 발생 4일 후, 인텔은 1차 협력사(Tier 1)에 큰 문제가 없다는 것을 알게 되었다. 최악으로는 몇몇 1차 협력사에서 며칠간의 생산 중단이 발생했지만 인텔의 생산 일정을 위협할 만한 상황은 아니었다.

인텔의 1차 협력사에 납품하는 심층 단계의 공급업체의 상태를 추적하는 데는 더 오랜 시간이 걸렸다. 3월 20일까지 인텔은 2차 협력사(Tier 2)에도 사소한 문제가 있었지만, 3차 협력사(Tier 3), 4차 협력사(Tier 4) 및 그 이상의 하위 공급업체에는 더 심각한 문제가 있다는 것을 알았다. 인텔은 심각한 문제가 있는 공급업체를 모두 60개로 파악했다. 이들 중 대부분은 단일 공급업체로 고유한 역량을 갖춘 전문 화학물질 제조업체였다.[8]

GM에도 같은 문제가 닥쳤다. 하지만 쓰나미가 발생한 지 3일 후인 3월 14일까지 GM이 파악한 가동 중단 공급업체는 30개에 불과했고, 영향을 받은 390개의 부품만 확인했다. 하지만 복구팀이 작업을 진행하면서 점점 더 많은 부품 조달에 문제가 있다는 것을 발견했다. 문제의 부품 숫자는 3월 24일 1,551개, 3월 29일에는 1,889개, 4월 13일에는 5,329개, 5월 27일에는 5,850개로 늘어났다. 부족한 부품은 모두 심층 단계의 공급업체에서 만든 부품에서 발생했다(GM의 대응은 "불확실한 세상의 회복탄력성" 부분에서 설명됨).[9]

***** 별도의 인텔 팀이 일본 내 인텔 직원들과 일본 공급업체 직원 모두의 건강과 안녕에 집중했다. 자세한 사항은 요시 셰피, 《무엇이 최고의 기업을 만드는가: 리질리언스! 기업 위기 극복의 조건》, 류종기, 손경숙 옮김(프리이코노믹북스, 2016) 참조

심층 제어 문제

기업은 하위 심층 단계의 협력사에 대한 가시성 부족과 함께 공급업체의 그릇된 행동에 대한 통제력 부족이라는 문제도 해결해야 한다. 2007년 마텔Mattel은 자사 장난감에 납 페인트가 함유되어 있다는 스캔들에 직면했다. 유럽의 한 소매업체가 장난감을 정기적으로 검사한 결과, 마텔의 일부 장난감의 페인트와 코팅에서 납이 허용기준치를 초과한 것으로 드러났다. 마텔은 해당 장난감의 생산을 즉시 중단하고 원인을 조사하여 문제를 확인한 후 2007년 8월 초 83종의 장난감 약 100만 개를 리콜한다고 발표했다.[10] 이후 테스트에서 납에 오염된 다른 장난감도 발견되어 그해 가을 마텔은 추가로 100만 개의 장난감을 리콜해야 했다.[11] 게다가 미국 납 페인트 사용금지 규정을 위반하여 230만 달러의 벌금을 지불하기도 했다.[12] 더 중요한 것은, 이 사건으로 인해 소비자와 언론으로부터 기업 브랜드 가치가 하락하였고, 리콜 사태가 한창 진행되던 동안 주식의 가치도 25% 하락했다.[13]

사실 결함은 마텔의 공급망 깊숙한 곳에서 발생했다. 마텔이 모르는 사이에 중국 내 1차 협력사에 오랫동안 페인트를 공급해온 2차 협력사(Tier 2 공급업체)에 페인트 착색제가 부족했다. 이 회사는 인터넷을 통해 신속하게 백업 공급업체를 찾았고, 납이 함유되지 않았다는 인증을 믿고 (이후 허위로 밝혀짐) 해당 공급업체(3차 협력사)와의 납품 계약을 진행했다. 페인트 공급업체는 테스트를 진행하면 생산이 지연될 수 있기 때문에 새로운 착색제를 테스트하지 않겠다고 했다. 그러나 현장 담당자들은 새 페인트에서 기존 페인트와는 다른 냄새가 난다고 지적했다.[14]

이와 같은 위험을 피하기 위해 기업은 공급업체 투명성 확보에 투

매직 컨베이어 벨트

자하여 공급망의 업스트림에서 누가 무엇을 하고 있는지 최대한 파악하려고 한다. 그러나 제품의 재료와 부품의 출처를 업스트림 공급업체까지 추적하는 것은 일반적으로 어렵고 대부분의 경우 1차 협력사를 넘어서는 하위 공급업체는 직접적인 거래 관계가 없기 때문에 실현 불가능한 일이다. 게다가 대부분의 협력사는 자신의 공급업체가 누구인지 기업에 밝힐 유인이 없다. 모든 계층에서 공급업체는 자체 공급망 구조를 영업 비밀이자 경쟁우위로 간주한다. 또한 고객이 자신을 우회하여 일부 부품이나 자재를 공급업체로부터 직접 구매할까 봐 우려하기도 한다. 이러한 '안개 fog' 같은 불확실성은 더 깊고 깊은 계층으로 파고들수록 더욱 커진다.

일부의 경우, 기업들은 자사의 공급망을 더 잘 이해해야 한다고 판단했다. 예를 들어, 2021년의 반도체 공급 부족 사태 이후, 몇몇 자동차 회사는 반도체 칩 제조업체와 직접적인 관계를 구축하는 데 투자했다. 칩 제조업체는 자동차 산업의 공급업체에 제품을 판매하고, 공급업체는 서브어셈블리에 칩을 내장시켰다. 대시보드, 현가장치, 심지어 타이어와 같은 대부분의 자동차 부품에는 전자 장치가 내장되어 있기 때문에, 자동차 제조업체는 이러한 반도체 칩 제조업체로부터 직접 구매하지는 않더라도 칩 제조업체의 개발 계획, 제품 로드맵, 용량 계획, 심지어 1차 협력사에 대한 가격 책정 구조를 더 잘 이해할 필요가 있다고 판단했다.

간접 계층 문제

기업의 공급망에 직접적으로 속해 있지는 않지만 어떤 식으로든 연결되어 있는 다른 기업이 공급망에 미치는 간접적인 영향은 더욱 불투명할 수 있다. 예를 들어, 모든 계층의 거의 모든 공급업체는 다양한 고객을 보유하게 된다. 공급업체의 고객은 서로 경쟁관계에 있는 경우가 많기 때문에 경쟁업체 간에 복잡한 상호작용이 발생한다. 다른 여러 고객들과 한 공급업체를 공유하고 있는 경우, 공급 부족이나 중단이 발생하면 경쟁업체들은 부족한 공급품을 확보하기 위해 서로 경쟁해야 한다.

동시에 이러한 공급업체는 경쟁기업 간에 상호의존성을 형성하기도 한다. A사의 주요 경쟁업체인 B사가 파산하면 B사의 주요 공급업체인 C사가 피해를 입을 수 있는데, C사는 A사의 주요 공급업체일 수도 있다.

2008년 글로벌 금융위기가 기업을 황폐화시키던 당시, 포드 CEO 앨런 멀러리Alan Mullaly는 시장에서 가장 치열한 경쟁사들을 구하기 위해 미국 의회에 정부 구제 금융을 요청했다. 그는 포드 공급업체의 90% 이상이 GM과 크라이슬러에도 납품하고 있다고 주장하며, "다른 국내 기업 중 한 곳이 파산을 선언하면 포드의 생산 운영에 미치는 영향은 몇 시간은 아니더라도 며칠 내에 체감될 것이다. … JITJust-in-time(적시생산시스템)을 위한 부품이 없다면 포드 공장은 차량을 생산할 수 없을 것이다"라고 말했다. 또한 멀러리는 자동차 제조사 빅 3의 딜러망이 상당 부분 겹친다고도 주장하며 "[포드 경쟁사 중] 한 곳이 실패하면 그 회사의 영향을 받는 우리 딜러들에게도 분명히 큰 영향을 미칠 것이다. 요컨대, 자동차 연구센터 Center for Automotive Research의 추정에 따르면 경쟁사 중 하나가 무너지면 모든 자동차 제조업체, 공급업체 및 딜러사에 파급 효과가 발생하여 첫 해에 거의 3백만 개의 일자리가 사라질 것이다"라고 결론지었다.[15]

매직 컨베이어 벨트

산업 간 과제

많은 경우 한 공급망의 붕괴는 다른 공급망에 영향을 미치는 사건으로 인해 발생할 수 있다. 예를 들어, 2021년에는 고양이 사료, 특히 고급 통조림 사료가 부족했다. 까다로운 고양이를 키우는 주인(집사)들에게는 고양이에게 필요한 사료를 구할 수 없다는 생각은 그야말로 재앙(cat-astrophe, 고양이의 cat을 강조)이었다. 코로나19 팬데믹 셧다운 기간 동안 외로움을 달래기 위해 반려동물을 키우는 사람들이 늘어나면서 프리미엄 고양이 사료에 대한 수요가 증가한 것이 문제였다. 또한 고양이 사료에 자주 사용되는 육류 부위의 공급이 제한되면서 일부 공급 부족이 발생했다. 그러나 더 심각한 문제는 고양이 사료로 사용되는 캔이 부족하다는 것이었다.

고양이 사료 캔 부족 사태는 수요 증가와 재료 부족으로 야기된 여러 종류의 알루미늄 캔의 광범위한 공급 부족의 일부였다.[16] 알루미늄 공급 부족뿐만 아니라 2021년에는 마그네슘도 부족해졌다. 마그네슘이 특정 고강도 알루미늄 합금의 중량에서 차지하는 비율은 극히 일부에 불과하지만, 캔에 사용되는 알루미늄에는 필수적인 성분이다.

이러한 알루미늄과 마그네슘의 부족은 공급망에 더 깊은 뿌리를 두고 있으며, 이들 1차 금속의 숨겨진 성분과 관련이 있다. 알루미늄과 마그네슘을 생산하기 위해서는 에너지가 많이 투입된다. 전력 소비와 탄소 배출을 줄이기 위해 2021년 중국 정부는 마그네슘 제련소, 알루미늄 제련소 및 기타 주요 산업 제품의 에너지 집약적 생산업체에 감산을 의무화하여 공급 부족을 증폭시켰다.[17]

서로 다른 산업의 여러 공급망이 동일한 투입물 또는 동일한 서비스에 의존할 때 산업 간 영향이 발생할 수 있다. 대표적인 예로 비타민이 함유된 빵에 발라먹는 마마이트Marmite는 영국에서 인기가 많은 고소한 스프레드이다. 버터를 바른 토스트에 짭조름한 감칠맛에 중독된 사람들은 코로나 19 기간 동안의 제품 부족 현상을 지구 종말 대전쟁에 빗대어 '마마겟돈Marmageddon'이라고 불렀다. 마마이트 부족 현상은 코로나19 감염 확산 속도를 늦추기 위해 2020년 3월부터 술집이 문을 닫은 것이 주요 원인이었다. 폐쇄 조치로 인해 영국 맥주 소비량이 감소했고 맥주 생산량 역시 감소했다. 둘은 어떤 연관성이 있는 걸까? 효모yeast는 마마이트의 주성분이다. 효모 생산업체인 랄르망Lalemand의 앤드루 패터슨Andrew Paterson 영업부장은 "맥주를 발효시킬 때마다 많은 양의 효모가 남게 된다. 일부는 다음 양조에 사용할 수 있지만, 항상 필요한 양보다 더 많이 남게 된다"라고 말했다. 맥주 생산량이 줄어들면서, 과잉 효모도 줄어들었다. 마마이트를 제조하는 유니레버Unilever는 "양조업체에서 효모 공급이 줄었기 때문"이라고 마마이트 부족 사태의 원인을 분석했다.[18]

양조 부산물byproduct로 만들어진 제품은 마마이트뿐만이 아니다. 30가지가 넘는 식품이 맥주 효모나 맥주 찌꺼기를 원료로 사용한다. 이러한 맥주 부산물은 다양한 곡물 기반 식품, 스낵, 비건 식품 및 육가공품을 개선할 수 있는 영양 농축(섬유, 단백질 및 비타민 첨가) 및 물리적 특성(예: 수분 유지, 텍스처, 향 결합 및 겔화)을 제공할 수 있다. 마찬가지로 밀 농가는 밀짚과 같은 부산물을 동물 사료, 바이오 연료, 퇴비화 가능한 바이오 플라스틱 등에 사용할 수 있다.

제품-부산물 공급망의 순 효과는 두 제품이 각각의 공급망에서 일부 공정이나 상품을 공유하기 때문에 한 제품(예: 맥주)에 대한 수요가 중단되면 겉으로 보기에는 무관해 보이는 제품(예: 영국인들의 주식인 빵에 발

　　　　　　　　　　　　　　　매직 컨베이어 벨트

라먹는 짭짤한 스프레드)의 공급에 차질이 생길 수 있다는 것이다. 부산물이 총생산량의 극히 일부분인 경우에는 특별한 문제가 발생한다. 부산물 구매자가 더 많은 부산물을 얻기 위해 생산자에게 생산량을 늘리기 위한 비용을 지불할 여력이 없을 수도 있다. 예를 들어, 라거 양조에서는 맥주 1리터당 1.71~1.99g의 잔여 효모가 생성된다.[19] 따라서 마마이트 10~12g을 더 얻으려면 불필요한 맥주 6~7리터를 양조해야 하는 매우 높은 비용이 발생할 수 있다.

멀티모달의 복잡성

Multimodal Complexities: The T-Shirt

공급망 다이어그램의 단순한 화살표(예: 그림 4 참조)는 '거리와 시간에 대한 무역 활성화' 부분에서 언급한 화물 운송의 진정한 복잡성을 설명해주지 못한다. 여름용 중간 사이즈의 하늘색 티셔츠 한 장이 방글라데시 다카Dhaka 의 의류 공장에서 미국 보스턴에 사는 한 소비자에게 전달되는 여정은 쥘 베른Jules Verne 의 소설《80일간의 세계일주Around the World in 80 Days》와 매우 흡사하다. 두 이야기 모두 대부분의 주행거리(마일리지)가 대양을 항해하는 배나 대륙을 횡단하는 기차에서 발생하는 것처럼 전 세계를 이동하는 매우 복잡하고 긴 여정을 보여준다.

여정의 시작
The Journey Begins

방글라데시 다카 의류 공장에서 작업자들은 미국 보스턴 사람들이 구매하게 될 72장의 티셔츠 세트(4가지 사이즈 각 18장씩)를 60×45×45cm 크기의 골판지 상자에 포장한다. 이 상자 100개가 공장 하역장 근처에 차곡차곡 쌓인다. 모든 상자가 포장되어 미국 대형 의류 소매업체의 물류센터로 해외여행을 시작할 준비가 되면, 중형 화물 트럭이 상자들을 싣고 혼잡한 고속도로를 지나 항구 도시 치타공Chittagong 까지 160km가량 거리의 첫 번째 구간을 이동한다.[1]

트럭이 항구에 도착하면, 작업자들은 티셔츠 상자 100개를 12m 길이의 운송 컨테이너로 옮긴다. 하지만 이 컨테이너에는 비슷한 크기의 상자를 475개 이상 넣을 수 있기 때문에, 통합운송회사consolidator 는 다른 직물 및 액세서리 제조업체의 운송물을 추가하여 미국 소매업체에 비용 효율적이고 완전한 상품 컨테이너로 채운다. 채워진 컨테이너는 특별히 설계된 개방형 트레일러인 섀시 위에 놓는다. 항구를 오가는 컨테이너를 운송하도록 설계된 드레이지Drayage 트럭이 섀시에 놓이고 채워진 컨테이너를 치타공 항구로 옮긴다. 항만 시설에서는 '스트래들 캐리어straddle carrier'라고 불리는 육상 이동 차량이 트럭의 뒤쪽으로 운전하며 컨테이너를 겹쳐서 들어 올려 다른 컨테이너와 함께 쌓을 수 있도록 운반한다.

공해상으로 떠나다
Out on the High Seas

대형 허브 항구와 외곽 항구 사이를 오가며 화물을 운송하는 피더feeder 선으로 알려진 소형 컨테이너선이 치타공에 정박해 방글라데시행 인바운드 화물을 하역하면, 다른 스트래들 캐리어가 소매업체의 컨테이너를 픽업하여 선박 옆에 놓는다. 그런 다음 소형 선박에 실린 크레인이 컨테이너를 들어 올린다.

항구에서 2일간 선적한 후, 이 작은 선박은 미얀마, 태국, 말레이시아 해안을 따라 남쪽으로 항해하며, 중간 중간 기항하며 일부 컨테이너를 인도하고 다른 컨테이너를 픽업한다. 이 선박은 세계 최대의 환적 항구인 싱가포르로 향하며, 이곳에서 컨테이너는 목적지로 가는 도중 배를 갈아타게 된다. 이는 거대한 글로벌 허브 항구에 해당하지만, 승객이 아닌 컨테이너를 운송하는 곳이다.

피더선은 약 2주 후 싱가포르의 작은 부두 중 한 곳에 정박하여 화물이 통관 절차를 마치고 기타 여러 규제 절차에 적합하다는 판정을 받으면 크레인이 컨테이너를 들어 올려 트럭에 고정된 섀시 위에 올려놓는다. 그런 다음 트럭은 컨테이너를 수심이 깊은 항구의 다른 지역으로 몇 킬로미터를 운전하여 가장 큰 컨테이너선들이 정박하는 곳으로 이동한다. 터미널에서 트럭은 컨테이너 블록들 사이 긴 통로를 따라 이동식 갠트리 크레인 아래에 멈춰 섀시에서 컨테이너를 픽업하여 지정된 임시 보관 장소에 적재한다.

미국행 대형 컨테이너선이 싱가포르에 도착하여 하역을 마치고 적재 준비가 되면 항구 곳곳의 갠트리 크레인이 컨테이너를 적재함에서 꺼

매직 컨베이어 벨트

내 선박으로 운반하는 셔틀에 싣기 시작한다. 느리게 움직이는 6차선 고속도로처럼 보이는 이 모든 셔틀버스는 선박 옆에 위치한 7개의 거대한 부두 크레인 중 하나 아래로 이동한다. 레일 위에서 선박과 나란히 움직이는 이 크레인은 부두의 6차선 셔틀 위를 어슬렁거리며 셔틀에서 컨테이너를 꺼내고, 축구장 길이의 3분의 2가 넘는 긴 크레인 팔을 이용해 강철 상자를 선박 위로 들어 올린다. 거대한 크레인이 수천, 수만 개의 컨테이너를 들어 올려 선박에 실은 후, 거대한 선박은 태평양을 건너 캘리포니아의 롱비치 항구까지 4주간의 여정을 떠난다.

레일을 타고
Riding the Rails

선박이 미국 서부 롱비치Long Beach 항에 정박하면 거대한 선박−해안 크레인이 화물 적재 프로세스를 역으로 진행한다. 롱비치에서는 인바운드 컨테이너를 섀시 위에 올려놓은 다음 트럭으로 운반하여 7개의 긴 평행 선로가 있는 철로 옆에 주차한다. 철로와 컨테이너 주차 구역을 가로지르는 또 다른 크레인이 컨테이너를 들어 올려 컨테이너를 운반하기 위해 특별히 제작된 복합 철도 차량 위에 적재한다. 804m 길이의 열차에 컨테이너를 모두 실으면, 열차는 롱비치 항구와 로스앤젤레스를 연결하는 32km 길이의 복선 전용 철도 노선인 알라메다 코리도Alameda Corridor 를 따라 모든 컨테이너를 운송한다. 기차역에서는 '야드 엔진' 또는 '스위처'로 알려진 소형 기관차가 티셔츠를 담은 컨테이너를 싣고 있는 복합 철도 차량을 조종하여 시카고 지역으로 향하는 3.2km가량의 기다란 철도회사

BNSF 열차에 추가한다.

컨테이너가 로스앤젤레스 철도역에서 시카고 인근 일리노이주 엘우드Elwood에 있는 복합 운송 센터까지 이동하는 데는 약 3일이 걸린다. 엘우드에서 컨테이너는 섀시로 옮겨져 트랜스 로딩 센터로 이동한다. 이 센터에서는 모든 상자를 컨테이너에서 내리고 소매업체의 지역 물류센터DC에 따라 분류한다. 그런 다음 지게차가 쉽게 하역 센터를 통과할 수 있도록 상자를 팔레트 위에 올려놓고, 중형 하늘색 티셔츠의 경우 소매업체의 미국 북동부 물류센터를 위한 다양한 상품으로 채워진 다른 컨테이너에 넣는다. 이 컨테이너를 실은 섀시는 트럭에 실려 다시 철도역으로 옮겨져 미국 전역으로 이동한다.

배송 준비
Ready for Distribution

열차가 뉴욕 동부의 철도 터미널에 도착하면 크레인이 컨테이너를 철도 차량에서 내려 섀시 위에 올려놓고 트럭이 컨테이너를 소매업체의 인근 물류센터로 이송한다. 거기서 지게차가 컨테이너에서 팔레트를 꺼내면 작업자들은 팔레트를 분해하여 창고 선반의 지정된 슬롯에 상자를 놓는다. 티셔츠는 소매업체의 보스턴 지점에서 매장으로 옮길 시기를 결정할 때까지 창고에 남아 있다.

지역 소매업체에서 여름 시즌 상품을 주문하면 물류센터 직원들은 창고 선반에서 하늘색 티셔츠가 담긴 상자를 포함해 다양한 상자를 선택해 보스턴에 사는 소비자들의 취향과 여름철 취미에 맞는 다양한 티셔츠, 반바지, 모자, 액세서리로 구성된 소매업체의 여름 컬렉션이 담긴 팔레트를 만든다. 다음으로 지게차가 팔레트를 트럭으로 옮겨 대형 매장으로 배송한다. 매장 뒤편에 있는 소형 전동 팔레트 잭이 트럭의 하역을 돕는다. 다음으로 매장 직원이 소형 핸드 트럭을 이용해 의류 상자를 진열대로 옮기면 매장 직원이 상자의 포장을 풀고 진열대에 티셔츠를 깔끔하게 진열하여 소비자가 찾아서 구매할 수 있도록 준비한다.

멀티모달 운송의 시사점
Implications of Multimodal Transportation

위의 사례는 여러 운송 수단을 포함하는 장거리 공급망에 대한 몇 가지 시사점을 설명하고 있다. 이 예에서 보면 수많은 상자들 중에서 상자 안에 있는 티셔츠 한 장을 배송하는 데 약 24개의 서로 다른 운송 수단이 관여했다. 여기에는 선박, 트럭, 섀시, 컨테이너, 복합 레일카, 기관차, 화물을 들어 올리고 위치를 정하는 다양한 유형의 크레인과 지게차를 포함한다. 그리고 대부분 이러한 운송 수단에는 화물을 픽업, 이동, 배치하기 위해 한 명 이상의 숙련된 작업자가 필요하다.

특히 세관 검사, 위생 검사, 보안 검사, 컴플라이언스 감사 및 관련 프로세스를 거치는 동안 화물은 이동을 멈춰야 하며, 이 모든 것들은 연속적인 운송 및 이동 사이의 지연을 초래한다.

지연의 또 다른 주요 원인은 선박, 기차, 트럭과 같은 화물 차량의 경제성에서 비롯된다. 한 가지 예로, 차량의 운영비용(연료, 인건비, 장비 등)은 화물칸이 비어 있든, 반쯤 차 있든, 완전히 차 있든 거의 동일하다. 또 다른 예로, 유휴 차량은 수익이 전혀 발생하지 않기 때문이다. 따라서 고가의 차량에 대한 재정적 수익을 극대화해야 하는 화물 운송업체는 차량이 도착하는 즉시 최대한 빨리 화물을 적재하고 신속하게 출발할 수 있도록 차량의 운행을 계획할 것이다. 이러한 경제적 필요성 때문에 일반적으로 시설에 컨테이너 또는 트레일러를 채울 만큼 충분한 화물이 쌓이거나 운송 수지타산이 맞을 정도로 충분한 컨테이너 또는 레일카를 확보하는 동안 운송물은 적재 구역, 항만 또는 터미널에서 대기해야 한다.

티셔츠의 사례는 여러 운송 수단을 이용하는 장거리 화물 이동에서 '다른 화물들을 기다리는 화물' 지연이 다양한 기간 동안 수십 번 발생할 수 있음을 보여준다. 이러한 지연은 공장, 항만 컨테이너 야적장 및 터미널, 멀티모달multimodal(1개 이상의 복합 수단을 필요로 하는 방식) 철도 야적장 및 물류센터에서 발생할 수 있다. 모든 화물 이동에는 화물, 차량, 승무원, 서류 작업 심지어 연료까지도 모두 적시에 같은 장소에 모여야 함을 유의해야 한다. 먼저 도착하는 쪽이 늦게 도착하는 쪽을 기다려야 한다. 어떤 경우에는 몇 분만 기다릴 수도 있지만(예: 스트래들 캐리어가 컨테이너를 싣고 오는 데 걸리는 시간), 어떤 경우에는 일주일이 걸릴 수도 있다(예: 싱가포르행 다음 정기 피더선을 기다리는 경우). 기간에 관계없이 지연이 누적되면 화물이 이동하는 시간보다 대기하는 시간이 더 길어질 수 있다.

화물 차량의 경제성 때문에 비용과 서비스 간에 불가피한 상충관계 trade-offs(어느 것을 얻으려면 반드시 다른 것을 희생하여야 하는 경제 관계)가 발생하기도 한다. 화주 입장에서는 전용 운송수단을 통해 고객에게 직접 운송할 전체 화물을 쌓아두면 화물 톤당 운송비용을 최대한 낮출 수 있다. 트럭 운송에서는 이러한 직접 운송을 '만재 트럭full truckload'(FTL 또는 그냥

매직 컨베이어 벨트

TL)이라고 한다. 하지만 운송수단을 채울 충분한 화물이 있을 때까지 기다리는 것은 긴 지연을 초래할 수 있고, 잠재적으로 화물이 더 빨리 필요한 고객들에게 문제를 일으킬 수 있다. 하지만 화물이 충분히 채워질 때까지 기다리면 운송이 오래 지연되어 화물이 더 빨리 필요한 고객에게 문제가 발생할 수 있다. 차량을 채우지 않고 발송하는 것은 비용과 낭비를 초래할 뿐만 아니라 환경에도 부정적 영향을 미친다는 다른 형태의 우려 사항도 있다.

부분적으로 적재된 트럭의 비용 또는 낭비 없이 소량 상품을 운송하고자 하는 화주들의 욕구는 일부 운송업자들로 하여금 통합 운영을 전문화하게 한다. 일부 운송업체는 부분 적재 트럭의 비용이나 낭비 없이 소량의 물품을 운송하고자 하는 화주의 요구에 따라 통합 운영, 즉 여러 화주의 화물을 통합하여 전체 화물 차량을 만드는 작업을 전문화하게 한다. 예를 들어, 일부 트럭 운송회사는 소량화물트럭Less Than TruckLoad, LTL 서비스를 전문으로 한다. 이러한 작업에서는 한 대 이상의 트럭이 도시의 화주로부터 화물을 픽업하여 도시 터미널에서 하역한 후 하나 또는 여러 개의 대형 '허브' 또는 '브레이크벌크breakbulk' 터미널로 향하는 아웃바운드 트럭에 적재된다. 그곳에서 화물은 다시 분류되어 다른 도시 터미널로 향하는 아웃바운드 트럭에 적재된다. 목적지 도시 터미널에서는 분류 작업이 반복되고 화물이 배송 트럭에 적재된 후 고객의 부두에 정차하여 화물을 배송한다. 이러한 서비스는 모든 운송 수단에 존재한다. 철도는 '매니페스트 서비스manifest service'를 제공하는데, 이는 특정 지역에서 철도 차량을 한곳에 모아 같은 방향으로 가는 차량들을 열차로 구성하는 서비스이다. 다음 역은 일반적으로 차량을 분류하고 다시 열차로 통합한 후 목적지 야드로 보내 화주에게 배송하는 철도 허브이다. 해상 운송업체는 여러 개의 가득 찬 컨테이너를 통합하여 선박에 적재한 다음 환적 항구를 사용하여 컨테이너를 다른 항구를 운행하는 선박으로 옮긴다. 환적은 주로 대형 선박과 소규모 항구에 운행하는 소형 선박 간에 이루어진다.

직접 운영과 통합 운영의 차이는 출발지에서 목적지까지 '화물'을 직접 운송하는 택시 서비스와 많은 승객이 같은 버스나 자동차를 이용하고 때로는 허브 터미널에서 차량을 갈아타야 하는 대중교통 서비스 차이와 비슷하다. 그리고 많은 항공 여행객이 허브 공항의 통합 운영 방식에 익숙하지 않은 것 역시 사실이다. 궁극적인 통합 시스템의 예는 9장 "더 빨라진 리드타임" 부분에서 설명하고 있다.

　매직 컨베이어 벨트

공급망과 사람: 성장과 번영의 길

Supply Chains and People: Of Growth and Prosperity

공급망은 생활 수준 향상이라는 어려운 과제와 지구 자원의 공평한 공유라는 도전적 목표가 교차하는 지점에 있다. 실제로 공급망은 양쪽 모두에서 이러한 문제를 해결하고 있다. 공급망은 소비자와 기업 모두에 더저렴한 제품을 제공하여 식품, 의류, 의약품, 요리, 조명, 냉난방, 운송및 산업에 필요한 일상적인 에너지 비용을 낮추는 데 도움을 준다.

공급망은 또한 매우 많은 일자리를 제공한다. 앞서 3장 "무역의 숨겨진 현실"에서 언급했듯이, 지난 반세기 동안 효율적인 글로벌 공급망이가난한 나라의 근로자와 부유한 나라의 시장을 연결시킴에 따라 전 세계중산층은 20억 명 증가했고 극빈층은 이전의 4분의 1 수준으로 떨어졌다.[1] 그러나 이러한 공급망을 작동시키는 데 사람의 중요한 역할이 간과되는 경우가 많다.

공급망의 사람들
People in Supply Chains

공급망에 대한 논의는 종종 공급망을 통해 소비자에게 전달되는 특정 자재, 부품 또는 제품을 강조한다. **그림 4**의 일반적인 공급망 다이어그램에서는 이러한 흐름을 공장, 창고, 소매업체 그리고 최종적으로 소비자에 다다르는 화살표로 표현한다. 그러나 실제로는 이러한 각 시설 내부와 흐름 따라 이동하는 차량 안에는 공급망 운영에 절대적으로 필요한 많은 '사람'들이 자기 자리에서 열심히 일하고 있다.

MIT대 혁신과학정책연구소MIT Lab for Innovation Science and Policy 의 분석은 "공급망 산업은 경제의 크고 뚜렷한 부분"이라고 결론지었다. 2013년 미국 민간 부문, 비농업 부문 고용(자영업자 제외)의 43%를 공급망 산업이 차지했다.[2] 이 분석에서는 공급망 산업을 주로 기업이나 정부에 판매하는 사업으로 규정했다. 이 부문은 소비자에게 판매하는 기업-소비자간(B2C) 부문(예: 소매업, 레스토랑, 헬스케어)과 구별된다. 물론 B2C 부문은 단순하게는 공급망의 마지막 단계, 즉 제품이나 서비스가 소비자에게 전달되는 단계로 볼 수 있다. 따라서 제품에 대한 공급망은 전체 자재명세서가 필요한 제품 외에도 다수의 서비스를 필요로 하므로, 모든 비즈니스 프로세스의 계획 및 관리와 마찬가지로 부품, 조립 및 완제품의 설계, 제조, 구매, 판매, 유지, 이동 및 보관과 관련된 특정 유형의 노동력을 공

매직 컨베이어 벨트

급하는 완전한 보완 인력을 필요로 한다.

티셔츠의 원재료가 중국의 방직 공장이나 방글라데시의 공장에 도착하기까지 많은 농부, 기계 조작자, 운전자, 로더, 브로커, 공무원 등이 텍사스에서 목화를 재배하고 수확하여 중국으로 출하한 후 방글라데시 다카 공장으로 보내는 원단으로 전환하는 데 필요한 작업을 수행해야 한다. 제조 공정의 각 단계에는 숙련된 원단 재단사, 재봉틀 작업자, 공장 내 원단, 부품, 셔츠, 박스 등의 흐름을 처리하는 작업자가 필요하다. 미국 보스턴으로 가는 긴 여정에는 서로 다른 많은 회사와 사람들이 화물을 옮긴다.

일반적으로 공급망 업무는 자재, 부품, 완제품의 계획, 제작, 이동, 보관, 운반, 숙성 등의 업무를 포함한다고 요약할 수 있다. 이는 모든 소비자, 기업, 공공 기관, 정부가 일상적으로 의존하는 상품이자 주택, 공장, 오피스 빌딩 등 기반시설을 건설하는 데 필요한 자재인 것이다.

일꾼이 없어서
For Want of a Worker

코로나19 팬데믹은 기록적인 수의 근로자가 직장을 그만두는 '대퇴사시대Great Resignation'를 촉발시켰다. 2021년 직장을 그만 둔 미국 근로자를 대상으로 퓨 리서치 센터Pew Research Center*가 수행한 설문조사에 따르면

---

* 워싱턴 D.C.에 본부를 둔 미국의 초당파 싱크탱크로 세계적 사회문제, 여론 및 인구통계학적 추세에 대한 정보 제공과 또한 무작위 표본 조사 및 패널 기반 조사 방식의 여론 조사와 인구 통계 등을 수행하는 기관

가장 큰 5가지 이유는 저임금, 승진 기회 부족, 무시disrespect, 육아 문제, 유연성 부족이었다.[3] 미국의 노동 참여율(취업 중이거나 구직 중인 인구 비율) 은 1970년대 이후 볼 수 없었던 수준으로 떨어졌다. 고용주들이 경제 재 개를 위해 채용을 진행하면서 퇴사한 근로자를 대체하려 했지만 지원자 가 턱없이 부족한 상황에 직면했다. 2022년 3월에는 구직자 수가 실업자 수를 2대 1 가까이 넘어섰으며, 기업들은 신입 사원이 출근하지 않는 문 제를 심각하게 보았다.[4]

거의 모든 공급망에서 특별히 우려하는 것은 전 세계적으로 화물트 럭 운전자, 특히 장거리 운전자의 지속적인 부족 문제이다. '거리와 시간 에 대한 무역 활성화'에서 언급한 바와 같이 트럭 운송은 많은 상품의 공 급망에서 핵심적인 역할을 하는데, 트럭이 다른 어떤 운송 수단보다 많 은 화물을 처리하기 때문만은 아니다. 다른 모든 운송 수단도 철도, 항 만, 공항, 심지어는 파이프라인 저장 탱크까지 화물을 운송하기 위해 트 럭 운송에 의존한다. 팬데믹 이후 세계 경제가 회복세를 보이면서 운전 자 부족은 더욱 심해져 2022년 말에는 유럽 트럭 운전사 10명 중 1명은 운전을 그만두었다.[5] 언론은 운전자 부족을 낮은 임금과 직업의 특성 탓 으로 돌리려 했다. 가족과 친구들로부터 떨어져 한 번에 몇 주 동안 도로 위에서 외롭게 생활하고, 트럭 정류장에서 패스트푸드를 먹으며 거의 끝 없이 앉아 있는 건강하지 않은 생활 방식 때문이라는 것이다.[6] 대부분의 사람들은 이것이 미국 트럭 운송회사의 이직률이 91%에 달하는 이유를 설명해준다고 보았다.

그러나 자동차 운송회사에 운전하기 위해 가입하는 100명의 운전자 중 평균 91명이 1년 안에 떠나는 것은 사실이지만, 이들이 업계를 완전히

　　　　　　　　　　　　　　매직 컨베이어 벨트

떠난다는 사실은 아니라는 점에 유의할 필요가 있다. 그만두는 미국 운전자의 대부분은 단순히 다른 운송회사로 옮긴다. 인센티브는 $15,000에 달하는 사인온 보너스sign-on bonus ** 외에 더 높은 급여를 지급하는 것이다.[7] 미국의 장거리 트럭 운전자 급여는 중산층 수준이다. 2022년 월마트는 첫해에 10만 달러에서 11만 달러의 운전자 급여와 연금, 의료 및 치과 보험, 유급 휴가, 최신 장비 등을 제공한다고 광고했다. 이는 미국 평균 연봉의 2배에 달하는 수준으로, 중산층 생활을 가능하게 해 준다. 동시에 미국 최대 트럭 운송회사 중 하나인 KLLM은 트럭 운전사들을 위해 첫해에 최대 15만 달러의 급여를 제공했다.[8] 따라서 급여와 복리후생이 진정한 원인은 아니다.

　나의 동료인 MIT CTL 데이비드 코렐David Correll 박사는 2016년부터 2019년까지 수천 명의 장거리 운전자의 근무 시간을 분석하고 많은 운전자와 여러 산업 전문가들을 인터뷰했다. 코렐의 연구에 따르면 운전자 부족의 원인이 잘못 진단되었다고 결론을 내렸다. 원인은 급여도 아니고 운전 조건도 아니다. 그 대신 '대기 시간'으로 알려진 화물 적재 또는 하차를 기다리는 시간과 그 기간 동안의 열악한 환경이 문제였다. 코렐은 운전자들이 법적으로 허용된 하루 11시간보다 훨씬 적은 하루 평균 6시간 30분 동안 도로에서 시간을 보낸다고 기록했다. 사실 합법적인 운전 시간의 상당 부분을 물류 창고에서 대기하는 데 쓴다. 예를 들어, 운전자는 아침에 예정된 배송이 있을 수 있지만, 도착해서 몇 시간 동안 트럭에서 화물을 내릴 수 없다는 말을 듣고 주차장에서 추가 비용을 받지

** 　최소 계약근무기간과 연계하여 입사 시 신규직원에게 지급을 약속하는 보너스

못하면서 하염없이 대기해야 하는 경우가 자주 있다. 게다가 운전자들은 종종 창고와 공장 관리자로부터 불친절한 대우를 받는 경우가 많으며, 심지어 화장실 사용을 금지하는 경우도 있다고 한다. 2021년 11월, 코렐은 미국 하원 교통 인프라 위원회 청문회에서 "연구 결과 현재 상황은 운전자 수가 부족해서가 아니라 미국 트럭 운전사들의 시간을 고질적으로 경시하는 데서 비롯된 것으로 보인다"라고 설명했다. 그 결과 코렐은 "미국 트럭 운송 능력의 40%가 매일 방치되고 있다"라고 말했다.[9] 미 백악관이 2021년 9월 트럭 운전사 부족 문제를 해결하기 위해 내놓은 조치 계획에는 대기 시간 문제가 언급됐고, 바이든 대통령은 2022년 4월 4일 연설에서 코렐 박사의 연구 결과를 인용했다.[10]

2021년 10월 미국트럭운송협회American Trucking Association 보고서에는 운전자 부족의 다양한 원인을 언급하며 "화주, 수취인, 운송업체의 비즈니스 관행을 바꿔 운전자의 조건을 개선해야 한다"고 촉구했다.[11]

시스템과 황금 나사 현상
A System and Its Golden Screws

코로나19 팬데믹 기간 동안 다양한 부품, 자재, 인력 부족으로 인해 많은 생산 공정이 차질을 빚어야만 했다. 일부 부품이 누락되면 전체 제품이 불완전해져 판매가 불가능할 수 있다. 제조업에서는 이를 '황금 나사 현상golden screw phenomenon'이라고 부르는데, 작은 부품 하나라도 누락되면 자동차, 냉장고, MRI 기계, 컴퓨터 또는 항공기 엔진의 생산을 완료하지 못할 수 있다는 것이다. 예를 들어, 2022년 9월 포드는 각 트럭의 앞과 뒤를 장식하는 파란색 타원형 포드 배지가 부족하여 베스트셀러 모델인 F-150 트럭 4만 대 이상을 출하하지 못했다.[12]

　2021년과 2022년에 발생한 소매업체와 소비자 대상 배송 지연은 전적으로 부품이나 인력 부족 때문만은 아니었다. 이러한 지연은 미국을 비롯한 부국들이 팬데믹 영향을 완화하기 위한 경기부양책으로 거의 무차별적으로 시장에 자금을 쏟아 부으면서 전례 없던 수요 증가로 이어졌기 때문이다.[13] 이로 인해 항구는 혼잡해졌고, 화물 선박이 도착하자마자 하역되지 않고 해안에서 몇 주씩 대기해야 하는 상황이 발생하면서 컨테이너는 부족해졌다. 창고 용량 부족(로스앤젤레스/롱비치 항만 단지에 서비스를 제공하는 서던 캘리포니아 창고의 공실률은 2021년 말 0.7%에 불과했음)[14]은 트럭 운송 서비스 부족과 철도 지연 모두의 결과였다. 이러한 지연은 제품이 항구에서 아웃바운드로 또는 항구에서 인바운드로 배송되지 못하고 창고에 계속 쌓이는 것을 의미했다. 이는 컨테이너 부족을 악화시키는 동시에 창고에 상품을 보관할 공간이 없어 창고로 배송하는 트럭 운전사가 (컨테이너 적재용) 차대와 (트레일러가 포함된) 전체 컨테이너를 두고 떠나면서 차대 부족을 야기했다.

　앞에서 언급한 여러 사례에서 얻을 수 있는 가장 큰 교훈은 공급망은 공정 지연, 작업자 누락, 공간 부족, 혼잡한 터미널, 부품 누락, 에너지 부족, 정부 제약 등으로 인해 공급망이 언제든지 풍족한 상태에서 부족한 상태로 전환될 수 있는 '키스톤keystones(쐐기돌***)'으로 가득하다는 점이다. 공급망은 키스톤들로만 이루어져 있다고 해도 과언이 아니다. 모

*** 돌을 쌓아 올릴 때, 돌과 돌의 틈에 박아 돌리는 돌을 의미하며, 결정적 역할을 하는 핵심적인 요소를 의미함

든 부품이 필수적이며, 어느 하나라도 제자리를 찾지 못하면 전체 시스템에 문제가 생길 수 있다.

사실 전 세계의 수많은 광부, 농부, 공급업체, 제조업체, 차량 운전자, 창고, 정부 기관 등 수많은 사람들의 노동력이 필요함에도 불구하고 어떻게 이렇게 많은 제품을 저렴하게 공급할 수 있는지 놀랍기만 하다. 그러나 제품의 부품 수, 공급망의 다층 구조, 제품의 출시에 수반되는 다양한 프로세스, 조달해야 하는 복잡한 자재 및 공급망의 전 세계적인 범위 등은 기업이 공급망을 관리할 때 직면해야 하는 어려움의 극히 일부에 불과하다. 지금까지 논의한 것 외에도 아마존에서 물건을 주문하거나 월마트 매장에서 물건을 상품을 수령하는 것과 같이 겉보기에는 단순해 보이는 활동도 여러 가지 요인으로 인해 더욱 복잡해진다. 다음으로 이 책의 제2부에서는 최근 수십 년 동안 발생한 공급망의 핵심 복잡성을 넘어서는 몇 가지 더욱 복잡한 요인에 대해 탐구한다.

매직 컨베이어 벨트

2부

복잡성과 도전 과제

PART 2

FURTHER COMPLEXITY AND
CHALLENGES

오늘날 글로벌 공급망의 복잡함은 경이로운 수준까지 올라왔다. 사실상 업스트림(조달)의 시작점과 다운스트림(유통)의 종점이 모두 희미해질 정도로 각 단계의 상호의존성은 커졌다. 한쪽에서는 소비자들이 예측할 수 없는 주문 패턴을 보이며 원활한 주문 처리와 배송을 기대한다. 다른 한쪽에서는 공급과 생산 체계가 새로운 지정학적 문제, 파괴적인 사건, ESG(환경·사회·지배구조) 관련 규제, 비용 압박 및 변덕스러운 수요에 대처하고 있다. 수많은 기업들은 이러한 두 가지 현실 사이에서 인력과 자산의 적절한 조합을 포함하여 생산 능력을 최대한 활용하는 데 필요한 어려운 결정, 전략 및 전술과 항상 씨름해야 한다. 불확실성이 큰 시대에 공급망 중단은 더 빈번히 발생하고, 그 영향 또한 즉각 눈에 보이게 된다. 이러한 비즈니스 중단 리스크를 관리하고 복구할 수 있는 능력, 즉 '회복탄력성'은 이제 기업은 물론 사회, 경제, 국가 경쟁력의 핵심이 됐다. 이런 상황에서 공급망의 회복탄력성을 끌어올릴 중요한 해법으로 떠오른 것이 기술 발전과 인공지능(AI)에 기반한 혁신이다.

21세기의 복잡성 양상

Decades of Complexity Growth

앞에서 설명한 것처럼, 공급망은 원자재를 복잡한 소비재로 전환하고, 공급자의 중복되고 다층적인 생태계를 이해하고, 다수의 관세, 국경 통과 및 규제를 관리하며, 전 세계 언제 어디서든 발생할 수 있는 예상치 못한 혼란에 대응하면서 내재화되어 있는 복잡성을 감내해왔다. 지난 수십 년 동안, 제품, 소비자, 사회는 더 정교해지고 까다로워졌다. 따라서 현대의 공급망은 글로벌 무역으로 인한 경쟁 심화, 고객의 서비스 기대치 증가, 지정학적 긴장 고조와 그 파급 효과, 제품 수요, 공장 생산량, 운송 시간의 불확실성 증가, 지속가능성 및 사회 정의와 같은 사회적 목표 달성을 위한 요구 사항 등 훨씬 더 많은 과제를 관리해야 한다. 현대 공급망 정보통신 기술은 공급망 관리자가 이러한 과제를 해결하는 데 큰 도움이 된다.

정보통신기술의 폭발적인 발전
Exploding Information Technology

20세기 말 정보통신기술의 혁신적인 발전은 공급망의 글로벌화를 가능하게 하고 추진한 주요 원동력 중 하나이다. 종이 기반 거래와 전화통신의 시대는 조정에 많은 시간이 소요되고 오류가 발생하기 쉬웠으며, 무엇보다도 모든 프로세스에 시간 지연이 발생했다. 현대 공급망은 고속 컴퓨팅, 대용량 디지털 저장장치, 거의 즉각적인 비동기식 통신*을 통해 끊임없이 변화하는 불확실한 환경에서 다양한 목표를 달성하면서 글로벌하게 운영될 수 있다.

무어의 법칙으로 향상된 컴퓨팅

1965년 인텔의 공동 창업자 고든 무어 Gordon Moore 는 칩의 트랜지스터 수가 2년마다 두 배로 증가하고 있다는 관측을 통해 기업 전반, 특히 공급망 관리에 혁명을 예고하는 것이었다. 비록 컴퓨터의 상대적인 성능은 응용 프로그램의 정확한 특성에 따라 다르지만, 컴퓨팅 처리 성능에 대한 대략적인 추정에 따르면 1950년부터 2020년 사이에 초당 수행할 수

---

* 비동기식 통신asynchronous communications은 통신을 하는 양쪽 장치가 데이터를 주고받을 때 일정한 속도를 유지하는 것이 아니라, 약정된 신호에 기준하여 동기를 맞추는 통신 방법으로 대부분의 원거리 통신이 해당됨. 비동기 통신은 동시에 존재할 필요가 없는데, 예를 들어 이메일은 비동기적으로 발생하는 반면 전화 통화는 사전 예약이 필요하고 동기적으로 발생함

매직 컨베이어 벨트

있는 부동소수점 연산인 플롭스FLoating-point Operations Per Second, FLOPS 의 수는 100억 배 증가했으며, 다른 척도인 밉스Million Instructions Per Second, MIPS 는 1조 배 증가했다.

훨씬 더 강력한 컴퓨터를 찾는 과정에서 무어의 법칙Moore's Law 이 많이 활용되었지만, 비즈니스에 더 큰 영향을 미친 것은 점점 더 많은 사람들이 사용할 수 있는 더 작고 저렴하며 효율적인 컴퓨터를 생산하는 기업들에서 비롯되었다. 계산자slide rules(주판과 유사한 도구)는 1970년대에 휴대용 계산기에 자리를 내주었다. '거대한 철제Big iron'라고 불린 시분할 메인프레임은 1980년대와 90년대에는 미니컴퓨터로, 그리고 모든 직원의 책상 위에 놓인 개인용 컴퓨터로 변모했다(아이러니하게도 이러한 컴퓨터는 현재 대세인 클라우드 컴퓨팅의 등장과 함께 시분할 시스템으로 일부 회귀하기도 했다). 초기 컴퓨팅은 중앙 정보기술IT 부서에서 특별히 작성된 코볼 COBOL 프로그램 루틴을 실행하는 주기적인 일괄 처리 프로세스로 수행되었다. 새로운 디지털 환경은 모든 작업자가 데이터베이스를 조회하고 기록을 즉시 업데이트하고 자체 분석을 수행할 수 있는 지속적인 프로세스 및 상호작용적인 기성품으로 변화했다.

데이터 전송

2장에서 언급했듯이 공급망은 공급망 위아래의 데이터와 정보 흐름에 따라 상품의 다운스트림(유통)과 자금의 업스트림(조달) 흐름을 조정한다. 무어의 법칙은 또한 데이터를 더 빠르고 효율적으로 이동하는 데 도움이 되었다. 1960년대, 70년대, 80년대의 느린 전화 접속 모뎀 방식의 컴퓨터 통신은 상시 접속 광대역 회선에 자리를 내줬고 구리선은 광섬유로 대체되어 1990년대의 '정보 초고속도로information superhighway'를 만들었다. 컴퓨터 간의 직접적인 데이터 전송은 펀치 카드나 저녁 식사에서 쓰는 접시 크기의 자기 테이프 릴의 무거운 상자를 배송하는 것을 대체했다.

장거리 통신비용은 급감했다. 물가상승률을 감안한 뉴욕에서 런던까지 3분간 통화 비용은 1931년 293달러에서 1970년 40달러, 2001년 1달러로 떨어졌다.[1] 오늘날 이 통화의 한계 비용은 인터넷 전화(왓츠앱, 메신저, 위챗, 텔레그램) 및 화상 채팅 서비스(줌, 마이크로소프트 팀, 구글 미트, 아마존 차임)의 등장으로 사실상 제로에 가까워졌다.

세계를 가로지르는 디지털 통신망은 서로 다른 컴퓨터가 서로 통신할 수 있게 해주는 인터넷통신 프로토콜TCP/IP 표준의 도입으로 가능해졌다. 이것이 오늘날 알려진 인터넷 시대의 시작이었다. 원격 액세스, 파일 전송, 이메일 그리고 'World Wide Web'인 HTTPHypertext Transfer Protocol를 가능하게 했다. 1993년경부터 웹 브라우저(예: 모자이크, 넷스케이프, 인터넷 익스플로어, 사파리, 파이어폭스)는 원하는 웹 페이지의 링크를 클릭하는 직관적인 인터넷 프로세스를 만들었다. 검색 엔진(예: 야후, 구글, 빙)이 생겨나 방대하게 흩어져 있는 웹 페이지를 색인화하고 사람들이 어디에 있든 상관없이 원하는 것을 찾을 수 있도록 도와주었다. 오디오 및 비디오와 같은 새로운 미디어 유형과 플래시, 자바, 자바스크립트와 같은 웹 지향 프로그래밍 언어는 정적인 웹 문서를 풍부한 대화형 환경으로 변환시켰다.

전자제품의 발전으로 무선 통신 기술도 꾸준히 향상되었다. 휴대폰은 1983년 무게만 약 800g의 벽돌 같은 크기에 음성 통화만 가능한 기계로 시작했지만 앱으로 작동하는 다기능 스마트폰으로 진화했다. 스마트폰은 무선 통신, 광대역 네트워킹, 마이크로 전자 공학, 디스플레이, 배

매직 컨베이어 벨트

터리 및 컴퓨팅의 발전을 결합하여 모바일 공급망 작업자(및 기타 모든 사람)를 위한 최고의 휴대용 도구를 만들었다. 더욱 빠른 모바일 광대역 표준(3G, 4G, 5G)을 통해 모바일 광대역 네트워크에서 훨씬 더 빠른 데이터 전송 속도를 가능하게 했다.

스토리지: 데이터 웨어하우스의 부상

반도체 칩 밀도가 높아짐에 따라 데이터 저장 용량도 증가할 수 있었다. 용량은 킬로바이트에서 메가바이트, 기가바이트, 테라바이트 및 그 이상으로 증가하였다. 대용량 스토리지와 고대역폭 데이터 통신은 조직이 더 많은 데이터를 통합하고 모든 데이터에 더 광범위하게 액세스할 수 있게 한다는 것을 의미했다. 1980년대와 90년대에는 조직이 모든 데이터를 한 곳에 모으고 다양한 애플리케이션에 사용할 수 있도록 하는 수단으로 데이터 웨어하우스를 만들었다.

대규모 데이터 웨어하우스 또는 웹사이트 제공업체의 서버 랙rack이 동일한 경우에도 모든 데이터를 생성하고 사용하는 애플리케이션에 컴퓨팅 성능을 제공할 수 있었다. 20세기 말에 서비스형 소프트웨어 Software as a Service, SaaS가 등장하면서 회사는 인터넷을 통해 업무시스템에 접속할 수 있게 되었고 이러한 소프트웨어를 회사 내부적으로 관리할 필요가 없어졌다. 2000년대 초반에는 원격 애플리케이션 소프트웨어, 데이터베이스, 원격 스토리지, 확장 가능한 컴퓨팅 플랫폼 및 디지털 인프라를 결합한 클라우드 컴퓨팅(예: 아마존 웹서비스, 마이크로소프트 애저, 구글 클라우드 플랫폼)이 전격 등장하였다.

디지털 기술이 공급망 관리에 미치는 영향
Impact of Digital Technology on Supply Chain Management

반도체의 성능이 향상되고 광섬유 통신 케이블이 보급되면서 컴퓨팅 비용과 장거리 통신비용이 모두 급감했다. 이러한 기술 트렌드는 특히 지리적 범위가 넓고 이동이 잦은 공급망 운영에 도움이 되었다. 광범위한 공장과 창고에서의 활동과 운송 및 소비자 상호작용을 감독하기 위해서는 작업자와 관리자의 효과적인 커뮤니케이션이 필요했다. 이동통신 혁명은 이러한 전문가들이 사무실에서 유선 전화와 팩스에 얽매이지 않도록 해주었다. 이를 통해 멀리 떨어져 있는 조직원은 물론 공급업체 및 고객과도 즉각적인 의사소통, 조정 및 협업이 가능해졌다.

재고 및 판매 가시성

공급망을 효과적으로 관리하려면 재고, 입고 자재 및 출고 제품 주문에 대한 정확한 지식이 필요하다. 이를 위해서는 공급망 시설에 입고되는 품목, 보관된 품목, 출고되는 품목에 대한 가시성이 필요하다. 기존의 서류 기반의 흐름 및 재고 관리는 현대 공급망의 요구에 적합하지 않았다. 예를 들어 매장이나 창고에 있는 재고의 모든 항목을 수작업으로 카운트하는 방식은 노동 집약적이어서 1년에 한 번 이상 수행하는 경우가 드물었다. 그리고 오류가 누적되면서 관리자들은 잘못된 정보를 바탕으로 계속 의사결정을 내리고 있었다.

마이크로일렉트로닉스의 발달로 더 효율적이고 정확한 공급망 데이터 수집과 그 데이터를 컴퓨터에 직접 입력하여 재고를 즉시 집계할 수 있는 기술이 개발되었다. 범용 제품 코드UPC 의 바코드 이미지 개발은 중요한 이정표였는데, 1974년 오하이오주 트로이Troy 에 있는 마쉬Marsh 슈퍼마켓에서 판매된 리글리Wrigley 껌 포장에 상업적으로 처음 적용되었다. 바코드는 코드를 읽을 수 있는 스캐너를 통해 소매점 계산대, 창고, 공장에서 제품 단위를 빠르고 오류 없이 식별할 수 있게 했다. 바코드는 최초의 창고 관리 시스템을 가능하게 하여 1975년에 소매업체인 J.C. 페니JC Penney 는 재고를 실시간으로 계산할 수 있었다. 스캐너는 시간이 지나면서 고정 장치에서 무선 데이터 링크를 통해 연결된 소형 휴대용 장치로 발전했다.[2]

특정 공급망 애플리케이션의 경우, 무선 주파수 식별RFID 이 물체의 외부에 있는 광학 코드를 접촉하지 않아도 스캐너로 읽을 수 있는 작고 저렴한 칩과 인쇄된 안테나로 대체하였다. RFID는 유료 도로 결제와 마라톤 기록 측정에도 사용되는 시스템이다. 사실 RFID 칩은 사물인터넷IoT 이라고 알려진 광범위한 기술 집합의 가장 단순한 형태이다. 이러한 기술을 사용하면 세상의 모든 사물에 칩을 부착하고 정보를 수집하고 전송하기 위해 리더기 또는 무선 연결 시스템을 갖춰 어떤 방식으로든 인터넷에 연결할 수 있다.

선적 가시성

운송은 날씨, 고속도로 공사, 차량 고장 등과 같이 무작위로 임의적, 우발적, 불규칙적인 다양한 현상에 영향을 받는 '아웃도어 스포츠'와 같다. 또한 도중에 발생하는 많은 지연은 관련 운송업체가 통제할 수 없는 경우가 많아 상황을 더욱 복잡하게 만든다. 이러한 이동 시간의 불확실성은 사고, 도난 또는 다른 원인으로 인해 운송물이 분실될 가능성이 존재해 소비자들은 항상 자신의 화물이 현재 어디 있는지 알고 싶어 한다. 그러나 화물 추적은 간단한 문제가 아니다. 고객은 어떤 물건이 어떤 선박의 어떤 컨테이너에 어떤 상자에 들어 있는지, 현재 정확히 어디에 있는지, 어디로 가는지, 언제 도착할지 정확히 알고 싶어 한다. 이것을 공급망 관리자의 용어로는 선적 가시성shipment visibility 이라고 한다. 공장 현장에 가서 상황을 파악할 수 있는 생산 관리자와 달리 물류 관리자는 제품이 첫 여정을 떠나는 순간부터 상황을 파악할 수 없다. 따라서 전 세계에서 제품 및 자산의 배송 및 수령을 담당하는 관리자는 특히 고가품과 시간에 민감한 배송에 대해 가시성을 확보하고자 한다.

선적 가시성 분야의 큰 기술 혁명은 1990년대 GPS Global Positioning System 의 등장이었다. GPS 수신기는 트럭 운전사, 배송 기사, 선박 및 항공기의 위치에 대한 실시간 데이터를 제공하여 내비게이션을 지원할 뿐만 아니라 모든 공급망 이해관계자에게 전송할 수 있는 업데이트를 제공하기 시작했다.

보다 광범위하게는 모바일 통신과 결합된 최신 센서의 경우 온도, 동작 및 GPS 위치를 포함하여 운송 중인 화물의 상태를 보고할 수 있으며 상태 표시, 경보 울리기, 로봇 작동 등의 조치를 취하도록 명령할 수도 있다. 이러한 시스템의 대부분은 다른 경로, 예상치 못한 지연, 온도 상승, 승인되지 않은 위치에서 컨테이너 문이 열리는 등 계획에서 벗어난 상황이 감지되면 발송인과 수취인에게 경보가 울리도록 설정되어 있다. 이러한 경보는 진행 중 도난, 사고 또는 냉각 장치의 오작동으로 인해 화물이 손상될 수 있음을 나타낼 수도 있다.

매직 컨베이어 벨트

B2B 커뮤니케이션

이메일이 개인 소비자를 위한 최초의 '킬러 애플리케이션'**'이었다면 EDI Electronic Data Interchange 는 B2B 거래의 게임 체인저였다. 1980년대 부터 EDI는 일상적인 비즈니스 문서를 위해 우편, 전화 통화, 팩스 및 이메일 메시징을 꾸준히 대체했다. 이를 통해 전자 비즈니스 문서가 다른 조직의 컴퓨터와 응용 프로그램 간에 직접 흘러갈 수 있게 했다. 따라서 제조업체의 구매 주문서는 공급업체의 주문 관리 시스템에 직접 업로드되고 공급업체의 송장은 제조업체의 재무 시스템으로 직접 유입될 수 있다. 이러한 직접적인 흐름으로 인해 수동으로 데이터를 입력할 필요가 없어졌고 자동화가 가능해졌다. 또한 EDI가 전송한 문서는 디지털 방식으로도 감사가 가능하며, 예를 들어 운송 계약 조건을 화물 운송장 내역과 비교하여 요금이 정확한지를 확인할 수 있다.

EDI 메시지는 수신 컴퓨터가 메시지를 해석하고 이해할 수 있도록 합의된 표준 형식을 따른다. 이러한 계약을 통해 기업은 구매 주문과 주문 확인, 수요 예측, 송장, 송금 통지 remittance advice 등과 같은 방대한 양의 데이터를 처리할 수 있다. 하지만 이것들은 빙산의 일각일 뿐이다. 단지 화주(소매업자, 제조업자, 유통업자)와 운송업자(트럭, 철도, 항공, 해상 사업자) 사이의 운송 이동을 관리하기 위한 표준 EDI 메시지만 해도 120여 가지가 훨씬 넘는다. EDI와 여러 다양한 전자 통신 기술 없이 오늘날 거대한 글로벌 공급망의 작동을 상상하는 것은 불가능하다.

** 원래 의도했던 사용 목적을 훨씬 뛰어넘어 사회를 변화시킬 정도로 막대한 영향력과 엄청난 파급 효과를 일으키는 혁신적 상품이나 발명품을 일컫는 말로, 1999년 미국 노스웨스턴대학교의 교수 래리 다운스Larry Downes 와 비즈니스 전문지 편집장인 춘카 무이Chunka Mui가 공동으로 저술한 같은 제목의 저서를 통해 알려짐

클라우드 컴퓨팅 및 중앙 정보 관리

클라우드 컴퓨팅은 인터넷을 통해 언제 어디서나 온디맨드on-demand(주문형) 컴퓨팅 리소스를 제공한다. 이러한 리소스에는 하드웨어, 소프트웨어, 스토리지, 데이터베이스 및 네트워킹에 대한 접속과 연결이 포함된다. 클라우드 서비스는 아마존, 마이크로소프트, 구글, 알리바바와 같은 전문 회사에서 제공, 관리한다. 클라우드 컴퓨팅은 다양한 이점을 제공한다. 회사 내에서 중앙 집중식 데이터베이스 및 업무 프로그램을 사용하면 회사 사일로(회사 내 서로 다른 부서가 업무 조정 없이 각자 단절되어 진행하는 현상)의 영향을 완화할 수 있다. 중앙 집중화된 데이터베이스와 애플리케이션을 통해 각 관리자와 분석가는 최신 버전의 판매, 결제, 주문 또는 기타 기업 데이터를 다운로드하고 자신의 컴퓨터에서 분석할 수 있으므로 조직은 '단일 버전/원천Single Version of the Truth, SVOT'***으로 작업할 수 있다.

클라우드 컴퓨팅은 확장성, 기존 시스템과의 통합을 포함한 새로운 소프트웨어의 온보딩 속도, 보안 및 높은 가동률 등 비즈니스 전반에 걸쳐 많은 이점을 제공한다. 특히 공급망 관리자에게는 전 세계에 분산되어 있는 모바일 작업자가 24시간 내내 액세스할 수 있는 접근성을 제공한다. 따라서 공급자, 고객, 통신사, 단말기 사업자 및 정부 기관을 포함한 공급망 파트너와 더욱 원활하게 협업할 수 있다.

글로벌 네트워크 관리의 예로 재해 복구disaster recovery를 들 수 있

*** IT 기반 비즈니스 환경에서 분석용 데이터 관리의 가장 이상적인 상태를 뜻하는 개념으로, 여러 채널과 부서를 통해 수집한 모든 최신 데이터가 중복 없이 여러 버전의 형태가 아닌 상태로 한곳에 있어 사일로를 제거하고 신뢰할 수 있는 분석이 가능함

매직 컨베이어 벨트

다. 캘리포니아의 산불, 플로리다의 허리케인 또는 일본의 지진은 글로벌 공급망에 대혼란을 일으킬 수 있다. 재해 복구를 클라우드 호스팅 서비스로 사용하면 공급망 관리 조직은 현장에서 시스템 장애가 발생하더라도 신속하게 데이터와 애플리케이션에 중단 없이 접속할 수 있다.

클라우드 컴퓨팅을 사용하면 비용이 많이 들 수 있지만 자체 시스템을 사용하는 것보다 더 경제적일 수 있다. 이는 컴퓨터 자산 활용의 위험을 분산시키는 리스크 풀링risk-pooling**** 때문인데, 일부 개별 회사의 업무시스템이 셧다운되더라도 다른 회사는 동일한 컴퓨팅 성능을 활용하여 시스템을 사용할 수 있다. 이는 평균적으로 기업들의 컴퓨팅 리소스 사용량은 비교적 일정하므로 최대 사용량에 맞춰 컴퓨터 리소스의 크기를 조정할 필요가 없다. 또한 클라우드는 인프라관리(예: 보안, 업데이트, 유지 관리, 문제 해결 등)에 있어서도 규모의 경제를 제공한다. 그 결과 2022년에는 기업의 94%가 클라우드 서비스를 사용했으며, 기업 데이터의 60%가 클라우드에 저장되었다.[3]

IT 및 오프쇼어링

앞서 2장에서는 아웃소싱과 오프쇼어링(국내 기업의 해외 진출)에 대한 이론적 근거를 설명하였다. 정보통신기술 혁명은 전 세계적으로 분산된 이들

**** 일반적으로 리스크 풀링 개념은 각각 무작위 수요의 대상이 되는 많은 자원(재고, 장비, 능력 등)을 하나의 (물리적 또는 가상적) 지붕 아래에 통합하는 것을 말함. 집계된 자원에 대한 수요의 변동성은 그 자체로 개별 자원 각각에 대한 것보다 작게 되며, 본문의 예시와 같이 하나의 컴퓨팅 자원에 대한 수요는 증가하는 반면, 다른 하나는 감소할 수 있음. 리스크 풀링은 모든 보험 상품의 기초가 되는 개념으로, 단일의 피보험자가 재앙적인 사건을 겪을 수 있지만, 다른 많은 사람들은 단지 보험료를 계속 지불하기 때문에 보험 전체 시스템은 안정적으로 운영됨

비즈니스 아키텍처의 도입을 가속화하였다. 현대식 통신, 다양한 인터넷 프로토콜과 기술을 통해 기업들은 도시 반대편이든 지구 반대편이든 상관없이 아웃소싱 운영을 관리할 수 있었다. 특히 고객 서비스, 기술 지원, 회계 및 컴퓨터 프로그래밍과 같은 일상적이고 정보 집약적인 비즈니스 프로세스는 1990년대를 기점으로 인건비가 저렴한 곳으로 이동하였다. 이후 기업들은 제조업도 저비용 국가로 이동하였다.

2022년 분석에서 미 백악관 경제자문위원회 Council of Economic Advisers 는 해외 아웃소싱을 장려하는 두 가지 원동력 중 하나로 디지털 연결과 저렴하고 효율적인 운송을 통해 가능해진 외국 공급업체에 대한 접근성을 꼽았다.[4] 당연히 해상 컨테이너의 사용부터 효율성이 높은 대형 컨테이너선의 사용, 그리고 항공 화물 서비스의 전 세계적인 이용 가능성에 이르기까지 현대의 운송 시스템은 오프쇼어링 추세에 크게 기여했다. 그 결과 부분적으로 1970년과 2021년 사이에 세계 무역의 가치가 70배 이상 증가하였다.[5]

보고서에 따르면 또 다른 요인으로 기업 의사 결정에서 재무 기준의 역할이 증가하고 있다는 것을 꼽았다. 1970년대 이전 S&P 500대 기업 최고경영자 중 16%만이 주당순이익, 주가, 자기자본이익률 등 재무지표에 근거한 보상을 받았다. 1990년대에는 47%, 2016년에는 대다수가 그러했다.[6] 이러한 기업의 '금융화financialization'(실물 경제의 보조역할에서 금융이 주도적으로 경제를 이끄는 현상)는 해외 아웃소싱을 통한 비용 절감을 촉진했다. 구입한 재료, 부품 및 서비스 비용을 절감하는 것은 모든 사업에 즉각적이고 측정 가능한 영향을 미친다. 이와 같은 단기적이고 눈에 보이는 절감은 회복력과 같은 다른 시스템적 속성의 장기적 무형적 개선과는 달리 빠르게 바닥을 치고 수익을 달성하게 만든다.

공급망의 과학적 관리

첨단 하드웨어로 인한 변화 외에도, 몇몇 소프트웨어 응용프로그램 software applications 기술은 더 큰 공급망들을 보다 정확하게 계획하고 관리할 수 있게 하였다. 여기에는 기술적descriptive 응용 소프트웨어와 규범적normative 응용 소프트웨어가 모두 포함된다.

기술적 응용은 (이 책 "관리와 시뮬레이션을 위한 디지털 트윈" 부분에서 설명) 디지털 트윈으로 알려진 시뮬레이션 프로그램 및 최신 구체적 실천 사례를 포함한다. 이러한 소프트웨어는 다양한 조건하에서 제조, 창고 운영, 또는 전체 공급망과 같은 시스템의 가상 표현을 제공한다. 시뮬레이션 모델을 사용하면 관리자는 다양한 자산과 다양한 프로세스를 사용할 때 공급망이 어떻게 수행될 것인지를 테스트할 수 있다. 또한 새로운 조건과 다른 조건하에서 공급망 운영에 관한 '만약에what if' 질문에 대한 답변을 제공한다.

시뮬레이션은 매우 큰 공급망 구성요소와 네트워크를 모델링할 수 있는 반면, 시스템의 자산, 프로세스 및 운영 규칙은 사전에 지정되어야 한다. 다양한 최적화 알고리즘과 같은 규범적 응용은 시스템이 존재하거나 다른 조건에서 어떻게 운영되어야 하는지를 제시하도록 설계된다. 이러한 응용은 연구 대상 시스템을 정의하는 다양한 운영 제약 조건(예: 납기, 창고 용량)에 따라 지정된 목표(비용 최소화, 이윤 최대화, 배출량 최소화 등)를 충족할 특정 요소(공장 일정, 경로, 재고 수준, 투자 등)의 가치를 찾도록 설계되었다. 구체적인 공급망 관리 소프트웨어 프로그램 사례로는 자재 요구 사항 및 유통 활동 계획, 운송 및 창고 관리, 고객 및 공급업체 관계 관리, 재고 레벨들 및 관련 결정들, 이를 테면 다양한 제품 모음, 보충 및 재고 위치들의 최적화, 공급 네트워크 계획 및 네트워크 조정 및 많은 다양한 것들 중에서 라스트 마일 배송last-mile deliveries(물류에 있어서 배송의 마지막 단계)을 포함하는 운송 작업들의 라우팅 및 스케줄링을 포함한다.

각각의 응용프로그램은 비록 최신 버전들의 솔루션에서는 여러 기능들에 걸쳐 있기도 하지만, 특정 기능 영역에서의 활동과 역할에 집중한다. 예를 들어, 창고 관리 시스템WMS은 창고 픽업이 원활하게 선적 및 운송 주문으로 변환될 수 있도록 운송 관리 요소를 포함한다. 또 다른 예로, 공급업체의 원자재 및 부품에 대한 권장 구매 일정을 결정하는 MRP 애플리케이션 역시 생산 일정 계획을 지원한다. 입력 정보에 BOM 데이터, 공급업체 리드타임, 제품별 생산 활동, 공장 용량, 제조 단계별 소요 시간 등을 사용한다.

운송관리시스템TMS은 기존 고객의 확약, 운송사 계약 및 시장 가격 등에 대한 데이터를 수집한다. 그런 다음 각 운송물을 가장 적합한 유형의 운송방식(철도, 항공, 트럭 한 대 분량TL, 소량 화물 적재서비스less-than-truckload, LTL과 화주—운송인 간의 계약에 따라 화물을 입찰해야 하는 특정 운송업체에 할당한다. TMS는 또한 첫 번째 운송업체가 화물을 거부하거나 정시에 픽업하지 않는 경우 대체 운송업체에 대한 논리를 포함한다.

컴퓨터 메모리 및 스토리지 공간이 증가함에 따라 각 제품의 전체 재고 또는 총 판매량뿐만 아니라 각 위치 및 기간 중 판매 패턴에 대한 세부 정보를 저장하는 등 보다 많은 양의 세부 데이터를 사용할 수 있다. 이러한 정보를 통해 월마트와 같은 회사는 매일 모든 매장의 모든 제품 판매에 대한 세분화된 데이터를 수집할 수 있다. 그러면 물류센터에서 각 매장의 선반을 다시 채우고, 그 결과 창고를 다시 채우기 위해 더 많은 제품을 주문하는 것에 대해 신속한 결정을 내릴 수 있다. 가용 데이터가 넘쳐나고 이를 통해 공급망 운영을 개선할 수 있게 되자 기업들은 데이터 분석 전문가data scientists를 고용하였다. 데이터 분석가들은 데이터를 효과적인 의사 결정을 지원하는 지식으로 변환하는 일을 맡는다.

이러한 모든 애플리케이션은 고객의 주문, 공급업체에 대한 주문, 공장 내 작업, 운영 시간 등의 모든 세부 사항을 충실히 추적하면서 엄청난 계산을 통해 복잡한 프로세스를 자동화하는 데 도움이 된다.

더 뜨거워진 경쟁의 도가니

A Hotter Crucible of Competition

서로 다른 비즈니스를 연결하는 데 도움을 주는 통신과 컴퓨팅 기술을 통해 공급업체는 이메일과 타깃 온라인 광고를 활용하여 잠재 고객에게 효과적으로 접근할 수 있게 되었다. 이와 동시에 검색 엔진과 다양한 '디지털 검색digital discovery' 수단의 등장으로 소비자들은 다양한 제품과 서비스의 잠재적 공급업체에 접근할 수 있게 되었다. 중앙 집중식 재고 관리와 전 세계 어디에서나 제품 정보를 제공하는 데 드는 비용이 거의 없는 경제성 덕분에 온라인 소매업체는 오프라인 소매업체보다 훨씬 더 다양한 상품을 취급할 수 있게 되었다. 소비자들이 전 세계 어디에서나 수많은 잠재적인 판매자와 제품을 찾을 수 있게 되면서 공급업체 간의 경쟁은 더욱 치열해졌다. 한편, 글로벌 운송 시스템의 효율성으로 인해 전 세계의 상품이 기업 고객과 소비자 모두에게 쉽게 전달될 수 있게 되었다.

다양한 경쟁의 차원
Dimensions of Competition

스마트폰이 대중화되면서 소비자들은 가게 매장 한쪽 통로에서도 스마트폰을 사용하여 경쟁하는 온라인 소매점과 오프라인 소매점 가격을 즉시 비교, 확인할 수 있다는 사실을 알게 되었다. 쇼루밍showrooming 으로 알려진 이 관행은 일부 소비자가 제품을 만지고 체험하기 위해 실제 소매점을 방문하지만 다른 곳(일반적으로 온라인)에서 더 저렴한 가격으로 동일 제품을 구매하는 것을 의미했다. 소비자들은 제품을 온라인에서, 등급을 확인하고, 전자상거래 사이트에서 리뷰를 읽은 다음 즉시 픽업할 수 있도록 제품을 재고로 가지고 있는 지역 소매업체를 찾아 검색하는 웹루밍 webrooming 으로 알려진 관행인 쇼루밍과 반대의 행동을 할 수도 있다.

인터넷은 단순히 가격과 가용성에 대한 경쟁을 심화시키는 데 그치지 않았다. 인터넷은 리뷰어 평가, 인기도, 제품 기능 및 성능 등 쉽게 확인할 수 있는 다른 요소를 기반으로 경쟁을 심화시켰다. 의사결정을 돕기 위해 일부 웹사이트에서는 제품 및 기능 범주를 표로 표시하여 다양한 관점에서 옵션을 쉽게 비교할 수 있는 제품 비교 그리드를 제공하기도 했다.

제품, 소매업체 및 서비스를 찾고, 필터링하고, 정렬하고, 비교하는 것이 점점 더 쉬워짐에 따라 제품 제조업체, 소매업체 및 서비스 제공업체 간의 경쟁이 심화되었다. 이로 인해 조직은 제품, 프로세스 모두에서 혁신하려는 노력을 강화하고 가능한 최저 가격과 최고의 서비스로 제공되는 새롭고 더 나은 제품을 만들도록 강요받게 되었다.

많은 경우에 기업은 제품 혁신을 통해 경쟁하게 되며, 기존 카테고리에서 우수한 제품을 개발하거나 심지어 이전에 존재하지 않았던 새로운 클래스의 제품을 개발하였다. 1979년 7월에 출시된 소니 워크맨Sony Walkman은 사람들이 음악을 듣는 방식에 혁명을 일으켰고 크게 히트했다. 휴대용 라디오가 이미 존재했지만 워크맨은 모두가 같이 들어야 했던 음악을 개인적으로 즐길 수 있도록 만들었다. 그 후 2001년 10월 스티브 잡스Steve Jobs는 최초의 아이팟을 출시했고 2003년 10월에는 아이튠즈 스토어를 출시하여 음악 소비 방식을 다시 한번 변화시켰다. 사람들은 전체 음반이 아닌 한 번에 한 곡씩 살 수 있었고 자신만의 CD를 만들 수 있었다. 몇 년 만에 아이팟은 휴대용 음악 기기 부문에서 소니를 무너뜨렸다. 2007년 애플은 아이폰을, 2015년에는 애플 뮤직 스트리밍 서비스를 출시했다. 아이팟의 기능이 애플의 다양한 제품 라인업에서 사용가능해지면서 애플은 2022년에 아이팟 제조를 중단했다.

이러한 예는 고객이 원하는 작업을 수행하기 위한 더 나은 솔루션을 출시함으로써 기업이 제품 혁신을 통해 시장에서 성공을 거두는 방법을 보여준다. 그러나 경쟁은 반짝이는 신제품 개발을 넘어 다양한 차원에 걸쳐 있다. 일부 회사는 비용 절감, 제품 기능의 폭 확대, 품질 향상으로 이어질 수 있는 프로세스 혁신을 통해 경쟁력을 극대화한다. 또 다른 기업들은 배송 및 지원 서비스의 속도, 기능, 유연성을 개선하여 고객 서비스 혁신을 통해 성공을 거두게 된다.

매직 컨베이어 벨트

다음에서는 저비용 고품질의 복잡한 제품을 만들 방법을 찾은 기업이 주요 산업에서 경쟁우위를 어떻게 무너뜨렸는지 보여줌으로써 프로세스 혁신의 힘을 강조한다.

품질 및 비용 경쟁
Competing on Quality (and Cost)

1960년에 미국 기업들은 미국에서 판매되는 모든 자동차의 93%를 생산했고 전 세계 자동차 수요의 48%를 충족시켰다.[1] 일본 자동차 회사들이 미국 시장에 진출하여 토요타 생산 시스템Toyota Production System, TPS으로 두각을 나타냈을 때 이러한 우위는 시험대에 올랐다. 시스템에서 가장 눈에 띄는 요소는 JIT 제조 및 공급망 프로세스였다. 이 접근법은 필요한 시간에 필요한 양만 주문하고 생산하도록 요구했다.

비록 많은 사람들이 JIT가 단지 근시안적인 비용 절감책이라고 생각하지만, 토요타는 제품의 품질을 향상시키기 위한 방법으로 자체 시스템을 개발했다. 당시의 일반적인 시스템은 대량의 동일한 제품(몇 주, 몇 달 또는 1년 분량)이 여러 제조 단계를 함께 거치는 일괄 생산이었다. 이를 위해서는 동일한 부품의 대량 재고가 필요했다.

토요타 관리자는 일괄 재고batch inventories가 제조 결함으로 인한 문제에 취약하다는 것을 깨달았다. 예를 들어, 하나의 부품에 대한 제조 프로세스에 문제가 있는 경우 동일한 배치에 있는 많은 또는 모든 부품에 동일한 결함이 있을 수 있다. 이러한 결함은 일반적으로 구성 요소가 하위 부품에 포함되거나 조립 라인에서 나오는 최종 제품을 테스트하는 동안, 즉 생산 이후 단계에서야 분명해질 수 있다. 그러나 그때쯤이면 부품, 하위 조립품, 심지어 자동차의 전체 묶음에 결함이 포함되어 결국 재작업이 불가피하게 된다. 결함이 발견되지 않은 상태로 완성차가 고객에게 판매되면서 이후 더욱 안 좋은 결과가 나왔고, 소비자들이 큰 문제를 겪었다. 이로 인해 값비싼 보증 작업, 제품 리콜, 낮은 품질에 대한 부정적 평판으로 인해 향후 판매에 커다란 타격을 입게 된다.

토요타 생산 시스템을 개발한 엔지니어인 오노 타이이치 Taiichi Ohno 는 이 '대량배치(대규모 일괄처리)' 과정과 미국 식료품점의 원활한 상품 흐름을 비교했다.[2] 소비자는 자주 쇼핑을 하고, 단기적으로는 며칠 동안 필요한 것만 구입했다. 매장에는 단지 며칠 치 상품만 입고되었고, 마트는 매우 적은 재고를 가지고 있어 자주 매장 진열대를 보충했다. 이것이 바로 JIT의 원칙이다.

JIT 방식을 사용하면 한 번에 몇 개의 부품만 만들어 생산 라인을 따라 각 작업대로 전달된다. 라인 작업자(차량을 조립하는 사람들)가 부품에 문제가 있는 것을 발견하면 신속하게 수정할 수 있다. 사실 토요타는 근로자들이 결함을 발견한 즉시 조립 라인을 중단하기를 기대했다. 그런 다음 긴급 엔지니어링 팀이 작업장에 내려와 문제의 근본 원인을 찾고 너무 많은 작업이 낭비되거나 결함이 있는 자동차가 과하게 많이 만들어지기 전에 문제를 해결한다. 결함이 거의 없는 완성차 외에도 재작업이 적고 리콜이 적어 비용이 절감되어 궁극적으로 완성차 가격이 낮아지게 된다.

TPS 채택의 결과, 일본 자동차는 미국에서 큰 인기로 이어졌다. 일본 제조사들이 미국 자동차 산업을 위협하기 시작하자, 레이건 미 행정부는 1981년 5월부터 미국에서 판매된 일본산 자동차 대수에 '자발적

매직 컨베이어 벨트

voluntary'쿼터를 부과했다. 1994년 할당량이 줄어든 반면, 미국 시장에서 일본차의 점유율은 계속 증가했고, 토요타는 2008년 GM을 제치고 세계 최대 자동차 메이커로 도약했다.

TPS는 교차 보유cross-holdings와 데이터 공유data-sharing라는 게이 레츠keiretsu* 시스템을 통해 토요타와 공급업체 간의 강력한 연결 등 많은 부가적인 요소를 가지고 있었다. 이러한 합의를 통해 토요타와 공급업체 들은 디자인과 공급 문제에 대해 협력할 수 있게 되었고, 이는 상호간의 강한 이해와 전반적인 결과를 이끌어 낸 접근 방식이었다.

TPS(및 이 시스템의 일부인 JIT)는 제조 및 공급망 관리 프로세스에 뿌 리를 둔 경쟁우위를 통해 극적인 결과를 이끌어낸 사례이다. 그러나 TPS 는 공급망 기반 경쟁의 유일한 사례는 아니다.

빠른 변화를 통한 경쟁
Competing Through Fast Changes

변화하는 시장에 대응하기 위한 새로운 제품 출시나 기존 제품 조정은 공 급망 운영에 있어 중대한 도전이 된다. 각각의 변화는 새로운 디자인뿐 만 아니라 향후 판매를 위해 창고, 풀필먼트 센터fulfillment centers,** 소매 점을 포함한 유통 채널을 채우기에 충분한 양의 제품을 생산하겠다는 약

---

* 게이레츠(系列)는 일본 특유의 기업문화로 재정적으로 독립적이지만 서로를 성공적으로 지원하고 보장하 기 위해 긴밀하게 협력하는 제조업자, 공급망 파트너, 배급자 등이 그룹화된 것을 의미

** 전자상거래 등장에 따라 창고 내 물류 업무가 기존의 보관/입고/출하 중심에 한정하지 않고, 자동 주문수집, 보관, 포장, 배송, CS관리, 회수, 반품까지 물류 관련 모든 업무를 일괄적으로 대행해주는 서비스를 의미

속이 따른다. 이러한 신제품이나 변경 출시되는 제품이 시장에서 판매에 성공하지 못할 경우 팔리지 않은 재고가 회사에 쌓일 위험에 직면한다. 의류업계에서 소매상들은 통상적으로 매우 신중하게 고안된 2~4개의 시즌별 컬렉션을 중심으로 신제품 개발을 진행함으로써 이러한 위험을 관리한다. 각각의 컬렉션은 새롭게 유행할 '스타일'이 승인되고 대량 생산이 승인되기 전에 트렌드에 대한 광범위한 예측, 시장 조사 및 책임 있는 고위 관리자의 검토를 포함한다. 생산은 주로 해외에서 이뤄지며 의류를 만들어 매장에 유통하는 데 시간이 오래 걸린다. 일반적으로, 기업들은 소비자들이 원하는 것이 무엇인지 최소 한 해 또는 그보다 더 전에 일찍 예측해야 한다.

1975년 스페인에서 설립된 글로벌 패션 브랜드 자라Zara는 공급망과 신제품 개발 전략에서 기존과 다른 길을 택했다. 예측이 대개 (매우) 틀린다는 사실을 잘 알고 있기 때문에(12장 "불확실성" 참조), 다른 의류 회사들이 사용하는 전통적인 6~12개월 주기를 따르지 않았다. 대신 회사는 유명 인사들과 선도적인 디자이너들의 패션 선택과 같은 최신 트렌드를 빠르게 파악하기 위해 노력했다. 또한 디자이너들이 결재를 받기 위해 회사 계층구조를 거치는 승인 절차를 따르지 않고 신속하게 의사결정을 내릴 수 있는 이례적인 자유를 부여했다. 이를 통해 디자이너들은 시장 신호에 신속하게 대응할 수 있었다. 또한 직물 재고를 활용하고, 의류를 다시 디자인하고, 제조를 승인한 다음 새로운 의류를 매장으로 보낼 수 있는 권한을 부여받았다.

그 결과 자라는 기존 품목을 조금 변경하는 데 3주 정도의 생산 리드 타임만 필요하며(업계 표준은 6~12개월), 신제품을 출시하는 데 5~6주밖에

매직 컨베이어 벨트

걸리지 않는다(업계 표준은 1~2년).[3] 자라는 생산과 매장의 배송 속도를 높이기 위해, 물류센터와 가까운 이베리아 반도의 현지 제조 시설을 이용한다. 창고 자동화를 통해 주문을 빠르게 분류하고 매주 2회 매장으로 배송한다(소량 생산과 빠른 배송을 특징으로 하는 자라 시스템에는 JIT의 일부 요소가 통합되어 있다는 점이 흥미롭다).

2005년 팝스타 마돈나Madonna가 스페인 마드리드에서 콘서트를 열었을 때 관객 중에는 자라의 젊은 디자이너 몇 명이 포함되어 있었다. 불과 몇 주 후, 마돈나가 바르셀로나에서 콘서트를 열었을 때 객석에 있던 10대 소녀들은 마돈나가 마드리드 공연에서 입었던 의상을 똑같이 입고 있었다. 자라 시스템 덕분에 마드리드 콘서트에 참석한 젊은 자라 디자이너들은 몇 주 만에 옷을 디자인하고 현지 제조업체에 보내고 자라 매장에 입고할 수 있었다.[4]

새로운 스타일의 지속적이고 신속한 도입은 자라 매장의 외관을 자주 변화시키며 수요를 자극한다. 자라는 3~4주마다 진열 상품의 약 4분의 3을 바꾼다.[5] 자라를 방문한 전국소매점연맹National Retail Federation CEO는 "2주에 한 번씩 새 매장에 들어가는 것과 같다"라고 말했다.[6] 자라의 모기업인 인디텍스의 이사 루이스 블랑은 "… 가장 중요한 건, 고객이 마음에 들면 지금 구매해야 한다는 점을 이해시키는 것입니다. 왜냐하면 다음 주에는 그 물건이 매장에 없을테니까요. 그러니까 희소성과 기회의 분위기를 조성하는 것이 핵심입니다"라고 설명했다.[7]

인터넷, 전자상거래 및 소셜미디어 인플루언서의 부상으로 새로운 세대의 패스트 패션*** 기업이 더욱 빠르게 성장할 수 있었다. 중국의 쉬인 Shein 이나 미국의 패션노바Fashion Nova 와 같은 패스트 패션 회사들은 트렌드를 파악하고 유명인이나 유명 디자이너의 옷을 빠르게 모방하기보다는 새로운 스타일을 출시하고 수백만 명의 팔로워들에게 소셜 미디어 게시물로 판매를 촉진하는 인플루언서에게 무료 샘플을 보내기도 한다. 즉, 이러한 기업은 트렌드를 가장 빠르게 따라가기보다는 소셜미디어 영향력을 통해 새로운 트렌드를 창출한다.[8] 당연히 이러한 기업들은 자신이 만들어낸 시장의 첫 번째 주자가 되는 셈이다.

점점 더 빨라지는 글로벌 제품 출시
Global Product Launches: Faster and Faster

주요 신제품 출시는 회사에 뉴스거리가 될 만한 마케팅 이벤트를 만들 수 있는 기회를 제공한다. 그러나 첫날부터 충분한 수량의 제품을 성공적으로 출시하는 것은 매우 어려운 일이다. 신제품 출시에는 제품에 필요한 모든 새로운 투입 재료의 충분한 수량을 확보하고, 신제품을 대량으로 만들고 조립하는 법을 배우고, 각 소매점에 필요한 제품의 초기 수량을 결정하며, 출시일에 맞춰 모든 수량을 모든 소매점에 배송하는 등 여러 가지 요구 사항이 존재한다. 예를 들어, 애플은 2007년 6월 29일 미국에서만 첫 번째 아이폰iPhone 을 판매하기 시작했다. 애플은 재고 및 유통을

*** 계절에 맞춰 1년에 네 번 제품을 기획하는 패션 브랜드와 달리 최신 트렌드와 소비자 반응에 맞춰 1~2주 단위로 빠르게 상품을 기획, 생산해 판매하는 의류로 일본 유니클로, 스웨덴 H&M, 스페인의 자라 등이 대표적임

매우 신중하게 계획해야 했다. 이러한 다소 제한적인 출시에도 불구하고 처음 30시간 동안 250,000대 이상의 아이폰을 판매했고, 6개월 만에 140만 대를 판매했다.[9]

　일반적으로 판매가 급증하는 연휴에 맞춰 소매점에 제품을 공급하기 위해 애플은 정기적으로 엄청난 양의 항공 화물 수송 능력을 구매한다. 아이폰 시대 이전에도 스티브 잡스는 1997년 애플로 복귀하자마자 5천만 달러를 지불하고 중국과 미국을 오가는 연말연시 항공 화물 수송 능력을 모두 사들여 경쟁사들을 따돌렸다. 이는 상징적인 (속이 들여다보이는) 반투명 케이스를 사용한 아이맥iMac을 출시하기 위한 것이었다. 애플이 아이폰과 아이패드iPad를 전 세계에 출시하면서 여러 국가, 언어 및 다양한 소매 체인에 걸쳐 출시를 조정하며 애플 현상이 확산되고 심화되었다.

　애플은 2008년 7월 11일 아이폰의 두 번째 모델인 아이폰 3G를 21개국에서 동시에 출시하고 첫 주말에 100만 대를 판매했다. 이를 위해서 출시일 며칠 전부터 막대한 항공 화물 수송 능력을 확보해야 했다. 새로운 아이폰 모델의 판매량이 꾸준히 증가하면서 그에 상응하는 유통 문제도 증가했다.[10] 2008년 연간 1,200만 대 미만이었던 아이폰 판매량이 2014년 이후 연간 2억 대 이상으로 증가했다는 점을 고려하면 이러한 문제의 규모가 얼마나 큰지 알 수 있다.[11]

　기술과 패션 분야에서는 신제품들이 자주 출시된다. 하지만 대부분의 경우, 이러한 신제품은 안정적인 대량 생산 공급망을 갖춘 소재 및 부품 공급업체에서 생산된 잘 알려진 부품 기술을 사용한다. 반대로 기존에 없던 완전히 새로운 제품을 출시하려면 해당 원료의 대량 생산이 수반되어야 한다. 2020년 말 전 세계적으로 도입된 코로나19 mRNA 백신이 그 대표적인 사례이다.

코로나19 이전까지만 해도 mRNA messenger ribonucleic acid 는 실제 적용 분야를 모색하고 있는 아직 검증되지 않은 새로운 생물 의학 기술이었다. 백신, 암 치료, 심장 및 간질환 치료 등이 적용 대상이었다. 이론적으로 mRNA를 주입하면 신체는 mRNA 문자열의 코드에 해당하는 특정 양의 항원, 단백질 또는 효소를 만들게 된다. 그러나 2020년 초 당시 기술로는 여전히 실험실과 초기 단계 임상 시험에서만 확인된 상태였다. 아무도 mRNA를 대량 생산한 적이 없었으며, 그것은 mRNA 제조나 mRNA 치료법과 관련된 많은 중요한 성분을 대량 생산한 업체가 아무도 없었다는 것을 의미했다.

미국 매사추세츠주 케임브리지에 본사를 둔 모더나Moderna 가 2020년 초 코로나19용 mRNA 백신을 개발하기 시작했을 때, 수요 규모가 엄청난 백신을 대량 생산해야 하는 공급망 문제는 안전하고 효과적인 백신을 설계하는 과학적 과제만큼이나 큰 도전이었다. 게다가 2010년에 설립된 이 회사는 코로나19 백신을 개발하기 전에는 한 번도 상업용 제품을 개발한 적이 없었다. 당시 모더나는 디지털 기술을 기반으로 구축된 최신 연구 및 생산 인프라를 갖추고 있었다.

코로나19를 위한 mRNA 백신을 출시하려면 mRNA 백신 및 관련 성분의 생산을 연간 수천 회분(실험실 및 임상 시험에 사용)에서 연간 수십억 회분으로 늘려야 했는데, 이는 10만 배라는 엄청난 증가를 의미했다.

2020년 봄 모더나의 코로나19 백신의 첫 번째 임상 시험이 진행되었을 때, 모더나 공급망 수석 부사장인 폴 그라나딜로Paul Granadillo 는 "우리는 전대미문의 엄청난 규모의 무언가를 추구하고 있다는 것을 깨달았다.

나와 우리 팀의 여정에서 첫 번째 단계는 정말로 모든 것이 재료와 관련이 있다고 말하고 싶다. 우리는 개발될 백신의 수요에 대해 전혀 예상할 수 없었고, 최종 규모가 어떻게 될지 확실할 수 없었지만, 매우 많은 재료가 필요하다는 것은 확신할 수 있었다. 밀리그램이나 그램 단위로 이야기하던 것에서 그램과 킬로그램 단위로 이야기하기 시작했다"라며 이는 큰 변화였다고 말했다.

수십억 명의 사람들에게 가능한 한 빨리 백신을 접종하는 엄청난 규모의 도전이 닥치자, 모더나 공급망 팀은 "우리에게 무엇이 필요하고 어떻게 그것을 얻을 수 있을까? 공급업체들이 당장 이를 조달할 수 있을까? 그들이 할 수 없다면, 누가 우리를 도울 수 있을까? 만약 할 수 없다면, 어떤 CMO(위탁생산업체)와 협력하여 생산역량을 확장할 수 있을까?"라고 스스로에게 물었다고 한다. 이러한 불확실성 때문에 모더나는 mRNA와 필요한 재료의 잠재적 생산 한도에 대해 매우 걱정이 많았다. "지질lipids과 효소enzymes만 예로 들자면, '이런, 이 한계를 어떻게 극복할 수 있을지 모르겠다'고 말한 적이 여러 번 있었다."

모더나는 공급업체와 긴밀히 협력하여 새로운 제약 조건을 극복하기 위해 노력했다. 그라나딜로는 "앞으로 계속 나아가 새로운 규모에 도달할 수 있는 방법을 찾아야 할 때였다"라고 "공급업체와 협력하고 공급업체도 우리가 요구하는 사항의 심각성을 인식하면서 방법을 찾아나갔다. 회의에 참석한 모두는 정부, 공급업체, 혁신가, 위탁생산업체 간에 일반적으로는 볼 수 없었던 협력적인 방식으로 기꺼이 함께하고자 했다"라고 말을 이어 나갔다. 협상하는 데 몇 달 또는 몇 년이 걸렸을 법한 합의들이 며칠 또는 몇 주 내에 타결되었다. 그라나딜로는 "이는 사안의 중

대성과 더불어 사람들의 선함goodness 을 보여주는 증거라고 생각한다"라고 결론을 내렸다.[12]

결국 모더나는 2021년 8억 회분을 생산해 납품할 수 있었고, 2022년에는 오미크론Omicron 변종을 표적으로 하는 업데이트된 코로나19 백신을 포함하여 20~30억 회분을 공급할 계획을 세울 수 있었다.

커지는 기대와 더 나은 고객 서비스

Better Customer Service in Every Way

앞서 "품질 및 비용 경쟁"에서 언급했듯이, 경쟁의 한 가지 수단은 우수한 고객 서비스, 즉 적절한 시기에 적절한 제품을 적절한 장소에 적절한 가격으로 고객에서 제공하는 것이다. 운송 수단의 발전은 리드타임을 줄였다. 소매업의 발전은 소비자와 연결하고, 주문을 이행하고, 상품을 배달할 수 있는 새로운 방법을 가져왔다. 제조업의 발전으로 주문 제작 상품을 대량으로 생산하고 배송할 수 있게 되었다. 이러한 발전은 정보 시스템, 통신, 인터넷 및 스마트폰의 발전을 기반으로 이루어졌다. 더 나은 기술은 또한 더 나은 배송 가시성과 통제를 가능하게 했다.

더 빨라진 리드타임
Faster Lead Times and More

1973년 프레드릭 스미스Fredrick W. Smith는 페더럴 익스프레스Federal Express라는 정기 익일 항공 특급 배송(이후 '페덱스'로 사명 변경)을 시작하여 고객 기대치에 혁명을 일으켰다. 이 회사의 혁신은 통합 전략을 활용해 제트 항공기 운항의 높은 비용을 매우 많은 운송물에 분산시키는 것이었다. 회사는 매일 저녁 미국 테네시주 멤피스Memphis에 있는 중앙 허브 공항으로 모든 발송물(패키지)을 집결시켜 한밤중에 분류한 다음 아침 배송을 위해 각 목적지로 배송했다. 본질적으로 각각의 익일 배송 편지와 소포는 수천 개의 서로 다른 배송 물품들과 두 번의 비행 비용(허브공항까지 한 번, 그리고 허브공항에서 도착 지역 공항까지 한 번)을 공유하여 패키지당 비용을 낮게 유지했다.

허브 앤 스포크hub-and-spoke 시스템은 매우 값비싼 자산인 전체 화물 항공기의 높은 자산 활용도를 보장하여 회사가 지점 간 직접 비행을 하지 않고도 광범위한 지점 간 네트워크에 서비스를 제공할 수 있게 했다. 예를 들어, 매사추세츠주 우스터Worcester에서 앨라배마주 몽고메리Montgomery로 가는 일일 여정은 평소에도 항공 수요가 많지 않다. 따라서 도시 간 직항 편은 자주 있지 않으며, 소포당 가격으로는 절대 감당할 수 없는 수준일 것이다. 그러나 매사추세츠주 우스터에서 페덱스 서비스가 제공하는 모든 목적지로의 배송 패키지는 전체적으로 매우 많을 수 있다. 동시에 페덱스에서 서비스를 제공하는 여러 출발지에서 앨라배마 주 몽고메리로 이동하는 비행기를 가득 채울 만큼 많은 패키지가 있을 수 있다. 앞에서 설명한 것처럼 멤피스는 모든 패키지가 들어오고 나가는 허

매직 컨베이어 벨트

브 공항이다. 저녁 시간에는 발송물로 가득 채워진 비행기가 우스터에서 출발하는 모든 패키지를 멤피스 허브로 가져오고 모든 비행기는 한밤중에 도착한다. 그런 다음 페덱스는 패키지를 목적지별로 분류한다. 마지막으로, 몇 시간 안에, 분류된 화물이 채워진 비행기가 앨라배마주 몽고메리로 향하여 해당 목적지로 이동한다.

공급망의 경우 페덱스는 소량 배송을 저렴하게 신속하게 배송하는 것 외에 두 가지 더 큰 변화를 나타냈다. 대부분의 익일 배송에는 배송 신뢰성에 대한 중요한 요구 사항이 내포되어 있다. 이것은 1978년에서 1983년 사이에 페덱스의 슬로건인 '절대적으로 그리고 확실하게 하룻밤 사이에 그곳에 도착해야 한다'의 기원이었다. 속도와 신뢰성을 모두 제공할 수 있도록 하기 위해 회사는 일련의 고급 컴퓨팅 및 통신 애플리케이션을 개발했으며, 이는 공급망 관리에 두 번째로 큰 기여를 했다.

1978년 페덱스 창립자이자 CEO인 프레드릭 스미스는 "미래에는 패키지에 대한 정보가 패키지 자체만큼 중요해질 것"이라고 말했다.[1] 이러한 내용은 많은 고객들이 '디지털 기술이 공급망 관리에 미치는 영향'에서 언급했듯이 소비자들은 패키지가 항상 어디에 있는지 확인하기를 원한다는 사실을 반영했다. 1986년 페덱스는 운전자가 패키지를 픽업하는 순간부터 추적하기 위해 모든 패키지에 바코드를 부착하기 시작했다. 페덱스는 픽업, 현지 거점 도착, 비행기에 짐 싣기, 멤피스(허브) 도착, 출국 비행기에 짐 싣기, 목적지 거점 도착, 배달 차량에 짐 싣기, 최종 목적지까지의 배송 등 여정의 모든 단계를 통해 패키지를 스캔했다. 원래 고객들은 그들의 패키지가 어디에 있는지 찾기 위해 페덱스에 전화해야 했지만, 소비자들이 온라인에서 그들의 패키지를 찾을 수 있도록 각 스캔은 나중에 페덱스의 웹사이트에 표시되었다.

페덱스는 운영 첫 날인 1973년 4월 17일에 단지 186개의 패키지만을 처리했던 것에서 2022년에는 하루 평균 1,650만 개의 패키지를 처리하는 것으로 빠르게 성장했다. 이 회사는 697대의 항공기와 21만 대의 지상 차량으로 전 세계 650개의 공항에 서비스를 제공한다. 스미스의 독창적인 아이디어는 매우 성공적이어서 UPS, DHL 및 US 포스탈서비스를 비롯한 많은 경쟁 업체들이 허브 앤 스포크 운영을 기반으로 하는 익일 배송 서비스를 적용하도록 인사이트를 주었다.

페덱스 및 여러 항공 특송 서비스 가용성은 공급망이 익일 배송을 사용하여 매우 높은 수준의 고객 서비스를 제공할 수 있는 새로운 기회를 제공했다. 일부 배송업체는 한 단계 더 나아갔다. 높은 수준의 서비스를 제공하기 위해 전념하는 조직은 여러 곳에 여러 개의 재고를 보관하는 대신 항공 익스프레스 허브나 그 근처에서 단일 창고를 운영할 수 있어 부동산 비용을 절감하고 리스크 풀링*을 활용하여 재고를 최소화할 수 있다.

이 전략을 활용하는 기업은 중요한 예비 부품, 의료 용품, 꽃, 중요한 수리 서비스 등 시간에 민감한 제품과 서비스를 제공하는 기업이었다. 그들은 종종 '활주로의 끝', 즉 항공 익스프레스 허브에 인접한 장소에 주문 처리 센터를 배치했다. 이를 통해 소매업체, 유통업체 또는 제조업체는 늦은 밤까지 주문을 받고 패키지를 밤새 분류 프로세스에 투입하

---

* 이 맥락에서 리스크 풀링Risk pooling은 예를 들어, 부품 유통업체가 멤피스에 단일 창고를 보유하고 밤새 전국에 서비스를 제공할 수 있음을 의미함. 여기서 주요 이점은 부품 수요의 리스크 풀링인데, 부품이 모두 단일 위치에 있기 때문에 익일 서비스를 제공하기 위해 부품을 전국의 여러 유통센터에 보관하는 것보다 수요의 총 변동성이 낮아 총 재고가 적게 필요함

고, 다음 날 아침 고객에게 주문을 배송할 수 있었다. 이 전략을 통해 이러한 조직은 미국 어디에서나 "오후 10시까지 주문하면 오전 10시까지 받을 수 있다"고 약속할 수 있었다.[2]

옴니채널 복잡성
Omnichannel Complexity

1990년대까지 소매 판매의 유일하고도 중요한 채널은 직접 판매, 통신 판매 그리고 전화 판매였다. 대부분의 소비자들은 제품을 선반에서 직접 가져가거나 소매업체의 자체 배송 직원이 집으로 배달하거나 소포 배달을 통해 상품을 받았다. 시어즈Sears, 몽고메리 워드Montgomery Ward, J.C. 페니와 같은 대형 유통업체는 소매점과 우편 주문 카탈로그 판매를 결합하여 제공했지만, 대부분의 소매업체는 하나의 유통 채널에 집중했다.

인터넷은 소비자들이 소매업체와 상호작용할 수 있는 새로운 채널을 추가했다. 웹사이트는 소매업체의 종이 우편 주문 카탈로그의 전자 버전으로 시작되었다. 곧이어 그들은 상품화, 주문 관리, 결제, 배송 추적, 고객 서비스 문제 처리, 로열티 프로그램 참여 등을 위한 풍부한 미디어, 대화형 도구들을 추가했다. 스마트폰과 모바일 앱들은 더 많은 차원의 상호작용을 제공했다. 위치 기반 서비스는 고객을 가까운 소매점들에 자동으로 연결하고, 위치 기반 홍보물을 보내고, 배송이나 픽업을 조정할 수 있다. 판매자들은 창의적인 새로운 방식으로 구매자들과 관계를 맺을 수 있다. 예를 들어, 온라인 가구 및 가정용품 소매업체인 웨이페어Wayfair는 모바일 앱에 증강현실을 추가하여 소비자의 집 인테리어 이미지에 제품 이미지를 겹쳐 놓아 3D 디자인으로 방을 계획할 수 있도록 했다.[3] AI 기반 챗봇과 스마트 스피커(알렉사, 시리 등)는 매출을 높일 수 있는 다양한 일상적인 고객 서비스 상호작용을 위한 자동화된 채널인 대화형 상거래의 잠재력을 창출했다.

제2장 '하나에서 다수로: 아웃바운드 배포' 부분에서 설명했듯이, 온라인 주문을 수행하는 데 소매업체의 매장 직원, 창고 직원 또는 미국 십트Shipt, 독일 헤르메스Hermes, 콜롬비아 라피Rappi 와 같은 모바일 플랫폼의 긱 워커**를 포함할 수 있다. 제품 자체는 가장 가까운 소매 선반, 소매업체의 또 다른 인근 아울렛, 광역 풀필먼트 센터, 더 먼 물류센터 또는 제조업체로부터 직접 제공할 수 있다. 배송은 매장 픽업, 고객의 차량에서 바로 물건을 받는 커브사이드 배송, 긱 워커 배송, 택배 서비스 배송, 소매업체 자체 배송원, 우편 서비스 배송, 라커 서비스 픽업 등을 통해 이루어질 수 있다. 마지막으로, 소비자가 제품을 반품하거나 교환하기를 원하는 경우에도 여러 가지 방법이 있다.

옴니채널 리테일링omnichannel retailing 에 대한 열망적인 개념은 고객의 상품 탐색, 주문 이행, 고객 서비스 및 상품 반품을 위한 채널의 증가로 이어졌다. 이상적인 세계에서 옴니채널 소매업체는 모든 미디어 채널을 통해서도 고객과 소통할 수 있고, 소비자가 어떤 방식으로 주문을 보내도 받아들이며 픽업, 배송, 반품 옵션을 모두 제공할 수 있다.

소비자가 소매업체와 상호작용할 수 있는 방법이 많아질수록 소매업체의 운영 및 정보 시스템은 복잡해져야만 했다. 소매업체는 모바일

** 디지털 플랫폼 기반 공유경제 확산으로, 고용주의 필요에 따라 단기로 계약을 맺고 일회성 일을 맡는 근로자

매직 컨베이어 벨트

앱, 웹사이트, 소매점, 이행 시스템, 전화 주문 및 고객 서비스 봇의 데이터를 통합해야 했다. 또한 공급망 설계 결정은 더욱 복잡해진다. 즉, 매장, 창고, 다크 스토어dark store *** 및 풀필먼트 센터를 어디에서 운영할 것인지, 어떤 종류의 재고를 어디에 배치할 것인지, 어떤 배송 옵션을 언제 사용할 것인지, 어떤 수준의 서비스를 다른 제품의 배송시간과 연계하여 제공할 것인지, 다양한 옵션의 가격을 어떻게 책정할 것인지 등이다. 이러한 모든 이슈들은 소비자들의 증가하는 기대와 관련되어 있는데, 가장 눈에 띄는 것은 무료와 빠른 배송이다. 사실 문제는 '얼마나 빠른가?'이다. 모든 제품에 대해 2시간 서비스를 제공해야 할까? 이는 비용 측면에서 지속가능하지 않을 수 있다, 어떤 제품을 어떤 수준의 서비스로 제공해야 할까?

이러한 다양한 대안들은 그 자체로 복잡할 뿐만 아니라, 많은 소매업체들에게 내부적인 문제를 야기한다. 일부 소매업체들이 직면한 문제는 둘 이상의 판매 또는 유통 채널이 관련되어 있을 때 특정 매출을 어떻게 회계 처리하느냐 하는 것이다. 이러한 어려움은 널리 실행되고 있는 인센티브 메커니즘인 판매(매출) 성공에 대한 보상을 주는 관행(직원과 부서)에서 비롯된다. 예를 들어, 회사 내 전자상거래 그룹은 물류센터에서 이행된 온라인 판매에 대해 책임을 지고, 소매점 그룹은 매장 내 판매에 대해 책임을 지는 건 분명해 보인다. 하지만 그러면 일이 엉망이 된다. 제품을 온라인으로 주문하고 매장에서 배송이 시작되는 경우 적절한 판

*** 도심 내 소규모 물류 거점에서 배송하는 오프라인 매장이란 의미. 일반 매장처럼 품목별로 정리돼 있으나 손님은 받지 않으며, 온라인 배송용 상품만 보관/포장/배송하는 시설임. 즉 '다크 스토어dark store'는 전자상거래 유통에만 사용되고 고객에게 개방되지 않는 소매 공간임

매 배분율은 무엇인가? 이것은 전자상거래 매출인가, 아니면 매장 매출인가? 더욱이, 많은 소매업체에서는 내부에서 각 그룹(매장 및 전자상거래)이 자체 조달을 관리한다. 따라서 고객이 매장에서 주문하고 물류센터에서 상품이 처리되어 고객의 집으로 배송될 때 그림이 더욱 흐릿해진다. 이러한 문제를 스스로 만족스럽게 해결한 소매업체는 거의 없으며, 이들 중 많은 소매업체가 치열한 경쟁을 벌이면서 통합된 옴니채널 조직을 구축, 운영하는 것은 여전히 진행 중이다.

더 많은 제품과 서비스의 맞춤화
More Product and Service Customization

1974년 버거킹의 유명한 슬로건인 "너 좋을 대로 해Have It Your Way"는 동일한 제품을 대량 생산하는 것에서 각 고객의 특정 선호도에 맞게 개별화된 제품의 대량 맞춤화로 변화하는 추세를 상징했다. 같은 맥락에서, 델Dell 컴퓨터는 1984년에 재고부품을 기반으로 한 맞춤형 PC를 제작하기 위해 설립되었다. 고객은 기본 모델 디자인(PC 케이스와 마더보드)을 선택한 후 프로세서, 메모리, 스토리지 드라이브, 그래픽 카드, 외부 포트의 개수와 종류, 기타 특정 기능을 선택할 수 있었다. 회사는 인터넷 시대로 자연스럽게 전환하여 고객이 원하는 구성을 온라인으로 지정하고 며칠 안에 맞춤형 기계를 받을 수 있게 되었다. 전자상거래를 통해 다른 많은 기업들이 맞춤형 상품을 제공했다. 예를 들어, 1999년에 설립된 판촉물 회사인 카페프레스CafePress는 약 10억 개의 다양한 제품을 제공했다. 의류, 액세서리, 가정용 장식, 사무용품 및 문구류와 같은 수십 가지 범

　　　　　　　　　　　　　　매직 컨베이어 벨트

주의 제품에 다양한 그래픽 디자인, 격언, 모노그램 및 색상을 적용할 수 있다. 디럭스Deluxe, 비스타프린트Vistaprint, 4Customize 등과 같은 여러 회사들도 그 뒤를 따랐다.

　도서 출판 업계는 맞춤 제작에 대대적으로 뛰어들었다. 사실 이 책의 미국판 원본도 아마존 KDP Kindle Direct Publishing, 반스앤노블Barnes and Noble, 구글Google 또는 애플Apple 에서 독자 여러분을 위해 주문형으로 출간되었다. 초기에 아마존은 스스로를 '지구에서 가장 큰 서점'이라고 광고했다. KDP의 주문형 인쇄printing on demand 로 아마존은 더 큰 서점을 가질 수 있지만 재고는 보유하지 않는다. 대신 책을 주문하면 아마존에서 사본을 인쇄하여 고객에게 보낸다. 물론 이 책을 킨들과 같은 e-book 리더로 읽고 있을 수도 있다. 즉, 여러분의 책은 사전에 인쇄본을 재고로 갖고 있지 않다는 (즉, 주문이 들어오면 바로 인쇄한다는) 것을 의미한다. 따라서 버거킹, 델, 아마존 KDP는 완제품 재고가 없다. 대신, 그들은 주문에 맞추어 제품을 적시에 만들어 제공한다.

　주문형 제조가 포함된 맞춤형 오퍼링은 소비자에게 제품의 독특함을 느끼게 하는 맞춤 방식이 분명해지면서 많은 산업에서 경쟁의 초점이 되었다. 새빌로Savile Row 의 맞춤형 남성 정장에서부터 맞춤형 가구, 수공예품에 이르기까지 독특하고 개인화된 서비스는 항상 고급 소비(럭셔리) 제품과 관련이 있었다. 일반 대중에게는 대량 생산, 즉 조립 라인을 사용하여 제품을 여러 개 복제하는 방식이 있었기 때문에 제품 가격이 저렴해졌다. 그러나 한편 현대 기술 덕분에 소비자들은 말하자면, 개인 맞춤형 소비가 가능하게 되었다. 이러한 방식을 통해 기업은 조립 라인 제조의 효율성을 유지하면서 맞춤형 제품을 생산할 수 있다.

맞춤형 생산을 위해서는 제조업체와 공급업체가 고객이 원하는 것을 찾아 기록하고, 다양한 부품의 적절한 재고를 조달하여 공장에서 다양한 주문을 신속하게 이행할 수 있도록 업그레이드된 기능을 개발해야 했다. 예를 들어, 주문 제작된 새로운 포드 F-150 픽업트럭을 구매하려면 기본 모델, 파워트레인 특징, 옵션 패키지, 추가 특징, 액세서리, 장식 추가 기능, 색상 구성 및 딜러 추가 기능에 대한 수십 개의 상호 연동적인 의사결정이 필요하다. 포드는 소비자들에게 이 과정을 안내하기 위해 온라인 구성 도구configurator tool 를 만들었다. 이 컴퓨터 프로그램은 잠재 구매자에게 관련 정보와 이미지를 제공한 다음 원하는 옵션을 클릭하여 선택사항을 나타내도록 함으로써 소비자를 돕는다. 고객은 기본 제품을 정의하는 8개의 F-150 모델들 중에서 선택할 수 있다. '모델 비교' 그리드는 8개의 모델들 각각에 표준, 옵션 또는 사용할 수 없는 요소가 약 400개 나열되어 있다.

구매자가 결정할 때마다 프로그램은 자동으로 순서에 따라 호환성 충돌이나 전제 조건을 확인한다. 예를 들어, 고객은 자동차 2열 확장 SuperCrew cab 옵션과 약 2.4m 길이의 화물칸long 8-foot cargo-bed 옵션을 모두 선택할 수 없다. 프로그램은 또한 강력한 페이로드 패키지에 특정 크기의 엔진이 필요하거나 크롬 디딤판을 추가하면 이전에 선택한 검은색 보행판이 제거된다는 것을 의미하는 것과 같은 규칙을 부과한다. 각 단계를 수행할 때마다 고객은 차량의 새로 고침 이미지와 함께 사용 가능한 할인이 포함된 총 가격 업데이트를 확인한다. 포드Ford 는 이 프로그램을 통해 특정 또는 맞춤형 제품을 주문하는 과정에서 오해나 오류를 최소화한다. 차량이 지정되면 시스템은 고객이 딜러를 찾고, 시승을 준비

　　　　　　　　　　　　　　　　　매직 컨베이어 벨트

하고, 지정된 제품의 가용성을 위해 현지 재고를 검색하도록 돕는다. 또는 포드가 맞춤형 차량 조립을 위해 공장으로 보내 맞춤형 차량을 조립할 수 있도록 한다. 거의 모든 자동차 제조업체는 유사한 시스템을 사용하며 고급 브랜드는 더 많은 옵션을 제공한다. 이러한 맞춤화를 공급망 관점에서 특히 어렵게 만드는 것은 기업이 고객 주문에서 배송까지 지연을 최소화하기 위해 경쟁해야 한다는 것이다.

이 책 1장 "하위 부품의 필요성"에서 언급한 것처럼 자동차는 그 자체로 복잡한 부품으로 구성된다. 예를 들어, 미 인디애나주 해먼드Hammond 에 있는 협력사 리어Lear Corporation 공장은 여러 포드 SUV 모델용 시트를 공급한다. 그들이 선택할 수 있는 재료의 유형(천, 인조 가죽 및 진짜 가죽의 조합)과 색상 패턴을 예측하는 것 외에도 얼마나 많은 포드 고객이 열선, 환기 시스템 또는 좌석 전동 조정을 필요로 하는지 예측해야 한다. 소비자가 차량을 주문하면 해당 주문은 모든 공급업체에 단계적으로 전달된다. 협력사 리어Lear 에서는 주문서에 필요한 좌석 세트(운전석, 보조석 및 뒷좌석)를 자세히 명시한다. 좌석의 구성요소 중 많은 부품은 사전에 리어에서 주문해야 한다. 그래야 리어에서 포드로부터 좌석 주문을 받은 직후에 필요한 좌석을 제작할 준비가 완료되고 차량 인도가 지연되지 않는다.

포드는 지연이나 추가 재고가 발생하지 않도록 고객이 주문한 차량의 생산 예정 시간을 리어에 정확히 보낸다. 포드는 리어가 JIT 프로토콜에 따라 생산 라인에 직접 시트 제품군을 제공할 것으로 기대한다. 실제로 트럭이 생산 라인을 따라 조립될 것으로 예상되는 정확한 순서로 여러 개의 시트가 배송된다. 차량을 조립할 때 해결해야 할 과제는 고객의 주문에 따라 정의된 대로 바른 색상의 차체를 올바른 파워트레인, 올바른 대시보드, 올바른 시트 등과 결합하는 것이다.

다양한 소비자 주문에 대비하는 문제는 자동차와 같은 복잡한 제품에만 국한되지 않는다. 버거킹의 패스트푸드 커스터마이징도 어려운 과제이다. 피클 조각과 버거 패티(표준 버거의 표준 레시피)를 3 : 1로 정확히 주문하는 대신 각 매장마다 현지 소비자의 선호도를 고려해야 한다. 구체적으로, 피클을 원하지 않는 고객의 비율과 추가 피클을 원하는 고객의 비율을 예측하고 계절에 따른 변화 가능성도 계획해야 한다. 그 이유는 버거킹은 카운터에서 고객의 주문에 즉시 대응해야 하기 때문이다. 따라서 버거킹은 모든 재료의 충분한 수량을 미리 준비해 두어야 한다. 하지만 부패하기 쉬운 식품에 대해서는 너무 많은 재고를 보유하는 것을 피해야 한다.

당연히 이 문제는 비즈니스, 특히 소비자 대면 비즈니스의 모든 측면을 괴롭힌다. 수요 예측은 소비자가 무엇을 언제 원할지 모르는 불확실성 때문에 필요하다. 불행하게도 예측은 중요한 한계를 가지고 있는데, 이는 앞서 '불확실성'에서도 논의했다.

제품 반품에 있어서도 소비자, 기업 모두가 가장 편리한 방법을 선택할 수 있도록 여러 가지 옵션을 포함할 수 있다. 반품은 온라인 가맹점에서 특히 문제가 된다. 일반적으로 전자상거래로 인한 반품은 전체 소매 판매액의 약 30%에 달하는데, 이는 소매점 평균 9%보다 훨씬 높은 수치이다.[4] 이러한 반품은 소매업자들에게 역물류reverse logistics 비용과 관리에 부담을 주고, 많은 경우 판매되지 않는 상품을 보유하게 만든다. 미국에는 소매업자들에게 반품 처리를 무료로 해주도록 강제하는 법은 없

　　　　　　　　　　　　　　　　매직 컨베이어 벨트

지만, 대다수는 반품 처리를 무료로 해주고 있다. 이로 인해 소매업자들 사이에 값비싼 경쟁의 길이 열렸다.

소매업을 하고 있는 한 친구와 메인주 프리포트Freeport에 있는 엘엘빈L.L.Bean의 플래그십 스토어를 방문했을 때 무료 반품의 주된 이유 중 하나가 분명해졌다. 친구가 매니저에게 반품률이 몇 퍼센트냐고 묻자 매니저는 12%라고 대답했다. 친구는 깜짝 놀라며 매장에서 계속 무료 반품 정책을 유지하는 이유와 정책을 폐기하면 반품 비율이 줄어들지 않느냐고 물었다. 매니저는 미소를 지으며 오히려 반품 비율이 더 높아지면 좋다고 대답했다. 예상치 못한 답변에 어리둥절한 내 친구에게, 매장 매니저는 "[고객들이] 반품하러 매장에 들르면, [반품한 금액의] 세 배에 해당하는 다른 상품을 구입한다.… 통계적으로 고객들에게 더 많이 반품하게 할 수만 있다면! 오히려 매출은 커질 수 있다"라고 말했다.

이 이점은 전자상거래 소매업체의 경우 동일한 수준으로 발생하지는 않겠지만, 결국 고객이 기대하기 때문에 무료 반품을 제공하고 있다는 것이다. 실제로 온라인 구매를 하는 미국 소비자의 91%는 소매업체의 반품 정책을 구매 결정에 있어 중요한 요인 중 하나로 생각하고 있다.[5] 게다가 소비자의 92%는 반품이 쉽다면 그 소매상으로부터 무언가를 다시 구입한다.[6] 따라서 대부분의 소매업자들은 물류비와 비용 부담에도 불구하고 무료 반품을 할 수밖에 없다.

확산되는 규제

Proliferating Regulations

이론적으로, 지구상 모든 나라들은 원자재 재고, 생산 능력, 특정 제품에 대한 소비자들의 욕구에 비례하여 거의 모든 제품을 공급할 수 있다. 천연자원(경작지, 기후, 광물 매장량, 해양 매장량)과 역량(노동력, 교육 시스템, 혁신 시스템, 물류 인프라)은 원자재를 완제품으로 전환할 수 있는 국가의 잠재력을 정의한다. 소비자의 부, 생활 조건, 선호도는 다양한 산업의 제품 구매 잠재력을 정의한다.

그러나 국가나 지역이 실제로 주어진 공급망 기능에 참여하는지 여부는 주로 정부기관이 참여를 억제, 조절 또는 장려하는지에 따라 크게 달라진다. 각 나라의 정부와 지자체는 무역, 경제 개발, 제품 사양, 환경

보호, 과세, 고용 규칙, 인허가 요건, 환율 조정 등에 관한 정책을 통해 공급망 형태에 중대한 영향을 미친다. 이와 같은 규제는 20세기 말로 갈수록 더욱 강화되어 글로벌 공급망 관리의 어려움을 가중시키고 있다.

제조 방법에 대한 규제
Regulations for How It's Made

1970년 4월 22일 제1회 지구의 날Earth Day 은 제조 및 공급망 운영에 중대한 영향을 미치는 환경 규제 물결의 서막을 알렸다. 1970년대 미국은 국가환경정책법, 청정대기법, 수질정화법, 멸종위기종법, 천연림관리법, 해양포유류보호법 등을 통과시켰고 환경보호국EPA 도 창설하였다. 또한 1971년에 산업안전보건국OSHA 을 만들어 사업장 내 사망, 부상 및 질병을 줄였다.

　비록 각 나라들이 개별적으로 규정을 제정하고 국가마다 해당 규정을 얼마나 엄격하게 시행하는지는 다르지만, 국제기구들도 국경을 초월하는 문제에 대한 규정을 통일하기 위해 노력하고 있다. 예를 들어, 1973년 국제선박오염방지협약International Convention for the Prevention of Planction from Ships, MARPOL은 해양 선박에서 발생하는 기름 유출, 유독성 화물, 하수, 연료 방출과 같은 다양한 종류의 오염을 규제하기 위한 절차를 시작하였고, 그 이후 여러 차례 개정과 기준 강화가 있었다. 또 다른 예로는 1987년 체결된 몬트리올 의정서가 있는데, 이 협정은 클로로플루오르카본CFC 과 다른 오존층 파괴 물질ODS 의 사용을 단계적으로 폐지하기 위한 전 세계적인 규제와 마감기한을 정했다. 다음 해인 1988년에는 기후 변화에 관한 정부간 협의체Intergovernmental Panel on Climate Change, IPCC가 설립되었는데, IPCC는 "모든 수준의 정부가 기후 관련 정책을 개발할 수 있는 과학적 근거를 제공하기 위한" 평가를 만드는 역할을 맡았다. 이 평가들은 소위 온실가스GHG 배출을 제한하는 정책들과 규제들을 협상하는 과정을 지원하기 위한 것이었다. 전반적으로, 1970년 52개에 불과했던 국제 환경 협약들의 숫자는 2000년에 약 1,000개의 협약들로 급증했다.[1]

또한, 각국 정부는 특정 산업과 그들이 제공하는 제품들도 규제한다. 가장 규제가 심한 산업은 당연히 의약품으로, 의약품 공급망의 여러 지점에서 규제를 받는다. 여기에는 소비자 접근, 소매, 유통, 제조, 원료 공급 및 제품 개발이 포함된다. 비록 각국 정부의 규제 사항이 세부적으로 다를 수 있지만, 일반적으로 의약품의 모든 제조 및 투약 용량은 임상적으로 시험되고 승인된 물질과 동일한 안전성과 효능을 갖도록 노력한다. 따라서 의약품 원료 및 제품의 국제 공급업체는 해당 원료 및 제품을 제조 · 판매하는 모든 지역의 다양한 규정을 준수해야 한다.

대부분의 제약회사는 제조품질관리기준Good Manufacturing Practices, GMP or CGMP을 기반으로 하는 광범위한 지침 및 요구 사항을 준수하고 있다.

내용물에 대한 규제
Regulations for What's in It

정부가 규제하는 물질의 수가 증가함에 따라 기업은 공급망에서 해당 물질의 사용을 통제하고 관리해야 한다. 예를 들어, RoHS Restriction of Hazardous Substances로 알려진 2003년 유럽연합 지침은 전기 및 전자 장비에서 납, 수은, 카드뮴, 6가크롬, 폴리브롬화 비페닐 및 폴리브롬화 디페닐 에테르의 사용을 제한한다. 2015년 EU는 4개의 화학물질(플라스틱의 유연제로 사용되는 모든 프탈레이트)을 추가로 제한 목록에 포함시켰다.[2]

또한 EU는 화학물질의 등록·평가·허가 및 제한REACH이라는 광범위한 규정을 추가하여 EU에서 수입 또는 제조되는 제품에 포함된 143,000개 이상의 화학물질 및 화학 성분을 규제한다. REACH의 목표는 사실상 모든 화학 물질에 대해 보다 철저한 건강 및 안전 테스트를 의무화한 다음 2022년 10월 기준으로 224개에 달하는 소위 고위험우려물질SVHC 사용을 제한하는 것이다.[3] 독성 물질과 관련된 금지 사항은 제품 설계, 제조 및 유해 폐기물 처리에 영향을 미친다.

식품 및 화장품과 같은 일부 산업에는 고유의 특정 성분 규정이 있다. 이러한 규정은 일반적으로 오염 물질에 대한 제한뿐만 아니라 허용되거나 금지되는 성분의 목록을 정의한다. 일부 규정은 제품에 반드시 들어 있어야 하는 성분을 정의하기도 하는데, 예를 들면 미국에서 '샐러드드레싱'은 30% 이상의 식물성 기름과 4% 이상의 달걀노른자를 포함해야 한다.[4] 이러한 모든 규정들은 식품 제조업체가 공급업체의 작업을 감시하고 검사하여 해당 공급업체가 준수한 성분으로 만드는지를 확인한다.

위에서 언급한 바와 같이 규제는 국가와 지역에 따라 달라질 수 있다. EU는 미국보다 식품첨가물에 대해 더 제한적인 경향이 있지만, EU는 미국에서 허용되지 않는 인공감미료인 시클라메이트나 식물성 카본 블랙, 아마란스 식용 색소와 같은 일부 첨가물을 허용하고 있기 때문이다. 마찬가지로 유럽은 미국이 금지하고 있는 비저온살균 치즈를 허용하고 있다. 이러한 상반된 규정으로 인해 기업은 모든 국가의 모든 규정을 준수하는 글로벌 제품을 개발하는 데 제약이 있다. 대부분의 경우, 이들 기업은 특정 국가에 제공하는 각 제품의 변형에 대해 별도의 공급망을 구축해야 한다. 당연히 이러한 제품군의 분할은 규모의 이점을 감소시켜 제조비용, 재료 조달 비용 및 재고 운반비용을 증가시킨다. 또한 그에 따른 모든 공급망 관리의 복잡성을 가중시킨다.

미스터리한 고기, 그리고 비극

2013년 1월, 아일랜드 식품안전청은 27개 햄버거 제품을 분석한 결과 10개 제품에서 말 DNA 양성 반응이 나왔고 23개 제품에서 돼지 DNA 양성 반응이 나와 유럽을 충격에 빠뜨렸다. 아일랜드 당국은 3개의 공급업체에서 위조된 햄버거 고기를 추적하였고, 이로 인해 유럽의 유명 소매업체들은 1,000만 개의 햄버거를 회수하였다. 이 '미스터리 고기'는 오래된 문제일지 모르지만, DNA 검사 비용이 줄면서 유럽 소고기 공급망의 어두운 구석에 밝은 빛을 던져주었다.

　이 스캔들은 모든 단계의 식품 공급망에 있는 유명 브랜드 기업들에 영향을 미쳤으며, 13개국에 있는 최소 28개 회사에 영향을 미쳤다. 네슬레, 이글로 푸드 그룹(이글로 및 버즈 아이 브랜드 제조업체) 등 일부 소비재 상품Consumer Packaged Goods, CPG 제조업체는 제품을 리콜해야 했다. 말고기는 영국의 대형 슈퍼마켓 테스코Tesco 와 같은 소매업체의 자체 상표 PB 제품과 스웨덴 가정용품 제조업체이자 소매업체인 이케아의 상징과 같은 같은 미트볼에서도 발견되었다. 말고기는 또한 현지에서 조달한 유기농 식품을 자랑하던 스위스의 코업Co-op 식료품 체인에서도 발견되었다. 또한 이 스캔들은 패스트푸드 체인점인 버거킹Burger King 과 타코벨

Taco Bell의 유럽 매장에도 영향을 미쳤다. 오웬 패터슨Owen Paterson 영국 환경부 장관은 영국 의회에 출석해 "유럽 전역에 걸친 공급 네트워크에 이미 문제가 퍼져 있다는 것이 명백하다"고 말했다.[5]

더욱 당혹스러운 것은 식품 판매자들은 물론 심지어 식품 제조업체들이 공급망에 대해 얼마나 가시성을 가지고 있지 못한지 깨닫게 되었다. 아웃소싱과 글로벌화로 인해 축산물 생산자와 소매업체 사이에 복잡한 중개인이 흩어져 있어 소비자가 관심을 가질 수 있는 원산지, 품질, 성분 및 기타 제품 측면을 추적하기 어려웠다. 냉동식품 제조업체 핀더스Findus의 경우 말고기가 유럽 식품 공급망의 4~5단계의 심층 단계에서 발생해 정확한 문제 지점과 책임 업체가 어디인지 파악하기 어려웠다. 공급망의 맨끝자락에서 말은 루마니아의 도축장에서 합법적으로 가공되었지만, 그 후 네덜란드의 다른 딜러를 대신하여 키프로스의 딜러를 거쳐 프랑스 남부에 있는 공장에 판매하여 16개국 슈퍼마켓에서 냉동 식품으로 판매되었다. 공급망을 따라 어딘가에서, 어떤 누군가에 의해 라벨이 '말'에서 '소고기'로 바뀌었다.

루마니아 정부 관리들은 자국 육류 산업의 안전과 보안을 옹호했다. 말고기는 루마니아, 프랑스 그리고 다른 나라들에서 합법적인 식품이다. 빅토르 폰타Victor Ponta 루마니아 총리는 "현재 확보한 자료로는 루마니아 기업이나 루마니아에 진출한 기업들이 유럽 규정을 위반했다는 것이 확인되지 않는다"고 밝혔다.[6] 루마니아 식품산업 연맹 로말리멘타Romalimenta 대표인 소린 미네아Sorin Minea는 "그들은 키프로스에 있는 누군가에게 고기를 전달했다"며 공급망의 중간 상인에게서 부정이 발생했을 가능성이 있음을 암시했다. 한편으로는 폴란드와 영국 웨일즈의 공급업체에서 말고기를 추적했는데, 이는 이번 스캔들이 단순히 한 사람의 범죄 행위로 인한 개별적 사건이 아님을 보여주었다.

피해를 입은 기업들은 대규모 리콜을 실시해야 했다. 예를 들어, 이케아는 매장 내 카페테리아에서 미트볼 판매를 중지시켰고, 폴란드 제품의 공급처(루마니아 공급처와 여러 다른 공급처)를 확인하고 납품 업체를 바꾼 후에도 한 달이 지나도록 미트볼 판매는 예전 수준을 회복하지 못했다. 이케아는 연간 1억 5천만 개의 미트볼을 판매하기 때문에 그 영향은 컸다. 평판 손상에 대처하기 위해, 이케아는 350만 인분의 '깨끗한' 미트볼을 유럽 푸드뱅크에 기부했다. 이케아 대변인 일바 마그누손Ylva Magnusson은 말고기가 들어 있는 미트볼은 모두 "바이오 가스bio gas로 분해되었다"고 강조했다.[7] 이케아는 또한 모든 식품 공급업체에 대한 기준을 강화하고 공급업체의 요구 사항을 늘렸으며, 이들 공급업체에 대한 예고 없는 감사에도 착수했다.

다행스럽게도 이제 EU는 모든 인간 식품, 동물 사료 기업을 대상으로 제품을 납품한 업체를 식별하고 식품 투입물은 즉시 공급업체를 통해 추적할 수 있는 규정을 가지고 있다.[8] 당국은 다양한 유통 채널에서 허위 표시된 육류를 추적하였으며, 이를 통해 전체 공급망에 대해 알고 있거나 통제하는 기업이 얼마나 적은지 드러났다.

매직 컨베이어 벨트

무역 제한 및 정부 개입
Trade Restrictions and Government Interventions

무역 규제, 관세, 세금, 보조금은 공급망의 형태를 직접적으로 왜곡시킬수 있어 네트워크 설계의 경제 논리에 복잡성을 유발하는 동시에 정부가 규정을 변경할 때 변동성을 가중시킨다. 또한 각국은 다양한 수준의 무역 제재를 이용하여 러시아, 이란, 시리아, 북한, 베네수엘라, 미얀마, 쿠바 등 제재 대상국과의 공급망 수출 또는 수입에 대해 직접적으로 개입하는 조치를 취하고 있다. 더욱 당혹스러운 것은 세계 양대 경제 대국인 미국과 중국의 팽팽한 무역 분쟁이다. 기업은 공급망 관련 모든 규정을 준수하려고 하기 때문에, 이러한 여러 형태의 규제는 간접비와 책임을 발생시킨다. 예를 들어 미국 기업들은 중국 당국이 반인도적 범죄를 저지른 혐의를 받고 있는 중국 신장(위구르 자치구) 등 특정 지역에서 생산된 자재와 물자를 구매하는 것이 제한된다. 또한 미국 기업들은 러시아에 첨단기술 제품을 수출하거나 중국에 첨단 반도체를 수출하는 등 특정 정권에 특정 제품을 수출하는 것이 제한된다. 또한 금수(경제교류 중단) 조치 또는 제재 대상 국가에 제품을 판매하려면 관련 국가 및 품목에 따라 미국 재무부, 상무부 또는 국무부의 특별 허가를 받아야 한다.

정부는 지역 산업을 지원하거나, 외국 무역 상대국의 불공정한 이익이나 보조금을 상쇄하거나, 상대국의 관세에 보복하는 등 여러 가지 목적을 가지고 무역 관세를 부과함으로써 공급망 비용을 직접적으로 조절한다. 예를 들어, 미국은 2018년에 유럽연합, 캐나다, 멕시코산 철강과 알루미늄에 높은 관세를 부과했다. EU도 허를 찔러 버번위스키, 오토바이, 땅콩버터, 청바지와 같은 전형적인 미국 제품에 관세 부과로 보복했다.

정부는 또한 그들의 세금 구조와 세율을 통제한다. 다른 나라들에서의 조세 제도의 차이는 이전 가격**** 회계transfer-price accounting 의 사용을 초래한다. 기업이 다른 나라에 같은 기업의 사업부를 위치시킬 때, 경영자들은 사업부들 간 이전되는 상품들에 대해 인위적인 가격을 책정할 기회를 갖는다. 모회사는 저세율 지역에서 예약된 제품의 이익에서 차지하는 비중을 증가시킴으로써 총 세금계산서를 최소화할 수 있다.[9]

경영자에게 세금은 순과세를 감소시키는 선택으로 의사결정을 편향시키는 효과가 있는데, 심지어 이러한 선택이 원가를 증가시키거나 잠재적 수익을 감소시킬 때도 마찬가지이다. 세금과 규제의 변화가 가져오는 궁극적인 효과는 경영자가 공급망의 구조를 조정하여 이를 활용하는 것이다. 즉, 세금과 규제 부담을 최소화하는 위치에 시설을 배치하는데, 이를 규제 차익거래로 간주하는 시각도 있다.[10]

지역경제 활성화와 일자리 창출을 위해 국가와 지방 정부도 외부 투자를 추진한다. 여기에는 종종 다양한 보조금으로 공급망 운영(기업, 공장, 물류센터, 물류 인프라)을 그들 지역에 유치하는 것이 포함된다. 미국을 포함한 많은 국가들은 글로벌 무역을 장려하는 동시에 글로벌 경쟁으로부터 현지 근로자들을 보호하려고 노력한다. 지방세 수입을 줄이지 않고 이러한 목적을 달성하기 위한 한 가지 방법은 자유무역지대FTZ를 설정하는 것이다. FTZ는 제품이 수출되고 해당 국가의 무역에 진출하지 않는 한, 수입품에 대해 우세한 할당량, 관세, 관세를 부과하지 않고 제조,

---

**** 기업이 해외에 있는 자회사와 원재료 또는 제품을 거래할 때 적용하는 가격을 말하는데, 다국적 기업들이 세부담 경감 목적으로 가격 조작을 하는 경우가 있음. 1,000원짜리를 900원에 팔 경우 900원이 이전가격, 100원이 이전소득임

제품 조립, 유통과 같은 특정 공급망 활동을 주최한다. 이것은 칩을 FTZ로 수입하고 해당 FTZ에서 컴퓨터 메인보드를 수출하는 것과 같은 중간 작업에 특히 유용하다. 칩이 실제로 국내에 들어오지는 않지만 FTZ는 메인보드를 만드는 지역 작업을 제공한다.

20세기의 지난 수십 년과 21세기 초는 특정 국가 간 무역에 대한 정부 규제가 전반적으로 감소하였다. 예를 들어, 북미자유무역협정NAFTA은 1979년 레이건 대통령의 제안으로 시작되어 1989년 캐나다와 부분 발효되었으며, 1992년 3개 회원국이 완전 비준하였다. 1994년부터 시행되었으나 2008년까지 모든 관세와 제한이 완전히 철폐되지는 않았다. 2020년 NAFTA는 트럼프 대통령이 서명한 미국-멕시코-캐나다 협정USMCA으로 대체되었다. 유럽에서는 수십 년에 걸친 통합 과정이 단일 시장, 국경 없는 여행, 유로 통화의 출범으로 끝이 났다. 세계적으로 1995년 세계무역기구WTO가 결성되었는데, WTO의 주요 목적은 '모두의 이익을 위해 무역을 개방하는 것'이다. 1970년 12개 미만이었던 지역무역협정은 2022년 354개로 증가했다.[11] 그 결과 GDP 대비 세계 무역(수입+수출) 비중은 1970년 25%에서 2008년 61%로 증가했다가 2019년 56%로 감소했다. 미국은 무역 개방도가 23%로 세계에서 세 번째로 낮은 순위를 차지하고 있다. 이는 싱가포르(338%)와 홍콩(403%)과 같이 무역이 주를 이루는 경제들과 대조적이다.[12]

환경, 사회적 지속가능성의 추구

The Quest for Environmental and Social Sustainability

공급망 관리자는 기업의 기본적인 사업 목표 외에도 더 많은 목표를 달성해야 한다. 여기에는 기업 제품의 구매, 제조 및 유통비용 절감, 소매점, 전자상거래 주문 처리 센터 및 창고에서의 제품 가용성 보장, 고객 배송 시간 단축, 소비자가 원하는 무수히 많은 옴니채널 방식 등이 포함된다. 최근 추가된 목표에는 기업이 환경에 미치는 영향 최소화, 공급망 전반의 근로자 안전 보장, 아동 노동이나 강제 노동을 사용하지 않는 공급업체, 자체 인력 다양화 등이 포함된다. 이들 목표 중 어느 것도 다른 것으로 대체할 수 없다. 결국 기업은 모든 목표를 달성해야 한다.

매직 컨베이어 벨트

기후 변화와 공급망 영향
Climate Change May Be Impacting Supply Chains

기후 변화는 특히 상품 공급과 물류와 관련하여 공급망에 영향을 미칠 수 있다. 미 텍사스주 목화 생산자들(미국에서 재배되는 목화의 40% 차지)이 2022년 작물의 3분의 2 이상을 포기한 것은 극심한 가뭄으로 수확량이 너무 나빠 수확 비용을 감당할 수 없었기 때문이었다.[1] 텍사스를 강타한 극심한 가뭄은 미국 서부 절반의 60% 정도에 영향을 미쳤다. 미국농민연맹American Farm Bureau Federation 회장 지피 듀발Zippy Duvall 은 "가뭄의 영향은 앞으로 몇 년 동안 농부들과 목장주뿐만 아니라 소비자들에게도 느껴질 것이다. 많은 농부들이 수년간 키워온 가축을 팔아버리거나 수십 년간 자란 과수원 나무를 베어버리는 충격적인 결정을 내려야 했다"라고 말했다.[2]

이러한 어려움을 간단히 설명하자면, 2002년 유니레버 안토니 브루그만Antony Brugmans 회장의 일갈 "물고기가 없으면, 생선튀김도 없다no fish, no fish sticks"가 암시하듯 제품의 공급과 사람의 고용 모두를 위한 기반은 광물 재고와 자연 생태계 능력을 지닌 가장 중요한 공급자, 즉 지구에 달려 있다.[3] 사실상 사람들이 재배하고, 추출하고, 만들고, 사고, 사용하는 모든 상품의 모든 원료는 지구로부터 나왔다. 그러나 이제는 더 이상 그 출처를 당연하게만 여길 수 없다. "농업과 어업에 근본적인 변화가 없다면, 우리는 10년에서 20년 안에 새로 진입할 가치가 있는 사업을 찾지 못할 것이다"라고 브루그만은 말했다.

기후 변화는 공급망 기반시설에도 직접적인 영향을 미칠 수 있다. 예를 들어, 라인강은 연간 3억 톤의 화물을 처리하며 EU 국가들은 철도 및 트럭 운송으로 발생하는 온실가스 배출량을 줄이기 위해 2050년까지 물동량이 50% 증가하기 원한다. 그러나 기온이 상승하고 고산 빙하가 줄어들면서 강물 수위가 줄어들고 있다. 2022년 여름, 화주들은 선박이 좌초되는 것을 막기 위해 정규 화물량의 1/4만 배에 실을 수 있었다.[4] 미국에서는 가뭄으로 미시시피강 수위가 너무 낮아져 바지선barges 들이 좌초돼 꼼짝 못하게 되었다. 2022년 10월 7일 미국 해안 경비대 보고에 의하면 강의 다양한 지점에서 2,000척 이상의 바지선에 대한 구조 출동이 있었다고 한다.[5] 좌초된 바지선 중 다수는 최근에 수확한 옥수수와 대두를 운반하고 있었다. 농작물을 시장에 보내기 위한 대체 운송 수단 수요가 증가함에 따라 이를 사용하는 비용도 증가했다. 이것은 불행한 일이다. 왜냐하면 주요 대안인 철도가 바지선보다 화물 톤 마일당(1톤의 화물을 1마일 옮길때마다) 39% 더 많은 탄소 배출량을 내기 때문이다(트럭은 바지선보다 371% 더 많은 배출량을 발생시킨다).[6]

환경적 지속가능성
Environmental Sustainability

더욱 풍요로운 삶을 살기 위해 필요한 많은 공급망 활동은 지구의 자원을 광범위하게 고갈시키고 인류의 자원 보충 능력을 손상시킨다. 농장, 광산, 공장에서 배출되는 독성 물질은 식물, 동물, 인간에게 해를 끼친다. 채굴과 시추는 지구의 광물자원을 감당할 수 없을 정도로 고갈시킨다. 과도한 수자원의 사용은 일부 지역의 가뭄과 또 다른 지역의 염분 축적의 원인이 된다. 전기, 열, 운송을 위해 화석 연료를 태우면서 발생하는 이산화탄소는 대기 중에 축적되어 전 세계적으로 기온을 상승시킨다.

실제 탄소 배출량 감축 조치를 취하는 것은 고사하고 공급망 전반의 환경영향을 측정하는 것조차 어려운 점은 기후 현상의 복잡성뿐만 아니라 공급망의 고유한 규모와 복잡성에 뿌리를 두고 있다. 기업은 에너지, 물, 재료 및 토지 사용량 등 자신의 탄소 발자국을 측정(및 개선)할 수 있지만 그것만으로는 턱없이 부족하다. 제품의 환경 발자국은 공급망 업스트림(조달)에 있는 모든 공급자의 발자국과 소매, 소비자 사용 및 폐기에 이르는 다운스트림(유통)에 미치는 영향도 포함한다. 환경적 지속가능성은 결국 공급망 문제임이 분명하다. 사실, 기업이 환경 오염 작업을 '아웃소싱'할 수 있기 때문에, 기업의 배출량을 구분하여 측정하는 것은 거의 의미가 없다. 다시 말해, 협력업체로 탄소 집약적인 작업을 전가함으로써 기업의 내부 탄소 배출량을 줄일 수 있기 때문이다. 당연히, 그러한 행동들은 전 세계적인 도전인 기후 변화에 있어서 완화 효과를 얻지 못한다.

불행하게도, 가장 깊고 불투명한 공급망 계층들은 종종 토지, 물, 생태계에 가장 집중적인 영향을 미치는 농산물, 광물과 같은 원자재 공급을 포함하기 때문에 상품의 지속가능성에 있어서 매우 큰 역할을 한다. 그러나 4장 "계층에서의 복잡성" 부분에서 설명한 바와 같이, 제품의 원재료, 부품의 출처를 가장 깊은 계층까지 추적하는 것은 이러한 깊은 공급망 속에 숨겨져 있기 때문에 어려움이 있다.

배출량, 특히 탄소 발자국과 관련하여 세부사항이 중요하다. 어떤 공급망과 관련된 의사 결정도, 심지어 가장 직관적인 결정으로도 유해한 온실가스 배출량 감소를 보장할 수 없다. 예를 들어, 가까운 현지에서 구매하는 것이 장거리 조달보다 훨씬 더 지속가능해 보일 수 있다. 가까운 곳에 위치한 비닐하우스에서 키운 신선한 꽃을 트럭으로 배송하는 것은 수천 마일 떨어진 열대 지역에서 키운 꽃을 항공 화물을 통해 받는 것보다 훨씬 온실가스를 덜 배출할 것으로 생각된다. 그러나 비닐하우스에서 꽃을 재배하는 것이 열대 국가의 야외에서 같은 꽃을 재배하는 것보다 훨씬 더 높은 탄소를 배출할 수 있다. 몇 달간 비닐하우스를 유지하는 데 발생하는 탄소 발자국이 몇 시간 동안의 항공 여행의 탄소 발자국을 초과하는 경우도 있기 때문이다. 따라서 전체 탄소 회계 또는 종합적인 수명주기평가Life Cycle Assessment, LCA 만이 각 선택에 대한 전반적인 의미와 효과를 결정할 수 있다. LCA는 최종 사용을 포함한 모든 공급망 운영 전반에 걸쳐 제품 수명의 모든 단계에서 사용되는 모든 자원과 발생하는 오염물질 명세의 완전한 설명을 요구한다.

일부 제품의 경우, 대부분의 탄소 배출이 소비자가 사용하는 동안 발생한다. 자동차(연료 사용), 가전제품, 기기, 조명(전기를 사용하여 작동), 세탁세제와 샴푸(온수와 함께 사용)는 엄청난 양의 에너지를 소비한다. 따라서 제품의 탄소 발자국은 공급망 업스트림(조달)의 모든 활동으로부터의 배출뿐만 아니라 제품의 다운스트림(유통)과 사용, 폐기와 관련된 배출도 포함된다.

수명이 다한 제품의 폐기는 대체 제품의 환경 발자국을 줄이기 위해 재사용할 수 있는 재료를 재활용할 기회가 된다. 많은 환경운동가들과 일부 국가들은 제품의 수명이 다한 시점에서 제품의 안전한 취급을 보장하는 데 있어 제품 생산자들이 점점 더 많은 역할을 할 것으로 기대하고 있다. 예를 들어, 제조업자들은 제품을 회수하고, 재활용하고, 독성 물질을 안전하게 처리할 수 있는 프로그램을 제공해야 한다. 그러나 이는 소비자로부터 제품을 회수하여 재활용하고 나머지를 책임 있는 방식으로 폐기하는 역물류를 처리해야 하는 공급망 시스템의 복잡성을 가중시킨다.*

사회 불공정 문제 해결
Addressing Social Injustice

2013년 4월 24일 방글라데시의 붕괴된 8층짜리 라나 플라자Rana Plaza 의류 공장에서 1,100구 이상의 시신이 발견되면서 끔찍한 사진들이 뉴스 매체를 가득 채웠다. 방글라데시 출신 노벨상 수상자 무하마드 유누스Muhammad Yunus는 이 재난이 "국가로서의 실패의 상징"이라고 표현했다.[7] 그러나 라나 플라자는 단독 사건이 아니었다. 사실 사고 6개월 전에 방글라데시의 다른 의류 공장인 타즈린 패션스Tazreen Fashions에서 발생한 화재로 112명이 사망했다. 방글라데시에서 일어난 일련의 참혹하고 비극적인 사건은 일부 기업의 글로벌 공급망 깊숙한 곳에서 벌어진 불편한 진실이었다.

　무너진 라나 플라자의 잔해 밑에서 시신을 찾는 끔찍한 수색 작업과 함께 무너진 공장에 의류를 발주한 서방 기업들을 찾는 작업도 병행되었다. 대부분의 기업들은 전날 벽에 큰 균열이 생겼지만 직원들을 강제로 출근시킨 구조적으로 위험한 건물에서 운영하는 협력업체와 전혀 관계

---

* 지속가능한 공급망 관련 보고서는 MIT Sustainable Supply Chain Lab의 보고서 참고. STATE OF SUPPLY CHAIN SUSTAINABILITY 2023 https://sustainable.mit.edu/publications/

가 없다고 주장했다. 하지만 결국 베네통Benetton, 망고Mango, H&M, 프라이마크Primark, 칠드런스플레이스The Children's Place와 같은 유명 글로벌 브랜드 기업들은 붕괴된 건물에서 작업한 공급업체와 현재 또는 과거에 계약 관계가 있다는 사실을 인정했다. 방글라데시에서는 근로자 안전만이 사회적 관심사는 아니었다. 프란치스코 교황은 방글라데시의 최저 임금이 월 40달러에 불과하다는 사실을 알고 "이것이 바로 노예 노동이다"라고 울분을 토했다.[8]

방글라데시와 같은 국가에서 활동하는 중개인, 계약자, 하청업체 등이 복잡하게 얽혀 있는 상황에서 많은 기업은 자신들이 어떤 공급업체를 이용하고 있는지 전혀 알지 못했다. 예를 들어, 타즈린 패션스Tazreen Fashions 공장이 불에 탔을 때, 월마트는 그 사고가 자신과는 전혀 관련이 없다고 굳게 믿었다. 화재가 나기 1년 전, 월마트는 미국 소매업체가 고용한 감사관들이 공장을 점검하고 타즈린을 '고위험'이라고 평가한 후 타즈린 패션스를 공식 공급업체 명단에서 제외시켰다. 하지만 안타깝게도 월마트의 다른 공식 공급업체 중 한 곳이 다른 공식 공급업체에 하청을 주었고, 그 하청업체는 타즈린에 작업을 맡겼다.[9]

그러나 의류 제조업만이 노동 조건이 열악한 산업은 아니다. 2009년 4월, 이너프 프로젝트Enough Project 설립자이자 인권 운동가 존 프렌더거스트John Prendergast는 주요 전자제품 기업에 서한을 보냈다. 이 서한에는 전자제품에 사용되는 4가지 금속(금, 탄탈륨, 주석, 텅스텐)이 콩고민주공화국DRC 동부 지역에서 강압과 폭력하에 채굴되었을 수 있다고 경고했다. 이 원소들은 이른바 블러드 다이아몬드**와 유사한 분쟁 광물이었다.

** (아프리카가 대부분인) 전쟁 중 지역에서 생산된 다이아몬드로 그 수입금이 전쟁 수행을 위한 비용으로 충당되는 것을 의미

매직 컨베이어 벨트

즉, 무장 세력과 테러리스트들은 폭력, 강간 및 잔학 행위를 통해 주민들에게 전쟁 자금 조달을 위해 광석 채굴을 강요했다. 이너프 프로젝트는 기업들이 분쟁 광물을 구매하지 않도록 설득함으로써 분쟁에 대한 서구의 간접 자금 지원을 차단하고자 했다. 서한을 받은 회사에 대한 평판 하락은 분명한 위험요소였다.

인텔Intel은 곧바로 공급업체에 금속의 출처에 대해 물었지만 대부분은 알지 못했다.[10] 광물은 궁극적으로 최종 제품인 인텔 프로세서로 이어지는 복잡한 공급업체 네트워크의 여러 계층 깊숙한 곳에서 인텔의 공급망에 들어갔다. 먼저 탄탈룸에 초점을 맞춘 인텔은 업스트림(조달) 공급망을 매핑하고 제련소에 집중해야 한다는 것을 빠르게 깨달았다. 제련소는 공급망에서 광석의 출처를 식별할 수 있는 공급망의 마지막 단계였다. 분쟁 광물을 통제하기 위한 논리적인 전략은 그들이 구매한 광석의 출처를 보장할 인증된 제련소 목록을 확인하는 것이었는데, 두 가지 문제가 이것을 어렵게 만들었다. 첫째, 분쟁 지역 밖의 제련소를 포함하여 전 세계 제련소를 인증해야 했다. 둘째, 이 제련소는 인텔의 공급망에서 6~7 계층 이상 깊숙이 자리 잡고 있는데, 이는 일반적인 비즈니스 관계 범위와 구매자가 공급업체에 미치는 일반적인 영향 범위를 훨씬 벗어난다. 브라질 탄탈룸 제련소가 콩고 광석이나 고객이 아닌 미국 칩 제조업체에 신경을 쓸 이유가 있을까?

설상가상으로, 분쟁 광물을 차단하려다 의도하지 않은 결과가 초기에 발생했다. 일부 제련소의 처음 대응은 단순히 콩고민주공화국으로부터 모든 광물 구매를 중단하는 것이었다. 그러나 모든 광산에서 일하는 광부가 무장 세력을 위해 일하는 것은 아니며 광업은 콩고민주공화국에서 농업 외에 유일하게 할 수 있는 주요 수입원 중 하나이다. 국가의 합법적인 경제에 제한을 가하는 것은 오히려 더 큰 불안을 부채질할 뿐이었다. 따라서 인텔은 각 제련소의 고유한 운영 특성을 이해하고 특정 광산및 국가의 광석 출처를 추적하는 작업에 현재 어떤 문제가 있는지 파악해야 했다. 예를 들어 일부 제련소에는 광물이 출하된 국가를 나타내는 문서가 있지만 광석이 실제로 채굴된 국가에 대한 문서는 없었다. 금속(특히금)은 여러 국가를 통해 밀수될 수 있기 때문에 이것은 중요한 문제였다.

인텔은 성과를 내기 위해 현재 책임있는비즈니스연합Responsible Business Alliance, RBA 으로 불리는 전자산업시민연대Electronic Industry Citizenship Coalition, EICC 의 설립을 도왔다. 인텔은 전 세계 모든 전자제품에서 탄탈륨을 사용하는 기업의 극히 일부에 불과했기 때문에 다른 기업의 동참이 중요했다. 인텔은 칩 제조 장비 공급업체, 칩 제조업체, 계약 제조업체 및 전자제품 OEM으로 구성된 EICC를 통해 성과를 이끌어낼 수 있었다. 또한 미 국무부, 미 국제개발처USAID 와 협력하여 책임있는광물거래를위한민관연합Public–Private Alliance for Responsible Minerals Trade 을 설립하고 자금을 지원했다. 인텔은 이러한 노력에 상당한 자원을 투입하여 사회적 불평등의 근원을 밝히는 것과 이에 대해 어떠한 조치를 취하는 것이 얼마나 어려운 일인지를 보여주었다. 2014년 1월 인텔은 자사의 모든 마이크로프로세서를 '분쟁 없는' 광물 공급망에서 공급받을 것이라고 발표했다.[11]

다른 기업들도 비슷한 평판 위협에 직면했다. 예를 들어,이케아IKEA 는 목재, 직물, 폼, 금속을 이케아를 대표하는 조립식 가구 키트 및 가정용 제품을 구성하는 1,600개 이상의 공급업체로 구성된 글로벌 네트워크

　　　　　　　　　　　　　　　　매직 컨베이어 벨트

에 의존하고 있었다. 이케아의 명성은 1980년대 공산주의 시대 동독에서 정치범 노동력을 사용했다는 폭로와 1990년대 불법 벌채 및 삼림 벌채에 대한 폭로로 훼손되었다.[12]

2000년에 이케아는 '가정용 가구 제품 구매에 관한 이케아 방식', 또는 '아이웨이IWAY'라고 부르는 포괄적인 공급업체 행동 강령을 시행했다.[13] 아이웨이는 품질, 시간 및 비용의 특정 매개변수 내에서 특정 자재 단위의 납품을 관리하는 기본 공급업체 계약 조건 외에 추가 요구 사항을 명시했다. 이러한 추가 요구 사항에는 100개 이상의 환경 및 사회적 준수 사항과 금지 사항이 포함된다.[14] 아이웨이 환경 기준은 실외 대기 오염, 실외 소음 공해, 토양 및 수질 오염, 지표면 오염, 에너지 절감, 화학 물질 취급, 위험 및 비위험 폐기물, 실내 작업 환경 등을 다룬다. 아이웨이는 또한 아동 노동, 강제 노동, 근로자 임금, 근로 시간 및 근로 조건과 관련된 많은 사회적 책임 요건도 포함한다.

이러한 요건을 시행하기 위해 이케아는 공급업체와 하위 공급업체에 대한 감사만 전문으로 하는 80명의 상근 감사인을 고용했다. 자체 직원 외에도 외부 감사관을 고용하여 이케아의 자체 감사를 '검증'하고 '보정'한다. 감사 결과 문제가 발견되면, 이케아는 일반적으로 2주에서 90일 사이에 문제를 해결하도록 공급업체에는 개선 기회를 주지만 문제가 해결될 때까지 납품을 중단할 수 있다.***

*** 《밸런싱 그린: 탄소중립시대, ESG 경영을 생각한다》, 5장 "지속가능한 소싱의 비법" 참고

적은 비용으로 더 많은 성과를 창출하는 효율성
Efficiency: Making More With Less Impact

인류의 가장 큰 환경 관련 과제는 인류가 필요로 하고 원하는 모든 제품과 서비스를 공급하는 것과 이 모든 제품을 만들고 전달하는 것이 지구 환경에 부정적인 영향을 끼친다는 사실 사이에서 발생한다. 사람들이 원하는 것을 공급하기 위해서는 기업이 경제적으로 생존 가능하고 성장해야 한다. 운영 제약은 일반적으로 더 높은 비용과 더 낮은 수익을 의미한다. 유기농 식품만을 사용하든, 먼 나라의 인증된 공급업체를 사용하든, 기업의 비용은 상승한다. 그러나 경우에 따라 환경적 지속가능성과 경제적 생존 가능성의 목표는 일치할 수 있다. 재료와 에너지에는 재정적 비용과 환경적 비용이 모두 포함되며, 이는 이른바 친환경 실천계획(이니셔티브)이 두 가지 모두를 줄일 수 있음을 의미한다.

에너지와 탄소

지멘스Siemens 공급망 책임자인 바바라 쿡스Barbara Kux 에 따르면, 내부 에너지 효율을 개선하기 위해 지멘스는 2006년부터 '매우 독일적인' 4단계 접근법을 시행하기 시작했다.[15] 지멘스는 개선 대상 부지 중 하나를 선정하는 것으로 시작하여 '에너지 상태 점검energy health check '을 진행한다. 그런 다음 에너지 사용에 대한 분석으로 넘어가 해당 지멘스 시설과 회사의 법인-본사 간의 성능 개선 계약 이행으로 마무리된다.[16] 이러한 4단계의 평가 및 개선 주기는 주로 에너지 사용을 대폭 감소시켜 비용과 탄소 발자국을 모두 줄이는 것을 목표로 하는 친환경적 계획(환경효율성 이니셔티브)이다.

예를 들어, 독일 바이에른 공장 중 하나에 지멘스는 190만 유로의 새로운 에너지 효율적인 장비와 관련 공정을 설치했다. 이 프로그램은 공장의 에너지 사용량을 20% 줄였고, 연간 2,700톤 이상의 이산화탄소 배출량을 줄였다. 물론 지멘스가 2013년 배출한 이산화탄소 273만7000톤과 비교하면 공장 한 곳에서 2,700톤을 감축하는 것은 미미한 수준이다.[17] 또한 이는 2013년 화석연료에서 배출된 전 세계 탄소배출량 360억톤과 비교해도 극히 미미한 수준이다.[18]

그러나 바이에른 공장 개선은 지멘스가 수행한 수천 가지 이니셔티브(계획) 중 하나에 불과했다. 예를 들어, 영국 뉴캐슬에 있는 공장에서 지멘스는 기존 건물 자동화 시스템의 확장, 난방 시스템을 위한 측정 및 제어 기술의 현대화, 에너지 효율적인 조명 설치 등 3개 부문에서 13개의 개별 이니셔티브를 추구했다. 보다 광범위하게 지멘스는 전 세계 298개 주요 제조 공장에서 4단계 에너지 절약 프로세스를 구현했다. 또한 7,000개 고객 건물에서 에너지 사용을 최적화했다.[19] 그 결과 2010년에서 2014년 사이에 회사는 전체 에너지 효율을 11% 향상시켰고, CO_2 효율(탄소 배출 단위당 비즈니스 생산량)을 20% 향상시켰다.[20] 추가적인 노력으로 2014년에서 2020년 사이에 지멘스 공급망의 탄소 발자국을 절반 이상(54%) 줄였다.

이러한 사례는 환경 지속가능성에 대한 기업의 조치가 '만능 silver bullet' 해결책이 아니라 광범위하게 구현된 프로세스임을 보여준다. 환경 영향을 줄이기 위해서는 다양한 개입 지점이 필요하다. 지멘스의 환경 효율성에 대한 관심은 지멘스가 이룬 변화가 비용도 줄였다는 것을 의미했다. 예를 들어, 위에서 언급한 바이에른 계획은 약 190만 유로의 비용이 들었지만, 연간 약 70만 유로의 비용 절감 효과를 얻었으며, 이는 이 프로젝트가 4년 반 만에(회사 내부 기준수익률 hurdle rate 을 사용하여) 자체적으로 지출한 비용을 만회했음을 의미한다. 뉴캐슬 프로젝트의 개선점도 비슷한 이점을 제공했다.[21] 그러나 에너지 소비와 탄소배출만이 환경적 지속가능성 문제의 다는 아니다.

수자원

공급망에 영향을 미치고 영향을 받는 중요하지만 종종 간과되는 자원 중 하나는 물이다. 피터 브라벡 Peter Brabeck 네슬레 회장이 2014년 《파이낸셜 타임즈》와의 인터뷰에서 "석유가 고갈되기 훨씬 전에 물이 먼저 고갈될 것"이라고 말했듯이 물은 두 가지 이유로 탄소나 에너지보다 더 복잡한 자원이다.[22]

첫째, 물 부족 현상(사람, 산업 및 농업의 일반적인 수요에 비해)이 지역에 따라 상당히 다르기 때문에 정확한 소비 위치가 매우 중요하다. 둘째, 물이 어떻게 사용되는지에 대한 정확한 특성이 중요한데, 그 이유는 일부 사용자들은 물을 빌리기만 하고 (추출한 후 깨끗이 처리된 물을 돌려줌), 일부는 물을 오염시키고(다운스트림 공급망에서의 사용에서 오염) 일부는 증발을 초래하기 때문이다(다운스트림 공급망 사용으로).

네슬레 공장의 약 38%가 물 부족 지역에 있으며, 이 사실 때문에 네슬레는 2010년부터 2020년까지 500개 이상의 절수 프로젝트를 추진하게 되었다.[23] 이러한 프로젝트를 통해 회사 전체의 완제품 중량당 물 사용량을 32% 감소시켰다. 이러한 노력의 대부분은 심각한 물 부족 지역에 위치하거나 네슬레 물 소비의 상당 부분을 차지하는 31개의 우선순위가 높

은 제조 시설에 집중되었다.[24]

위에 언급된 것처럼, 일부 공정들은 에너지와 달리 물을 소비하기보다는 빌려 쓰기만 한다. 예를 들어, 멕시코에서는 네슬레가 분유와 다른 유제품을 만들기 위해 'Cero Agua(제로 워터)' 공장을 새로 지었다. 그 공장은 성분의 평균 88%가 물인 소젖으로 시작한다. 증발하는 우유에서 나오는 증기를 응축하고 그 물을 회수함으로써, 그 공장은 하루에 160만 리터의 물을 확보할 수 있다. 그리고 나서 공장은 이 회수된 물을 두 번 사용한다. 첫째, 기계를 청소하는 데 사용한다. 그런 다음 두 번째로 회수, 정화하여 공장 내 다른 청소 활동과 부지에 물을 주기 위해 재활용한다. 이러한 물 회수 및 재활용 프로세스를 통해 지역의 부족한 지하수를 사용할 필요가 없다.[25] 네슬레는 20개 공장에서 이러한 유형의 제로 워터 시스템을 구현했다.[26] 네슬레는 전 세계 공장에서 물 사용량을 줄이기 위해 각 제조 공정에서 물 사용을 줄이고, 물을 여러 번 재사용하며, 원료에서 물을 회수하여 다른 공정에 사용하는 3단계 접근 방식을 사용하고 있다.[27]

에너지 및 탄소와 마찬가지로, 회사의 물 사용량은 공급망까지 확장된다. 네슬레는 의무적인 책임 조달 기준Responsible Sourcing Standard을 통해 165,000명의 직접 공급자 및 625,000명의 농부들과 함께 물 절약 조치 및 관련 문제에 대해 협력한다. 예를 들어, 네슬레는 2020년에 355,000명의 농부들을 교육했으며 그들이 가뭄과 홍수 모두에 대처할 수 있도록 농부들과 협력했다.[28]

재료 재활용

소비자와 공산품에 필요한 재료는 추출 및 폐기 과정에서 상당한 환경적 영향을 수반한다. HP는 이러한 영향을 완화하기 위해 소비자가 직접 보낸 우편뿐만 아니라 스테이플스Staples, 오피스디포Office Depot, 월마트 및 베스트 바이Best Buy와 같은 대형 소매체인을 포함한 전 세계 16,500개의 매장에서 수집한 프린터 카트리지를 재활용한다. HP는 자동 분해를 위해 반환된 프린터 카트리지를 회수설비 공장으로 보낸다. 그러고 나서 플라스틱 부품들을 파쇄하여 캐나다 퀘벡의 한 시설로 보내는데, 그곳에서 재활용된 음료수 병과 옷걸이의 얇은 조각들과 혼합하여 카트리지의 원료를 만든다.[29] 재활용 수지는 이후 아시아와 유럽에 있는 HP의 카트리지 제조 공장으로 보내진다. HP는 2022년 기준 9억 6,200만 개 카트리지, 플라스틱 병 47억 개, 플라스틱 옷걸이 1억 1,400만 개를 재활용했다.[30]

전반적으로 재활용은 여러 범주의 환경 영향을 줄일 수 있다. HP는 카트리지 재활용 프로그램의 독립적 수명주기평가를 의뢰했다. 이 분석에서는 사용한 카트리지 및 기타 재활용 플라스틱의 수집, 운송 및 가공의 영향을 오일 추출 및 가공과 버진 플라스틱(최초 생산 플라스틱을 의미) 생산과 비교했다. 이 연구에 따르면 카트리지 재활용 프로그램은 독성을 12% 감소시키는 것부터 탄소 발자국과 물 사용을 각각 33%와 89% 줄이는 것에 이르기까지 전체 12개 부문에서 더 낮은 영향을 미치는 것으로 나타났다.[31] 재활용recycle은 수명이 다한 재료를 수집하여 소비자 위치에서 가공 현장으로 운반하고 재사용 가능한 재료로 재가공하여 재활용된 재료를 생산 공급망에 투입하여 더 많은 제품을 소비자에게 전달하는

매직 컨베이어 벨트

순환 공급망circular supply chains(또는 폐쇄형 루프 공급망)으로 알려진 것을 만드는 핵심 요소이다. HP는 일부 카트리지가 10회 이상 재활용된 것으로 추정하고 있다.[32]

재활용은 직접적인 비용 절감 측면에서 표현되지 않은 중요한 기업 경제 목표를 달성할 수 있기 때문에 친환경 전략이 될 수 있다. 예를 들어, 세계 최대 자동차 배터리 공급업체 존슨 컨트롤스 인터내셔널Johnson Controls International plc. JCI은 헨리 포드가 모델 T를 선보이기 4년 전인 1904년에 첫 배터리를 재활용했다. 2015년까지 회사는 북미에서 판매한 자동차용 납축전기lead-acid automotive batteries 의 97% 이상을 재활용했다. 회사가 소매업체에 새 배터리를 공급할 때마다 사용한 배터리를 회수한다. 반환된 각 수명이 다한 배터리에서 회사는 효율적으로 재료의 99%를 회수하고 80%의 재활용 재료를 포함하는 새로운 납축 배터리를 만들 수 있다.[33]

JCI의 폐쇄형 루프closed-loop(제조 공정 폐기물을 처리해 재활용하는 시스템) 전략의 핵심은 납뿐만 아니라 배터리의 다른 재료를 재활용하여 더 많은 재활용 요소에 수집 비용을 분산시키는 것이다. 예를 들어, 회사는 배터리의 플라스틱 하우징을 재활용해서 새 하우징을 만든다. 또한 배터리 내부의 산성 액체 전해질을 재활용하여 새로운 배터리에 재사용하거나 세제 및 유리 제조업체에 공급한다.

가장 중요한 것은 재활용 배터리에서 납의 80~90%를 조달하는 것이 글로벌 시장에서 납 가격의 변동성으로부터 회사를 보호했다는 것이다. 2000년과 2020년 사이에 납 가격은 톤당 500달러에서 톤당 3,700달러 사이로 요동쳤다. 2차 납 제련소에 대한 환경 기준이 점점 강화되어 재활용 가격이 상승하고 있음에도 불구하고, 재활용 가격의 변동성은 낮다. 실제로 2012년 존슨 컨트롤스는 북미 지역 납축전지 가격을 8% 인상했다고 발표하면서 새로운 규정을 준수하는 데 필요한 투자를 이유로 들었다.[34] 동시에 납을 국내에 공급하는 것은 중국, 호주, 페루와 같은 외국 납 생산국에 대한 회사의 의존도를 감소시켜 존슨 컨트롤스를 환율 변동성과 무역 마찰로부터 보호한다.

성장을 위한 사회적 선택과 그 영향
Societal Choices for Growth and Their Impacts

코로나19 팬데믹은 개인의 자유와 공중 보건에 대한 개인과 정부의 태도에 있어 다양한 차이를 드러냈다. 개인과 정부는 봉쇄, 사회적 거리두기, 마스크 착용, 백신, 재택근무에 대한 입장이 달랐다. 마찬가지로 환경 및 사회적 지속가능성의 영역도 다양한 의견과 견해가 존재하며, 이는 현저히 다른 선택으로 이어진다. 그 중간에 다양한 의견을 가진 개인과 다양한 전략을 가진 국가를 연결하는 공급망이 있으며, 이들은 서로 다른 우선순위를 반영한다.

경제적 성공

1973년 중국 국내총생산GDP은 1인당 평균 157달러에 불과했다. 중국은 정체되고 비효율적이며 중앙집중식으로 통제되는 경제로 세계 경제와는 상대적으로 고립된 매우 가난한 나라였다. 그 후 1979년 중국 정부는 외국인 투자에 국가를 개방했고, 자유 시장 개혁을 시행했으며, 세계에서 가장 빠른 산업화 추진에 착수했다.

경제적인 측면에서 결과는 눈부셨다. 1인당 GDP가 1990년 195달러에서 2021년 12,556달러로 거의 80배 성장하면서 수억 명의 중국이 빈곤에서 벗어나 중산층에 합류했다.[35] 많은 학자들은 중국의 1인당 소득이 실제로는 개혁 이후 호황을 누린 회색 경제gray economy **** 덕분에 훨씬 더 높다고 믿는다. 중국은 빈곤에서 벗어나 빠르고 강력하게 부상하여 20세기 말에서 21세기 초 세계 경제의 두 번째로 큰 엔진이 되었다. 세계은행 보고서에 따르면, 1982년부터 2022년까지 중국에서는 극빈층 인구가 약 8억 명 감소했다. 그 결과 중국의 극빈율은 세계 최고 수준이었던 90%에서 2020년에는 사실상 0%에 가까워졌다.[36]

중국은 세계에 개방되면서 빠른 속도로 산업화를 이루었고, 신속하면서도 저렴한 비용의 제조를 통해 전 세계 많은 제품의 주요 공급업체가 되었다. 서구 기업들이 중국으로 이전하면서, 중국인들은 서구 기업으로부터 많은 것을 배웠고 일부 기술 부분에서는 그들을 능가하기에 이르렀다. 경제적으로, 2022년 이후의 중국은 중산층이 증가하고 있는 발전된 경제이다.

환경 재앙

그러나 중국의 경제적 기적에 대한 이야기는 중국의 심각한 환경 파괴에 대한 이야기이기도 하다. 중국, 특히 해안 도시들의 대기 오염은 매우 심

**** 회색 경제는 정부의 조세, 통계, 행정 정보망 등에 기록되지 않고 규제되지 않는, 즉 '음성적'으로 행해지는 활동을 포함하며 '그림자 경제'라고도 한다.

각한데, 미국 EPA의 '안전하지 않은unsafe' 기준으로 일 년 중 상당수 많은 날들에서 이 수치를 넘는다. 수질 오염은 관개용 지하수의 90%를 오염시키고, 중국 도시 지하수의 60%는 '매우 오염very polluted'된 것으로 조사된다.[37] 농지는 사막화되었고, 삼림 벌채와 과도한 농업 개발로 생물다양성이 떨어졌다. 무자비한 환경 파괴로 '암 마을cancer villages'이 생겼는데, 오염도가 너무 높아서 그곳에 사는 것만으로도 심각한 암 위험을 초래했다.

1990년부터 2020년까지 많은 중국 시민들은 생활 수준 향상과 환경 파괴 간의 상충관계trade-off를 받아들였다. 사실, 수백만 명의 중국인들이 중국의 호황을 누리고 있지만 오염된 도시로 자발적으로 이주를 선택했다. 이 기간 동안 중국의 도시 인구는 3억 명에서 9억 명으로 증가했다.[38]

전문가들은 심각한 도시 대기 오염이 2019년 중국에서 140만 명의 조기 사망의 원인이 되었을 수 있다고 지적한다.[39] 그러나 이러한 사망률 수치는 중국의 기대수명 증가에 비하면 사실 크지 않다. 중국의 기대수명은 1970년 59세에서 2020년 77세로 급증했다.[40] 상하이의 기대수명은 83세로 스위스와 같은 수준이다.[41]

따라서 중국인이 더 높은 환경 기준보다 높은 생활 수준(자동차, 주택, 가전제품, 휴가, 의료 서비스 이용, 교육 개선, 수명 연장 등)을 선택하는 것이 중요하다고 주장할 수 있다. 환경 운동가들은 중국의 정책적 선택을 한탄할지 모르지만, 도대체 누가 그걸 판단할 수 있을까?

환경적 지속가능성보다 더 나은 생활 수준(또는 더 나은 직업)을 선호하는 것은 중국에만 국한된 것이 아니다. 2010년 세계은행 정책연구조사 보고서World Bank Policy Research working paper에서 게리 게레피Gary Gereffi

와 스테이시 프레데릭Stacey Frederick이 기술했듯이 '국가 발전을 위한 발판이자, 수출 중심의 산업화 국가들의 전형적인 출발 산업'인 의류 생산의 경우를 생각해 보자.[42] 이 산업은 전 세계적으로 최소 4천만 명을 고용하고 있으며, 종사하는 근로자들에게 구매력을 제공해 빈곤에서 벗어나게 하고 있다.[43] 그러나 섬유, 의류 생산에는 심각한 환경적 영향과 결과를 피할 수 없다. 천연자원보호협의회Natural Resources Defense Council는 "섬유, 의류 제조업은 세계에서 가장 오염이 심한 산업 중 하나"라고 주장한다.[44] NRDC는 "한 공장에서 염색하는 직물 1톤당 200톤의 물을 필요로 한다. 그리고 공장에서 처리되지 않은 독성 염료가 씻겨 내려가 강물이 그 시즌 유행하는 색에 따라 붉은색이나 연두색, 청록색으로 변한다"고 덧붙였다.

중간에 낀 공급망
Supply Chains Caught in the Middle

공급망의 복잡성과 변화 속도의 증가는 기업 경영 전반에 높은 스트레스를 주고 있으며, 특히 공급망 관리에 큰 부담을 주고 있다. 기업 공급망 한쪽에서는 소비자들이 예측할 수 없는 주문 패턴을 보이며 원활한 주문 처리와 배송을 기대한다. 다른 한쪽에서는 공급과 생산 체계가 새로운 지정학적 문제, 파괴적 사건, 사회적 명령societal directives, 비용 압박 및 변덕스러운 수요에 대처하고 있다. 이러한 두 가지 현실 사이에서 기업들은 인력과 자산의 적절한 조합을 포함하여 생산 능력을 최대한 활용하는 데 필요한 어려운 결정, 전략 및 전술과 항상 씨름해야 한다.

뷰카VUCA

Volatility, Uncertainty, Complexity, Ambiguity

VUCA라는 약어는 많은 상황에서 의사 결정자가 직면하는 변동성 Volatility, 불확실성Uncertainty, 복잡성Complexity 및 모호성Ambiguity 을 설명하기 위해 1985년에 제안되었다.[1] 원래 개념은 미국 육군대학원US Army War College 에서 냉전 말기에 미군이 직면한 세계를 묘사하기 위해 사용되었다. 그러나 21세기 현재 공급망 관리자들이 직면한 세계를 완벽하게 묘사한 것이기도 하다.

변동성(V)은 비즈니스가 운영되는 환경이 예상치 못한 방식으로 빠르게 변화하는 경향이다. 대부분은 매우 빠르게 변화하고 적응할 수 없기 때문에 비즈니스에 중대한 영향을 미친다.

불확실성(U)은 미래 사건에 대한 예측 가능성과 확신이 부족한 것이다. 미래 사건들의 과정에 대한 불완전하거나 알려지지 않은 정보에서 비롯된다.

복잡성(C)은 복잡하고, 비선형적이고, 무작위적이고, 시간 의존적인 방식으로 상호작용하는 많은 구성요소들을 가진 시스템의 속성이다. 이로 인해 구성요소나 부분에 의해 단순히 설명 불가능한 시스템들의 창발성*이 발현될 수 있다. 이제는 독자들이 공급망이 매우 복잡하다는 것을 확신하고 있기를 바란다.

모호성(A)은 사건이나 진술의 의미가 여러 가지 해석으로 열려 있을 때 발생한다. 공급망 관리 환경에서 데이터의 의미가 명확하지 않은 상황을 묘사한다.

변동성
Volatility

코로나19 팬데믹이 전 세계에 미친 파급력은 글로벌 변동성의 가장 최근 사례일 것이다. 예컨대 1973년 에너지 위기(오일쇼크)는 원유라는 단일 원자재가 붕괴되는 상황에서 세계 경제의 취약성을 드러냈다. 2008년 금융위기는 글로벌 공급망에서 물적 재화의 흐름이 화폐, 금융 흐름에 어떻게 의존하는지를 보여주었다. 호황과 불황의 반주기가 전 세계적으로 울

* 창발성emergent properties은 시스템 요소들의 상호작용에 의해 발현되는 시스템 특성이지만, 어느 한 구성 요소의 일부가 아님

려 퍼지면서 1975년, 1982년, 1991년, 2009년에 세계적인 불황이, 1997년, 2001년, 2012년에는 침체기를 만들었다. 공급망이 경험하는 변동성의 많은 부분은 일반적인 경제 상황과 지정학적 불안정성에 뿌리를 두고 있다.

2022년 2월 러시아의 우크라이나 침공은 지정학적 긴장의 복잡한 세계적 결과를 보여준다. 경제 제재와 러시아 석유 금수 조치는 세계 유가의 급등을 초래하였다. EU와 영국은 석유의 해상 운송에 대한 지배적인 금융 조달자이자 보험사이기 때문에, 그들의 제재는 사실상 러시아 석유 수출의 상당 부분을 차단하였다.

이에 대한 보복으로 러시아는 EU에 대한 천연가스 공급을 축소하여 2022년 8월까지 EU의 천연가스 가격을 7배로 급등시켰다.[2] 러시아의 조치는 EU의 매우 높은 에너지 가격과 천연가스와 전력 배급에 대한 두려움을 촉발시켰다. (유럽에 재고가 충분하다는 사실이 분명해지자, 가격은 폭락했지만 변동성은 여전했다) 석유, 가스 가격의 상승은 화석 연료에서 추출한 제품 가격과 식료품 재배에 필요한 비료 등을 제조, 운반하는 데 필요한 에너지 비용을 상승시킴으로써 인플레이션에 기여했다. 이러한 종류의 변동성(가격과 재료 가용성의 예측 불가능한 변동성)은 공급망 관리자가 비용을 통제하고 장기적인 계획을 세우는 것을 어렵게 만든다.

이 모든 충격은 러시아와 우크라이나의 흑해 인근 지역을 훨씬 넘어선 많은 국가들의 안정에 영향을 미쳤다. UN 인권사무소 식량 특별보호관special rapporteur on the right to food 인 마이클 파크리Michael Fakhri 는 "지난 3년 동안, 세계적인 기아율과 기근율은 증가하고 있다. 러시아의 침략으로 우리는 지금 전 세계 더 많은 곳에서 임박한 기근과 기아의 위험에 직

매직 컨베이어 벨트

면해 있다"라고 말했다. 유엔기구인 세계식량계획wFP 책임자 데이비드 비즐리David Beasley도 "식량 안보가 없다면 평화를 얻지 못할 것이다. 간단하고도 명확한 사실이다"라고 경고했다.[3] 적절한 사례로, 스리랑카 정권은 2022년 중반에 식품과 가정용 가스의 높은 물가로 인해 무너졌다.

전 세계 모든 사람이 필요로 하는 제품에서 필수적인 역할을 하는 특정 천연 자원 공급의 지리적 집중은 정부가 국경 내에서 생산되는 상품 가용성을 제한하는 '자원 민족주의'의 위험을 야기한다. 예를 들어, 2010년 7월 중국은 스마트폰, 전기 자동차에서 풍력 터빈에 이르기까지 많은 첨단 장치에 필요한 금속인 희토류 원소Rare Earth Elements, REEs의 수출을 제한했다. 중국은 전 세계 희토류 공급의 95%를 장악하고 있기 때문에, 규제로 인해 이러한 물질을 사용하여 제품을 만드는 많은 회사로의 공급이 중단되었다. 이에 대해 미국은 세계무역기구wTO에 공식 항의를 제기했다. EU 무역담당 집행위원 카렐 구흐트Karel De Gucht는 "희토류 및 기타 제품에 대한 중국의 제한은 국제 무역 규칙을 위반하는 것이므로 철회되어야 한다. 이러한 조치는 선구적인 첨단 기술 및 '친환경' 비즈니스 응용 프로그램 제조업체를 포함하여 EU와 전 세계 생산자와 소비자에게 피해를 준다"라고 말했다.[4] 2011년 세계경제포럼World Economic Forum, WEF 설문 조사에서 기업의 약 33%가 '수출/수입 제한'을 '공급망 또는 운송 네트워크에 중대한 영향을 유발할 가능성이 가장 높다'고 답변했다.[5]

중국은 해당 조치가 천연자원을 보존하고 광업으로 황폐화되고 있는 환경을 보호하기 위해 필요하다고 반박했다.[6] 그럼에도 불구하고, 수출 제한은 희토류 광물이 포함된 제품을 생산하는 중국 제조업체들이 부족한 물량을 우선적으로 할당받도록 보장함으로써 중국의 전략적 경제 발전 계획에도 도움이 되었다. 이는 중국이 고부가가치 제품의 제조국가로 발전하는 데 일조했다. 비록 일부에서는 희토류 수출에 대한 중국의 환경 허가 요구 사항을 수출을 방지하기 위한 얄팍한 계획으로 보았지만, 희토류 광물을 정제하는 과정에서 독성, 방사성 부산물이 생성된다는 점에 유의해야 한다. 사실 2002년 미국에서 가장 큰 희토류 광산이 방사능 폐수 누출로 폐쇄되었다.[7]

중국의 희토류 수출 정책은 자원 민족주의resource nationalism 의 많은 사례 중 하나에 불과하다. 수출 제한 외에도 광업에 대한 특별세는 또 다른 종류의 자원 민족주의이다. 2011년과 2012년 동안 채굴 상품에 대한 세금 또는 로열티 인상을 발표하거나 제정한 국가에는 호주, 중국, 콩고민주 공화국, 가나, 인도네시아, 몽골, 페루, 폴란드, 남아프리카 및 미국과 같은 주요 생산국이 포함된다. 이러한 조치에는 각국 정부의 의도가 들어있다. 급등하는 상품 가격으로 더 많은 세수를 거두려는 호주 정부의 열망, 단순히 재료를 공급하는 것보다 제품을 만드는 쪽으로 국가를 발전시키려는 인도네시아의 전략적 의도, 그리고 현지 산업이 충분한 공급에 접근할 수 있도록 보장하려는 중국의 열망이 있었다. 광산업의 리스크 분석 결과 2011년과 2012년 모두에서 '자원 민족주의'를 가장 큰 위협으로 꼽았다.[8]

코로나19 팬데믹이 약해지고 전 세계 경제가 회복되면서 자원 민족주의가 다시 부상하기 시작했다. 그린 에너지로의 전환은 전기 자동차와 리튬, 코발트, 니켈 및 구리와 같은 재생 에너지 시스템에 필요한 광물의 채굴을 확대하고 있다.[9] 일반적인 전기 자동차에는 일반 자동차보다 6배의 광물 투입량이 필요하며, 육상 풍력 발전소는 가스 화력 발전소보다 9

배 더 많은 광물 자원을 필요로 한다. 따라서 2022년에 멕시코가 리튬 자원을 국유화한 것은 놀라운 일이 아니다.

서방 국가들도 정치적, 안보적 목표를 달성하기 위해 수출 통제와 경제적 제재를 사용했다. 러시아의 우크라이나 침공 이후 EU와 미국은 자산 동결, 여행 금지, 경제 제재 연장 등의 조치를 시행했다. 이러한 조치로 인해 러시아 기업은 첨단 부품에 대한 접근이 제한되고 수입 및 수출 능력이 제한되었다. 또 다른 사례로, 미국은 슈퍼컴퓨터 제조 및 테스트 장비, 구성 요소 및 기술뿐만 아니라 반도체의 중국 기업에 대한 수출을 제한했다. 이 두 가지 사례 모두 지정학적 사건으로 인해 러시아와 중국의 특정 제조 및 공급망 운영이 중단되었음을 의미한다.

불확실성
Uncertainty

미래에 어떤 일이 일어날지 알고자 하는 욕망은 인류의 역사만큼이나 오래되었으며, 사람들은 항상 다가올 일의 형태를 알고 싶어 했다. 예를 들어, 날씨, 두려워하거나 사냥해야 할 동물들의 움직임, 또는 적대적인 부족들의 행동 등을 파악해야 하는 것은 초기 인류에게 삶과 죽음의 문제였다. 초기 문명은 특별한 재능과 미래를 예측할 수 있는 능력을 가지고 있다고 생각되는 사람들에게 의존했다. 점성술, 손금, 찻잎과 타로 카드를 읽는 사람뿐만 아니라 신탁, 무당, 예언자들이 내놓는 예측의 질은 예측을 전개하는 데 필요한 시스템과 사람의 상황을 이해하는 개인의 능력에 달려 있었다. 이들의 '예측forecasts'은 대개 다양한 상황을 포괄할 수 있도록 일반적인 용어로 표현된다. 오늘날에도 가장 인기 있는 인터넷 검색 중 하나는 '꿈 해몽'과 '별자리 운세'로, 미래가 어떻게 전개될지 알고자 하는 사람들의 갈증이 계속되고 있음을 증명해준다.

공급망에서 가장 큰 미래의 불확실성 중 하나는 소비자가 어떤 제품을 어떤 장소에서 어떤 시간에 어떤 수량으로 주문할 것인가 하는 고객 수요이다. 고객은 언제 어디서나 원하는 제품을 즉시 구매할 수 있고 신속하게 배송받을 수 있기를 기대하기 때문에 기업은 고객이 요청할 때 제품을 제공할 준비가 되어 있어야 한다. 따라서 기업은 고객이 원하는 것을 미리 예측해야 한다.

랄프 로렌Ralph Lauren 이나 나이키Nike 와 같은 브랜드 의류 소매업체를 예로 들어보자. 이들 의류 소매업체는 향후 판매 시즌마다 제품의 수요를 예측해야 한다. 즉, 얼마나 많은 소비자가 어느 제품을 구입하기를 원할지를 예측하여 공급업체에 적절한 수량을 주문해야 한다. 두 기업 모두 동남아시아에서의 계약 제조방식에 의존하고 있다. 대부분의 기업은 제품 설계부터 소매점 또는 전자상거래 주문 처리 센터의 진열대에 제품이 도착할 때까지의 리드타임이 6개월에서 12개월까지 소요된다. 따라서 기업들은 수개월 전부터 정확한 예측이 필요하다.

문제는 원사, 원단의 종류, 다양한 색상, 옷의 종류 등을 고려할 때 제품의 다양한 사이즈를 포함하지 않더라도 이미 수만 가지의 가능성이 있다는 것이다. 사실 패션 상품의 수요는 시시각각 변하는 소비자 취향의 변화와 트렌드, 브랜드의 유명인 스폰서의 인기도에 영향을 받기 때문에 예측하기 어렵기로 악명 높다. 기저귀나 흰 티셔츠와 같이 기능적이고 일상적인 제품의 판매 이력 데이터는 해당 제품의 예측 프로세스를 뒷받침할 수 있지만, 새로운 시즌의 패션 아이템은 과거 데이터가 전혀 없고 작년의 인기 제품은 구식이 될 가능성이 높다. 실제로 기능성 제품의 경우 10~15%인 예측 오차가 패션 품목의 경우 50~80%까지 높아질 수 있다.[10]

이 문제를 해결하기 위해 공급망 관리자들은 특별한 능력을 가진 사람들의 예측을 기반으로 하는 것이 아니라 객관적인 데이터에 기반을 두고 특정 논리와 규칙이 적용되는 수학적 시스템을 예측 기법에 사용하고 있다. 예를 들어 거대 전자상거래 업체 아마존Amazon 은 매우 어려운 도전에 직면해 있다. 아마존은 185개 이상의 국가에서 4억 개 이상의 제품을 판매하고 있다. 모든 지점에 각 제품의 재고를 보관하는 것은 엄청난 비용 부담이 될 것이다. 고객이 어떤 상품을 구매할지 예측하기 위해 아마존은 일반적인 기존의 통계 방법과 약 200명의 데이터 과학자로 구성된 통계 예측팀이 자체적으로 개발한 방법을 혼합하여 사용한다. 예측 시스템은 머신러닝 알고리즘을 사용하여 유사 제품 및 경쟁 제품의 과거 판매 패턴과 현재 페이지 조회수를 학습하여 각 제품이 얼마나 많이, 그리고 어디에서 수요가 발생할지 예측한다.[11]

그러나 모든 예측은 그것이 어떻게 전개되느냐에 관계없이 단지 경험에 의한 추측일 뿐이다. 결과적으로, 예측의 첫 번째 규칙은 '예측은 항상 틀리다forecast is always wrong!'라는 것이다. 이에 따라 공급망 관리자들은 방금 주문한 제품의 종류, 색상, 개수 등의 특성이 사람들이 실제 사고 싶어 하는 제품과 다를 수 있다는 현실을 받아들여야 한다. 주문량이 너무 적으면 재고 부족과 품절로 이어져 고객을 실망시키고 경쟁업체의 매장으로 발길을 돌리게 만든다. 주문량이 너무 많으면 재고 과잉이 발생하고 프로모션, 기업형 아울렛 매장, 할인점 등을 통해 손해를 감수하고 재고 제품을 판매해야 한다. 예측의 품질을 조금만 개선해도 경제적으로 상당한 이익이 있다. 이것이 아마존을 비롯한 모든 소매업자와 제조업체가 완벽하지는 않지만 예측 정확도를 향상시킬 수 있는 예측 시스템에 투자하는 이유이다. 그러나 현대의 예측이 과거의 예측보다 더 나아졌지만, 안타깝게도 예측은 여전히 항상 틀린다.

예측이 어떻게 이루어지든 간에 또 한 가지 눈에 띄는 한계가 있다. 예측의 기본 가정은 미래가 과거와 어느 정도 비슷하게 행동할 것이라는 것이다. 수요의 기본 패턴이 바뀌면 과거 행동에 기반한 예측은 실패한다. 예를 들어, 코로나19 팬데믹 기간 동안 사람들은 식당에 가지 않았을 뿐만 아니라 가정에서 조리해 먹는 음식도 신선식품 대신 통조림, 파스타, 기타 간편식을 더 많이 구입하는 등 소비 패턴이 바뀌었다. 그리고 2022년 말 경기 침체 우려와 인플레이션이 가계를 강타하기 시작하자 구매 습관이 다시 바뀌어 저렴한 제품을 선호하게 되었다. 이러한 변화로 인해 관리자는 이 책 16장 "맥락을 적용: 알고리즘에 개입하기"에 설명된 대로 기술 예측 시스템을 재정의해야 한다.

공급망의 모호성: 채찍효과로 인한 증폭
Ambiguity in Supply Chains: Bullwhip Amplification

대부분의 아기들에게는, 공급망 문제와 상관없이, 기저귀가 꾸준히 필요하다. 매주 월마트, 까르푸Carrefour 또는 알디Aldi 에서 부모가 구입하는 기저귀의 수는 언제나 일정하다. 그러나 1990년대 초 팸퍼스Pampers, 러

매직 컨베이어 벨트

브스Luvs 기저귀 제조업체 P&G Procter & Gamble는 몇 가지 의아한 판매 패턴을 감지했다. 미국의 안정적인 출생률과 아기 기저귀라는 상품 특성상 소비자 수요는 일정한데도 불구하고 유통업체에서 들어오는 주문량은 들쑥날쑥했던 것이다. 더욱이 3M과 같은 자재 공급업체에서 훨씬 더 변동이 심하다는 사실을 알아차렸다.[12]

P&G는 이 현상을 채찍효과bullwhip effect**라고 불렀는데, 공급망에서 업스트림(조달)으로 이동할수록 주문과 재고 수준의 변동폭이 점점 더 커지는 현상을 나타낸다. HP는 경영자들이 오피스 디포Office Depot에서 프린터의 주문과 판매율을 조사했을 때 유사한 패턴을 발견했다. 심지어 이탈리아 파스타 제조업체인 바릴라Barilla도 1980년대에 이탈리아 사람들의 파스타 소비량이 일정했음에도 유통업체의 주문은 크게 변동하는 것을 경험했다. 이로 인해 유통업체의 재고 수준이 무작위로 변동하고 재고 소진율이 6~7%에 달했다.[13]

채찍효과는 제품 발주와 공급 사이에 대기 시간이 있고 수요 데이터가 무엇을 의미하는지 명확하지 않은 공급망에서 발생한다. 수요에 대한 정보 왜곡의 예로는 소비자들이 가격 프로모션으로 단순히 싼 가격good deal의 제품을 다량 구매하였는데 제품 수요의 장기적인 변화로 인한 매출 변동으로 잘못 해석되는 경우를 들 수 있다. 데이터를 이해하지 못한 모호성의 예로 볼보Volvo의 사례를 생각해 보자. 1990년대 중반, 스웨덴 자동차 제조업체인 볼보는 녹색 자동차 재고를 과도하게 보유하고 있었

** 공급망에서 최종 소비자의 작은 수요 변동이 제조업체에 전달될 때 소비자와 제조업자가 각각 미래 수요에 대해 서로 다른 예측을 하게 되면서 발생하는 수요 정보의 왜곡 현상을 말함. 소를 몰 때 긴 채찍을 사용하면 손잡이 부분에 작은 힘이 가해져도 끝부분에서는 큰 힘이 생기는 데서 붙여진 명칭

다. 판매 및 마케팅 부서는 재고를 정리하기 위해 매력적인 특별 할인을 제공하고 심지어 손해를 감수하고 판매하기도 했다. 그래서 녹색 자동차의 판매량이 늘기 시작했지만, 아무도 제조 부서에 프로모션에 대해 알려주지 않았다. 제조 부서는 녹색 자동차의 판매 증가를 보여주는 데이터에 주목하고, 이를 소비자들이 녹색을 좋아하게 되었다는 신호로 읽고 녹색 자동차의 생산을 증가시켜 문제를 악화시키고 수익성을 악화시켰다.[14]

공급망에서 채찍효과가 어떻게 나타나는지 파악하기 위해 한 달 치 제품 판매량을 재고로 보유하고 있는 소매업체를 생각해 보자. 예를 들어, 소매업체의 매출이 20% 감소한다고 가정해 보자. 예측은 과거의 판매 데이터를 기반으로 하기 때문에 소매업체는 미래의 판매도 저조할 것이라고 생각한다. 향후 매출이 더 낮을 것으로 예측되는 경우, 소매업체는 매출이 높았을 때 보유했던 재고보다 더 적은 재고를 보유하려 할 것이다. 따라서 소매업체는 도매업체에 대한 주문량을 30~40% 정도 줄인다(향후 매출 감소와 현재 재고 수준을 낮추고자 하는 바람 모두를 반영). 도매업체는 소매업체로부터의 주문이 30~40% 감소하는 것을 보고 제조업체에 대한 주문을 50~60% 정도 줄여 향후 매출 감소와 현재 재고가 너무 많다는 사실에 대비한다. 공급망의 각 계층에서의 수요 감소는 공급업체의 주문 감소를 더 크게 유발한다. 각 기업은 생산량을 줄이고 비대해진 재고를 줄임으로써 매출 감소에 적응해야 한다고 판단한다.

그런데 수요가 회복되면 각 계층에서 예상되는 매출 증가를 충당하고 부족한 재고를 빠르게 보충하기 위해 주문량을 증가시킴에 따라 채찍효과 패턴이 역전된다. 다시 그 효과는 공급망의 업스트림(조달)에서 점점 더 큰 주문 크기로 공급망을 증폭시킨다. 그러나 경기 침체기에는 생산 능력이 감소하기 때문에 업스트림(조달) 기업들은 주문에 대응하는 데 시간이 걸린다. 주문이 밀려들면서 리드타임이 길어지고 공급업체는 고객(소비자)에게 부분 배송을 시작하고, 고객은 배분된 물량을 더 많이 확보하기 위해 주문을 더욱 늘리는 방식으로 대응하게 된다.

채찍효과를 촉발할 수 있는 초기 수요 변화는 경기 호황과 경기 불황이라는 경기 순환뿐만 아니라 코로나19와 같은 위기로 인해 발생하기도 하는데, 이는 특정 제품에 대한 수요가 급격히 변화하여 채찍을 움직일 수 있다. 이 현상은 팬데믹 기간과 2020~2022년 회복 기간 동안 두드러지게 나타났다. 팬데믹이 한창일 때 많은 제품에 대한 수요가 급감하자, 기업들은 제품과 부품 주문을 줄였고, 이로 인해 공급업체들은 직원을 해고하고 심지어 공장 가동을 중단하기도 했다. 수요가 정상화되면서 기업들은 주문량을 크게 늘렸다. 그러나 생산 능력이 부족한 데다 물류 병목 현상까지 겹치면서 제품이 언제 도착할 것인지에 대한 불확실성이 매우 커졌다. 그 결과 많은 기업들이 주문량을 추가로 늘렸고, 2020년 하반기에 혼란이 완화되면서 재고가 넘쳐났다. 불행히도 미국과 유럽의 인플레이션과 경기 침체 압력으로 인해 많은 제품에 대한 수요가 동시에 급감했다. 따라서 소매업체와 제조업체는 늘어난 재고를 처리하는 동시에 공급업체에 대한 주문도 줄이면서 또 한 번의 채찍 파동의 발판을 마련하게 되었다.

일반적으로 수요 변화의 원인을 정확히 알지 못하면, 그 변화가 일시적인지, 영구적인지, 아니면 수요의 증가 또는 감소 추세를 예고하는 것인지에 대한 추측으로 이어질 수 있다. (실제로 매출이 증가하는 추세이지만) 당장 매출이 감소하거나 (매출이 실제로 감소하고 있는 경우에도) 재고 부족 상황에 대한 불안감은 공급망에 속한 납품업체들이 일시적인 수요 변화를 과도하게 추정하게 만들 수 있다. 업스트림(조달) 공급업체가 소비자와 더 멀리 떨어져 있을수록 수요 변화의 진정한 원인을 파악하기가 어렵고, 결과적으로 과도한 추정에 빠지기 쉽다.

처음에는 특정 기업의 공급망에서 발생하는 것으로 소개하였지만, '채찍효과'는*** 훨씬 더 광범위한 규모로도 발생할 수 있다.**** 2008년 금융위기가 닥쳤을 때, 채찍효과는 경기 침체기와 회복기 모두에서 세계적인 규모로 발생했다. 경기 침체기 동안 미국의 소매업체 판매량이 12% 감소했지만 제조업체 판매량은 30% 가까이 감소하였고 재고는 15% 이상 줄였으며 수입품은 30% 이상 급감했다.[15] 마찬가지로 125개 네덜란드 기업을 대상으로 한 설문 조사에서도 최종 소비자와 가까운 1차, 2차 협력사(Tier 1,2 공급업체)는 매출이 25% 감소한 반면 최종 소비자와 멀리 떨어진 3차, 4차 협력사(Tier 3, 4 공급업체)는 39~43% 감소한 것으로 나타났다.[16]

금융위기가 완화되자 소매 판매는 7%대 소폭 반등했지만 유통업체와 소매업체가 판매 증가를 기대하며 재고를 늘리기 시작하면서 매출이 27%나 급증했다.

*** 한경 비즈니스(2024.3.17.), <사과로 시작된 인플레이션…'애플레이션' 의미와 해결책은>, https://magazine.hankyung.com/business/article/202403123740b (2024.7.3.) 참고

**** 조선일보(2023.2.24), <세계경제 채찍효과, 공급망이 무너졌다>, https://www.chosun.com/economy/weeklybiz/2022/01/06/ZPLEUCF7RZGGJGLKZGXNSPN6UY/ (2024.7.3.) 참고

회복탄력성 구축

Building Resilience

공급망 중단은 일상적인 운영상의 결함부터 소비자에게 상품 부족과 높은 가격을 경험하게 하는 신문 헤드라인을 장식할, 즉 발생 가능성이 낮고low-probability 충격이 큰 사건high-impact events에 이르기까지 다양하다. 일반적인 공급망 중단은 공장 가동 중지, 항구 폐쇄, 부품 배송 시 예기치 않은 품질 문제, 운송 지연, 자재 및 상품에 대한 관세 인상 등이 포함된다. 기업은 부품과 완제품의 안전 재고를 추가로 확보하고, 여러 공급업체를 확보하고, 신속한 배송을 이용하는 등의 방법으로 이러한 일이 발생할 가능성에 대비한다. 통상적으로 이러한 대비, 대응 활동은 소비자나 발주처에서 공급망 중단의 영향을 거의 느끼지 못하도록 충분히 이루어진다.

이러한 공급망 중단에 대한 대비책의 대부분은 과거 경험에 대한 통계적 분석을 기반으로 한다. 그러나 확률이 낮은 사건은, 정의상, 매우 드물게 발생하므로 통계적 방법을 사용하여 가능성을 계산할 수 없다. 좋은 예로 2005년 뉴올리언스의 허리케인 카트리나, 2011년 동일본 지진, 코로나19 팬데믹, 러시아의 우크라이나 침공 등이 이러한 사건의 예이다. 하지만 이러한 주요 사건을 예측할 수 없다고 해서 그 사건에 대처할 필요성이 사라지는 것은 아니다.

고객의 기대치가 높아지고 글로벌 경쟁이 심화됨에 따라 기업은 회복탄력성에 훨씬 더 많은 관심을 기울이고 투자하고 있다. 회복탄력성 Resilience(리질리언스)은 재료 과학materials science 에 뿌리를 둔 용어로, 물질이나 물체가 변형 후 이전 모양을 되찾는 능력을 말한다. 비즈니스 세계에서 회복탄력성은 조직이 운영 중단으로부터 신속하게 복구하고 이전 수준의 생산, 서비스 수준 또는 핵심 성과를 다시 회복할 수 있는 능력을 의미한다. 다음에서는 기업이 공급망에서 회복탄력성을 확보하기 위해 사용하는 전략에 대해 설명한다.

재고
Inventory

제품 부족에 대비하기 위한 첫 번째 방어선은 부품, 제품 모두 높은 재고 수준을 유지하는 것이다. 이 문제는 코로나19 기간 동안 뉴스에 자주 등장했다. 그러나 팬데믹으로 인한 제품 부족의 주범 중 하나가 적시생산

JIT 시스템이었다는 언론의 주장에도 불구하고 재고 문제는 미묘한 이슈이다.* 사실 모든 기업은 상당한 수준의 재고를 유지한다. 또한 미국 인구 조사국Census Bureau 이 추적한 재고 대비 판매 비율은 팬데믹 직전인 2013년 초부터 2019년 말 사이에 판매량에 비해 재고가 증가하고 있음을 보여준다.[1] 일정량의 재고는 피할 수 없지만(예: 제품에 대한 작업이 수행되는 동안), 대부분의 재고는 특정 경제적 의사 결정의 결과이다.

재고를 유지하는 주요 근거는 예상치 못한 공급망 중단이나 예상치 못한 수요 증가로부터 대비하는 것이다. 이러한 재고를 안전 재고safety stock 라고 한다. 특히, 부품 및 완제품의 재고는 수요에 비해 공급이 부족한 기간 동안 모든 공급망에 참여하고 있는 공급업체들이 소비자를 지속적으로 만족시킬 수 있도록 하여, 고객의 수요와 공급 가용성 연관 관계를 분리시킨다.

그러나 모든 제품이 동일한 것은 아니며, 그에 따라 안전 재고 정책은 달라진다는 사실을 깨닫는 게 중요하다. 회사는 마진이 허용하는 경우에만 많은 양의 안전 재고를 수익성 있게 유지할 수 있다. 예를 들어 비싼(고수익) 특허 의약품을 제조하는 회사를 생각해 보자. 이 회사는 제조, 유통 비용은 무시해도 될 정도로 크지 않지만 특허로 인해 제품에 높은 가격을 책정할 수 있다. 이 경우 제품이 재고가 있는 상태에서 변질되어 폐기되어야 한다면 회사는 제조와 유통 비용만 손해를 보게 된다. 반대로, 제품이 품절되어 회사가 판매에서 손해를 보게 되면 그 영향은 제품

---

* <공급망 위기에 대해 잘못 알고 있는 것들>(동아비즈니스리뷰 DBR 338호), 2021년 11월 Issue 2. https://dbr.donga.com/article/view/1206/article_no/10258

의 가격에 따라 달라지는데 이는 회사의 원가보다 훨씬 높은 가격이다. 따라서 제약 회사는 일반적으로 특허 보호를 받고 있는 의약품을 대량 재고로 보유해 공급망을 채운다.

반면에 의료용 장갑과 같은 저수익 제품 제조업체의 경우 재고 유지 비용(창고, 보험, 유지 관리, 노후화 및 자본 비용)이 제품의 이윤보다 크다. 결과적으로 회사가 저수익 제품의 대량 재고를 유지하는 것은 경제적으로 비효율적이다. 이것은 코로나19 기간 동안 분명해졌다.

그럼에도, 대규모 공급 중단을 방지하기 위해 대규모 재고를 유지하는 경우가 있다. 예를 들어, 미국은 석유 금수 조치로부터 국가를 보호해야 했던 당시 시작된 프로그램인 전략적 석유 비축량을 유지하고 있다. 석유 회사와 많은 기업들은 이러한 매장량을 마음대로 활용할 수 없으며 일상적인 가격을 조정하는 데 사용할 수도 없다. 대신 미국 대통령만이 특정 조건하에서 이러한 매장량의 방출을 승인할 수 있다.

중복성
Redundancy

위에서 설명한 여분의 재고는 중복redundancy 의 한 형태이지만 유일한 것은 아니다. 다른 형태의 중복은 위험을 완화할 수 있지만 각각의 비용을 수반하고 다른 위험을 초래할 수도 있다. 이러한 서로 다른 중복성 전략 각각의 이점은 여러 가지 고려 사항과 균형을 이루어야 한다.

안전에 중요한safety-critical 시스템에는 병렬로 작동하는 중복된 내부 구성 요소가 있는 경우가 많다. 예를 들어, 여객기는 단일 부품의 고장이

매직 컨베이어 벨트

추락을 야기할 수 있는 가능성을 크게 줄이기 위해 3중으로 중복된 유압 시스템을 갖추고 있다. 물론 3중 중복 구성 요소는 단일 시스템보다 비용이 3배 이상 더 비쌀 뿐만 아니라 항공기의 무게도 증가시켜 더 많은 연료를 필요로 한다.

마찬가지로 각 필수 자재, 부품 또는 서비스에 복수의 공급업체를 두는 것은 공급업체가 부품 조달에 실패할 경우 생산이 완전히 중단되는 것을 방지하기 위한 단순한 회복탄력성resilience 전략처럼 보인다. 이론적으로 한 기업에 특정 자재를 납품하는 두 개의 공급업체가 있고, 공급업체 중 하나가 실패하면 나머지 공급업체는 배송을 두 배로 늘릴 수 있다. 최악의 경우 기업은 정상 물량의 절반을 계속 만들 수 있어야 한다. 그러나 여러 공급업체를 보유하면 비용이 증가하고 새로운 위험이 수반된다.

이중 또는 다중 공급업체 전략과 관련된 비용 증가는 조달 물량이 둘 이상의 공급업체 간에 분할되어야 한다는 사실에 뿌리를 두고 있다. 따라서 기업은 전체 구매 물량이 단일 공급업체에 집중될 경우 얻을 수 있는 물량 할인을 얻지 못한다. 기업은 또한 중요한 공급업체들로부터 '우선 고객'으로서의 지위를 상실할 수 있으며, 그 결과 재고가 부족한 경우에 재료 및 부품을 가장 먼저 확보하지 못할 수 있다. 또한 관련하여 계약, 감사 및 커뮤니케이션 설정 비용은 공급업체가 추가될 때마다 증가한다.

추가 공급업체와 관련된 추가 위험에는 기업 평판에 대한 위험도 포함된다. 협력업체의 수가 많을수록 그중 하나가 사회 정의 또는 환경 위반에 연루되어 기업 평판과 매출이 떨어질 위험성은 더 커진다. 예를 들어, 11장의 "사회 불공정 문제 해결"에서 설명한 방글라데시 타즈린 패션 Tazreen Fashions 사례가 그러했다. 공급업체의 수가 많을수록 사과 상자 안에서 썩은 사과가 나올 가능성은 커진다.

회사는 전 세계에 여러 공장을 두어 내부 중복성을 만들 수 있다. 예를 들어 독일의 거대 화학 기업인 바스프BASF는 변화하는 요구 사항이나 공급 중단으로부터의 복구를 지원하기 위해 네트워크 생산 용량을 재배치할 수 있도록 공급망을 설계했다. 라인강의 루드비히스하펜 Ludwigshafen 에 있는 회사의 주사업장은 스위스 전체와 같은 양의 천연 가스를 사용한다.[2] 2022년 러시아의 우크라이나 침공 이후에 회사는 유럽 대륙의 높은 에너지 비용으로 인해 내부 중복성을 활용하여 많은 사업장을 유럽 밖으로 이전했다.

월마트의 유통망도 마찬가지로 흩어져 있는 작은 중복성들을 통합하고 관리함으로써 국지적인 유통 혼란이나 장애를 완화하도록 설계되었다. 월마트는 2023년 초 기준 미국 내 4,742개 매장에 서비스를 제공하는 170개 이상의 물류센터DC 를 운영하고 있다.[3] 때로는 허리케인과 같은 자연재해가 시설을 손상시키거나 재해 발생 전후의 수요를 급증시켜 한 지역의 유통을 마비시킬 수 있다.

운영 중단 문제를 해결하기 위해 월마트는 영향을 받지 않는 지역 유통망을 활용하여 소량의 계획된 중복 용량을 문제가 발생한 지역에 '이웃돕기' 방식으로 공유한다. 구체적으로, 바로 인접한 물류센터는 영향을 받는 물류센터를 지원하고 바로 인접한 물류센터와 접점에 있는 센터는 운영 중단을 처리하는 데 가장 많이 관여하는 물류센터와 처리 용량의 일부를 공유한다. 본질적으로 모든 물류센터들이 영향을 받는 영역을 향해 지원을 실행한다.

물론 운영 중복성이 모든 문제를 해결할 수는 없다. 팬데믹 기간 동안 일부 제품에 대한 예상치 못한 수요 급증과 같은 특별한 경우에는 중복이 도움이 되지 않을 수 있다. 코로나19 기간 동안 근로자와 자재 부족은 대부분의 회사들과 산업에 영향을 미쳤다. 그 결과 한 공급업체가 납품을 못하는 상황에서 다른 공급업체가 이를 대신하거나 끼어드는 경우는 거의 없었다. 그리고 이러한 대규모의 장기적인 중단을 견딜 수 있는 충분한 재고를 보유한 회사는 그 어디에도 없었다.

또 다른 경우에는 여러 공급자를 보유하는 것과 같은 중복성도 대안이 될 수 없다. 아주 얇은 원자atoms 두께에 불과한 층으로 반도체 칩을 만드는 것과 관련된 복잡성은 고도로 전문화되고 특별한 화학 물질과 전문 노하우에 따라 달라진다. 인텔 글로벌 공급망 운영 담당 부사장인 재키 스텀Jackie Sturm 이 동일본 대지진 발생 1년 후인 2012년 4월 발표한 바와 같이, 전 세계적으로 단 하나의 공급업체(그리고 때로는 그 단 하나의 공급업체가 운영하는 단 하나의 공장)만이 유일하게 만들 수 있는 경우도 있다.[4] 고유한 생산 역량을 가진 공급업체의 참여는 최첨단 제품의 개발을 가능하게도 하지만, 생산이 중단되었을 때 문제가 될 수 있는 단일 의존성을 야기하기도 한다. 이러한 최첨단 기술을 사용한 결과, 인텔은 2011년 동일본 대지진과 쓰나미 대재앙 이후 신속하게 공급업체를 바꿀 수 없었다 (4장 "공급망 계층의 복잡성" 참조).

표준화를 통한 유연성
Flexibility Through Standardization

110층 높이의 초고층 빌딩으로 유명한 시카고 시어스 타워(현재는 윌리스 타워로 변경)는 바람에 좌우로 최대 약 91cm 정도는 건물이 유연하게 흔들릴 수 있으며, '부러지고 싶지 않으면 유연해야 한다'라는 간단한 원칙을 보여준다. 공급망 유연성은 운영을 신속하게 변경할 수 있는 관리자의 능력에 달려 있다. 이러한 유연성을 달성하는 비결은 표준 부품, 공장, 장비 및 프로세스를 포함하는 표준화를 기반으로 한 상호 호환성 interchangeability 이다. 회사는 다음 사례에서 알 수 있듯이 이러한 표준화를 통해 운영 중단에 효과적으로 대응할 수 있다.

인텔은 '카피 이그잭트Copy Exact!'라는 전략으로 각각의 반도체 제조 공장인 '팹fabs'을 정확히 동일한 사양으로 건설하여 전 세계적으로 상호 교환 가능한 프로세스와 상호 호환이 가능한 설비를 구축한다. '카피 이그잭트'는 인텔의 글로벌 설비 포트폴리오를 하나의 대규모 가상 팹으로 전환한다. 웨이퍼**는 하나의 팹에서 부분적으로 완성될 수 있으며, 수율(생산 제품 중 고객, 소비자에 납품 가능한 비율)에 영향을 주지 않고 마무리를 위해 다른 팹으로 이송될 수 있다. 그 결과 회사는 2003년 아시아에서 사스SARS 전염병이 발생했을 때 생산 중단 없이 비교적 수월하게 생산을 옮길 수 있었다.

표준 부품을 사용하면 다른 제조업체의 요구 사항이 간소화되어 기

** 웨이퍼는 결정질 실리콘과 같은 반도체 물질의 얇은 조각으로, 웨이퍼 내부 및 상부에 내장된 마이크로전자 소자의 기판 역할을 한다. 웨이퍼는 하나의 대형 칩에서부터 수만 개 소형 칩(집적회로)에 이르기까지 모든 것의 기초가 될 수 있다.

업의 회복탄력성(리질리언스)을 높일 수 있으므로 필요할 때 신속하게 새로운 공급업체를 온라인으로 전환할 수 있다. 또한 여러 제품군에 걸쳐 동일한 부품을 사용함으로써 예측 요구 사항을 단순화하여 특정 부품을 공유하는 모든 모델에 걸쳐 수요를 집계할 수 있다(9장 "더 빨라진 리드타임" 에서 언급한 리스크 풀링 논의를 상기).

어떤 경우에는 기존 표준이 너무 일반적이고 흔해서 유연성에 대한 이점이 당연시되기도 한다. 예를 들어 포드가 2000년에 Explorer SUV에 사용된 650만 개의 타이어를 리콜했을 때 업계 전반에 걸친 자동차 타이어 규격의 표준화 덕분에 포드는 다른 타이어 제조업체로부터 신속하게 조달할 수 있었다. 타이어 하드웨어와 크기가 표준이 아니었다면 고객에게 안전한 대안을 제공하는 데 필요한 시간은 아마도 몇 달이 더 걸렸을 것이다.

사우스웨스트 항공Southwest Airlines 은 거의 800대의 항공기를 운항하며, 모두 보잉 737 단일 기종이다. 단일 기종을 사용한다는 것은 날씨, 혼잡, 기계적 문제 등 다양한 문제들로 인해 운항이 중단될 때 항공기나 승무원을 쉽게 교체할 수 있음을 의미한다. 사우스웨스트의 표준화 성향은 아주 세부적인 사항까지도 확장된다. 회사는 수년간 조종석 기술이 발전했음에도 불구하고 조종석을 표준화하고 있다. 교체 가능한 조종석은 교체 가능한 조종사와 교육비용 절감을 의미한다. 따라서 표준 장비를 사용하면 회복탄력성이 향상된다. 물론 2019년 보잉 737 맥스 기종의 항공기가 모두 공항에 발이 묶여야 했던 것처럼 737 기종에 설계상의 문제가 있다면 사우스웨스트 항공은 취약할 수 있다.

1994년 켄터키주 루이빌Louisville 지역에 심한 겨울 폭풍이 몰아쳐 도로가 마비되자 운송회사 UPS 직원들은 UPS 항공의 운영 허브(집결지)

공항인 월드포트Worldport 로 출근을 할 수 없었다. 배송을 기다리는 수십만 개의 화물 패키지는 기종에 그대로 발이 묶였다. UPS가 공항 활주로의 눈과 얼음을 치우고 비행기 이착륙을 가능하게 했지만, 막상 직원들은 집에서 공항까지 이동할 수 없는 상황이었다. 그러나 UPS는 모든 화물 터미널과 허브 공항에서 표준 작업 프로세스로 운영하고 있었기 때문에 인근 다른 도시에서 직원들을 실어와 서비스 중단을 막을 수 있었다.

일반적으로, 표준 부품, 플랜트, 장비 및 프로세스의 사용은 변화에 대응하는 유연성과 각각의 특정 또는 현지 목적에 맞게 조정된 적합성 사이의 상충관계trade-off 에 직면한다. 특정 목적을 위해 설계된 부품이 때로는 더 효율적일 수 있지만, 표준 부품을 사용하면 시장 출시 시간이 더 빨라지고 가용성이 높아지며 재고 운반비용이 낮아진다. 표준 설계를 사용하면 공급업체의 자연적인 기반이 넓어져 공급업체 중 하나가 장애를 겪었을 때(또는 중단된 경우) 회사가 다른 공급업체로부터 조달할 수 있다. 그러나 신제품을 설계할 때는 상당한 수준의 내부 조정 및 통제가 필요하기도 하다.

협업을 통한 유연성
Flexibility Through Collaboration

언뜻 보기에 토요타의 JIT Just-In-Time 적기생산시스템은 상당히 취약하고 운영 중단에 취약해 보인다. 그러나 운영 중단으로부터 빠르게 회복하는 데 도움이 되는 고유한 자산이 있다. 바로 공급업체와의 강력하고 신뢰할 수 있는 관계이다.

매직 컨베이어 벨트

1997년 2월 1일 토요일, 새벽이 되기 전에 일본 카리야Kariya에 있는 아이신Aisin Seiki Co. 1호 공장에서 화재가 발생하여, 브레이크 밸브를 만드는 데 사용하는 506대의 특수 기계 대부분이 소실되었다. 아이신은 토요타의 대부분의 차량에 사용되는 10달러짜리 브레이크 밸브의 유일한 공급업체였으며, 기계 몇 대라도 수리하는 데 최소 2주가 소요되고, 토요타가 필요로 하는 모든 특수 기계들이 가동되도록 하기 위해서는 6개월 이상이 필요할 것으로 파악되었다.

아이신 부품이 없는 토요타는 일요일 아침 아이신 브레이크 밸브를 장착한 마지막 차량들이 라인에서 조립이 끝남에 따라 33개의 조립 라인 중 20개를 어쩔 수 없이 중단시켜야 했다. 토요타의 라인 폐쇄로 인해 토요타 비즈니스에 의존하는 모든 공급업체와 서비스 제공업체가 즉각 중단될 것이 분명했다. 이러한 폐쇄는 일본의 총 산업생산수치가 매일 약 0.1% 감소할 것이라는 점을 감안했을 때 문제의 심각성은 매우 컸다.[5]

토요타와 아이신은 복구를 위해 공급업체 네트워크의 유연성과 생산 용량을 활용했다. 36개의 토요타 공급업체와 22개 아이신 공급업체는 최대한 많은 브레이크 밸브를 만드는 데 도움을 주기로 합의했다. 72개의 공작 기계 제조업체를 포함하여 또 다른 150개의 하도급 공급업체는 자원 공급업체를 지원하고 아이신이 재건하는 데 도움을 주었다.[6]

아이신은 청사진(기계 설계도), 원자재, 손상되지 않은 드릴 및 직원을 각 업체에 파견하여 긴급 상황을 지원했다. 화재 발생 3일 만에 첫 1,000개의 부품이 도착하기 시작했다. 목요일까지 일부 토요타 공장이 문을 열고 생산라인을 가동했다. 그다음 월요일이 되자 생산은 거의 정상 수준으로 돌아왔다. 결국 토요타는 단 5일의 생산 손실을 보았고, 결국 추가 교대 근무와 초과 근무를 통해 이를 만회했다.

혼란의 여파 이후 토요타는 이중 소싱도 고려했지만 이러한 중요한 부품의 단독 소싱을 유지하기로 결정했다. 코스케 이케부치Kosuke Ikebuchi 토요타 수석 전무는 "많은 사람들이 생산을 여러 공급업체와 공장에 분산해야 한다고 말하지만 각 현장에 고가의 밀링 머신을 설치하는 비용도 생각해야 한다. 우리는 우리의 시스템으로 작동해야 한다는 것을 다시금 깨닫게 되었다"고 말했다.[7]

회복탄력성을 지원하기 위한 보다 최근의 협력 사례를 알아보면, 미국 최대 식료품 도매 공급업체인 C&S 홀세일 그로서스C&S Wholesale Grocers 는 코로나19 팬데믹 동안 더 많은 인력과 트럭이 필요했다. 7천 개 이상의 소매점으로 보내야 하는 급증하는 식료품 수요량을 처리하기 위해 더 많은 유통 자원이 필요했다. 일반적으로 기업의 채용에는 공고, 면접, 후보자 평가, 검증, 선발된 채용자에게 연락, 신입 사원 대상 온보딩 훈련 등 많은 시간이 소요된다. 이 모든 과정을 거치려면 너무 오래 걸릴 것이 불 보듯 뻔했다. 하지만 C&S의 CEO인 마이크 더피Mike Duffy 는 당장 일손이 필요했다.

더피는 레스토랑과 여러 기관에 식품을 공급하는 240억 달러 규모의 식품 유통업체인 US 푸드US Foods 의 CEO 피에트로 사트리아노Pietro Satriano 를 잘 알고 있었다. 당시 US 푸드는 코로나19 락다운으로 소비자들이 집에 머물면서 수요가 급감했고, 주 고객인 레스토랑, 교육 기관 및 많은 사업체 등이 문을 닫았다. 더피는 사트리아노에게 전화를 걸어 물었다. "현재 저희가 사용할 수 있는 인력이나 트럭이 있나요? 우리는 2천명이 당장 필요해요." 사트리아노는 이에 동의했고 두 회사는 US 푸드 직원이 인근 C&S 시설에 파견 나가 일하도록 일시적 재배치 계약을 체결했다. 더피는 "일주일 이내에 C&S 시설에서 US 푸드 직원들이 우리 장비에 대한 교육을 받았고, 그 다음 날부터는 생산성이 크게 높아졌다"고 말했다.[8]

얼마 지나지 않아, 사트리아노는 언론매체인 《슈퍼마켓 뉴스Supermarket News》에 "이 파트너십은 우리나라의 소매업자들을 지원하기 위한 새로운 방식으로 우리의 유통 역량을 활용하는 방식의 훌륭한 본보기이며, 우리는 이 중요한 기회에 가치를 둔다"라고 인터뷰했다.[9] 더피는 퍼포먼스 푸드 그룹Performance Food Group, PFGC과 시스코Sysco와 같은 다른 외식업 및 기관 식품 유통업자들과 추가적으로 비슷한 계약을 맺었다. 소매 식품 산업의 여러 다른 사업자들도 급성장하는 노동력 요구를 충족하기 위해 유사한 동반 관계를 형성했다. 예를 들어, 식료품 체인점 알버슨Albertsons은 3만 명의 시간제 근로자들을 즉시 데려오는 것을 돕기 위해 식당 및 서비스업 17개 회사들과 파트너십을 맺었다.[10] 더피는 "모두가 우리의 지역 사회를 먹여 살린다는 하나의 목표로 모이는, 산업간의 협력을 보게 되어 기쁘다"라고 해당 단체의 노력에 대해 말했다.[11]

향상된 탐지 시스템
Better Detection Systems

운영 중단에 효과적으로 대응하기 위한 첫 번째 단계는 중단 발생 시점과 장소를 최대한 빨리 파악하는 것이다. 문제를 빨리 파악할수록 기업은 영향과 결과를 완화하고 소비자와 고객에 미치는 모든 방해 요소를 최소화하는 작업을 더 빨리 시작할 수 있다. 그러나 이러한 중단 감지 행위는 단순할 것 같아 보여도, 사실 공급망 참여 기업들의 복잡하고도 멀리 떨어져 있는 구조 때문에 보이는 것보다 훨씬 더 복잡하다. 지속적인 운영에 중요할 수도 있는 전 세계의 수천 개의 시설과 서비스를 지속적으로 매핑하고 모니터링하는 것은 매우 어려운 일이기 때문이다.

2005년 빈디야 바킬Bindiya Vakil 은 MIT CTL에서 공급망 관리로 석사 학위를 받았다. 바킬은 실리콘 밸리에서 시스코Cisco 에 합류했으며 5년간 근무하면서 여러 공급망 중단을 경험했다. 이러한 경험에서 바킬은 회사가 계약을 맺고 있는 공급업체들의 제조, 유통 시설이 어디에 있는지 거의 모른다는 사실을 알게 되었다. 이는 자연 재해가 특정 국가를 강타하고 우리 회사가 그 영향을 받을지가 궁금할 때 알아야 할 중요한 정보이다. 인터뷰에서 바킬은 "심지어 우리가 알고 있던 협력업체의 주소는 품목이 제조된 공장이나 사업장이 아니라 회사 사무실이나 '출고지' 위치였다"라고 설명했다.[12]

모든 공급업체로부터 모든 부품에 대한 공급업체의 실제 사업장 위치 데이터를 가져오는 것은 회사와 공급업체 모두에게 힘든 일이다. 예를 들어, 시스코는 4개의 대형 계약 제조업체를 포함하여 1,000개 이상의 공급업체를 보유하고 있었는데, 200개 이상의 제품군에 들어갈 12,000개 이상의 부품을 만들기 위해 50,000종의 부품을 구입했다.[13] 시스코의 공급업체 중 다수는 플렉스와 같은 대규모 기업이기도 했다. 플렉스는 전 세계에 100개 이상의 제조 시설과 16,000개의 자체 공급업체가 있다. 시스코의 직원은 각 공급업체에 연락하여 각 부품을 어디서 생산하는지 물어야 하는 반면, 모든 공급업체의 직원은 1차 협력사(Tier 1 공급업체)가 시스코에 판매한 모든 부품의 모든 위치 데이터를 추적해야 했다. 이는 시스코 제품만으로 충분히 어려울 수 있지만, 많은 회사들이 각자 자체적으로 공급망을 매핑하려고 한다면, 공급업체들은 모든 고객들로부터 위치 데이터 요청이 쇄도할 것이다.

바킬은 공급망 매핑 정보가 비용 효율적이려면 '단일 플랫폼을 통해 이루어져야 한다'는 것을 이해했다.[14] 제3자third-party 서비스 제공자는 각 공급자로부터 한 번에 많은 데이터를 얻을 수 있으므로 여러 고객사들이 각자 해당 정보를 수집하는 비용을 상각할 수 있다. 특정 산업별로 많은 회사들이 겹치는 공급업체 집합과 비즈니스 관계를 형성하기 때문에, 한 회사에 대한 공급망을 제대로 매핑하면 그 산업의 다른 회사에 대한 매핑 비용을 줄일 수 있다. 바킬은 시스코를 떠나 2010년 레질링크Resilinc Corporation를 설립했는데, 모든 회사와 공급업체의 모든 설비를 매핑하고 모니터링하는 것을 목표로 하고 있다.

이를 위해 레질링크는 고객사의 공급업체를 조사하여 이를 매핑하고 공급업체의 데이터를 최신의 정확한 데이터로 유지한다. 레질링크 설문 조사는 공급업체 시설 위치, 하위 공급업체 위치, 업무연속성계획 Business Continuity Plans, BCP***수립 여부, 복구 소요시간, 비상 연락망 자료, 분쟁 광물 사용(ESG 공급망 실사 지침 대응 관련) 및 기타 우려 사항들을 포함한다. 또한 레질링크는 각 제품의 자재명세서BOM에 대한 고객사의 부품 데이터를 수집하여 공급업체의 중단으로 부품 납품이 중단될 경우 기업

*** 비즈니스 연속성 계획, 업무연속 회복계획이라고도 함. 기업이 화재 등 재난 또는 비상 상황 발생 시 기업과 직원이 서로 연락을 취하고 업무를 지속하기 위한 절차를 말하며 재해 복구를 포함하는 더 넓은 개념

의 제품 중 어떤 제품이 영향을 받을 수 있는지도 확인할 수 있다. 그 결과 각 공급업체 시설과 각 시설의 가동 중단으로 위험에 처한 고객사 제품을 연결하는 공급망 지도가 생성된다. 심지어 레질링크가 정보 서비스를 제공하는 회사의 고객과 그 고객이 구매하는 제품을 연결하는 데 한 걸음 더 나아갔다. 만약 업무 중단이나 장애가 발생하면, 레질링크 시스템은 즉시 어떤 제품이 영향을 받을지, 그리고 레질링크의 고객사의 고객 중 누가 해당 제품을 사용하고 있는지를 데이터베이스에서 조회한다. 그 결과, 레질링크는 특정 제품을 만드는 데 필요한 특정 부품이 없어서 얼마나 많은 수익이 손실될 수 있는지, 즉 고객의 '최대예상손실액Value at Risk, VaR'을 매우 빠르게 파악할 수 있다. 고객사의 고객 중 어떤 고객이 어떻게 영향을 받을지 아는 것은 회사가 대응 우선순위를 정하고 적합한 고객에게 집중할 수 있게 해준다.

레질링크는 중단을 감지하고 고객에게 경고하기 위해, 100개 언어로 된 15만 개 이상의 뉴스 소스를 모니터링하여 40개 이상의 이벤트 유형의 뉴스를 실시간으로 제공한다. 이 회사는 이 모든 뉴스를 모니터링하고 클라이언트 조직이 광범위한 공급 위치 네트워크의 모든 지점에 영향을 미칠 수 있는 전 세계 이벤트를 발견하도록 돕기 위해 인공지능 기반 프로그램인 '이벤트워치EventWatch AI'를 만들었다. 바킬은 "공급망 이벤트와 실제 영향에 대한 10년 이상의 과거 데이터를 통해 얻은 통찰력을 적용함으로써 데이터 과학 팀은 머신 러닝 프로세스를 통해 이벤트워치를 '훈련'하고 이벤트의 관련성과 영향을 인지할 수 있게 했다"고 말했다.[15]

바킬은 코로나19 상황에서 이것이 어떻게 작용했는지도 설명해주었다. "우리는 웨이보(5억 명 사용자를 가진 중국의 트위터와 같은 마이크로블로깅 서비스)를 모니터링한다. 2019년 12월 28일 당시, 중국 정부는 우한의 모든 지역 병원에 알 수 없는 이상 폐렴 패턴을 주시하라고 알렸다. 그것은 레질링크 AI에 의해 포착되었다. 그래서 2020년 1월 4일에 이 알 수 없는 폐렴 패턴에 대해 첫 번째 맞춤형 경보로 고객들에게 발송했다. 우리는 그 지역을 가상의 경계로 설정했고, 고객이 모바일 앱을 통해 가상 경계 지역의 이벤트에 관한 정보를 모니터링할 수 있도록 고객에게 경보가 전달됨에 따라 영향을 받는 지역에 얼마나 많은 공급업체가 시설을 가지고 있는지, 어떤 사업장들이 있는지, 어떤 부품이 거기에서 만들어지며, 어떤 제품이 그 부품을 사용하는지, 그리고 관련된 모든 것을 알 수 있었다." 바킬은 또한 "이러한 모니터링과 공급망 매핑을 수행하기 때문에 우리의 고객은 해당 지역과 관련된 공급업체가 국가 내 또는 세계의 다른 지역에서 대체, 복구할 수 있는 사이트 정보 역시 알고 있다"고 덧붙였다.[16]

업무 중단 관리
Managing Disruptions

규모 있는 글로벌 기업들은 주요 업무 중단을 처리하기 위해 종합적인 통신 기술, 모니터 화면, 화이트보드, 네트워크 접속을 위한 장비, 시설이 마련된 공간인 위기관리센터 crisis management center 나 비상운영센터 emergency operations center 같은 종합상황실을 운영하고 있다. 이러한 센터에서 비상시 영향을 받은 부서 책임자와 기업의 최고 의사 결정권자들이 모여 주요 문제들을 해결하기 위해 협력할 수 있다. 평시에는 리스크 관리 직원 몇 명만 상주하여 다양한 뉴스 피드, 날씨 그리고 조직의 내부 성과, 보안 활동 또는 경보 시스템을 모니터링하여 문제 발생의 징후를 파악할 수도 있다.****

다행히도, 거대한 글로벌 혼란은 드물게 발생한다. 심각한 지역적 혼란은 가끔 발생하고, 지역적 중단은 더 자주 발생하는 등 작은 문제들은 항상 여기저기서 발생한다. 2012년에 당시 플렉스의 최고 구매 및 공급망 책임자였던 톰 린튼Tom Linton 은 "우리 회사는 14,000개의 공급업체를 보유하고 있기 때문에 적어도 그중 한 곳은 현 시점에서 좋은 성과를 내지 못하고 있다고 장담할 수 있다"고 말했다.[17]

플렉스는 자사의 거대한 글로벌 공급망을 지속적으로 모니터링하기 위해 공급망 시각화 시설인 플렉스 펄스 센터Flex Pulse center 를 구축했다. 원형 극장 같은 회의실에는 전면 벽 전체를 덮고 있는 22개의 대형 고해상도 대화형 터치스크린이 있는 리본 스타일의 거대한 디스플레이가 있다. 벽에는 재난 뉴스, 소셜미디어 스트림, 전 세계 운송중 선적지도, 재고 수준 분포도 지도heat map , 수익률 파이 차트, 예외 상황 및 리드타임 그래프 등 사용자가 선택할 수 있는 다양한 실시간 정보가 제공되고 있으며, 수백 가지 유형의 다양한 공급망 데이터를 활용할 수 있다. 글로벌 생산 시설의 라이브 비디오 피드 및 통합 화상 회의 기능은 전 세계 플렉스 사이트와 직접 연결되어 있어 문제를 실시간으로 해결할 수 있다.[18]

**** <중복성, 표준화, 협업, 탐지, 중단관리: 불완전한 물류 세상 맞설 '5중 안전망'> 동아일보 DBR(2024년 5월 Issue 1) 참고. https://dbr.donga.com/article/view/1101/article_no/11263/ac/magazine

플렉스는 미국에 2개, 중국에 2개, 오스트리아, 인도, 이스라엘, 멕시코, 폴란드에 각각 1개씩 전 세계에 9개의 펄스 센터를 구축했다. 각 플렉스 펄스 센터는 네트워크 운영 센터 역할을 하며 수요, 재고, 제조, 품질 및 배송에 대한 최신의 통합 뷰를 제공한다. 플렉스 최고 조달 및 공급망 책임임원인 린 토렐Lynn Torrel과 동료들은 플렉스 펄스를 사용하여 코로나19 위기 동안 공급망을 관리했다. 토렐은 "코로나19를 해결하기 위해 몇 가지 특정 대시보드를 만들어 잠재적인 영향이 있을 수 있는 고객 수준, 현장 수준, 그리고 잠재적으로 영향을 미칠 수 있는 부품 번호 수준에서 이해할 수 있도록 했다"고 말했다.[19]

플렉스 펄스는 단순히 물리적인 장소에 사람들을 하나로 모이게 하는 9개의 센터가 아니라 그 이상이다. 1만 명의 근로자가 협업을 위해 사용하는 디지털 플랫폼이기도 하다. 플렉스는 펄스 설비의 데이터, 대시보드, 시각화 및 드릴다운(세부내용 조회) 기능을 회사 공급망 직원의 컴퓨터, 태블릿 및 휴대폰에 제공한다. 물리적 센터와 마찬가지로 펄스 디지털 플랫폼을 사용하면 위치, 고객, 제품, BOM 항목 등으로 데이터를 필터링할 수 있다. 사용자는 어디서나 다양한 방식으로 접속하여 모든 문제에 대해 진행 중인 메시지 스트림을 끌어 올려 그 상태를 확인하고 그 문제가 해결책에 얼마나 가까운지 알 수 있다.

또한 플렉스의 펄스 공급망 시각화 시스템은 공급망이라는 고속도로 요금소tollbooth 라기보다는 교통 웹캠에 가깝다. 이는 하향식, 명령 및 제어 프로세스로부터 상향식, 하향식, 지역 의사결정으로 전환되고 상단에 모니터링 및 조정 프로세스가 있다. 따라서 플렉스 펄스 플랫폼을 매개로 한 협력적 의사 결정으로의 전환은 단순한 기술적 변화가 아니라 문화적 변화이기도 하다.

중단된 프로세스를 수정하는 접근 방식과 기존 프로세스를 개선하는 절차는 거의 동일하다. 관련된 사람들은 협업하고, 데이터를 공유하고, 작업을 제안하고, 이러한 작업을 구현하고, 진행 상황을 모니터링해야 한다. 플렉스의 펄스 센터에 대한 이야기는 위기관리 센터의 개념이 최악의 상황에서 완화를 위해 평상시에는 거의 가동되지 않는 '워룸war room'에서 최상의 상황에서 평상시 운영 개선을 위해 널리 사용되는 도구로 어떻게 변모할 수 있는지 보여준다.

최악의 상황에 대비하기
Preparing for the Worst

서비스에 대한 기대가 높아지면서 기업은 더 많은 위험(예: 원격 공급업체의 운영 중단)에 노출됨에 따라 비즈니스 연속성business continuity 과 복구recovery 에 대한 요구가 증가하고 있다. 조직은 언제든지 일이 잘못되더라도 중단없이 업무를 수행할 수 있어야 한다. 따라서 기업은 최악의 상황에 대비하기 위하여 비즈니스연속성계획BCP 을 활용한다. 기업들은 '만약에what if' 시나리오 훈련뿐만 아니라 운영 중단에 대한 직간접적인 경험을 통해 다양한 종류의 재난에 대한 소위 플레이북을 만들게 된다. 이러한 플레이북(대응 매뉴얼)은 각 유형의 중단에 효과적으로 대처하는 데 필요한 역할, 프로세스 및 체크리스트가 정의, 설명되어 있다.

예를 들어, 코로나19가 닥쳤을 때 BASF는 팬데믹에 대한 대응 플레이북을 준비하고 있었다. 리스크관리 및 안전에 대해 매우 엄격한 접근 방식을 가지고 있는 글로벌 화학 회사인 BASF는 가능한 광범위한 파괴적 사건에 대한 플레이북을 개발해왔다. 플레이북이 실제 이벤트의 모든 세부 사항을 예측할 수는 없지만 가능한 영향과 적절한 대응을 이해하기 위한 광범위한 프레임워크를 제공한다.

BASF 유럽 사업장 물류 운영 담당 수석 부사장 랄프 부셰 Ralf Busche 는 코로나19 팬데믹에 대한 회사의 대응을 다음과 같이 회상했다. "오스트리아와 이탈리아 북부의 스키 리조트에서 사람들이 돌아오면서 많은 사람들이 감염되었다. 뉴스 속보가 연일 등장했고, 회사는, 그리고 항상 그래왔듯이, 팬데믹 계획을 준비하고 있었다.… 우리는 기본적으로 이미 계획했던 것을 적용했을 뿐이고, 심각하지 않다고 생각한 적은 한번도 없었다. 실제 상황에서 실제 성능을 시험해보는 점검 test pilot 을 하게 되었던 것이다. 정말 효과가 있을까? 이제 우리가 계획했던 것과는 조금 다른 구체적인 상황을 살펴보아야 했다. 모든 것을 계획할 수는 없었다."[20]

BASF는 팬데믹 대비 덕분에, 코로나19 위기 동안 주요 시설 중 어느 하나도 문을 닫을 필요가 없었고, 회사는 필요한 경우 정확히 어떻게 해야 하는지 파악할 수 있었다. 전반적으로 BASF와 같은 회사는 시나리오 플래닝, 플레이북, 시뮬레이션 연습 및 훈련과 같은 도구를 사용하여 중단 대응을 준비하고 훈련한다. 록웰 오토메이션 Rockwell Automation 도 유사한 접근 방식을 취하고 있다. 당시 제조 운영 담당 부사장인 트리스티안 칸와르 Tristian Kanwar 는 "최근 몇 년 동안의 다양한 위기를 바탕으로 우리는 혼란 시 조치를 정의하는 플레이북을 개발했다"고 설명했다. 코로나19가 닥쳤을 때 우리는 이 플레이북을 실행에 옮겼고, 이를 통해 미리 정의된 프로세스를 따라 상황을 효율적으로 처리할 수 있었다.[21]

물론 플레이북만으로는 대비책이 만들어지지 않는다. 플레이북을 사용하는 사람들은 플레이북을 연습하고 모의 중단을 시뮬레이션하여 그것을 이해하고 문제점을 고쳐야 할 필요가 있다. 이러한 훈련과 연습을 통해 관리자는 중단 시나리오를 수행하고 플레이북을 사용하여 조치를 안내하고 이러한 결정의 시뮬레이션 효과를 분석한다. 사후 조치 보고after-action debriefing는 계획의 결점을 식별하고, 플레이북의 문제를 수정하고, 조직의 숨겨진 위험을 발견하고, 이러한 중단을 처리할 수 있는 방법에 대한 관리자의 이해를 높이는 데 도움이 된다.

디지털 통신 기술 대기업인 시스코Cisco는 최소 14개의 공급망 사고 관리 플레이북을 개발했다. 플레이북에 대한 회사의 자세는 '두 번 당하면 부끄러운 줄 알아야 한다'이다.[22] 플레이북은 해당 위치에서 일반적으로 경험하는 중단 유형에 따라 다르다. 예를 들어, 미국 텍사스에는 토네이도가 있는 반면, 태국에는 몬순과 홍수가 있다. 이러한 준비는 세상이 더 불안정해짐에 따라 더욱 가치가 높아지고 있다.

리쇼어링: 다시 돌아온 시계추
Reshoring: The Pendulum Swings Back

세계화로 인해 전 세계적으로 생활 수준이 크게 향상되었지만, 오프쇼어링의 이점은 균등하게 분배되지 않았다. 세계화를 반대하는 사람들은 오프쇼어링으로 인한 일자리 손실에 대해 우려하는 노동계 지도자,[23] 개발도상국의 느슨한 규제와 글로벌 운송의 탄소 배출량에 대해 우려하는 환경 운동가,[24] 민족주의적 의제를 가진 포퓰리스트(대중 선동) 정치인,[25] 일부 국가의 비윤리적 관행에 분노한 사회 운동가를 포함한다.[26] 일부 국가의 보다 제한적인 포퓰리즘 무역 정책, 상품 부족, 공장 폐쇄, 항구 및 기타 운송 허브의 혼잡 등 팬데믹과 관련된 복합적인 영향으로 인해 외국 정부, 국가에 대한 의존도를 없애기 위해 본국으로 돌아와 운영을 재개(리쇼어링)하는 데 대한 새로운 관심이 높아졌다. 대부분의 국가가 완전히 독립할 수 없다는 사실을 깨닫게 되면서, 많은 정부는 보다 우호적인 국가(프렌드쇼어링)와 가까운 위치(니어쇼어링)로 사업을 이전할 것을 주장했다.

그러나 리쇼어링과 니어쇼어링은 여러 가지 이유로 옆 동네 식료품점에서 우리 동네 골목 식료품점으로 쇼핑을 전환하는 것만큼 사소한 것이 아니다. 첫째, 아시아와 같은 대규모 공급망은 수십 년간의 투자와 개발의 누적된 결과이다. 서구 기업들은 대규모 기술 이전 및 교육을 통해 중국 공급업체를 개발해왔다. 21세기 들어 벌써 23년이나 지난 지금 이러한 공급업체는 경제적일 뿐만 아니라 혁신적이고 정교하며 역량이 있음이 입증되었다. 따라서 경쟁력을 갖추기 위해 리쇼어링 기업은 제조업체, 공급업체 및 잠재적으로 수천 개의 하위 공급업체로 구성된 전체 공급망 생태계를 새로 개발해야 한다. 예를 들어, 업체를 가까운 현지에서 발견하지 못하거나 현지 환경법으로 인해 개발할 수 없는 채굴된 재료를 요구하는 경우 진정한 리쇼어링이 불가능할 수 있다.

둘째, 10년 미만의 노력으로 리쇼어링이 실현 가능한지 명확하지 않다. 모든 위치에서 제조 및 공급망 운영 시설의 충분한 집중을 개발하는 데는 많은 시간이 걸린다. 이러한 집적화는 엔지니어 및 기술자와 같은 필수 인력 기반과 업계의 특정 요구 및 문제에 익숙한 회계 및 법률 서비스와 같은 전문 지원 서비스를 유치하는 데 필요하다. 이러한 '클러스터링 clustering '은 인바운드 및 아웃바운드 화물 운송 서비스의 필수 용량과 빈도를 개발하기 위해서도 필요하다.[27]

셋째, 서구 국가의 새로운 제조업 운영에는 더 많은 숙련 노동력이 필요하며, 이는 대부분의 선진국들을 괴롭히는 문제이다. 예를 들어, 세계 첨단 반도체 분야의 선두주자인 대만 반도체 제조 회사 TSMC Taiwan Semiconductor Manufacturing Company 는 미국 정부의 지원과 격려를 받아 2022년 애리조나에 첨단 칩 공장을 착공했다. 그러나 높은 건설비용과 무엇보다도 엔지니어링 전공 인재의 부족, 그리고 교육을 위해 엔지니어를 대만으로 보내야 하는 문제로 인해 애리조나에서 칩을 만드는 비용은 대만 본토에서보다 최소 50% 이상 높을 수 있다.[28]

넷째, 생산을 다시 국내로 이동하면 하나의 중단 위험을 다른 위험으로 바꿀 수 있다. 북미에서든 유럽에서든 현지 운영은 날씨와 기타 자연적인 중단뿐만 아니라 노동 불안과 정치권력이 바뀔 때 정부 정책의 변화에 영향을 받는다. 더욱이 한 지역이나 국가가 심각한 국지적 혼란에 직면한 경우 모든 생산 능력이 한 곳에 있다는 것은 그 바구니가 본국에 있더라도 모든 계란을 한 바구니에 담았다는 것을 의미하므로, 역시 취약해진다.

일부 기업은 이미 글로벌 거점 포트폴리오를 최적화했기 때문에 리쇼어링할 가능성이 낮다. BASF의 랄프 부셰 Ralf Busche 는 "우리는 중국이나 아시아 시장을 위해 중국에서 생산하기 때문에 (앞으로도) 중국에서 생산할 것"이라고 말했다.[29] 부셰는 일반적으로 BASF가 원유 및 천연가스와 같은 원료 공급원 근처에 일반적인 핵심 성분 화학물질을 대량으로 생산하는 업스트림(조달) 공장을 어떻게 위치시키는지 설명했다. 이를 통

매직 컨베이어 벨트

해 원료를 운송하는 비용을 최소화한다. BASF는 복잡하고 바로 사용할 수 있는 화학물질을 만드는 다운스트림(유통) 단계 공장들을 고객 근처에 위치시켜 고객 서비스, 특히 배송 속도를 극대화한다.

팬데믹, 민족주의적 무역 정책 및 국지적 재해가 서로 다른 시간에 다른 위치를 강타하여 상품의 생산, 흐름 또는 소비를 방해하는 소위 '두더지 잡기whack-a-mole' 게임***** 같은 세계에서 단일 소스 위치는 안전할 수 없다. 대신, 다국적 분산 위치 네트워크는 지역 고객(및 지방 정부 지원)에게 서비스를 제공할 수 있는 지역적 존재감과 생산 중단 위험을 관리할 수 있는 회복탄력성을 제공한다.

***** 《뉴 애브노멀: 팬데믹의 그림자 서플라이 쇼크를 대비하라》'두더지 게임에서 벗어나기' 제5장, 제7장, 제8장 참고

3부
인간, 중요한 연결 고리

PART 3
VITAL LINK IN THE CHAIN: HUMANS

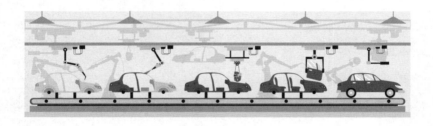

모든 산업혁명에는 실직에 대한 두려움이 항상 만연해 있었다. 19세기 말 직기가 자동화되었을 때나 포드가 모델 T의 조립 라인을 도입했을 때에도 결국 이러한 두려움은 폭력으로 이어졌다.

하지만 기술이 변화할 때마다 사라지는 일자리보다 창출되는 일자리가 더 많았다. 그때마다 사람들은 "지금은 다르다"고 말하곤 한다. AI를 사용하더라도 사라지는 일자리보다 만들어지는 일자리가 더 많을 가능성이 높다. 포드가 수작업으로 자동차를 만들었을 때 직원 수는 수백 명에 불과했지만 조립 라인을 도입하며 15만 명으로 늘어났다. 하지만 이는 시작에 불과했다. 자동차가 대중화되며 사람들은 어디든 차를 몰기 시작했고, 미국 전역에 모텔과 레스토랑이 생겨나면서 수백만 개의 일자리가 창출되었다. 새로운 기술의 도입이 새로운 산업을 창조하거나 확장시킨 것이다.

Chapter
14

다가올 로봇 대재앙?

The Coming Robot Apocalypse?

2020년 WEF는 AI가 2025년까지 8,500만 개의 일자리를 파괴할 수 있다고 추정했다.[1] 미국 회계감사원Government Accountability Office 의 2022년 연구에 따르면 일자리의 9~47%가 자동화될 수 있으며, 특히 낮은 교육 수준 또는 단순 반복적인 작업이 필요한 직무가 이에 해당된다.[2]

놀랄 것도 없이 근로자, 특히 저숙련 근로자는 자동화(특히 로봇)를 자신의 직업에 대한 위협으로 인식한다. 2022년 응용 심리학 저널Journal of Applied Psychology 에 발표된 연구는 작업장에서 로봇에 대한 근로자의 반응을 조사했다. 직원들이 로봇에 더 많이 노출될수록 그들이 느끼는 직업 불안 수준이 더 높은 것으로 나타났다. 이 발견은 로봇의 위협을 받지

않는 산업을 포함하여 산업 전반에 걸쳐 적용된다.[3]

일자리를 빼앗는 기계에 대한 두려움과 분노는 새로운 것이 아니다. 역사상 일련의 중첩된 산업혁명을 통해 실제로 많은 일자리가 기계로 줄어들거나 대체되었다. 그러나 시간이 지남에 따라 다른 새로운 직업, 일자리가 만들어졌다.

기계들의 행진
The March of the Machines

석기 제작은 260만 년 전 초기 인류(유인원) 사이에서 시작되었다. 만들어진 주요 도구는 절단, 성형 및 무기로 사용되는 날카롭게 다듬은 돌이었다. 수천 년에 걸쳐 석기 도구는 개선되어 약 12,000년 전 신석기 시대의 도끼와 끌로 정점을 찍었다. 나무, 청동, 철 또는 강철을 사용하여 사람들은 자신이 원하고 필요로 하는 것을 만드는 데 사용되는 도구를 계속 발명하고 개선했다. 이러한 도구는 인간의 생산성을 높여 주었다.

이후의 기술들은 작업 능력과 작업 속도를 증가시켜 작업을 수행하는 데 필요한 작업자 수를 줄였다. 심지어 아주 단순한 장치라도 작업자에게 영향을 미칠 수 있었다. 예를 들어 노동력을 절약하는(그리고 일자리를 감소하는) 최초 혁신 중 하나는 직조 바구니 또는 용기였을 수 있다. 고대에는 새로 발명된 큰 바구니를 가진 한 사람이 도구 없이 손을 컵 모양으로 만들어 사용한 사람 100명만큼의 곡식을 운반할 수 있었다(물론 바구니 재료를 조달하고, 바구니를 짜고 나눠주는 과정에서 새로운 일자리가 많이 생겼다). 다음으로, 마차 한 대가 바구니 운반자 100명 정도를 대신할 수 있었다. 오늘날에는 세미 트랙터 트레일러 트럭 한 대가 하루에 25배 더 먼 거리를 이동할 수 있고 마차보다 20배 더 큰 짐을 운반할 수 있기 때문에 약 500대의 마차를 대체한다.

단순한 도구가 아닌 최초의 기계는 아마도 직물을 짜는 베틀(방직기) 이었을 것이다. 방직기의 초기 버전은 기원전 약 4,000년부터 메소포타미아에서 사용되었고, 약 1,000년 후 중국에서도 사용되었다. 그러나 이러한 직기는 매우 적은 공정을 수행하는 단순하고 동력이 없는 기계였다. 점점 더 더 성능이 향상된 장비와 기술을 통해 각 작업자는 더 많은 일을 더 빠르고 저렴하게 또는 더 잘할 수 있게 되었다.

지난 3세기 동안 발전, 제조, 관리, 운송, 통신 분야에서 수많은 혁신이 일어나면서 경제 성장의 급등을 촉발했다. 경제학자와 역사가는 이러한 혁신과 성장의 시기를 일련의 산업혁명으로 구분하는 경향이 있지만, 명확한 구분은 없으며 이후의 혁명은 이전 혁명으로부터 자연스럽게 이어졌다. 사실, 하나의 혁명을 특징짓는 많은 기술 및 프로세스 개발은 실제로 이전 혁명에서 시작되었다.

1차 산업혁명(1750~1850)

1차 산업혁명은 18세기 중반에 시작되어 19세기 전반까지 계속되었다. 영국에서 시작되어 섬유 생산의 기계화에 초점을 두었다. 실과 실의 방적에서 시작하여 천을 짜는 것(=직조)으로 발전했다. 그것은 수작업으로 만든 소비자 제품에서 고성능 기계 및 새로운 제조 공정으로 만든 제품으로의 전환을 의미한다. 1차 산업혁명에서 수력 또는 증기 동력 직기가 사람의 근육 동력 직기를 대체했다.

물론 그로 인한 생산성 향상으로 인해 더 적은 인원으로 훨씬 더 짧은 시간에 훨씬 더 많은 천을 생산할 수 있게 되었다. 더욱이 동력 직기는 손직기보다 숙련도가 낮고 임금이 낮은 근로자가 필요했다. 실제로 자동화가 개선되면서 베틀은 어린이도 사용할 수 있을 정도로 사용하기 쉬워졌고 성인보다 낮은 임금을 받는 어린 노동자들이 직조할 수 있게 되었다. 장인 직공들이 기계화된 공장들에서 일자리를 잃기 시작하면서 기계에 대항하기 시작했고, 이는 뒤에 나오는 "저항" 부분에 묘사된 러다이트 The Luddites 봉기로 이어졌다.

증기 엔진은 나중에 선박에 사용되었다. 상업적으로 성공한 최초의 증기선은 1807년 미국 엔지니어인 로버트 풀턴Robert Fulton 에 의해 만들어졌다. 증기선은 더욱 발전하여 변덕스러운 바람으로부터 해상 무역을 해방시켰다. 이 시기에는 특히 1814년에서 1825년 사이에 영국에서 조지 스테판슨George Stephenson 이 증기 기관차를 개발했다. 증기 기관차는 동물에 의존했던 이전의 운송 방법보다 더 많은 화물을 더 빠른 속도로 이동할 수 있게 했다.

2차 산업혁명(1850~1950)

많은 학자들은 19세기 중반에서 20세기 전반 사이의 기간을 2차 산업혁명으로 간주하며 기술 혁명technology revolution 이라고도 한다. 이 시기에 산업계는 플라스틱과 같은 합성 재료나 제품을 탐구하기 시작했다. 마찬가지로 전기, 석유, 가스와 같은 새로운 에너지원과 기술의 사용도 중요했다. 제조업은 많은 산업에서 대량 생산의 개념으로 이끈 헨리 포드 Henry Ford 의 조립라인과 같은 공장의 새로운 조직화 개념에 의해 변형되

　　　　　　　　　　　　　　　매직 컨베이어 벨트

었다.

19세기 말에 증기선, 철도, 전신선이 크게 확장되면서 사람들과 생각의 전례 없는 움직임을 만들었다. 특히 증기선은 제1차 세계대전이 시작될 때까지 지속된 '무역 세계화의 첫 번째 물결의 주요 동인'[4]으로 묘사되었다. 전 세계 주요 수출품은 직물과 산업재였다. 이러한 추세는 전화의 발명과 함께 20세기 초반까지 계속되었다. 이 기간 동안 1차 산업혁명 이후 계속된 사건 중 하나는 단순하고 반복적인 작업을 수행하는 조립 라인 근로자로 숙련된 근로자를 대체하는 것이었다.

3차 산업혁명(1950~2010)

20세기 후반에 시작된 3차 산업혁명은 컴퓨터와 전자 제어 시스템이 핵심 역할을 했기 때문에 디지털 혁명digital revolution 이라고도 한다. 주목할 만한 발전으로는 메인프레임 컴퓨터, 미니 컴퓨터, PC, 스마트폰, 광섬유 및 인터넷이 있다. 이 시기에는 통신 기술의 발전, 컨테이너 운송을 통한 해상 운송의 비용 효율성 증대, 항공 및 익일 배송 서비스의 발전으로 인해 세계화가 빠르게 이루어졌다. 전 세계에 공장이 설립되고 기업들이 제조 및 공급업체를 인건비가 저렴한 지역으로 이전하면서 글로벌화가 확대되어 글로벌 공급망의 시대가 도래했다. 이 중대한 변화의 결과 중 하나는 인건비가 높은 나라의 고용에 대한 새로운 부담으로 이어졌다.

1995년에 아마존과 이베이가 운영을 시작하면서 전자상거래 시대가 열렸고, 시간이 지나면서 많은 오프라인 소매업이 무너졌다. 몇 년 후, 클라우드 기술은 2002년 아마존 웹 서비스Amazon Web Services 의 출시와 함께 많은 산업의 운영 모델의 일부가 되었다.

4차 산업혁명(2010~)

2010년은 4차 산업혁명, 즉 인더스트리 4.0의 시작을 의미한다. 이것은 개인 연결 장치의 광범위한 사용이 특징으로 무생물이 인터넷에 연결되는 사물 인터넷IoT의 산업적 사용, 스마트 자동화 및 고급 로봇 공학을 가능하게 하는 인공지능AI 기술의 발전, 대화형 컴퓨팅의 부상 및 관련 기술의 발전 등이다. 1990년대 이후의 시기를 정보혁명이라고도 한다. 2009년에서 2019년 사이에 시가 총액 기준으로 미국 최대 상장 기업에 포함된 기술 기업의 수는 상위 10개 중 단 1개(마이크로소프트)에서 상위 5개 중 5개(알파벳, 아마존, 애플, 페이스북, 마이크로소프트)로 증가했다.

이 시기는 또한 물리적, 디지털 및 생물학적 세계를 통합한 기술로 특징지어진다. 예를 들어 구글의 내비게이션 애플리케이션을 생각해 보자. 모든 스마트폰에서 사용할 수 있으며 GPS를 사용하여 기기의 위치를 파악한 다음 상세한 디지털 지도, 주소 확인을 위한 '스트리트 뷰' 위치 사진, 도로 네트워크를 통한 빠른 경로 탐색 알고리즘, 다른 휴대폰 사용자의 데이터와 도로 센서의 정보를 기반으로 실시간 교통 혼잡 정보를 제공한다. 그것은 인공지능을 사용하여 향후 교통 상황을 예측하고 경로를 추천하여 운전자가 최대한 빨리 목적지에 도착할 수 있도록 안내한다. 이러한 경로 계산은 새로운 정보를 기반으로 지속적으로 업데이트된다. 그리고 내비게이션은 2022년 아이폰에서 사용할 수 있었던 약 500만 개의 애플리케이션(앱) 중 하나에 불과하다.[5]

또 다른 예로, 의학 분야의 획기적인 발견 중 일부는 생물학과 컴퓨터 과학의 인터페이스에서 AI를 사용하여 이루어지고 있다. 한 예로 거대 제약회사인 화이자Pfizer는 이스라엘의 데이터 과학 회사인 사이토리즌CytoReason과 제휴하여 면역 시스템의 시뮬레이션 모델을 구축했다. 사이토리즌은 실험 생물학에서 생성된 막대한 양의 데이터를 사용하여 혈액 한 방울이 수천 개의 세포 각각에 대해 20,000개의 데이터 포인트를 생성할 수 있다. 사이토리즌은 고속 컴퓨터를 사용하여 다른 데이터 소스와 결합하여 해당 데이터의 정보를 분석하고 개발한다. 과학자들은 그 데이터를 사용하여 특정 질병에 대한 질병 모델을 만든다. 그런 다음 적절한 모델에서 잠재적인 약물을 테스트하여 예를 들어 어떤 환자가 특정 치료에 가장 잘 반응할 수 있는지 예측할 수 있다. 미래에는 이러한 접근 방식을 통해 값비싼 인체 임상 시험을 시작하기 전에 디지털 모델에서 잠재적인 신약을 저렴하게 테스트할 수 있을 것이다.

이 일련의 산업혁명 동안 기계화와 공장이 확산되면서 일자리에 대한 위협은 다양한 맥락에서 지속적인 노동 불안과 불만을 야기했다.

저항
The Resistance

기계가 사람을 대체하는 것을 막기 위한 가장 초기의 조치 중 하나는 기계가 사회에 미칠 잠재적 영향에 대한 왕실의 판단이었다. 1589년 윌리엄 리William Lee는 기계식 뜨개질 틀인 스타킹 틀을 발명하고 자신의 발명품에 대한 특허를 얻기 위해 엘리자베스 1세 여왕에게 검은색 스타킹 한 켤레를 보냈다. 그러나 여왕은 손뜨개질 산업(수공업)의 일자리에 미칠 영향을 우려해 거절했다.

러다이트

그로부터 200여 년이 지난 1811년 3월 11일, 한 무리의 영국 섬유 근로자들이 노팅엄 Nottingham 에서 6.4km 정도 떨어진 아놀드 Arnold 라는 곳에 모였다. 이들은 이 지역의 공장에 침입하여 63개의 직물 틀을 파괴했다. 다른 피해는 없었고 폭력도 발생하지 않았다. 근로자들은 기계화된 직기와 편직틀의 사용 증가를 우려한 영국의 방직공들이었다. 그러나 이 행동 이후 영국 시골 전역에서 섬유 기계를 부수는 유사한 공격이 뒤따랐다. 시위대는 1779년 맨체스터에서 직물 기계를 망가뜨린 것으로 알려진 젊은 견습생 네드 러드 Ned Ludd의 이름을 따서 스스로를 러다이트 Luddites 라고 불렀다.

러드가 실제로 존재했다는 증거는 없다. 소문에 따르면 로빈 후드처럼 셔우드숲 Sherwood Forest 에서 살면서 활동했다고 한다. 러다이트들은 명령과 공격적인 성명서를 발표하는 신화적인 '제너럴 러드 General Lud(미국 범죄 드라마)' 의 명령을 따르고 있다고 주장했다. 러다이트는 대부분 수년간 기술을 배우고 숙달한 숙련된 장인들이었다. 직물 제조가 산업화되면서 베틀과 프레임을 조작하는 비숙련 근로자들은 고도로 숙련된 장인보다 훨씬 저렴하고 생산성이 높았기 때문에 경쟁이 불가능했다. 러다이트는 기업들이 더 많은 기계를 설치하지 못하도록 막으려 했고, 많은 사람들이 거리로 나와 공장에 침입하여 기존 기계를 파손하고 건물과 장비에 불을 질렀다.

어떤 경우에는 회사 경비원들과 총격전을 주고받았고 나중에는 정부군과 총격전을 벌이기도 했다. 영국 정부는 운동을 진압하기 위해 움직였다. 수천 명의 군대를 배치하고 기계를 부수면 사형에 처하는 법을 통과시켰다.

1812년 4월, 한 무리의 러다이트가 허더즈필드 근처의 공장을 공격하기 위해 모였다. 그러나 정부군이 그들을 기다리고 있었고 발포하여 시위자들 중 몇 명이 사망했다. 이것은 운동의 종지부를 찍는 시작이었다. 나머지 시위자들은 검거되고 수십 명이 교수형에 처해졌으며 나머지는 호주로 보내졌다. 러다이트 반란은 1차 산업혁명 시기에 일어났지만 기계가 일자리를 대체할 것을 우려한 최초의 집단도, 마지막 집단도 아니었다.

노동운동과 규제

기계가 점점 더 많은 작업에서 탈숙련화를 de-skilling 가속화하면서, 회사는 기계가 조립 라인 작업을 단순화하고 '하향평준화'했기 때문에 작업자를 교체 가능한 노리개로 취급할 수 있었다. 회사 관리자는 직원이 보유한 지능 잠재력을 평가 절하하여 직원에 대한 저임금과 근로자(특히 여성과 어린이)의 착취로 이어졌다. 근로자들이 더 나은 근무 조건을 향한 유일한 길은 단결하고 조직화하는 것이었다.

이러한 요인들은 1930년대의 대공황과 결합하여 미국에서 노조 가입 및 노조 활동의 엄청난 증가를 가져왔다. 예를 들어, 1932년 3월 7일 추운 날씨에 수천 명의 미국 자동차, 항공기 및 차량 근로자들이 포드의 가장 큰 자동차 공장인 디트로이트 근처 미시간주 디어본Dearborn 에 있는 리버 루즈 복합단지로 행진했다. 그들은 안전한 근무 조건, 공정한 급여, 인종 차별의 종식, 단결권 및 기타 관련 요구 사항을 요구했다. 디어본 경찰은 최루탄을 발사하고 시위대를 몽둥이로 때리며 그들을 격퇴하기 시작했지만 일부 시위대가 경찰에 돌을 던지자 경찰관과 포드 자동차 보안요원들이 총격을 가했다. 행진 참가자 4명이 사망하고 수십 명이 부상당했다.

디트로이트에서 열린 이 '실업자의 시위hunger march'는 노조와 회사 경영진 간의 갈등과 긴장을 보여주는 하나의 사례에 불과했다. 1892년 피츠버그의 홈스테드 철강 파업Homestead Steel Strike, 1894년 시카고의 풀먼 파업Pullman Strike(일리노이에서 5만 명의 풀먼 팰리스 자동차 회사 근로자들이 벌인 비공식 파업), 1912년 매사추세츠주 로렌스의 빵과 장미 파업Bread and Rose Strike 등 다수의 파업이 폭력 사태로 끝났다.

주로 이러한 폭력적인 파업에 대응하여 미국은 1935년 7월 5일 "와그너 노동관계법Wagner Labor Relations Act"을 제정했다. 이 법은 노조가 국가노동관계위원회National Labor Relations Board, NLRB를 조직하고 설립할 수 있도록 하는 지침을 마련했다.

기계화에 대한 오랜 저항의 역사에도 불구하고 일부 노조가 있는 기업들은 노조와 협력하여 적절한 곳에 자동화를 설치할 수 있었다. 예를 들어, 중장비 제조업체인 오시코시Oshkosh Corporation는 노동조합과 협력하여 회사의 경쟁력을 높이는 동시에 근로자의 안전을 개선하는 자동화의 이점을 파악함으로써 2022년에 로봇을 설치할 수 있었다. 로봇은 페인트 및 용접 작업 등 공장에서 가장 위험한 작업 중 일부에서 사람을 대체했으며, 그 후에도 사람들은 지속적으로 로봇 기계를 감독했다.[*]

---

[*] <노조가 AI와 자동화에 주목해야 하는 이유>, 요시 셰피(하버드비즈니스리뷰, 2023년 10월).
https://www.hbrkorea.com/article/view/atype/di/category_id/2_1/article_no/986/page/1

법정에서의 싸움

21세기에는 소프트웨어 플랫폼이 확산되면서 새로운 경쟁자, 특히 '양면 two-sided' 시장을 제공하는 소프트웨어 플랫폼이 등장했다. 즉, 구매자와 판매자가 플랫폼을 통해 직접 협상하고 거래를 성사시킬 수 있다. 예를 들면 주식 시장 앱, 차량 호출 앱, 단기 렌탈 앱, 소규모 작업 앱, 음식 배달 앱 등이 있다. 이러한 새로운 비즈니스 모델은 기존 근로자와 기업에게 새로운 경쟁자를 만들어냈다. 어떤 경우에는 피해를 입은 근로자와 기업이 불공정 경쟁으로 간주하여 법원에 소송을 제기하기도 한다.

최근의 한 가지 예로 우버Uber와 런던 택시 운전사들을 들 수 있다. 이 장 "기술이 일자리를 파괴하는 방법"에서 설명한 것처럼 우버와 구글 지도의 사용은 런던 택시 기사들에게 막대한 영향을 미쳤다. 우버 기사는 사람을 태우지만 기사들을 독립 계약자로 분류하며 복지 혜택을 제공하지도 않았기 때문에 운영비용이 기존 택시 기사보다 낮았다. 그 결과 요금이 낮아졌고, 택시 기사들은 (러다이트가 그랬던 것처럼) 폭력을 사용하거나 (미국 자동차 근로자들이 그랬던 것처럼) 노조를 조직하는 대신 런던 시장에게 최저 임금, 휴가, 유급 유휴 시간 등을 제공해 우버가 자체적으로 근로조건을 개선하도록 요구했다. 이러한 변화는 우버의 비용을 증가시켜 택시 기사의 비용에 근접하게 만들었다. 20017년, 택시 기사들은 성공을 거두었다. 런던 시장이 감독하는 런던교통공사Transport for London, TfL는 우버의 런던 내 영업 면허를 취소했다. 이 결정은 번복되었다가 2019년에 다시 부과되었고 사건은 법원으로 향했다. 2020년에 우버는 런던교통공사의 결정에 대한 항소를 유지하는 법원의 판결을 받아냄으로써 런던에서 우버의 미래를 보장받았다. 그러나 2021년 영국 대법원은 우버 운전자도 근로자의 권리를 가질 자격이 있다고 판결하여 사실상 택시 기사들의 손을 들어주었다.

대중의 인식

새로운 기술의 도입을 막는 또 다른 방법은 기술 변화에 반대하는 여론을 선동하여 신기술에 대한 입법 또는 규제의 제한을 초래하는 것이다. 예를 들어, 1990년대 초 미국 의회가 고속도로에서 2중, 3중 트레일러(호주에서는 로드 트레인이라고 부름, 트레일러를 두 개 이상 끌고 다니는 대형 트럭)를 허용하는 방안을 검토하고 있을 때 화물 사업의 손실을 우려한 철도청은 수백만 달러 규모의 광고 캠페인을 벌였다. 전국적으로 방영된 TV 광고에는 한 여성이 백미러를 통해 대형 트럭이 3중 트레일러를 끌고 자신의 차를 향해 달려오는 모습을 바라보며 운전하는 모습이 그려졌다. 여성의 세 자녀가 뒷좌석에서 천진난만하게 놀고 있는 동안 트럭은 점점 무섭게 곧 닥칠 것처럼 보이고 여성의 불안은 점점 더 심해진다. 트레일러 트럭이 차를 지나치며 다음과 같은 목소리가 전해진다. "어떤 회사들은 이 큰 트럭을 원합니다. 만약 여러분이 원하지 않는다면, 다음 수신자 부담toll-free 전화번호로 전화하세요. 어떻게 막아야 하는지 알려드리겠습니다."[6] 이러한 대형 트레일러 트럭이 평균적으로 더 안전하다는 통계가 입증되었음에도 불구하고 이러한 공포를 조장하는 것은 효과가 있었다.

대규모 투자를 유치하고 있는 자율주행 트럭 업계에서도 역사가 반복될 수 있다. 자율주행 트럭에 반대하는 캠페인의 잔인함은 상상만 해도 끔찍하다. 일부 단체들이 대형 로봇 트럭의 이미지로 대중의 공포심을 자극하는 모습을 쉽게 떠올릴 수 있다. 개인의 안전에 관해서는 소비자, 유권자 및 정치인들에게 항상 쉽게 받아들여지는 문제가 있다. 예를 들어, 오늘날의 최신 비행기들은 조종사가 없어도 스스로 비행할 수 있다. 보잉 787은 사실상 드론이나 마찬가지다. 그러나 조종석에 두 명의 조종사가 없는 여객기에 탑승하려는 승객은 거의 없을 것이다. 마찬가지로 대중이 고속도로를 질주하는 무인 대형 굴착 장치를 받아들일지는 아직 불분명하다.

변화하는 정치

3차 산업혁명이 끝나고 4차 산업혁명이 시작될 무렵 소셜미디어의 성장으로 일자리의 감소, 임금의 정체, 사회변화 속도의 가속화는 근로자들, 특히 저숙련 근로자들 사이에 새로운 불안감을 불러일으켰다. 그들의 전임자들처럼 그들은 다른 나라에서 더 값싼 노동력으로 쉽게 대체할 수 있는 상품으로 인식되었다. 이러한 우려는 21세기 초 미국과 유럽에서 포퓰리즘 운동과 때로는 독재 지도자들이 부상하는 주요 요인이었다.

도널드 트럼프가 미국 대통령으로 당선되면서 번진 사회적 소동도 이런 움직임에 포함된다. 비슷한 사회적 압력으로 인해 브라질의 자이르 보우소나루Jair Bolsonaro, 헝가리의 빅토르 오반Viktor Orbán, 폴란드의 법과 정의당, 그리고 그 당시 항상 권력을 가지고 있지는 않았지만 3차 산업혁명 말과 4차 산업혁명 동안 계속해서 성장한 유럽의 많은 다른 세력들의 선출로 이어졌다. 이들 세력은 대부분 고용 안정에 대한 두려움에서 비롯된 반이민적 입장으로 뭉쳤다. 이 같은 입장은 2016년 브렉시트 투표에서 영국이 EU를 탈퇴하게 된 결정적인 요인이 되기도 했다.

터널 끝의 불빛은 다가오는 기차일지도 모른다

이 글을 쓰는 시점에도 전문가들은 4차 산업혁명이 노동에 미치는 영향에 대해 다양한 견해를 가지고 있다. WEF의 설립자이자 집행위원장 클라우스 슈밥Claus Schwab과 같은 일부 사람들은 기존과 새로운 디지털 기술이 경제 성장으로 이어질 엄청난 생산성 향상을 촉발할 것이라고 믿고 있다. 그러나 클라우스 슈밥도 또한 기계가 점점 더 많은 역할을 대신함에 따라 이러한 변화가 대량 실업으로 이어질 수 있음을 인정하고 있다.[7]

WEF는 9,700만 개의 새로운 일자리가 생겨나는 반면, '단지' 8,500만 개의 일자리가 사라질 것이라고 낙관했다.[8] 그러나 래리 서머스Larry Summers, 폴 크루그먼Paul Krugman과 같은 저명한 경제학자들은 서구 세계가 장기간의 저성장을 의미하는 '장기적 침체'에 직면해 있다고 주장한다.[9] 이러한 환경에서 실직에 대한 두려움이 확산되어 새로운 긴장감을 불러일으킬 가능성이 높다. 다빈치 연구소DaVinci Institute의 수석 미래학자 토마스 프레이Thomas Frey는 2030년까지 약 20억 개의 일자리가 사라질 것이라는 가장 암울한 예측을 내놓았다.[10] 일부 연구에 따르면 운송, 창고, 보관 및 제조업이 가장 빨리 자동화되어 저숙련 근로자의 공급망 관련 고용이 크게 감소할 수 있다고 한다.[11] 얼마나 많은 일자리가 사라지고, 얼마나 많은 새로운 일자리가 생길지는 확실하지 않다. 분명한 것은 새로운 직업은 다를 것이며 다른 기술과 교육 수준이 필요할 수 있다는 것이다. 결과적으로 가장 낙관적인 예측이 실현되더라도 고용 시장에서는 승자와 패자가 존재할 것이다. 이 책의 4부에서는 이 문제를 해결하기 위한 방안을 제시하고 있다.

매직 컨베이어 벨트

기계로 대체된 물류 업무의 구조 파악
Anatomy of Logistics Jobs Replaced by Machines

물류 업무의 두 가지 기본 기능은 창고 보관과 운송이다. 이 두 분야 모두 대규모 자동화가 진행되면서 이로 인해 물류 전문가들의 일자리 감소와 직업 변화로 이어질 수 있다.

창고 자동화

2021년 기준으로 미국에서만 약 200만 명이 물류창고에서 일하고 있다.[12] 현재는 기계와 로봇이 이들의 업무를 대체하고 있지만, 미래에는 점점 더 많은 자동화 장비가 이 거대한 창고에서 수행되는 거의 모든 작업을 수행하게 될 것이다.[13] 예를 들어, 로봇 검색 시스템은 선반과 보관함에서 물건을 골라 컨베이어 벨트에 올려 놓으면 분류기가 물건을 다양한 워크스테이션으로 이동시킨다. 카메라와 AI는 각각의 운송물에 가장 적합한 상자 크기를 결정하고 로봇에게 그 상자를 만들고 채우고 밀봉하도록 명령할 수 있다. 드론은 보관 통로 사이를 비행하며 디지털 식별 정보와 바코드 태그를 판독하여 재고에 대한 최신 정보를 제공할 수 있다. 자율주행 지게차는 트럭에서 물건을 싣고 내릴 수 있으며 창고 내에서 물건을 옮길 수 있다. 2023년, 이러한 기술 중 일부는 이미 사용되고 있으며, 앞으로는 더욱 정교해지고 보편화될 것이다. 또한 새로운 기술도 개발될 게 확실하다.

일부 창고 보관 업무의 경우, 자동화된 시스템은 통로 사이를 빠르게 이동하고, 쉬지 않고 소포를 치우거나 집하는 등 사람보다 더 나은 성과를 낼 수 있다. 반면에 인간은 다양한 배송 물품들, 특히 손재주가 필요한 물품들을 더 잘 고른다. 나무에서 살며 과일을 먹던 조상으로부터 진화한 인간의 민첩한 손가락과 다용도로 사용할 수 있는 엄지손가락은 사람들이 깨지기 쉬운 물건을 다루는 데 수백만 년의 경험을 쌓게 해주었다. 창고 로봇에게 콩 통조림을 가져오라고 하면 매우 능숙하게 처리할 테지만, 잘 익은 배를 가져오라고 하면 가져온 과일에 멍이 들어 있을 것이다. 하지만 이것조차도 곧 바뀔 것이다. MIT 연구원들은 로봇에게 와인 잔과 과일과 같은 섬세한 물건들을 다루는 데 필요한 미세한 모터 제어와 부드러운 촉감을 부여하고 있다.[14] 아마존은 이미 손재주가 더 뛰어난 로봇들의 프로토타입을 실험하고 있다.[15]

많은 기업들이 인력이 거의 없이 자동화되어 운영하는 이른바 다크웨어하우스dark warehouse 를 짓고 있다. 예를 들어, 2018년 중국 제2의 전자상거래 소매업체 징둥닷컴JD.com 은 상하이 외곽에 축구장 7개 크기의 자동화 창고를 열었다. 이 시설은 하루에 200,000건의 주문을 처리하지만 직원은 4명만 고용하고 있다.[16] 징둥닷컴은 자동화된 창고 외에도 로봇 배달을 테스트하고 있으며, 중국 남서부에 200개의 드론 공항을 건설할 계획이다.[17]

인건비가 상대적으로 저렴한 중국에서도 무료는 아니다. 알리바바, 징둥닷컴, 핀둬둬Pinduoduo(테무의 모회사)와 같은 중국 전자상거래 회사들 간의 치열한 경쟁은 더 높은 비용 없이 더 빠른 배송을 요구한다. 이것은 노동력 절감 자동화에 대한 투자를 지속적으로 늘려야 할 필요성을 뒷받침해준다.

코파일럿 또는 오토파일럿 : 자율주행 차량

디지털 라우팅, 무선 스케줄링, 다음 화물 계약 등 트럭 기술의 획기적인 발전으로 운전 업무가 간소화되었다. 이러한 기술은 운전자의 작업 부담을 줄이는 데 도움이 되고 있으며 기계 프로그래밍, 유지 관리 및 보수 등 다른 유형의 일자리를 창출하고 있지만, 인공지능 및 자동화의 성배holy grail 는 자율주행 자동차와 트럭이다. 테슬라Tesla 부터 자동차 산업의 베테랑, 굴지의 IT 기업, 신규 스타트업에 이르기까지 다양한 기업들이 자율주행 자동차와 트럭 개발에 약 1,000억 달러를 쏟아 부었다. 공급망 영역에서 자율주행차는 현재 트럭 운전자들이 며칠 동안 집과 가족으로부터 떨어져 있어야 하는 장거리 운전의 일부를 처리함으로써 트럭 운전자 부족 문제를 해결하고 이직률을 줄이는 데 도움이 될 수 있다.

결국 막대한 투자, 강력한 후원, 파일럿 프로젝트와 시범 운행에서 수백만 마일을 주행했다는 소식에도 불구하고 공공 도로에서 무인 차량을 제한 없이 사용하는 것은 아직 준비되지 않았다. 미국자동차공학회 Society of Automotive Engineers, SAE 는 자동화 없음(SAE 레벨 0)부터 크루즈 컨트롤(레벨 1)과 같은 운전자 지원, 운전자가 여전히 상황을 지속적으로 모니터링하고 필요할 때 대신 운전하는 부분 자동화(레벨 2), 차량이 양호한 조건에서 대부분의 주행을 수행할 수 있지만 조건이 변경되면 여전히 사람이 제어해야 하는 조건부 자동화(레벨 3), 사람의 조작이 옵션인 고도의 자동화(레벨 4), 운전자가 없는 완전 자동화(레벨 5)의 여섯 단계로 자동화를 정의하였다.

2022년 북미 대부분의 소비자 차량은 적응형 크루즈 컨트롤, 차선 센터링 등 부분 자동화인 SAE 레벨 2에 머물러 있다. 테슬라의 소위 완전 자율 주행 모드와 GM의 슈퍼 크루즈조차도 운전자가 여전히 주의를 기울이고 운전대를 잡을 준비가 되어 있어야 하기 때문에 SAE 레벨 2에 불과하다.

현재 이 분야의 대부분의 활동은 자율주행 트럭 운송에 집중되어 있다. 실제로 알파벳Alphabet 의 자율주행 사업부인 웨이모Waymo 는 한동안 텍사스에서 자율주행 트럭을 대상으로 실험을 진행해왔다. 그러나 자율주행차와 트럭에 대한 모든 연구는 덜 혼잡한 도로, 하루 중 덜 붐비는 시간, 개방된 고속도로, 연중 날씨가 좋은 지역으로 제한되어 있다.

기술의 성장 패턴 및 성숙도hype 에도 불구하고 2023년 현재, 모든 곳에서 완전 자동화가 언제 현실화될지는 불분명하다. 자율주행차와 트럭은 여전히 좌회전, 교통체증, 낮은 조도의 일광(햇빛)이나 얼음 또는 눈으로 인한 눈부심, 흐리고 어두운 상태에서 물체 인식 등에 문제가 있다. 또한, 도로에 운전자와 로봇이 섞여 있으면 로봇이 프로그래밍하기 어렵거나 알고리즘이 학습하기 어려운 특정 운전 및 신호 규칙을 이해해야 하기 때문에 안전에 대한 고유한 과제가 발생한다. 예를 들어, 신호등은 녹색이지만 사람(경찰관? 길 잃은 사람? 고장으로 오도가도 못하게 된 자동차 운전자?)이 부분적으로 도로 위에 있는 경우 알고리즘은 무엇을 해야 할까?

일반적으로 도로에 자율주행 차량의 수가 증가하면 관련된 문제로 인해 이동성이 훨씬 악화될 가능성이 있다. 자율주행차는 책임 우려 때문에 지나치게 조심스럽게 운행한다. 따라서 무인 자동차와 자전거 운전자 간의 대치 상황을 만들었던 것과 같은 프로그래밍된 동작(16장 "맥락의 이해" 참조)으로 인해 정체와 지속적인 병목 현상이 발생할 수 있으며 운행 경험을 크게 저하시킬 가능성이 있다.

자율주행 트럭을 시험하고 있는 트럭 운송회사의 CEO인 톰 슈미트 Tom Schmitt는 "이 기술이 거의 다 왔다고 생각할 때, 아직 5년이나 더 남았다"라고 말했다.[18] 더딘 기술 발전과 법적 허가 지연 가능성으로 인해 모든 트럭 운전자를 기술로 대체하는 데는 앞으로 오랜 시간이 걸릴 것이며, 부분적으로 또는 협력적으로 배치될 가능성이 더 높다.

향후 자율주행 트럭 주행 기술의 활용을 위해 2가지 협업 배치 모델이 고려되고 있다. 첫 번째는 운전 조건의 복잡성에 따라 인간의 노동력과 자율주행을 구분하는 '환승 허브transfer hub' 모델이다.

2022년 웨이모는 텍사스주 댈러스에 이러한 환승 허브를 열었다. 무인 자율주행 트럭은 허브 간에 짐을 운반하는 반면, 인간 운전자는 첫 마일과 마지막 마일(즉, 픽업 및 배송) 동안 트럭을 운전한다는 것이다. 이 계획에 따라 무인 운행은 고속도로와 주변이 잘 지도화되어 있고, 제한된 운행이 있고, 모든 교통이 같은 방향으로 이동하고, 대부분의 교통이 같은 속도로 이동하고, 교차로나 횡단보도가 없는 등 특정한 특징을 가진 고속도로에서 시행될 것이다. 인간 운전자들은 특별하고 조심스럽거나 도시 거리를 따라 도전적인 조작을 필요로 하는 배달의 복잡한 부분을 대신하게 될 것이다.

이 구조는 고속도로 출구에 특별한 트럭 정류장을 사용할 가능성이 있으며, 이곳에는 환승 허브가 위치할 가능성이 높다. 이러한 위치에는 연료 저장소, 수리 차고, 디지털 및 물리적 검사 시설, 교체 부품 매장 등이 포함될 수 있다. 이 시설에는 트레일러를 (아마도 전동식) 트랙터와 도시 배달용으로 연결할 가능성이 있는 도시 운전자들에게 서비스를 제공하는 시설도 포함될 예정이다. 중요한 것은 이러한 시설에서 예상되는 엄청난 성장이 많은 새로운 일자리를 창출할 것이라는 점이다.

다른 모델은 여전히 인간 운전자를 기반으로 하며 상호 배타적이지 않은 두 가지 형태를 취할 수 있다. 첫 번째 형태는 사각지대 경고, 어댑티브 크루즈 컨트롤, 차선 이탈 경고 등과 같은 첨단 운전자 지원 기술을 사용하는 것이다. 이러한 시스템은 이미 사용 가능하며 작업량 피로도를 줄이면서 안전성을 높인다. 이 기술은 또한 트럭 운전자가 도로에 있을 수 있는 최대 시간에 대한 제한을 완화하여 운전자가 작업에 더 많은 시간을 할애할 수 있도록 한다.

운전자 기반 모델의 두 번째 형태는 군집주행platooning 이라고 불리는 관행을 포함한다. 이러한 작업은 트럭들을 무선으로 서로 연결하는 작업이 포함된다. 이 구성에서는 사람이 운전하는 리드 트럭 뒤에 한 대 이상의 (아마도) 무인 트럭이 근접하여 뒤따른다. 집단 속의 트럭은 무선 기술을 사용하여 서로 지속적으로 통신한다. 이 방식은 저항력을 줄이고 연비를 향상시킨다. 또한 한 명의 리드 운전자가 여러 대의 트럭을 운전할 수 있다.

최근 몇 년간의 많은 기술적 발전에도 불구하고 운전자가 여전히 필요하다는 데 의견이 일치한다. 2020년 기준 미국에는 300만 명의 트럭 운전사가 있다. 실제로 2015년까지 29개 주에서 트럭 운전이 가장 흔한 직업이었다.[19] 트럭 운송 자동화의 느린 진행을 고려할 때, 이들 작업의 대부분은 전부는 아니더라도 상당 기간 동안 안정적일 것이다. 또한 트럭 운송 업계의 많은 직업은 운전을 포함하지 않는다. 2020년 현재 트럭 운송 산업(자영업자 제외)에 종사하는 사람은 800만 명이다.[20] 이는 업계 근로자의 대다수가 정비사, 관리자, 기획자, 파견자, 스케줄러, 물류 근로자, 기타 여러 직종에 고용되었음을 의미하며 자율주행 트럭이 현실화 되더라도 이 중 사라지는 직업은 거의 없을 것이다.

기술이 일자리를 파괴하는 방법
How Technology Disrupts Jobs

새로운 업무 환경 기술은 특정 직무를 수행하는 데 필요한 기술(및 급여)을 감소시키고, 기존 업무에 종사하는 근로자의 생산성을 향상시키고(따라서 특정 생산량에 필요한 근로자의 수를 줄임), 대체를 통해 일자리를 아예 제거하는 등 여러 가지 방법으로 일자리에 혼란을 일으킬 수 있다. 이 세 가지 광범위한 일자리 파괴는 각각 다른 맥락에서 발생하며 고용에 미치는 영향도 다르다.

탈숙련화 De-Skilling

앞서 "저항" 부분에서 언급한 바와 같이 신기술은 저숙련(저임금) 근로자가 이전에 고숙련(및 고임금) 근로자가 필요했던 일을 수행할 수 있게 해준다. 즉, 어떤 혁신들은 작업을 '탈숙련화'했다. 예를 들어, 1804년의 자카드 직기 Jacquard loom 는 숙련도가 낮은 직기공들이 매우 복잡한 패턴을 쉽게 직조할 수 있도록 천공 카드 punch cards 를 사용하여 숙련된 직조공의 필요성을 줄였다. 이 발명은 또한 아름다운 직물을 만드는 데 필요한 천공 카드 패턴을 만드는 방법을 알고 있는 장인직공의 엘리트 하위 집합인 최초의 프로그래머를 만들었다.

　헨리포드의 조립 라인과 같은 탈숙련화는 2차 산업혁명 동안 확산되었고, 자동차와 같은 복잡한 제품을 만드는 과정을 기술이 부족한 작업자들이 한 가지 작업만 반복적으로 수행하는 다수의 단순 작업으로 세분화했다. 포드 시스템은 또한 다른 성과도 달성했다. 부분적으로 조립된 자동차와 부품을 조립라인의 작업자들에게 가져다줌으로써(작업자가 고정된 자동차와 부품 상자 사이를 오가는 대신) 포드는 그러한 움직임에서 낭비되는 노동력을 줄임으로써 다음에서 논의할 내용과 같이 더 적은 작업자가 더 많은 작업을 수행할 수 있도록 했다.

현대의 탈숙련화 사례는 앞서 "저항" 부분에서 언급된 런던의 차량 호출 운전자뿐만 아니라 점점 더 많은 기사들이 디지털 지도와 경로 안내를 사용하는 것이다. 전통적으로 런던 택시 기사가 되려면 지원자들은 25,000개의 거리와 100,000개의 랜드마크 및 사업체들로 이루어진 런던의 비잔틴 미로에 대한 소위 '지식'이라 불리는 것을 암기하며 몇 년 동안 공부해야만 했다. 그런 다음 그들은 점점 더 어려워지는 일련의 구술 시험을 치러야 했는데, 평균적으로 이 시험을 통과하는 데 4년이 걸렸다. 100년 이상 요구되어온 이 시험은 원래 말이 끄는 마차를 운전하는 운전기사를 시험하는 것으로 세계에서 가장 어려운 시험이라고 불려 왔다.[21]

2012년 우버가 런던에 진출하면서 수만 명의 운전자가 내비게이션 앱에 따라 승객을 태우고 런던 시내를 돌아다닐 수 있게 되었다. 이것은 일종의 탈숙련화의 한 예이다. 우버 운전자들은 인증된 면허를 받은 택시 운전자들보다 '지식'이 많거나 빠르지 않았다. 양쪽 모두 동일한 도로 속도로 동일한 수의 승객을 태울 수 있다. 하지만 우버 운전자들은 그렇게 하는 데 훨씬 더 적은 기술이 필요하고 고용에 대한 장애물도 훨씬 적으며, 급여도 더 적게 받는다.

매직 컨베이어 벨트

확장Scaling : 더 적은 수로 더 많은 작업을 수행

산업혁명 초기에는 산업 기계의 발달로 공장에서 더 적은 노동력으로 더 많은 제품을 더 저렴한 가격에 생산할 수 있게 되면서 수공업 근로자의 일자리는 줄어들었다. 이러한 (그리고 현대의) 기술 중 일부는 한 사람이 훨씬 더 많은 양의 작업을 처리할 수 있도록 인간의 노동력이나 기술을 증폭하거나 강화하도록 설계되었다. 예를 들어, 창고 근로자의 업무는 자루나 상자를 운반하는 손수레(1800년대), 트럭을 싣고 내리는 데 사용되는 지게차(1917년), 물건을 선별기로 가져오는 로봇(2003년)과 같은 기계 기반 보조기구의 사용이 꾸준히 증가하여 걷는 시간을 절약할 수 있게 되었다.

또 다른 예로 동력기계의 숙련된 작업자 한 명은 수공예 장인으로 가득 찬 작업장을 대체할 수 있다. 증기 삽steam shovels은 숙련되지 않은 육체 노동 일자리를 많이 없앴지만 고도로 숙련된 소수의 일자리를 추가했다. 이전에 수십 명 이상의 굴착기가 수행했던 작업을 3인조(굴삭기 기사, 증기 기관사, 터파기를 지시하는 지상 관리자)가 수행했다.

더 중요한 것은 시간이 지남에 따라 동일한 공작 기계의 더 크거나 더 빠른 버전으로 동일한 숙련된 작업자가 시간당 훨씬 더 많은 작업을 수행할 수 있다는 것이다. 눈에 띄는 예 중 하나는 농업 작업이다. 수천 년 동안 농부들은 밭을 갈고 농작업에 필요한 동력을 공급하기 위해 소와 말과 같은 가축에 의존해왔다. 1913년경 미국에서 대부분의 농부들은 토양에 따라 쟁기당 1~4마리의 말이 필요했다.[22] 반면 1917년 헨리포드의 첫 번째 트랙터 모델은 10마리의 말이 끄는 힘을 제공하여 농부들이 하루에 훨씬 더 많은 면적을 경작할 수 있게 해주었다. 시간이 지남에 따라 내연 기관의 출력은 점점 커졌고 트랙터는 점점 더 큰 엔진을 채택하여 결국 수백 마력까지 높아졌다.

기계화된 농장들이 더 적은 노동력으로 더 많은 식량을 생산할 수 있게 되면서 더 강력한 농기계로 인해 수작업으로 농사짓는 근로자의 필요성이 줄어들었다. 20세기 동안 이러한 기계화로 인해 미국 농업에 고용된 근로자의 수가 급격히 감소했다. 1900년에는 미국 노동력의 41%가 농업에 종사했다. 이 수치는 1930년 21.5%, 1945년 16%, 그리고 2000년 1.9%로 감소했다.[23]

제거 Elimination

일부 신기술은 일부 직업을 완전히 없애고 사람을 기계로 대체했다. 예를 들어, 1930년대에 다이얼식 전화가 도입된 것을 생각해 보자. 1880년대에 최초의 전화 네트워크에는 전화교환원이 수동으로 조작하는 교환기가 필요했다. 누군가가 전화를 걸기 위해 전화를 들었을 때, 사람 교환원이 전화를 받고 누구에게 전화를 거는지 물어본 다음, 올바른 케이블을 올바른 소켓에 꽂아 발신자와 수신자를 연결했다. 전화번호의 발명은 교환원의 업무를 더 쉽게 만들었지만(숙련도는 다소 떨어졌지만) 전화 서비스 제공업체는 여전히 수십만 명의 교환원들이 번호를 묻고 각각의 전화에 대해 수동으로 연결하기 위해 필요했다. 1930년대에는 전자기기의 발전으로 전화번호를 일련의 펄스로 인코딩하는 회전식 다이얼 전화기가 도입되었고 자동화된 전환 장비는 이러한 연결 과정을 완전히 기계화하여 대부분의 통화에 대해 교환원의 업무를 제거했다.

1차 산업혁명의 똑똑한 기계 장치와 2차 산업혁명의 전자회로는 일자리 대체의 많은 사례를 만들어냈다. 3차 산업혁명은 소프트웨어가 기

매직 컨베이어 벨트

계적 또는 전자적 형태로 복제하는 데 비용이 많이 드는 많은 작업을 수행하도록 프로그래밍할 수 있었기 때문에 이러한 추세를 가속화시켰다. 과거에 '컴퓨터computer'는 복잡한 수치 계산을 처리하는 업무를 담당하는 근로자들의 직함이었다. 이 근로자들은 기계가 그들의 직업과 직함을 모두 가져가면서 사라졌다. 전산화된 기술, 특히 개인용 컴퓨터와 사무용 소프트웨어 응용 프로그램은 속기사, 타이피스트, 비서 및 장부 기록원의 필요성을 줄였다.[24] 초기 여객기에는 조종사, 부조종사, 항해사, 비행 엔지니어, 무선 통신사 등 5명의 조종실 승무원이 필요했지만 전자 기술과 디지털 기술의 발전으로 인해 세 가지 직책의 거의 모든 측면이 자동화되어 해당 직업들이 사라졌으며 조종사와 부조종사만이 남게 되었다.

업무 파괴의 복잡한 현실

당연히 이러한 산업혁명의 많은 혁신은 여러 가지 파괴적인 효과가 결합된다. 예를 들어 휘발유로 구동되는 농장 트랙터는 더 많은 '말' 동력을 제공하여 농부의 규모를 늘리는 동시에 식량 공급망에 필요한 농부의 수를 줄인다. 그러나 트랙터는 또한 살아 있는 말을 대체하여 말을 돌보는 데 필요했을 마부와 말 사육담당자stable hands, 사료 공급자, 마구 제작자, 편자공, 대형 동물 수의사 등과 같은 많은 다른 직업의 고용을 없애거나 줄인다.

동력 직기power loom 의 발명과 개선은 일자리를 파괴하는 일련의 변화의 예를 보여준다. 첫째, 동력 직기는 숙련된 직공을 기계 조작자로 대체했다. 이는 숙련된 직공의 직무를 없애거나 직무의 숙련도를 낮추는 것으로 볼 수 있는 발전이었다. 기계가 더 안정적으로 빠르고 더 넓은 폭의 옷감을 짤 수 있게 되면서 1명의 작업자가 여러 대의 기계를 감독할 수 있게 되었고, 훨씬 더 높은 생산률을 달성하여 작업자의 고용을 줄일 수 있게 되었다. 기계에 대한 추가 개선으로 작업자의 숙련도가 더욱 향상되어 남성 기계 조작자가 (심지어) 저임금의 여성과 어린이로 대체될 수 있게 했다. 이러한 방식으로 각 세대의 동력 직기 섬유 근로자의 수를 줄였을 뿐만 아니라 직조 기술자가 장인에서 성인 작업자로, 그리고 마지막으로 어린이들로 이동함에 따라 해당 직업에 대한 임금도 감소했다.

탈숙련화de-skilling 는 일반적으로 직무를 위협하는 기술적 영향의 첫 번째 단계이다. 전문 지식이 필요하지 않기 때문에 근로자들의 임금을 절감할 수 있다. 다음 단계에는 운영자가 업무를 수행할 수 있도록 지원하는 기술이 포함되어 있어 이전과 동일한 생산량을 더 적은 수의 작업자가 생성할 수 있다. 이러한 남은 작업들은 일반적으로 더 높은 기술을 요구한다.

직접 수행하라DIY

탈숙련화를 초래하는 자동화 개발의 궁극적인 단계는 고객이 직접 작업을 수행할 수 있도록 지원하는 것이다. 오늘날 좋은 예로는 은행 직원을 대체하는 현금자동입출금기ATM 와 계산대 직원을 대체하는 꽤 괜찮은 자동계산대self-checkout 키오스크(무인단말기)가 있는 슈퍼마켓이 있다. 일반적으로 이러한 키오스크에서는 가방에 넣을 때 고객이 일일이 각 품목을 스캔해야 하는데, 새로운 무선 주파수 식별RFID 기반 시스템은 스캐닝 요구조차 없애준다. 예를 들어, 일본 의류 소매업체인 유니클로는 모든 제품에 매우 얇은 RFID 태그를 장착하고 있으며 이 태그들은 다른 목적들 중에서도 자동 체크아웃을 위해 사용된다. 고객은 내부의 모든 것을 스캔하고 박스의 내용물, 각 항목의 가격, 합계 등을 표시하는 박스에 원하는 구매품목을 넣기만 하면 된다. 고객은 신용 카드를 인식하고 구매한 물건을 가지고 매장을 떠난다.

아마존 고Amazon Go 매장에서는 인적 상호작용, 스캔 또는 결제와 관련된 다른 활동이 수반되지 않는 거래가 이루어지고 있다. 이 상점에는 계산원, 계산대 또는 셀프 계산대도 없다. 고객은 매장에 들어와서 시스템에 의해 식별된 다음 원하는 것을 집어 들고 나간다. 무게 센서, 카메라 및 머신 러닝 기술로 구성된 시스템은 고객이 선반에서 꺼내거나 다시 넣지 않은 제품에 대한 데이터를 수집하여 고객에게 자동으로 요금을 청구한다. 아마존은 이 시스템을 '저스트 워크 아웃Just Walk Out' 기술이라고 부르며 다른 소매업체에 마케팅하고 있다.[25] 이 글을 쓰는 시점에서 소매 거래를 자동화에 필요한 매우 높은 기술 비용이 인건비 절감, 도난 감소, 매출 증가 또는 상품 진열 공간 증가로 상쇄될지는 확실하지 않다. 기술 애호가를 제외한 소비자들이 계산대에서 줄을 서지 않는 대가로 시스템의 높은 수준의 감시를 받아들일지도 불투명하다.

이러한 시스템은 분명히 소매점의 노동력 요구를 줄이는 것을 목표로 하고 있다. 일부 소매업체는 기술 사용과 관련된 일자리를 고객 경험의 일부로 추가하지만(예: '스마트' 피팅룸(탈의실)과 거울을 사용하는 고객 서비스 및 쇼핑 컨설턴트) 일부 일자리는 사라질 수밖에 없다.

마지막으로 이러한 자동 시스템은 사람들이 신용 카드, 스마트폰, 그리고 필요한 앱이 없으면 이러한 상점에 입장이 거부될 수 있다는 점에서 형평성equity 문제를 제기한다. 일부 소비자들이 이러한 자동화된 시스템에서 현금을 사용할 수 없는 것은 그 적용 가능성을 제한한다. 복잡한 요인은 소매업체가 현금을 받아들이도록 강제하는 미국 연방법령이 없지만 많은 주와 지방 정부에서 현금을 요구한다는 것이다. 예를 들어, 2020년 11월부터 뉴욕시의 상점들은 현금을 선불 카드로 바꿀 기계가 없다면 현금을 받아야 한다. 또한 현금으로 지불하는 것에 대해 더 많은 비용을 청구할 수 없다. 결과적으로 아마존 고 매장은 뉴욕에서 영업할 수 없었다.

직접 개발하라

탈숙련화 자동화 기술의 본질은 더 많은 사람과 기업이 복잡한 기술, 제품 또는 서비스를 직접 사용할 수 있도록 하는 것이다. 예를 들어, 가정 배달을 제공하는 완전한 기능을 갖춘 소비자 전자상거래 사이트를 만들려면 이전에는 웹사이트를 구축하고, 백엔드(후선업무 처리) 회계 시스템을 만들고, 창고를 설치하고, 차량을 구입하는 데 큰 비용이 필요했다. 창업을 할 때 소프트웨어 개발자, 제품 사진작가, 마케팅 관리자, 운전사 등의 전체 직원을 고용해야 했다.

더 이상은 아니다. 뉴욕에서 오랫동안 아시아 과일, 채소, 말린 식품류를 팔면서 가격 변화를 추적하기 위해 펜과 종이를 사용해왔던 도매상 키안타이부Kian Tai Boo의 예를 생각해 보자.** 코로나19 팬데믹이 발생했을 때 식당 및 회사 고객을 대상으로 한 매출이 급감했었다. 그의 아들 조셉 부Joseph Boo는 사업을 D2C Direct-to-Customer로 전환하는 데 도움을 주었다.[26] 부는 쇼피파이Shopify와 함께 웹사이트를 구축하고, 아이폰으

** "코로나19 셧다운 이후 소규모 기업은 팬데믹 기간 동안 온라인에 접속하고 경쟁력을 유지할 수 있는 방법을 찾아야 했다"라는 《워싱턴포스트》에 소개된 기사에서 인용하였다.

로 제품 사진을 찍고, 인스타그램과 페이스북에서 사업을 홍보하고, 업워크Upwork를 이용해 일하는 사람을 고용하고, 온플릿Onfleet을 통해 배송 물류를 주선했다. 이러한(및 기타) 온라인 플랫폼은 온라인 소비자들에게 직접 비즈니스를 설정하고 운영하는 복잡한 프로세스의 대부분을 효과적으로 자동화했다.

내 이전 저서 《뉴 애브노멀The New AbNormal》***에서 식당, 동네 식료품점 및 기관들이 문을 닫으면서 신선한 농산물을 유통하는 사업이 큰 타격을 입은 엘리사Elyssa와 제프 코젠Jeff Kotzen과의 이야기를 다뤘다. 이 부부는 무료 도구를 사용하여 웹사이트를 개발하고, 소셜 미디어 팔로워를 구축하고, 바코드를 도입하고, 배송 추적까지 하면서 소비자에게 신선한 농산물을 판매하는 사업을 처음부터 다시 시작했다. 나는 팬데믹 기간 동안 이 서비스를 이용하면서 이 부부를 알게 되었으며 그 사례는 책에 자세히 설명되어 있다.[27]

이러한 예는 스마트폰, 앱 및 클라우드 기반 시스템이 기장bookkeeping, 회계, 급여, 전자상거래, 재고 관리, 주문 처리, 물류 등과 같은 고도로 숙련된 관리와 관리 업무를 구현하는 다양한 반자동화 앱 및 서비스를 제공하고 있음을 보여준다. 이러한 도구를 통해 자영업자와 소기업이 다양한 기업 기능을 저비용 디지털 서비스 제공업체에 아웃소싱 할 수 있다.

본질적으로 이러한 도구들은 전문적이고 고임금 전문가와 정교한 디지털 시스템을 제공할 수 있는 대기업들이 누리는 규모의 경제에 도전장을 던진다. 이러한 자동화는 다수의 소규모 기업의 시장에 대한 접

***　국내에서는 2022년 문화체육관광부 주최 세종도서 교양 부문 우수도서로 선정되었다.

근성을 높인다. 나의 동료 호세 벨라즈케즈 마르티네즈Josué C. Velázquez Martínez는 MIT 운송 및 물류 연구센터 소속 저소득 기업 혁신Low Income Firm Transformation, LIFT 연구소의 설립자이다. 이 연구소의 임무는 개발도상국에서 소기업Micro and Small Enterprises, MSEs의 생존과 성장을 높이는 것이며, 특히 공급망 관리 능력을 향상시킴으로써 중소기업의 생존과 성장을 촉진하는 것이다. 이들 중소기업은 대체로 생산적이지 않으며 빈번한 소멸에는 상당한 경제적, 사회적 비용이 수반된다. 연구소는 멕시코 시티와 여러 라틴 아메리카 도시에서 소규모 기업들에게 특별히 개발되고 (매우) 사용하기 쉬운 재고 및 주문 관리 시스템과 공급업체 통신 도구를 제공하기 위해 일하고 있다. MSE의 실행 가능성과 성장성을 보장하기 위해 효과적인 현금 관리를 위한 디지털 도구에 초점을 맞추고 있으며, 이를 통해 MSE는 간단한 전자상거래, 배송 위치 추적, 디지털 조달 및 고객 세분화를 제공할 수 있다. 물론 이러한 도구를 쉽게 사용하려면 정교한 방법론이 필요하다.

좋지 못한 것에도 희망은 있다

위에서 언급한 바와 같이, 많은 기술이 일자리를 '파괴'하는 것처럼 보인다. 예를 들어, 엘리베이터 운영자, 전화 교환원, 얼음 절단하는 사람, 담배 파는 소녀, 횡단보도 청소부 혹은 전보 배달원은 더 이상 없다. 다른 경우에는 기술을 통해 더 적은 수의 작업자가 일을 완수할 수 있었다. 예를 들어, 철도는 소방관과 신호수 없이 운행되며, 앞서 언급한 바와 같이 여객기 조종석 승무원은 2명만 탑승하여 비행한다. 그러나 잃어버린 것에 대한 초점은 공급망, 기업 및 경제의 성과를 개선함으로써 얻는 이익

매직 컨베이어 벨트

을 무시한다. 장기적으로는 일자리를 파괴하는 많은 혁신들이 일자리를 창출하고 생활 수준을 높이며 경제를 성장시킨다.

예를 들어, ATM은 현금 인출, 예금, 잔액 조회와 같은 고객 거래의 대부분을 위해 은행 창구 직원이 필요하지 않게 하는 힘을 가지고 있었다. 그러나 ATM 도입에도 불구하고 미국의 은행 창구 직원 수는 1970년 약 30만 명에서 2010년 60만 명으로 증가했다. 밝혀진 바와 같이 ATM을 통해 은행 지점이 더 적은 창구를 운영할 수 있게 되었기 때문에 은행은 더 많은 지점을 개설하고, 그 과정에서 더 많은 일자리를 창출하고 고객 서비스 수준을 향상시켰다.

제시된 사례에서 알 수 있듯이, 기술 발전의 희망적인 측면 중 하나는 생산량의 증가이며 이로 인해 회사 내부와 공급망 전체에서 고용이 증가한다는 것이다. 근로자가 단위당 적은 노동력으로 더 많은 상품을 생산하면 비용이 감소하고 수요가 증가하며 제조업이 확장되고 더 많은 근로자를 고용하게 된다. 예를 들어, 포드 조립 라인은 작업을 단순화하고 탈기술화된 반면, 그것은 또한 자동차 생산 대수의 엄청난 증가와 전 세계 조립라인의 일자리 수에 상응하는 증가로 이어졌다. 생산이 급증함에 따라 포드의 인력은 모델 T를 출시한 1908년 약 450명에서 모델 T 생산이 최고조에 달했던 1925년에는 155,552명으로 증가했다.[28]

그러나 자동차 산업의 성장과 관련된 고용 증가는 생산 라인 근로자로 국한된 것이 아니었다. 대리점, 정비소, 심지어 주차단속요원meter maids 관련 일자리도 증가했다. 또한 자동차 산업과 그 기반시설은 수백만 개의 일자리를 제공하는 서비스업과 같은 새로운 산업을 창조하거나 확장시켰다. '모터'와 '호텔'의 합성어인 모텔은 자동차의 보급과 사용 증가에 따라 생겨났다. 물론 호텔과 레스토랑은 이전에도 존재했지만 제2차 세계대전 이후 자동차 소유가 증가하면서 이에 필요한 호텔, 레스토랑, 엔터테인먼트 시설이 갖춰진 새로운 여행 및 관광지가 많이 생겨나면서 일자리가 폭발적으로 증가했다.

마찬가지로, 항공사의 조종석 승무원을 5명에서 2명으로 줄이면 승객 한 명당 인건비를 줄일 수 있을 뿐만 아니라 유료 승객을 태울 수 있는 더 많은 공간과 수용 인원이 확보되므로 승객당 항공권의 가격이 낮아지고 이로 인해 더 많은 사람들이 비행기를 이용하게 된다. 승객 수가 늘어나자 승객당 비용을 더 낮추면서 더 많은 사람을 태울 수 있는 대형 항공기 등 규모의 혁신이 촉진되었다. 승객당 비용이 낮아지면서 여행은 호황을 누렸고, 1970년과 2019년 사이에 전 세계 해외 관광객 수는 약 9배 증가했다. 그 결과 여행 및 관광 산업에서 고용이 더욱 증가했으며, 2020년에는 전 세계적으로 약 7억 명의 사람들이 여행 및 관광 산업에 종사하고 있다.[29]

화물선의 진화는 노동력 감소, 가격 하락, 물동량 증가, 그리고 더 큰 규모의 혁신으로 이어지는 혁신의 동일한 진행을 따랐다. 이스트 인디아만East Indiaman(동인도 무역선)은 유명한 동인도회사East India Company, EIC에서 건조하여 사용하는 3개의 마스터 화물선 중 하나였다. 이 영국 회사는 17세기 중반에서 19세기 중반까지 아시아와 유럽의 무역을 지배했는데, '이스트 인디아만'이라는 이름은 EIC의 용선 또는 면허에 따라 운항하는 선박을 통칭하는 것이었다. 가장 큰 배는 150명의 승무원이 있는 1,500톤급 선박이었다. 항해, 통신 및 디지털 제어의 혁신과 함께 증기기관과 내연기관의 출현은 승무원의 규모를 줄이고 확장을 가능하게

매직 컨베이어 벨트

했다. 현대식 머스크Maersk Triple—E급 컨테이너선(같은 장 '운송'에서 언급)
은 각각 210,000중량톤 선박으로 20,000TEU(20피트 등가 단위) 이상을 운
송할 수 있다. 이 거대한 선박은 단 13명의 승무원에 의해 운영된다. 이
러한 거대한 선박에 의해 초대형화된 컨테이너 혁명은 동시에 통신 혁명
이 결합되어 운송 비용이 폭락하게 만들었고 글로벌 공급망 시대에 중요
한 요소가 되었다.

　　이러한 모든 혁신과 파급 효과는 전문적이고 관리적인 작업의 양과
정교함을 증가시켰다. 첨단 기계, 전자 및 디지털 장치를 설계하기 위해
더 많은 사람을 고용해야 했고, 정교하고 대규모인 조직, 공장 및 기계를
관리하기 위해 더 많은 사람이 필요했다. 1910년에서 2000년 사이에 전
문직, 기술직 및 관련 종사자의 총 고용 비율은 5% 미만에서 거의 25%로
5배 증가했으며, 관리자, 공무원 및 사업주의 비율은 6%에서 14%로 2배
이상 증가했다.[30]

이번에는 다를까?
Is This Time Different?

기술이 도입된 과거의 산업혁명에서는 단기적으로 일부 일자리가 사라
지기도 했지만, 혁명은 장기적으로는 경제 성장과 생활 수준 향상을 촉
발시켰다. 각각의 혁명은 철도, 전기, 도로, 전화, 인터넷과 같은 새로운
유형의 인프라와 자동차, 라디오, TV, 가전제품, 컴퓨터, 스마트폰과 같
은 새로운 소비재를 가져왔고, 이는 새로운 산업을 창출하고 지원했으며
백화점이나 통신판매, 쇼핑몰과 대형마트, 전자상거래 등 소매업의 혁신

으로 이어졌다.

초기 산업혁명 기간 동안의 일자리 감소의 대부분은 노동 계층에 집중되었다. 동력이 공급되는 기계 시스템은 농장, 공장, 선박, 건설 및 기타 지역의 노동력을 대체했다. 그 후 컴퓨터는 화이트칼라 근로자들을 대체하기 시작했는데, 이는 일종의 육체적인 일이 아닌 일반적으로 사무직의 낮은 숙련된 근로자들이었다. 그러나 4차 산업혁명은 과거의 혁명보다 훨씬 더 높은 기술 계층에서 일자리에 영향을 미치고 있는 것으로 보인다. 여러 방면에서 우려되는 것은 머신러닝ML과 AI 기반 알고리즘이 엔지니어 및 관리자와 같은 고학력 전문가뿐만 아니라 예술가, 작가와 같은 창의적인 전문가들을 포함한 훨씬 더 광범위한 작업자를 대체하고 탈기술화할 수 있는 능력을 갖게 될 것이라는 점이다. 기술이 부족한 작업은 다음 기술 물결에서 자동화되기가 더 쉬울 수 있다.

머신러닝은 AI 내 분야이지만, 2023년 AI 애플리케이션의 대부분을 차지하고 있다.**** 현재 세대의 ML 시스템, 특히 딥 러닝 방법은 특정 문제나 질문과 관련된 대량의 데이터를 처리하여 예측 패턴과 상관관계를 파악한다. 검색할 내용에 대해 구체적으로 프로그래밍되지는 않는다. 예를 들어 머신러닝 방법은 사용자나 분석가에 의해 식별된 패턴만이 아니라 데이터에 잠재된 모든 패턴을 기반으로 제품에 대한 수요를 예측하는

**** 인공지능Artificial Intelligence, AI이란 컴퓨터가 논리, if-then문 및 기계 학습을 사용하여 인간의 지능을 모방할 수 있도록 하는 모든 기술을 의미한다. 머신러닝Machine Learning, MI은 기계를 사용하여 데이터의 패턴을 검색하여 논리 모델을 자동으로 구축하는 인공지능의 하위 집합이다. 또한 딥러닝Deep Learning, DL은 음성 및 이미지 인식과 같은 작업을 수행하는 심층 다층 신경망으로 구성된 머신러닝의 하위 집합/생성형 AIGenerative AI란 딥러닝의 하위 집합으로 방대한 데이터를 기반으로 사전 교육을 받고 일반적으로 FMFoundation Model이라고 불리는 대규모 모델에 의해 구동된다.

데 사용된다. 이러한 데이터에는 숫자뿐만 아니라 텍스트와 그림도 포함된다. 뒷부분 "창의적인 코봇"에서 자세히 논의되는 차세대 AI인 생성형 Algenerative AI는 심지어 인간의 프롬프트와 안내를 기반으로 예술작품을 쓰거나 만들 수도 있다.

디지털 기술에 대한 두려움은 사람들이 마이크로프로세서가 모든 것을 자동화하고 공장의 모든 일자리를 제거할 수 있는 가능성을 보았기 때문에 3차 산업혁명 초기에도 분명하게 드러났다. 1978년 《데이터메이션Datamation》 매거진에 실린 조크가 하나 있다. "미래의 공장에는 사람과 개, 두 명의 직원만 있을 것이다. 사람은 개에게 먹이를 주기 위해 있을 것이고 개는 사람이 장비를 만지지 못하게 하기 위해 같이 있을 것이다."[31]

3차, 4차 산업혁명을 거치면서 기술의 변화 속도는 급격히 빨라졌다. 농기계가 현장 작업자를 대체하는 등 이전의 노동력을 대체하는 기술 변화는 경제에 침투하는 데 수십 년 또는 몇 세대가 걸렸다. 근로자들은 은퇴할 때까지 일자리에서 나이를 먹거나 다른 직업으로 천천히 전환할 시간이 있었다. 기업도 적응할 시간이 있었다. 이러한 이전의 혁명은 부분적으로는 증기기관, 자동차, 전기 장비, 컨테이너 선박 등 새로운 기술의 공급업체가 제품을 대규모로 생산하기 위해 완전히 새로운 공장이나 공급망을 설계하고 구축해야 했기 때문에 시간이 걸렸다. 수많은 기술을 도입하려는 기업도 이러한 새로운 물리적 자산을 조달, 배송, 설치 및 디버깅(오류를 검출하여 제거)하는 데 시간이 필요했다.

ML, AI, 모바일 앱 및 클라우드 컴퓨팅 같은 기술의 다른 점은 이러한 디지털 기술로의 전환과 확장이 몇 가지 이유로 매우 빠를 수 있다는 것이다. 첫째, 이러한 기술을 구동하는 소프트웨어의 개발은 대규모의 막대한 비용이 필요하지 않다. 둘째, 새로운 기술은 이전 기술보다 더 쉽고 빠르게 도입될 수 있다. 사람들이 업무를 수행하는 데 사용하는 데이터의 상당수가 데이터베이스에 저장되어 디지털 커뮤니케이션 채널을 통해 이동되는 경우가 점점 많아지고 있다는 점도 한 가지 이유가 된다. 디지털 스위치를 하나만 누르면(이해하기 쉽게 표현함), 인간 작업자가 사용하던 모든 데이터가 해당 작업자를 대체할 수 있는 AI 기반 데이터로 전송될 수 있다. 마지막으로 이전 기술이 증기 기관, 전기 장비, 컨테이너 선박 등 물리적 자산의 설계와 대량 생산에 의존했다면 디지털 기술은 주로 전문화된 소프트웨어를 기반으로 한다. 대부분의 기업은 이미 클라우드 기반 서비스 및 앱에 액세스하는 데 필요한 물리적 인프라와 자산(광대역 연결, PC, 태블릿 및 스마트폰)을 보유하고 있다. 누군가 소프트웨어에서 유용한 자동화를 만들면 이를 전 세계 모든 데이터 센터와 모든 휴대폰으로 확산되는 것은 비교적 간단하면서도 거의 즉각적으로 이루어진다.

기술이 확산되는 방식(및 속도)의 변화의 예로 테슬라 자동차의 성능 향상을 떠올려 볼 수 있다. 차량 업데이트는 문제를 해결하고 차량의 성능을 업그레이드하기 위해 지속적으로 '무선'으로 전송된다. 수백만 대의 차량 시스템이 거의 동시에 모두 업데이트된다. 테슬라 구성 요소 대부분이 소프트웨어로 구동되기 때문에 업데이트는 소유자가 하드웨어를 교체하기 위해 딜러나 정비소를 방문하지 않고도 무선으로 수행할 수 있으므로 해당 시설에서 작업자의 필요성을 줄일 수 있다.

기술 개발속도는 두 가지 요인으로 인해 더욱 빨라지고 있다. 첫째, 많은 머신러닝 버전이 시행착오를 통한 소프트웨어 학습을 기반으로 하

매직 컨베이어 벨트

기 때문에 이러한 시스템이 널리 사용되면 학습이 향상되어 시간이 지남에 따라 더 좋아질 것이다. 둘째, 차세대 소프트웨어 봇은 컴퓨터 프로그램과 심지어 머신러닝을 사용하는 프로그램을 작성하도록 훈련될 수 있다. 결과적으로, 이러한 봇들은 더 좋아질 뿐만 아니라 더 널리 사용될 것이다.

코로나19 팬데믹 기간 동안 일자리를 대체할 첨단 기술이 도입된 사례가 크게 증가했다. 바이러스, 질병 전염을 피하기 위해 근로자들을 집으로 보냈을 때, 기업들은 사람이 개입하지 않는 로봇 솔루션을 찾게 되었다. 팬데믹 이후 세계 경제가 회복되면서 만연했던 인력 부족 현상은 자동화에 대한 추진력을 가속화했다. 통행료 수납원, 여행사 직원, 소매점 계산원이 기계로 대체되었을 뿐만 아니라 로봇이 바닥 청소, 카페테리아에서 샐러드 자르기, 호텔 투숙객에게 수건 배달, 일부 건설과 제조 작업을 수행하기 시작했다.

이러한 일반적인 추세를 고려할 때, 기술 낙관론자들이 기계가 모든 일을 하는 동안 사람은 햇볕을 쬐며 여가 생활을 즐기는 유토피아적 그림을 그리는 것은 놀라운 일이 아니다. 사람은 손 하나 까딱하지 않아도 된다. 물론 이런 기술 낙관론자들은 기술적 낙원에서 실직한 개인들이 목가적이고 한가한 생활에 필요한 음식, 주거지, 의복 및 모든 기기를 마련할 수 있을지에 대해서는 설명하지 않는다. 이러한 우려, 특히 AI 중심의 기술 도입이 가져올 잠재적 결과에 대한 우려의 목소리도 큰데, 마이크로소프트 창업자인 빌 게이츠Bill Gates는 "나는 초지능super intelligence에 대해 걱정이 앞선다. 일반적으로 기계는 인간 삶의 편의성을 높이는 데 많은 것을 해줄 수 있지만, 초지능은 그렇지 않다. 물론 우리가 잘 관리할 수 있다면 이는 긍정적일 것이다"라고 말했다. 이어서 그는 "수십 년 후에는 초지능에 대한 우려가 어마어마하게 커질 것이다. 나는 일론 머스크Elon Musk를 비롯한 몇몇 이들의 의견에 동의하는데, 인공지능에 대해 걱정하지 않는 사람들을 이해할 수 없다"라고 덧붙였다. 그러나 마이크로소프트의 연구 책임자인 에릭 호비츠Eric Horvitz와 같은 다른 사람들은 인공지능 시스템이 의식consciousness을 가질 수는 있지만 인간에게 위협이 될 가능성은 거의 없다고 생각한다.[32]

인공지능: 직업 파괴자 또는 직업 창조자?

많은 인공지능 기술은 이미 여러 분야에서 널리 사용되고 있지만 같은 방식은 아니다. 인공지능 기반 솔루션은 3가지 유형으로 구분할 수 있다.

- **단일 포인트 솔루션**single-point solution : 이 유형의 인공지능 시스템은 잘 정의된 문제를 해결하는 데 도움이 된다. 예를 들어 얼굴 인식은 인공지능을 사용하여 휴대폰 잠금을 해제한다. 일반적으로 이러한 솔루션은 기존 제품 또는 프로세스를 업그레이드할 수 있지만 다른 프로세스와는 상호작용하지 않는다. 이 애플리케이션은 어떤 일자리 감소를 초래하는 것이 아니라 보안을 강화하고 잠긴 휴대폰 화면을 여는 절차를 가속화할 뿐이다.

- **비즈니스 프로세스 솔루션**business-process solution : 이 인공지능 시스템은 특정 작업을 위해 설계되었으며 해당 작업과 상호작용하는 사람들에게 일부 영향을 미친다. 예를 들어, 은행 대출 평가 또는 보험금 청구에 대한 대응은 인공지능 시스템이 수행할 수 있다. 이러한 응용프로그램에서

매직 컨베이어 벨트

시스템은 단순한 사례를 해결하는 동시에 더 문제가 있는 상황을 숙련된 작업자나 관리자에게 확대한다. 특정 작업이 수행되는 방식과 고객이 기업과 상호작용하는 방식에 영향을 미친다.

- **시스테믹***** 솔루션**systemic solution : 이 범주에 해당하는 솔루션에는 기업이 제공하는 제품과 서비스를 변경하는 인공지능 시스템이 포함된다. 예를 들어 구글의 광고 타겟팅 시스템은 구글에 막대한 수익을 가져다준다. 한번 구축하고 기술이 연마되면 지속적인 모니터링이 필요하지 않으며 자체적으로 의사 결정을 내릴 수 있다.

이러한 분류는 명확하게 기술되어 있지 않다. 예를 들어, 단일 포인트 솔루션도 광범위한 의미를 가질 수도 있다. 아이폰 개통의 기반이 되는 기술인 얼굴 인식은 개인 정보 보호, 정부 감시 등에 광범위한 영향을 미칠 수 있다.

인공지능의 변혁적 잠재력은 대부분 시스테믹 솔루션 영역에 있으며, 여기서 그 영향은 혁신적인 새로운 시스템과 서비스에 미칠 가능성이 높다. 인공지능의 시스테믹 솔루션 사용은 인건비 절감 및 일자리 감소가 아니라 새로운 비즈니스와 비즈니스 성장, 새로운 방식의 새로운 제품과 서비스 제공, 그리고 훨씬 더 많은 일자리에 기반을 둘 것이다. 아직 상상할 수 없는 새로운 기업, 서비스 및 일자리를 개발하는 데는 시간이 걸릴 것이다. 오늘날 인공지능 구현의 대부분은 비용 절감(주로 노동

***** systemic은 '몸 또는 시스템(체제) 전체에 영향을 미치거나 그것과 관련된' 의미로, 일반적으로 잘 알고 있는 '일정한 원리에 따라 논리적으로 순차적으로 질서정연하게'라는 의미인 systematic 뜻과는 다르다.

력)에 초점을 맞춘 비즈니스 프로세스 솔루션으로 근로자들 사이에 두려움을 야기하고 있다.

따라서 자동화에 대한 논쟁 중 일부 놓칠 수 있는 것은 기술이 현재 알려지지 않은 발전을 이끌 것이며, 이중 일부는 유익하고 일부는 그렇지 않을 것이라는 점이다. 예를 들어, 이 장에서 소개한 몇몇 사례에서 알 수 있듯이, 기술 발전은 이로 인해 제거된 일자리보다 더 많은 일자리를 만들어냈다. 새로 생긴 일자리는 우리가 알고 있는 산업에서가 아니라 기존에 없던 새로운 산업에 있는 경우가 많았다. 이는 기술과 일자리에 대한 어떤 논의에서도 주요한 문제를 반영한다. 잃어버린 일자리들은 잘 알려져 있는 것이고 구체적이다. 그래서 사람들이 일자리를 잃고 이를 공감하는 것이 가능하다. 하지만 아직 존재하지 않기 때문에 새로운 미래 직업은 기존 일자리에 종사하는 사람들에게는 도움이 되지 않는다. 사실, 이러한 직업, 일자리들이 무엇이 될 것인지조차 알 수 없다.

경쟁자가 아닌 동료로서의 로봇, 챗GPT

Robots as Co-Workers, Not Competitors

지난 몇 세기 동안 근로자들은 기술이 자신의 일자리를 대신할 것을 두려워했다. 이러한 두려움은 인공지능과 스마트 로봇의 발달로 인해 더욱 커졌다. 앞 장에서도 언급했듯이("저항"의 끝부분 참조), 일자리 감소에 대한 예측은 매우 다양하다. 그러나 2019년의 한 종합적인 연구는 기업의 로봇 도입이 기업의 인력에 미치는 영향에 대해 다른 관점을 제시한다.[1] 이 논문을 공동 집필한 와튼 스쿨의 린 우Lynn Wu 교수는 "모든 일자리 감소는 로봇을 도입하지 않은 회사에서 발생하고 있다"라고 말했다. 로봇을 도입하지 않은 회사는 경쟁력을 잃고 결국 근로자를 해고한다는 것이다.[2]

이 책 제3부의 마지막 부분에서는 로봇과 인간이 상호 보완적인 역량을 가지고 있다고 주장한다. 로봇은 반복적인 프로세스가 필요한 작업, 심지어 여러 단계의 복잡한 작업을 높은 수준의 정밀도와 일관성을 유지하며 수행할 수 있다. 인간은 복잡한 맥락적contextual 요소에 대한 판단을 적용하여 기계사용의 장점을 평가하고 필요할 때 기계를 바꾸도록 지시하거나 기계의 고장을 수리하거나 교체할 수 있다.

이러한 상호 보완적인 기능은 사람과 기술 간의 협업이 둘 중 하나를 능가할 수 있음을 시사한다. 1,500개 회사를 대상으로 한 연구에 따르면 인간과 기계가 함께 일하는 것이 인간을 기계로 단기적으로 대체하는 것보다 더 큰 성능 향상을 가져오는 것으로 나타났다. 이러한 경우, 사람들은 로봇의 능력을 향상시키고 로봇은 인간의 성능을 향상시킨다. 사람과 기술을 결합하는 이러한 전략은 협동적 로봇 또는 '코봇cobots'의 개념으로 이어진다.[3]

잠재적인 협업의 대부분은 로봇이 동료나 협력자와 같은 역할을 하는 부분 자동화partial automation로 간주될 수 있다. 물리적 또는 디지털 코봇은 로봇이 쉽게 할 수 있는 작업을 수행하며, 종종 작업과 관련하여 덜 매력적이거나 위험하거나 숙련도가 낮거나 단조로운 작업 중 하나를 수행한다. 그러면 인간 근로자는 더 숙련도가 높고, 더 까다롭고, 더 포괄적이고 더 보람되고 가치 있는 일에 집중할 수 있다. 그 결과는 업무에 필요한 여러 유형의 작업을 서로 다른 시간대에 분업할 수 있다. 협업 전략은 반복적이고 잘 짜여진 작업에는 자동화를 최대한 활용하면서 덜 구조화된 의사 결정 프로세스에서는 사람의 역할을 최적화하는 것이다. 그러나 이 장의 뒷부분 "창의적인 코봇"에서 설명하는 바와 같이 인공지능이

매직 컨베이어 벨트

적용된 애플리케이션이 대신할 수 있는 작업의 범위가 점점 더 넓어지고 있다.

지역 물류 코봇
Local Logistics Cobots

모든 고숙련 직업에는 몇 가지 저숙련 업무가 포함된다. 예를 들어, 간호사는 전문직으로서 상당한 의료 지식과 기술이 필요하다. 여기에는 건강 검진, 진단, 진행 중인 치료 또는 급성 질환자에 대한 집중 치료와 같은 다양한 건강 관리가 필요한 사람들을 모니터링하고 돌보는 것을 포함한다. 그러나 간호 업무에는 환자와 의사가 요청한 의약품, 공급품, 실험실 샘플, 장비 및 기타 물품을 가져오고 전달하는 것과 같은 숙련되지 않은 물류 업무도 많이 포함된다. 병원 간호사의 근무 시간 중 약 33%가 물류 관련 업무에 사용된다.[4]

간호의 '고단함go-fer'을 줄이고 '치유go-heal'의 성취감을 높이기 위해 병원에서는 목시Moxi와 같은 코봇을 사용하기 시작했다. 크리스티아나케어 홈헬스Christiana Care Home Health의 수석 간호사이자 사장인 릭 커밍Ric Cuming은 "목시는 간호사나 간호직 또는 그 어떤 직책도 대체할 수 없다"라고 말하며 "목시는 간호사와 그 팀을 위한 추가적인 자원이다. 목시는 현재 간호사들이 하고 있기는 하지만 전혀 할 필요가 없는 장비를 찾거나 의료 물품을 가져오는 (물류적) 업무를 맡아 수행할 것이다"라고 덧붙였다.[5]

마찬가지로 물류창고에도 낮은 가치의 활동과 높은 가치의 활동이

혼재되어 있다. 2012년 아마존은 1,000파운드의 짐을 싣고 바닥에서 들어올려 지정된 목적지까지 이동할 수 있는 평평한 창고 로봇 제조업체인 키바 시스템즈Kiva Systems를 인수했다. 아마존은 이 로봇과 이후 개선된 버전을 사용하여 상품으로 가득 찬 선반을 인간 작업자에게 운반함으로써 사람들이 아마존의 동굴 같은 창고와 주문 처리 센터를 돌아다니며 시간을 낭비하지 않고 피킹 작업을 할 수 있도록 했다. 키바 시스템은 '작업자가 업무를 찾는 대신 업무가 작업자에게 전달된다taking the work to the men instead of the men to the work'는 포드 조립 라인의 핵심 원칙을 구현한다.[6]

키바를 인수한 지 10년이 지난 후, 아마존 직원은 창고 로봇에 대한 회사의 10년간의 경험에 대한 블로그 게시물을 작성했다. 그들은 "키바 인수 초기부터 우리의 비전은 결코 사람이나 기술의 이분법적인 결정에 얽매이지 않았다. 그 대신 사람과 기술이 안전하고 조화롭게 협력하여 고객을 위해 배송하는 것이었다."[7] 비록 아마존이 50만 대 이상의 창고 로봇을 구입했지만, 그렇다고 해서 근로자(사람)의 해고로 이어지지는 않았다. 아마존은 2017년부터 2021년까지 100만 명 이상의 직원을 충원하여 2021년 12월에는 160만 명의 직원을 고용했다.[8]

사람과 로봇 사이에 작업을 할당하기 위한 추가 개발에서 오스트리아의 창고 자동화 회사인 크냅Knapp과 같은 회사들은 이미 창고의 작업 흐름을 재설계하고 있다. 로봇이 개선되고 더 많은 선택 및 포장 작업을 인계 받음에 따라 크냅은 제품이 작업 장소로 라우팅(경로 선택)되는 방식을 수정하고 있다. 제품을 선택하고 포장하기 전에 사람을 선택하는 작업과 로봇을 선택하는 작업 중 어느쪽에서 다음 작업을 수행하는 것이 가

매직 컨베이어 벨트

장 좋은 것인지 평가한다.

2023년부터 온라인 슈퍼마켓 오카도Ocado는 전문화된 자동 저장 및 회수시스템Automated Storage ad Retrieval System, AS/RS을 사용하고 있으며, 로봇은 그리드 구조의 열 안에 있는 컨테이너에 저장된 상품을 배치 및 검색하여 작업자에게 가져다주고 작업자는 주문을 포장한다. 이 회사는 이 마지막 작업까지 수행할 수 있는 로봇 팔을 테스트하고 설치하고 있다. 이런 경우, 근로자는 로봇을 감독하기 위해 재교육을 받게 된다. 하지만 물론 기존보다는 근로자가 더 적게 필요할 것이다.

공장 코봇
Factory Cobots

공장 작업에는 고숙련 작업과 저숙련 작업도 섞여 있다. 공장 코봇은 제조의 숙련된 측면을 담당하는 인간 작업자와 협력하여 이러한 작업 중 단조롭고 육체적으로 힘든 작업을 처리하는 데 도움을 줄 수 있다. 예를 들어 제조 및 공급망의 많은 작업은 무겁거나 어색한 모양의 부품이나 상자를 한 위치에서 다른 위치로 옮기기 위해 반복적으로 구부리고 손을 뻗고 비트는 동작이 포함된다. 이러한 노동은 고된 작업이고 부상의 위험이 높다.

독일 슈투트가르트Stuttgart의 메르세데스 벤츠 공장에서는 AI 기반 코봇이 무거운 짐을 옮기고, 인간 작업자는 로봇의 동작을 안내하거나 제조 공정의 더 섬세한 단계에 집중한다. 이 로봇들은 휴대용 태블릿을 사용하여 쉽게 재프로그래밍할 수 있으므로 벤츠는 고객이 지정하는 것은 무엇이든 만들 수 있다. 대부분의 자동차를 딜러점에서 구입하는 미국과 달리, 독일 소비자들은 대부분 특별 주문을 통해 자동차를 구매한다. 따라서 자동차 공장의 작업 흐름은 고객이 요청하는 차체 스타일, 엔진, 시트, 대시보드 및 기타 다양한 옵션 조합에 따라 계속해서 바뀐다. 조립 과정에서 조립 라인에서 수행되는 작업 유형도 계속 변경된다. 로봇은 작업자가 다양한 작업을 수행할 수 있도록 도와주는 도구의 역할을 한다. 일부 섬세한 작업은 여전히 근로자가 수행하지만, 대부분의 작업은 로봇이 대신한다.[9]

흥미롭게도 2022년 메르세데스 벤츠는 유연성을 향상시키기 위해 일부 공장에서 로봇 수를 줄였다. 그 이유는 자동차 제조사가 내연기관 자동차뿐만 아니라 전기차와 하이브리드hybrid 모델을 포함하도록 각 라인에서 생산되는 제품의 종류를 늘렸기 때문이다. 맞춤 제작이 점점 더 까다로워지면서 인간의 유연성과 손재주가 지속적으로 변화하는 작업을 안정적이고 반복적으로 수행하는 로봇의 능력을 능가하게 되었다. 이러한 변화에는 상충관계trade-off(얻는 것도, 잃는 것도 있는 상황)가 포함되어 있다. 메르세데스는 인간 근로자의 고용이 증가함에 따라 독일 진델핑겐Sindelfingen에 위치한 최신 공장의 비용도 상승할 것으로 예상하지만, 공장의 효율성 또한 향상될 것으로 기대하고 있다.[10]

아마도 코봇의 궁극적인 결과는 사람과 기계를 결합한 웨어러블 외골격 로봇exoskeleton일 것이다. 사람은 개인의 힘과 움직임을 지지하거나 증폭하는 것을 돕기 위해 이러한 로봇 프레임워크 중 하나를 착용한다. 이러한 로봇은 근육량이 적은 사람들이 육체적으로 힘든 일을 수행할 수 있게 해줄 뿐만 아니라, 반복사용 긴장성 손상증후군repetitive-strain injuries

의 가능성을 줄여준다.

웨어러블 로봇은 사람의 일자리를 대체하기는커녕 근로자들이 나이가 들어도 계속 일할 수 있게 해준다. 현동진 현대 로보틱스 연구소 Hyundai's Robotics Lab 소장은 "인구가 점점 고령화되며 공장에서 일하는 사람들도 고령화되고 있어 산업재해와 관련된 비용이 증가하고 있다. 웨어러블 기기는 이러한 비용을 절감하는 데 중요한 역할을 하게 되었다"고 말했다.[11]

사무실 코봇
Office Cobots

공급망 관리자(및 기타 사무직 근로자)는 업무에서 일련의 활동을 처리하면서 고숙련 업무와 저숙련 업무의 복합적인 문제에 직면하기도 한다. 분기된 공급망이 수백만 고객을 위해 수백만 개의 제품을 생산하기 위해 수백만 개의 물리적 부품을 이동하는 동시에 더 많은 데이터 패킷을 이동하고 있다. 여기에는 주문, 송장, 상태 메시지 및 모든 활동과 관련된 보고서 등이 포함된다. 로봇 팔, 집품기pickers, 위치추적기, 선별기, 운송기, 자율주행 차량이 공장 및 창고 작업을 자동화할 수 있지만 일부 사무직 근로자의 지식 작업knowledge tasks도 자동화할 수 있다.

서류 작업을 옮기는 것은 물리적인 로봇이 필요하지 않을 수 있지만, 디지털 로봇의 도움을 받을 수 있다. 로봇 프로세스 자동화Robotics Process Automation, RPA는 컴퓨터나 모바일 장치에서 직장인의 일상적인 업무를 복제하여 자동화하도록 설계된 소프트웨어 봇이다. 여기에는 송장 승인, 주간 보고서를 위한 데이터 대조, 미리 알림 전송, 소모품 재주문과 같은 반복적인 작업을 처리할 수 있는 스크립트 작업과 간단한 규칙을 포함한다. 작업자가 키보드와 마우스를 사용하여 반복적으로 수행할 수 있는 모든 작업이 RPA의 후보가 될 수 있다.

실제 로봇과 마찬가지로 RPA 봇은 속도와 정확성 측면에서는 인간 작업자를 능가하지만 인간의 인지능력에는 미치지 못한다. 따라서 RPA 봇은 일반적으로 반복적이고 표준적인 작업을 처리하는 반면 사람은 예외적인 작업을 처리하고 프로세스를 단순히 수행하는 것을 넘어 프로세스를 개선하기 위해 노력한다.

RPA를 도입하면 사람들이 자신의 직업을 바라보는 시각이 달라진다. 존슨앤존슨Johnson & Johnson 소비자 건강 및 배송 사업 부문의 공급망 담당 글로벌 부사장인 메리 스티븐스Meri Stevens 는 코로나19가 RPA와 같은 디지털 도구 사용에 대한 동료들의 사고방식을 어떻게 바꾸었는지 설명한다. "분당 1,000건의 의사결정을 내려야 하는데, 디지털 지원 없이는 불가능하다면, 여러분의 자존감은 더 이상 많은 (제조)라인을 관리할 수 있다는 사실에 얽매이지 않는다. 이제 우리의 가치는 환자를 위해 제품을 계속 생산하고 있다는 사실과 연결되어 있다"라고 하면서 "더 빠른 의사결정의 필요성과 통찰력 확보의 필요성 때문에 사람들은 이러한 새로운 업무 방식을 채택하게 되었고, 다시는 과거로 회귀하지 않을 것이다"라고 덧붙였다.[12]

본질적으로 RPA 봇은 가상의 부하 직원이 된다. 인터뷰에 응한 한 첨단 기술 기업에서는 RPA 봇을 회사 직원으로 취급하기 때문에 인사부서에서 관리하고 있다. 인사팀은 사람 직원의 경우와 마찬가지로 봇의

업무 성과를 추적하고 봇의 접근권 자격을 관리한다.[13]

컴퓨팅 코봇
Computational Cobots

사람에게는 어렵지만 컴퓨터가 쉽게 할 수 있는 또 다른 작업은 많은 숫자, 옵션의 조합, 수학적 관계를 처리하는 것과 관련된 모든 것이다. 아마도 가장 익숙한 예는 스마트폰과 차량 내비게이션 시스템의 경로 찾기 앱으로 연결성, 거리, 방향성, 속도 제한, 건설 구역, 교통 혼잡 및 유료 도로 선호도와 같은 도로 네트워크의 모든 가용 데이터를 사용하여 운전자에게 두 지점 사이의 가장 빠른 경로, 최단 경로 또는 선호 경로를 제공한다. 이러한 라우팅 알고리즘routing algorithms의 비즈니스 버전은 차량 용량, 배송 예약 기간 및 기타 제약 조건에 따라 긴 목적지 목록의 배송 경로를 최적화하는 복잡성을 가중시킨다.

비즈니스 라우팅 알고리즘 및 기타 수많은 여러 기업용 애플리케이션은 의사결정지원 시스템의 범주에 속한다. 대부분 성공 사례는 운영 연구 방법론을 기반을 두고 있지만 ML 알고리즘을 추가하는 경우가 점점 늘어나고 있다. 이러한 시스템의 본질은 솔루션을 구현하는 것이 아닌 해결책을 제시하여 알고리즘과 구별되는 인간의 역할을 예시한다는 것이다.

이러한 시스템이 어떻게 운영되는지를 보여주는 예는 트럭 적재truckload, TL 운반 작업에서 어떤 운전자가 어떤 화물을 맡아야 하는지 결정하는 문제에서 볼 수 있다. 대형 트럭 적재 회사는 수천 대의 트럭을 운행하고 수천 명의 운전자를 고용하여 수천 대의 상업용 화물을 출발지에서 목적지까지 직접 운반한다. 제조업체, 소매업체, 유통업체와 같은 화주가 운송업체에 트럭을 요청하면 화물을 운송할지 여부와 운송할 경우 어떤 운전자를 배정할지를 결정해야 한다. 경우의 수는 엄청나게 많다. 그리고 운전자의 선호도와 장비 균형을 고려해야 할 뿐만 아니라 운송업체의 주요 업무 고려 사항은 배송 후 선택한 트럭을 목적지에 배치해야 한다는 사실에서 비롯된다. 해당 목적지까지 화물을 운송하는 매력도는 운송업체가 도착 후 가능한 한 빨리 해당 목적지에서 후속 화물을 출발시킬 가능성에 따라 달라진다. 목적지에 즉시 적재할 수 있는 화물이 없는 경우, 트럭은 화물이 도착할 때까지 며칠 동안 그곳에서 기다리거나 다른 위치에서 적재물을 찾기 위해 빈차로 이동할 것이다. 두 옵션 모두 트럭 운송회사에 추가 비용이 발생한다.

수학적 최적화를 기반으로 이러한 모든 결정을 처리할 수 있는 소프트웨어 시스템은 내가 2000년에 공동 설립한 회사 Logistics.com Inc.[*]에서 개발 및 확장되었다. 이 시스템의 구현은 사람들이 의사결정 지원 시스템을 사용할 때 발생하는 문제를 잘 보여준다. 이 소프트웨어는 특정 시간대에 걸쳐 운송업체의 이익을 극대화하는 운전자 배차 할당을 제안한다.[14] 그러나 운송업체들이 이 기술을 도입하면서 일부 차량 배차원들은 소프트웨어의 권장 사항을 의심없이 받아들이는 반면, 일부 배차원들은 이를 항상 무시하는 경우가 있다는 사실이 파악되었다. 개발자들은 무슨 일이 일어나고 있는지 조사했다. 그 결과 첫 번째 그룹의 배차원들은 모

---

[*] 2003년 Logistics.com은 Manhattan Associates Inc.에 인수되었다.

매직 컨베이어 벨트

든 권장 사항을 받아들이고 있었으며, 특히 예외에 대해 생각하지 않는다는 것을 발견했다. 어떤 경우에는 시스템이 감지할 수 없는 운전자, 도로 또는 고객에 대한 정보(즉, 컨텍스트context, 전후사정이나 맥락)를 가지고 있었기 때문에 배차원은 시스템을 무시했어야 했다. 두 번째 그룹의 경우, 배차 담당자가 시스템의 권장 사항의 대부분을 무시했다는 것은 각 트럭의 목적지와 그 이후의 목적지에서 사용가능한 미래 적재 가능성과 수익성을 고려하지 않고 각 트럭을 가장 가까운 화물에 배차하는 것과 같은 기존의 차선책으로 돌아갔음을 의미한다. 개발자들은 시스템을 더 잘 이해하고 최상의 결과를 얻기 위해서는 두 가지 배차원 모두를 재교육해야 한다는 것을 깨달았다. 결과적으로, 가장 좋은 조합은 배차원이 권장 사항의 80~90%를 수용하고 나머지는 무시하거나 조정하는 것이었다. 즉, 사람이 직접 지속적으로 시스템을 감시하고 개입 시기를 결정해야 함을 의미한다. 이 시스템은 심지어 배차원이 이윤을 극대화하는 결정을 내릴 수 있도록 권장 사항을 설명하는 '사유 코드reason codes'까지 생성했다.

의사결정 지원 시스템의 다른 예로는 공장 또는 프로젝트 일정 최적화, 박스, 트럭 또는 컨테이너에 맞는 품목 수 최대화, 매출 극대화를 위한 매장 진열대 구성, 고객에게 배송시간을 최소화하는 유통망의 수와 창고 위치 결정, 그리고 예산 제약에 직면하는 경우 등이 있다. 이러한 모든 복잡한 의사결정 작업은 모든 제약 조건(예: 상자에 적합, 고객 마감일 충족)을 충족하고 소 비용, 가장 빠른 배송 시간, 최대 생산, 최대 이익 등과 같은 목표를 최적화하기 위해 비인간적인 여러가지 가능한 옵션을 통해 해결하는 유사한 프로세스를 공유한다.

이러한 의사결정 지원 시스템은 이러한 집중적인 계산을 수행한 다음, 예상되는 영향과 함께 지정된 기준에 따라 '최상의best' 조치 과정을 추천할 수 있다. 그런 다음 사람들은 솔루션을 평가하고 기본 수학적 모델의 매개변수를 수정하여 다양한 미래 조건의 가정에 따라 다양한 솔루션을 얻을 수 있다. 응용 프로그램의 권장 사항 중 하나를 선택하거나 수정하는 최종 결정은 사용자의 몫이다.

중개자로서의 코봇
Cobots as Intermediaries

콜롬비아의 카르타헤나Cartagena 구시가지에는 좁고 구불구불한 골목에서 판매되는 지역 예술품의 보물 창고가 있다. 그곳을 방문했을 때 아내와 나는 알록달록한 도자기 나비 한 쌍에 반했다. 그러나 주인은 영어를 한 마디도 할 줄 몰랐고, 우리가 아는 스페인어는 '올라hola(안녕하세요)'와 '그라시아스gracias(감사합니다)'가 전부였다. 안타깝게도 이 거래에는 약간의 설명과 흥정이 필요했다. 모두가 실망한 채 가게를 떠나려고 할 때, 주인이 갑자기 "구글, 구글!"이라고 소리쳤고, 우리는 다시 거래를 시작했고 구글 번역기 덕에 거래는 성사되었다. 거래 말미에는 주인과 가족사를 공유하고 우리의 이야기도 전하며 즐거운 시간을 보냈는데, 스마트폰 앱에서 양쪽 모두 시리Siri에게 말을 걸고 번역을 들었기 때문에 한 시간이 넘게 걸렸다.

같은 언어를 공유하는 것은 상품의 흐름과 사람들 간에 아이디어를 공유하는 데 필수적인 것 같다. 그러나 세계에서 가장 널리 통용되는 언어인 영어조차도 전 세계 인구의 20%도 되지 않는 15억 명의 사람들만이 사용하고 있다. 바벨탑의 이야기는 전통적으로 언어의 차이가 다국어 세계에서 공급자와 소비자가 서로를 찾고 거래하는 데 장벽이 되어 왔음을 보여준다.

그러나 기술은 여러 언어가 혼합되는 언어의 혼란에도 불구하고 인류를 재결합시키고 있을지도 모른다. 이베이eBay 는 2014년 영어와 스페인어 등의 언어 간 자동번역기를 구현하였다. 이베이 기계 번역eMT 으로 알려진 이 시스템은 이베이 사용자의 국가별 IP 주소 위치를 감지한 후 검색어와 결과를 해당 언어에 맞게 빠르게 번역한다. 예를 들어, 스페인어를 사용하는 구매자의 경우 eMT가 구매자의 검색어를 영어로 번역하여 관련 영어 목록을 검색할 수 있게 한 다음, 검색 결과를 스페인어로 번역하여 살펴볼 수 있게 한다. 이 새로운 기술을 도입한 후 스페인어를 사용하는 라틴 아메리카 국가에 대한 미국 이베이의 수출은 17% 이상, 금액으로는 13% 이상 증가했다.[15]

나의 전 동료인 MIT 교수 에릭 브린욜프슨Erik Brynjolfsson은 "역사적으로 무역을 방해해온 언어 차이는 기계 번역이 세계를 가까이 연결시킴에 따라 점차 무의미해질 것이다. 역사적으로 언어나 지리적 거리로 분리된 국가들은 장애물이 없는 국가들보다 무역량이 적었다. 우리의 연구 결과 기계 번역을 통해 무역이 증가한 것은 국가 간 거리를 37% 줄이는 것과 맞먹는 것으로 나타났다"[16]고 말한다.

자동 번역은 번역가로 일하는 전 세계 약 64만 명의 사람들 중 일부를 대체할 수도 있다.[17] 현재 번역가의 높은 인건비 때문에 글로벌 공급망에 유입될 수 있는 메시지의 극히 일부를 제외한 모든 사람들이 서비스를 감당할 수 없게 되었다. 초저가 자동 번역은 매일 다른 나라 사람들과 소통해야 하는 수억 명의 공급업체 및 고객들에게 힘을 실어줄 것이다. 이베이 사례는 상거래에서 자동화된 번역이 어떻게 마찰을 줄이고 공급업체와 고객에 대한 접근성을 높일 수 있는지 보여준다.

창의적인 코봇
Creative Cobots

생성형 Generative AI**는 기존 데이터를 분석하거나 작용하는 것이 아니라 새로운 콘텐츠를 생성할 수 있는 머신러닝 기반의 새로운 유형의 시스템이다(14장의 "이번에는 다를까?"에서 언급). 질의나 프롬프트에 응답하여 입력된 설명에서 이미지, 소리, 단어 또는 제품 디자인을 자동으로 합성하여 새로운 콘텐츠를 생성한다. 이러한 이유로 생성형 AI는 좋은 아이디어를 설명하고 만족도를 인식할 수 있는 창의성과 지능을 갖춘 코봇으로 생각할 수 있다.

이러한 머신러닝 ML 시스템은 학습 과정에서 '학습한learned' 내용을 기반으로 새로운 데이터를 생성할 수 있다. 예제 데이터 세트에 대해 학습한 패턴을 사용하여 새롭고 유사한 예제를 생성할 수 있다. 새로운 정보를 생성하는 이 마법과도 같은 능력은 생성형 AI를 엄청나게 강력하게 만들고 잠재력이 가득한 새로운 세상을 열어준다.

대부분의 사람들은 다른 사람을 관찰하거나 사례 연구case studies(다

** 젠 AI라고도 불리며, 2022년 말 오픈AI의 챗GPT가 세상에 모습을 드러낸 이후 2023년 내내 전 세계의 관심을 끌었다. 2023년 11월 17일 오픈AI 이사회가 CEO 샘 올트먼을 해고한 후 닷새 만에 다시 복귀한 해프닝도 이 관심을 증폭시키는 데 큰 역할을 했다.

른 사람들이 문제를 해결하는 방법을 보여주는 것)를 분석하거나 많은 직업에서 요구되는 공식적인 인턴십과 견습 과정을 통해 학습한다. 중요한 점은 생성형 AI 시스템은 사람과 매우 유사한 방식으로, 즉 관찰을 통해 학습한다는 점이다. 단지 사람의 속도가 아닌 기계의 속도로 학습하며, 기계는 사람이 감당할 수 없는 양의 데이터를 처리할 수 있다는 차이점이 있다. 생성형 AI 시스템이 학습을 마치면 그 활용 분야는 매우 다양하다.

예를 들어 재스퍼Jasper AI는 머신러닝을 사용하여 블로그 게시물, 이메일 및 기타 콘텐츠를 생성하는 카피라이팅 소프트웨어다. 독자의 흥미를 사로잡기 위해 가독성이 높은 카피를 생성하는 데 중점을 두기 때문에 광고 소재를 개발하는 데 주로 사용된다.

또한 텍스트 프롬프트를 이미지로 바꾸는 머신러닝 기반 아트 생성기도 수십 개가 있다. 나이트카페NightCafe 와 달리2 Dall·E2 와 같은 앱은 텍스트 명령을 사용하여 '사실적으로 표현한 말을 타고 있는 우주비행사'와 같은 특정 스타일의 이미지를 생성할 수 있다.[18] 신시아Syntheia 라는 앱은 아바타를 사용하여 텍스트 사양이나 메뉴 중심의 프로세스를 기반으로 동영상을 만드는 비디오 제작 프로그램이다. 장면, 분위기, 장르 목록을 원본 악보로 변환하는 에크렛 뮤직Ecrett Music 등과 같은 AI 기반 음악 생성기도 많다. 생성형 AI의 '창의성creativity'은 예술에만 국한되지 않는다. 고품질 컴퓨터 코드를 생성할 수 있는 여러 앱이 있다. 예를 들어, 12개 이상의 컴퓨터 언어로 코드를 생성할 수 있는 깃허브 코파일럿 GitHub Copilot, AI 기반 코드 완성 앱인 탭나인Tabnine, 텍스트 설명을 기반으로 코드를 생성할 수 있는 CodeT5 등이 있다.

이러한 생성형 AI는 인간 고유의 재능 중 마지막 보루인 창의성을 공격하는 것처럼 보인다. 만약 기계가 창의적인 제품을 만들 수 있다면, 사람들이 할 일은 무엇일까? 결국 여전히 의사결정의 몫은 사람일 것이다.

과거에는 사진, 그림, 그래픽 아트 등 좋은 이미지를 만드는 데 상당한 기술, 경험 및 장비가 필요했다. 전문 사진작가나 아티스트가 되는 데는 수년이 걸렸고 소수의 사람들만이 뛰어난 작업을 할 수 있었다. 생성형 AI 프로그램을 사용하면 비전문가도 블로그 게시물, 그림, 노래, 영화, 논평 또는 소프트웨어 요구 사항 등 창의적인 제품의 상당 부분을 만들 수 있다. 따라서 실제로 더 많은 사람들이 창의적인 일을 할 수 있도록 접근성을 넓혀준다는 점에서 탈숙련 혁신이라고 할 수 있다. 그러나 이러한 1세대 시스템은 고품질의 결과물을 생성하지 못하기도 한다. 대부분의 경우 이러한 프로그램은 텍스트 설명으로부터 초안을 생성하고, 이후 사용자의 피드백을 통해 완성도를 높인다.

이미지 생성 도구는 많은 개인정보 보호 및 저작권 문제를 야기한다. 이 두 가지 문제는 모두 이러한 시스템이 학습된 관련 캡션이 있는 수많은 이미지를 사용하는 데서 비롯된다. 개인정보보호privacy 문제는 모델들이 개인의 이름과 얼굴과 같은 이미지를 학습 세트로 암기한다는 사실에 뿌리를 두고 있다. 안타깝게도 이러한 모델은 인물 사진이나 개인 건강 데이터와 같은 민감한 정보가 유출될 위험이 있다. 저작권copyright 문제는 학습 세트에 사용된 사진이나 그림이 지적재산권으로 보호될 수 있다는 사실을 근거로, AI 업체가 무단으로 사용할 수 있는지 여부가 명확하지 않다. 궁극적으로 이러한 문제는 법원과 법률을 통해 결정될 것이다.[19]

생성형 AI는 단순한 예술적 도구가 아니다. 이 기능은 특정 창의적인 비즈니스 기능을 지원하고 이를 실행하는 데 필요한 노동력과 기술의 양을 줄일 수 있다. 시스템의 방대한 학습 데이터를 통해 습득한 '좋은 기술'을 사용하여 다양한 맥락에서 우수한 설계 사례를 대량으로 수집한다. 이러한 유형의 AI는 아이디어의 뼈대를 본격적인 제품으로 구체화하는 데 필요한 중간 단계의 기술력을 줄여준다.

예를 들어 오토데스크Autodesk 의 생성형 AI는 인간의 원하는 것을 설명하고 AI가 생성한 결과가 요구 사항the bill 에 부합하는지를 인식할 수 있다는 본질로 인간의 과제를 줄여준다. 오토데스크는 산업용 소프트웨어 제품을 만드는 다국적 기업으로 드림캐쳐Dreamcatcher 라는 이름의 컴퓨터 지원 설계CAD 소프트웨어를 개발했다. 드림캐쳐는 설계자가 목표와 제약 조건을 명시함으로써 설계 과제에 대한 정의를 만드는 과정을 안내하는 생성형 설계 시스템이다. 반복적인 과정을 통해 시스템은 대안 설계 솔루션을 생성한다. 그런 다음 설계자는 요구 사항을 명시하는 방법에 따라 대안적 접근 방식 간의 절충안을 탐색할 수 있다.

챗GPT 사례

이 글을 쓰는 현재, 우리의 삶에 성큼 다가온 생성형 AI 기술에 모두 놀라고 있으며, 기술의 힘은 이미 분명해졌다. 그러나 기술의 힘은 이미 분명하다. 예를 들어 스타트업 오픈AI OpenAI 에서 2022년 11월에 출시한 챗GPT Chat Generative Pretrained Transformer 를 생각해 보자. 텍스트 생성, 언어 번역, 텍스트 요약, 심지어 감정 분석까지 포함한 자연어 처리 작업에 사용되는 대규모 언어 모델이다. 챗GPT를 학습시키는 데 사용된 데이터 세트의 크기는 공개되지 않았지만 2,000억 개의 단어에 달하는 것으로 알려져 있다. 가장 놀라운 특징은 프롬프트에 대한 응답으로 사람과 유사한 텍스트를 빠르게 생성할 수 있다는 점이다.

그러나 다른 머신러닝 기반의 대규모 언어 모델과 마찬가지로 챗GPT도 몇 가지 측면에서 한계가 있다. 가장 먼저 학습 데이터에 대한 의존성이다. 따라서 모델 결과의 품질과 정확성은 모델이 학습한 데이터의 품질과 대표성에 따라 달라질 것이다. 예를 들어 챗GPT는 특정 기간의 데이터로 학습되었다. 그 결과 2023년 1월에 "오늘 보스턴 날씨는 어떻습니까?"라는 질문에 모델은 다음과 같이 대답했다.

"죄송합니다. 제 지식이 단절된 기간knowledge cut-off 이 2021년이고 인터넷 연결이 되지 않아 실시간 날씨 정보를 제공할 수 없습니다. 최신 정보는 날씨 웹사이트나 모바일 앱을 확인하시기 바랍니다."

둘째, 모델은 문맥을 이해하지 못하기 때문에 추상적이거나 잘못 정의된 프롬프트에 대한 응답을 생성할 수 없다. 또한 프롬프트의 철자를 (약어가 아닌) 풀어서 입력하지 않으면 프롬프트의 문맥을 이해할 수 없다. 그러나 학습 데이터에는 다양한 맥락에서 다양한 감정적 반응의 예시가 다수 포함되어 있기 때문에 제한된 범위 내에서 챗GPT 및 유사 모델은 사람과 유사한 방식으로 반응할 수 있다.[20]

셋째, 때로는 추론 오류나 사실 오류와 같이 신뢰할 수 없는 결과가 나올 수도 있다. 이것은 챗GPT가 엄밀히 말하면 기술적으로 단어 시퀀스의 패턴에 대한 통계적 모델이지 실제 세계가 어떻게 작동하는지를 반영하는 모델이 아니기 때문이다. 물론 언어는 일반적으로 사람들이 살고

매직 컨베이어 벨트

있는 세상을 반영하는 것이고, 물리적인 세상에서 기능하도록 개발되었기 때문에 챗GPT 결과는 종종 그럴듯한 답변을 내놓지만 이것이 확실하다고 보장할 수는 없다. 놀랍게도 챗GPT는 때때로 서적이나 신문기사 혹은 웹 링크와 같이 형태로 존재하지 않는, 진짜처럼 보이는 가짜 참고 문헌을 '창조invent***'할 수 있다.[21] 이러한 잠재적 오류 가능성 때문에 알고리즘 결과에 대한 사람의 감독과 통제가 필요하다.

마지막으로 생성형 AI 모델은 글쓰기 및 기타 창작 작업의 전문성을 감소시켜 일부 전문가 집단의 실직에 대한 두려움에 다시 불을 지필 수 있지만, 기본적으로 새로운 도구라는 점에 유의하라. 사실 챗GPT를 개발한 오픈AI는 (사람) 작가를 대체하기보다는 작가를 지원하는 도구로 간주하고 있다. 이를 능숙하게 다루는 사람은 생산성을 높이고 더 나은 최종 결과물을 만들 수 있다. 챗GPT를 사용하는 데 필요한 전문 지식에는 프롬프트를 정확하고 간결하게 지정할 수 있는 능력, 소프트웨어의 강점과 한계를 파악할 수 있는 능력, 인간과 기계의 협력을 통해 최상의 결과를 얻기 위해 소프트웨어를 반복적으로 작업할 수 있는 능력 등이 포함된다.

챗GPT로 대표되는 기술과 위에서 언급한 다른 모든 생성형 AI 애플리케이션은 새로운 기술이다. 따라서 아직 버그가 많고 불안정하며, 잘못된 답변을 내놓기도 하고, 잠재력에 대해서도 잘 알려져 있지 않았다. 디지털 네이티브가 아닌 기존 기업의 위험은 AI의 혁신적 잠재력을

*** AI가 주어진 데이터 또는 맥락에 근거하지 않은 잘못된 정보를 생성해 거짓을 진실처럼 답변하는 경우로 환각 현상 또는 할루시네이션hallucination이라고 함

무시하고, 작고하신 하버드대 클레이튼 크리스텐슨Clayton Christensen 교수가 주창한 '혁신가의 딜레마the innovator's dilemma''''''라는 문제에 직면한다는 것이다.[22] 크리스텐슨 교수는 열세의 제품으로 시장에 진입하고 다른 시장 부문에 서비스를 제공할 수도 있는, 소규모의 신진 경쟁자들을 무시하는 대기업들이 이러한 시장을 신생 기업들에게 양보하는 합리적인 사업 결정을 내리고 있음을 보여준다. 그러나 신생 기업의 제품이 개선되고 폭넓게 채택됨에 따라 나중에 경쟁업체로부터 위협을 받을 수도 있다.

크리스텐슨은 철강 미니밀steal mini-mills의 부활과 일본 자동차 제조업체의 성공 등 많은 예를 들며, 이는 기존 대기업이 위험한 틈새 시장보다 성공 가능성이 있어 보이는 기존 제품이나 서비스, 프로세스에 투자하는 것을 본능적으로 선호하기 때문이라고 설명한다. 생성형 AI 제품도 잠재적으로 크리스텐슨의 패턴을 따를 수 있다. 현재 이러한 제품의 시장 규모는 작고, 일부 제품은 품질이 떨어지고, 비용이 많이 들어 최고 경영진에게 오해를 받을 수 있지만, 기술 혁신, 소비 심리의 변화 또는 강력한(아마도 글로벌) 경쟁자의 등장으로 인해 빠르게 변화할 수 있다.

'''' 혁신가의 딜레마는 시장 선도 기술을 보유한 기업이 한계에 이르러 더 이상의 혁신을 이루지 못하고 기존 제품의 성능을 개선하는 데 그치면서, 새로운 기술로 무장한 후발 기업에 시장 지배력을 잠식당하는 현상을 뜻한다. 구글은 10년 전 벤처기업 딥마인드를 인수해 젠 AI 연구에서 가장 앞섰지만, 2022년 말 출시한 오픈AI의 챗GPT가 전 세계의 관심을 끌면서 구글은 바드Bard, 제미니Gemini로 챗GPT를 추격하는 모습을 보였다. 기존의 관성에서 자유롭지 못한 전형적인 '혁신가의 딜레마'에 빠진 대기업의 좋은 예시이다.

매직 컨베이어 벨트

기술로는 충분하지 않다

Technology Is Not Enough

2018년, 자동화된 창고 및 유통을 공격적으로 개발한 징둥닷컴의 CEO 리차드 류Richard Liu 는 "현재 우리는 정규직 일자리가 16만 개가 넘는다. 향후 10년 안에 8만 명 이하가 됐으면 좋겠다"라고 말했다.[1] 하지만 현실은 그렇지 않다는 것이 입증되었다. 2018년부터 2020년까지 징둥닷컴의 사업은 70% 성장했지만[2] 인력이 줄기는커녕 오히려 같은 기간 동안 인력을 두 배 가까이 늘려 31만 명을 기록했다. 특히, 자동화에 대한 투자에도 불구하고 총 직원 수가 증가했을 뿐만 아니라 매출 1달러당 근로자 수도 증가했다.

징둥닷컴 사례와 앞에서 다룬 은행 창구 직원 수 증가 사례는 일자리 증가에 대한 긍정적인 전망을 보여준다. 글로벌 경영 컨설턴트 딜로이트Deloitte 는 기술, 로봇 공학, 자동화가 영국 경제에 미치는 영향에 대한 종합적인 연구를 발표했다. 2001년부터 2015년까지 15년 동안 80만 개의 일자리가 사라졌지만 350만 개에 가까운 일자리가 생겨났다. 이러한 새로운 일자리는 더 높은 기술이 필요했고 더 많은 급여를 받았다.[3] 더 중요한 것은, 이러한 사례는 이론적으로나 실증적으로 완전히 자동화될 수 있는 직업에서도 사람이 여전히 중요하다는 것을 보여준다.

경직성 극복
Overcoming Rigidity

"실수하는 것은 사람이지만 정말로 일을 망치려면 컴퓨터가 필요하다"는 말은 1969년에 처음 나왔다.[4] 이 말은 프로그래밍 오류, 잘못된 데이터 또는 회로 기판 장애가 발생한 경우에도 프로그램된 작업을 고집스럽게 끝까지 완수하는 컴퓨터의 힘을 반영한다. 하드웨어와 소프트웨어가 의도한 대로 작동하더라도 컴퓨터의 경직성rigidity 은 결국 사람만이 해결할 수 있다는 단점을 발생시킨다.

일부 기업은 컴퓨터를 최대한 유리하게 사용하기 위해 노력하면서도 이러한 단점을 알고 있다. 예를 들어, 대표적 코로나19 백신 중 하나를 개발한 생명공학회사 모더나Moderna 는 정보시스템에 대한 선견지명이 있었다. 모더나 최고 디지털 및 운영 책임자인 마르셀로 다미아니Marcello Damiani 는 "우리는 [mRNA 기반 백신 및 의약품을 위한] 플랫폼을 보유하고 있고, 여러 제품을 개발하고자 하며, 가능한 한 첫날부터 최대한 디지털화를 구현하자는 전략을 세웠다"라고 말했다. 다미아니는 이어 "우리가 중점을 둔 것은 정보기술IT이 모더나의 제품을 개선하고, 규모를 늘리고, 효율성을 개선하고, 생산하고 있는 제품의 품질을 획기적으로 개선하는 데 도움이 되는 방법과 데이터 중심 기업을 구축하는 방법, 그리고 기업이 이러한 모든 개선 작업을 수행하는 데 도움이 되는 알고리즘을 사용하는 방법이다"라고 덧붙였다.[5]

경직성에 대한 인식은 모더나가 자동화를 구현하는 방법에도 영향을 미쳤다. 다미아니는 "너무 일찍 자동화하여 프로세스가 안정적이지 않으면 자동화가 매우 경직되기 때문에 변화의 속도가 느려진다"라고 말하며 경직성을 관리하기 위해 "우리는 자동화의 섬islands of automation에서 시작한다. 프로세스가 성숙해지면 이 섬들을 연결할 수 있다"고 덧붙였다.[6]

하위 시스템이 안정화됨에 따라 조직의 점점 더 많은 부분을 점진적으로 자동화하는 이러한 전략은 조직의 전부는 아니더라도 대부분이 자동화되어 사람에 대한 필요성이 줄어들 것임을 의미하는 것으로 보인다. 그러나 이러한 추론은 회사의 제품 기술, 외부 환경, 공급망, 경쟁업체 및 고객 자체가 안정적이고 변하지 않음을 가정한다. 앞서 "이번에는 다를까?"에서 언급했듯이, 현실적으로 세계는 디지털 기술의 변화 속도 때문에 점점 더 빠르게 변하고 있다. 또한 통신의 속도와 다양한 새로운 디지털 공유 플랫폼의 도입으로 인해 변화의 확산 속도는 더욱 빨라지고 있다. 변화가 가속화되는 세상에서 안정성은 단기적이고 제한된 환경(예: 특정 제품 전용 공장 및 특정 생산 공정 사용)에서만 발생한다.

이러한 추론은 디지털 시스템이 사람보다 나은 부분과 그렇지 않은 부분을 가리킨다. 환경이 안정적이고 예상되는 매개변수(즉, '정상적인' 환경) 내에서 작동하는 한, 알고리즘은 효과적으로 작동하고 시스템을 계속 유지할 수 있다. 그러나 실제 환경은 계속 변화하고 있으며 점점 더 불안정해지고 있다. 이러한 경우, 기계는 고도로 숙련된 작업자의 감독과 수동 제어가 필요하다.

인간의 견고성(vs. 시스템의 취약성)
Human Robustness

재미있는 인터넷 이미지가 있다. 중국 미용실 위에 부착된 대형 간판의 스냅 사진이 하나 있는데, 중국어 버전의 간판 메시지 아래에는 "번역기 서비스에 연결할 수 없다Could not connect to translator service"라는 영어 번역문이 황당하게도 버젓이 인쇄되어 있다. 이 재미있는 예는 자동화된 시스템이 잘못 작동하거나 부적절한 결과를 초래할 때 조직 내 어떤 사람도 알지 못할 수 있다는 사실을 단적으로 보여준다.

자동화에 전적으로 의존하는 것이 위험할 수 있는 다른 이유도 있다. 시스템이 직면한 대표적인 위험은 치명적인 장애이다. 예를 들어, 구글의 서비스가 중단되면 구글의 검색 기능에서 답을 찾는 사람들뿐만 아니라 모든 구글 지도 사용자에게도 장애가 발생할 수 있다. 대부분의 경우 이러한 사용자는 지속적인 정보 흐름, 자동화된 시스템에 의존하는데, 이 시스템이 없으면 모든 사용자가 한꺼번에 다운될 수 있다. 마찬가지로 기업 공급망 소프트웨어 회사 또는 AWS Amazon Web Services 또는 마이크로소프트 애저Microsoft Azure 와 같은 주요 클라우드 컴퓨팅 공급업

매직 컨베이어 벨트

체도 다운될 수 있다. 실제로 AWS는 2018년에 24시간 이상 지속된 다운타임을 포함하여 여러 차례 다운타임을 겪은 적이 있다. 다른 클라우드 서비스도 가끔 중단되는 경우가 있는데, 그 결과는 심각할 수 있다. 이러한 장애는 수많은 기업을 순식간에 마비시키고 공급망을 혼란에 빠트린다. 또한 지나치게 많은 기업이 동일한 클라우드 기능, 소프트웨어 시스템 또는 데이터 흐름에 의존하게 되면 모든 기업이 동시에 장애에 취약해져 시스템적으로 광범위한 장애가 발생할 수 있다.

디지털 시스템의 또 다른 취약점은 사이버 공격에 노출된다는 것인데, 이는 한 회사의 시스템에서 공통적인 취약 부분을 활용하여 다른 회사의 시스템을 다운시킬 수 있다는 것이다. 예를 들어, 2017년 6월, 덴마크 코펜하겐이 본사인 글로벌 컨테이너 운송사 머스크Maersk 의 직원들은 컴퓨터 화면이 갑자기 검게 변하는 것을 보았다. 얼마 지나지 않아 76개 항구와 800척의 선박에서 머스크의 작업을 실행하던 컴퓨터 시스템 전체가 중단되었다. 그러나 공격은 머스크를 향한 것이 아니었다. 우크라이나에 대한 러시아의 사이버 전쟁 공격으로 우크라이나 정부 데이터가 순식간에 파괴되고 우크라이나 전역이 정전되는 사태로 이어졌다. 그러나 러시아 해커들이 유포한 악성코드는 전 세계 컴퓨터를 무차별 공격했다. 머스크 외에도 펜실베이니아의 병원, 제약회사 머크Merck , 식품 제조업체 몬델레즈Mondelēz , 페덱스의 유럽 자회사 TNT 등 수많은 기업이 사이버 공격에 무릎을 꿇었다. 이 컴퓨터 바이러스는 심지어 러시아로 다시 퍼져 국영 석유 회사인 로스네프트Rosneft 를 강타했다. 피해는 불과 몇 시간 만에 전 세계로 퍼졌다.[7]

피해를 입은 모든 회사에서, 오래된 매뉴얼의 담당자들은 오랫동안 갱신하지 않아 먼지가 수북이 쌓인 대응 매뉴얼을 찾아 피해를 복구할 수 있을 때까지 최대한 수작업으로 실행해야 했다. 따라서 이 공격의 첫 번째 교훈은 시스템 작동 방식에 대한 숙련된 사람들의 지식에 따라 복구 시점이 달라진다는 것이다. 컴퓨터가 다운되면 시스템과 프로세스를 이해하고 관리하고 운영하는 사람들의 능력으로 피해를 최소화할 수 있고 다른 사람들은 컴퓨터를 다시 복구하는 동안 기업을 계속 운영할 수 있다. 이 지식은 물리적 문서와 사람들의 기억과 경험에 저장된다.

두 번째 교훈은 연결된 컴퓨터 네트워크와 달리 사람 기반 시스템은 한 번에 셧다운되거나 고장나는 경우가 거의 없다는 것이다. 전 세계적으로 특정 직무에 종사하는 모든 근로자가 갑자기 업무를 중단하는 경우는 매우 드물다. 사람은 개인 수준에서 훨씬 더 독립적이고, 강건하며, 적응력이 뛰어나기 때문에 사람 기반 시스템은 일괄적으로 단일 지점 장애single-point failures 에 덜 취약하다.

사이버 공격은 컴퓨터 네트워크, 로봇, 자율주행 차량, IoT 시스템을 다운시킬 수 있다. 그러나 소프트웨어 기반 공급망 장애는 사이버 보안 침해에 국한되지 않는다. 소프트웨어 업그레이드 및 운용 설정 오류도 연쇄적인 장애를 유발할 수 있다.

러시아 대문호 톨스토이는 그의 걸작 《안나 카레니나Anna Karenina》에서 "행복한 가정은 모두 비슷한 이유로 행복하지만, 불행한 가정은 저마다의 이유로 불행하다"라는 유명한 말을 남겼다. 공급망 붕괴에 대해서도 '각기 다른 원인에서 비롯되며, 저마다의 불행과 연쇄적인 영향을 낳는 '안나 카레니나 법칙'이 그대로 적용된다. 이러한 혼란이 발생하면 이를 이해하고 해결하기 위해 지식, 경험, 공감을 필요로 하는 새로운 도

　　　　　　　　　　　　　　매직 컨베이어 벨트

전과 함께 새로운 글로벌 환경이 조성된다.

불확실한 세상에서의 회복탄력성
Resilience in an Uncertain World

모더나의 다미아니Damiani 는 성공적인 자동화는 안정적인 프로세스에 달려 있다는 점을 지적했다.[8] 그러나 중대한 업무 장애로 인해 조직의 일상적인 운영이 불안정해질 수 있으며, 일반적으로 자동화된 시스템에서 처리하는 관리 작업 이외의 부분에 대해서는 예외를 적용해야 한다. 예를 들어, 2011년 3월 11일 발생한 동일본 대지진은 일본 공급업체에 의존하고 있는 GM과 같은 미국 자동차 회사를 포함한 글로벌 기업에 큰 피해를 주었다. 이로 인한 부품 부족으로 GM의 16개 생산공장이 3주도 안 되어 모두 문을 닫게 될 위기에 처했다.

이러한 혼란을 해결하기 위해 GM은 위급한 상황에 효과적인 대응책을 수립하고 조율하며 실행하는 데 필요한 적절한 인력과 프로세스를 갖춘 전담 프로젝트 조직을 만들어야 했다. 첫째, GM은 회사의 제품, 공급업체, 생산 시스템에 대해 깊이 알고 있는 사람들을 선별해 모았다. 여기에는 회사의 엔지니어링 및 공급망 분야의 숙련된 전문가가 포함되었다. 그 결과 구성된 위기대응팀crisis team 은 조달이 중단된 부품을 식별하고, 가동 중단을 막기 위해 해당 부품의 기존 공급업체를 추가 확보하는 것, 영향을 받는 공급업체의 생산 재개 방법을 찾는 것, 대체 부품을 찾고 검증하는 것, 중단 기간 동안 생산을 최적화하는 것 등 다섯 가지 범주의 작업을 수행했다.

둘째, GM은 위기대응팀과 회사의 많은 임원 및 관리자 모두를 위한 새로운 루틴을 만들었다. 하루는 오전 6시에 고위 관리자들에게 최근의 진행 상황과 향후 과제에 대해 보고하는 전화 회의로 시작되었다. 위기대응팀의 하위 조직들도 이른 아침에 모여 하루의 활동을 조율했다. 오전 8시까지 위기대응팀은 모든 조직에 정보를 배포했다. 오전 10시 30분, 위기대응팀은 영업, 서비스, 마케팅팀에 정보를 업데이트했다. 오후 4시에는 그날의 진행 상황과 파악된 내용을 다루는 후속 회의가 열렸다.

GM은 주요 업무 장애를 처리하기 위해 특별히 구성된 물리적 작업 공간, 즉 중앙 통제와 영향 받는 부품에 대한 공급망 솔루션, 영향 받는 부품에 대한 엔지니어링 솔루션 등으로 3개의 '위기대응실crisis rooms'을 설치했다. 이 3개의 위기대응실은 모두 디트로이트 르네상스 센터Renaissance Center의 GM 본사에서 24km가량 떨어져 있는 미시간주 워렌Warren에 있는 GM의 미래형 차량 엔지니어링 센터VEC에 설치되었다. VEC에는 GM의 엔지니어링, 설계 기능과 공급망 관리 조직이 포함되어 있다. 다른 GM 지사에도 소규모의 위기대응실을 설치했다.

위기 모니터링을 위해 GM은 화이트 스페이스 차트white space chart라 불리는 특별한 시각적 도구를 만들었다. 이 차트는 자동차 회사의 주요 조립 공장별로 일정을 표시한 것이다. 차트의 단기 종료 시점은 각 생산 라인이 부품 부족에 직면할 수 있는 시기를 보여주었다. 이 차트의 가장 먼 미래 시점은 GM이 원래 공급업체의 복구, 대체 공급업체의 온라인화, 또는 엔지니어링 해결 방법의 모색이라는 3가지 방법 중 하나를 통해 예상 생산 재개 시기를 보여주었다. 그 사이에는 각 생산 라인마다 부품 부족으로 생산이 중단되는 '화이트 스페이스'라는 끔찍한 공백기가 있

매직 컨베이어 벨트

었다.

　GM은 위기대응팀과 경영진이 공백 상황을 이해할 수 있도록 일부 차량 옵션의 부분적인 중단, 잠재적인 문제 또는 생산이 완전히 중단될 수 있는 시기 등 각 조립 라인에 발생할 수 있는 중단 유형을 전달하기 위해 그래픽 마크와 색상으로 구성된 코드를 만들었다. 또한 생산 라인에 대해 빨강–노랑–초록 색상의 색컬러 코딩을 사용하여 계획 수립 및 실행 진행 정도를 나타냈다. 시점, 마크, 색상 및 공백을 통해 상황과 팀의 대처 상황을 한눈에 파악할 수 있었다. GM 직원들은 다양한 상품의 상태에 대해 이야기할 때도 동일한 색상 표기를 사용하여 "페인트는 빨간색이다" 또는 "열선 시트 모듈은 노란색이다"와 같이 말했다.

　4장 "공급망 계층의 복잡성"에서 언급했듯이, 위기대응팀이 문제의 전모를 파악하면서 위기는 점점 더 심각해졌다. 일본 내 GM의 직접 공급업체가 만든 390개 부품에 대한 잠재적 중단으로 시작된 위기는 5,830개(공급망 업스트림(조달)에 있는 중단된 일본 공급업체의 부품 또는 재료에 의존했던 외국 공급업체가 만든 부품 포함)의 부품으로 늘어났다. 그러나 위기대응팀은 추가로 숨겨진 부품 공급업체를 찾는 데 상당한 진전을 이루었고, 이에 따라 공장 셧다운을 3월 말에서 4월 중순으로, 그리고 다시 5월 중순으로 연기할 수 있었다. 셧다운이 지연될 때마다 공급업체 복구 및 대안을 마련하는 하위 팀들에게 더 많은 시간이 주어졌다. GM은 부족한 반도체 칩을 보다 대중적이고 수익성 있는 대형 트럭 생산에 재할당하기 위해 소형 트럭 생산을 일주일간 중단한 것을 제외하고는 일부 차량 색상을 한동안 사용할 수 없었지만 계속해서 차량을 생산할 수 있었다.[9]

　정상적인 업무 진행에 지장을 주는 자연재해와 같은 중대한 사태가 발생할 때, 사람들은 이에 대처하고 위기를 관리해야 한다. 이례적인 사건에는 관리, 구조, 우선 순위, 프로세스 및 의사 소통 조정 등 복잡하지만 일시적인 특별 조치가 필요하다. 특히 과거 경험이 없는 대규모large-scale/발생확률이 낮은low-probability 사건일 경우 더욱 그렇다.

맥락 이해하기
Understanding Context

자동화된 시스템의 가장 큰 단점은 앞뒤 맥락을 이해하지 못한다는 것이다. 맥락은 어떤 것이 존재하거나 발생하는 환경, 설정 및 상황이다. 자동화된 시스템이 조치를 취할 때 고려하지 못할 수 있는 '큰 그림bigger picture'은 인간에게는 당연할 수 있는 윤리기준moral code, 합리적인 목표 또는 상식common sense을 인식하지 못할 수도 있기 때문이다.

예를 들어 브랜드 판매자와 경쟁하고 있는 아마존 중고책의 익명 판매자를 생각해 보자. 브랜드 판매자는 책 가격을 더 높게 책정하고 싶어 하는 반면, 익명 판매자는 브랜드 판매자보다 더 저렴하면서도 최대한 수익성이 높게 가격을 책정하고자 한다. 두 판매자 모두 각자의 전략을 구현하는 자동 가격 책정 알고리즘을 사용할 수 있다. 2011년에 발생한 사례는 이러한 자동화된 알고리즘 상호작용이 어떻게 잘못될 수 있는지를 보여주었다.

2011년 4월 프로프내스Profnath와 보디북Bordeebook은 1992년 출간된 발달 생물학 참고서인 피터 로렌스Peter Lawrence의 《파리의 탄생The Making of a Fly》 '새 책'을 판매하고 있었다. '프리미엄 판매자'인 보디북의 전략은 프로프내스보다 가격을 높게 책정하는 것이었고, 상대방인 프로프내스의 전략은 경쟁사보다 가격을 낮게 책정하는 것이었다. 프로프내스가 보디북의 제시 가격 바로 아래로 조정하자, 보디북은 프로프내스보다 높은 가격을 유지하기 위해 가격을 올렸다. 그러자 프로프내스는 보디북의 가격 수준의 바로 밑으로 올렸고, 보디북은 다시 가격을 올렸다. 자동 조정을 통한 이러한 '언더컷 앤 레이즈' 패턴은 계속 반복되어 4월 18일에는 가격이 23,698,655.93달러로(배송비 $3.99 추가) 정점을 찍었다. 그 당시 다른 판매자들은 같은 책의 중고책을 단돈 35달러에 판매하고 있었다.[10] 이 경우, 합리적인 가격 전략을 나타내는 두 가격 책정 알고리즘 사이의 상호작용으로 인해 말도 안 되는 결과에 도달한 것이다.

그러나 가격결정 역학은 알고리즘 의사 결정에서 발생하는 의도하지 않은 결과의 한 예에 불과하다. 교차로에서 자전거 운전자와 겉보기에 예의바른 자율 주행 자동차가 마주친 사례는 안전 알고리즘이 다른 사람들의 행동에 지나치게 민감할 수 있음을 보여준다. 자전거 운전자와 자동차 모두 교차로에 진입하려고 할 때, 서로 먼저 끼어들기를 꺼려했고, 2분 동안 대치 상황이 이어졌다.[11] 자율주행 자동차의 예측 가능한 위험 회피성은 난폭하고 과격한 사람 운전자가 악용할 수 있는 요소가 될 수도 있다.[12]

맥락을 적용하는 것은 사람들이 타인, 상황, 아이디어, 도전을 이해하는 기본적인 과정이다. 사람들은 당면한 문제의 맥락에 따라 자극에 반응한다. 인공지능은 인간의 상황을 적용하기가 어렵다. 따라서 로봇에게 기계실에서 렌치를 가져오라고 하면 로봇이 렌치를 가져오겠지만, "(고장 난) 멍청한 발전기 좀 어떻게 해봐"라고 말하면 로봇은 당황할 것이다. 맥락을 이해하는 것은 '상식'의 핵심 요소이다. 사람들이 '새 책'의 가격을 다른 경쟁 '중고 책'의 가격 맥락에서 살펴보고 책정된 가격이 말이 안 된다는 것을 깨닫는 것도 맥락, 즉 상식인 것이다.

맥락을 적용: 알고리즘에 개입하기
Applying Context: Overriding the Algorithms

대부분의 소매업체와 마찬가지로 미국 뉴잉글랜드에 본사를 둔 쇼 슈퍼마켓도 컴퓨터 기반 예측 모델을 사용하여 시간 경과에 따른 수요를 예측하고 매장에서 적시에 적절한 수량의 상품을 취급할 수 있도록 한다. 식료품점은 수요 패턴에 대한 데이터를 사용하여 사람들이 무엇을 원하고, 언제 그것을 원하는지를 파악한다. 쇼 슈퍼마켓도 이 시스템 결과를 공급업체로부터 물건을 주문하는 데 사용한다. 그러나 2008년 금융 위기가 닥치자 컴퓨터 모델들은 더 이상 의미가 없어졌다.

전반적으로 소매업자들은 식료품은 사람들이 반드시 먹어야 하기 때문에 불황에 비교적 강하다고 생각했다. 식품의 총 단위 판매량은 변하지 않았지만, 소비자들은 검소함을 지향하고 한정된 예산을 효율적으로 사용하려고 노력하면서 선호도가 크게 변했다. 과거에 호황을 누렸던 고가의 마진이 높은 품목의 판매는 감소한 반면, 파스타, 캠벨 수프와 같은 스토어 브랜드store brand*와 저가 상품 판매는 증가했다. 경기 침체 이

---

* 제조업체 상표와 동등한 품질의 상표를 개발함으로써 저렴하게 판매하고 이윤의 폭도 크게 하는 보편적으로 PB 상품이라 불림

전에 수집된 데이터는 경기 침체 기간 동안 쇼 슈퍼마켓의 매출 예측에 도움이 되지 못했고, 컴퓨터 기반 판매 예측치는 이러한 급격한 변화를 반영하기 위해 수동으로 조정해야 했다. 결국 컴퓨터 알고리즘은 안정적 환경에서 변동성 있는 환경으로 전환되어 소비자의 선호도가 변화하고 있음을 인식할 수 없었던 것이다.[13]

마찬가지로, 2020년대 초 코로나19 팬데믹은 일부 제품(예: 화장지, 파스타, 가전제품, 가정용 운동기구, 레저용 차량)의 판매 급증과 다른 제품(예: 레스토랑 식사, 자동차, 비즈니스 의류, 화장품)의 판매 부진을 유발함으로써 기존의 판매 패턴에 의존하는 예측에 큰 혼란을 일으켰다. 게다가 팬데믹 기간 동안의 매출 데이터는 향후 매출을 예측하는 데도 유용하지 않았다. 화장지 수요가 급증한 지 1년도 채 되지 않아 이 필수품의 판매량은 팬데믹 이전 수준보다 아래로 떨어졌다.[14] 마찬가지로 판매량이 급감했던 자동차는 오히려 반전되어 판매량이 급증하면서 재고 부족과 높은 가격으로 형성되었다.

검증된 통계 회귀 모델이나 최신 머신러닝 기술을 기반으로 하는 대부분의 예측 모델은 과거 데이터에 크게 의존한다는 점을 인식하는 것이 중요하다. 이 데이터는 시간 경과에 따른 제품 수요에 대한 모델을 보정하는 데 사용된다. 예를 들어, 과거와 마찬가지로 밸런타인데이에는 꽃에 대한 수요가 증가하고 여름에는 수프를 덜 소비한다는 것을 반영한다. 그러나 과거 데이터에 대한 의존도는 중요하지만 위험한 가정을 가지고 있다. 전체 빅데이터/통계 예측/머신러닝 접근 방식에는 미래가 구조적으로 과거와 같을 것이며, 과거 데이터에서 보이는 패턴은 미래에도 반복될 것이라는 가정이 숨어 있다. 하지만 항상 그런 것은 아니다. 실제로는 경제, 사회, 기술의 변화와 혼란의 영향에 따라 구조적 패턴이 바뀔 수 있다.

미래 예측을 둘러싼 또 다른 문제는 인터넷이 독특한 트렌드와 밈의 증폭기 역할을 톡톡히 하고 있다는 점이다. 소셜미디어는 두려움(예: 화장지 부족에 대한 자기 충족적 예언self-fulfilling prophecies**)과 인플루언서가 조장하는 욕구(틱톡에서 인기를 얻은 버켄스탁 신발과 같은 탐나는 제품에 대한 수요의 갑작스러운 변화) 등이 끊임없이 전파되도록 유도하는 메시지를 생성한다.[15] 간단히 말해서, 머신러닝으로 더 나은 예측을 가능하게 하는 동일한 초고속 디지털 기술은 또한 이를 방해할 수 있다.

공급망은 사회연결망이다
Supply Chains Are Social Networks

공급망은 단순히 얼굴 없는 기업이나 거래 흐름 그 이상을 의미한다. 공급망 조직에 속한 사람들은 이러한 흐름을 지시하고 조정할 수 있는 기관agency을 가지고 있다. 예외 관리나 문제 해결과 같이 공급망에서 의사 결정을 내릴 때 기업 내 사람들과 고객 및 공급업체 간의 개인적인 관계가 중요하다. 플렉스의 최고 조달 및 공급망 책임자인 린 토렐Lynn Torrel은 코로나19 팬데믹 기간 동안의 기업 운영에 대해 다음과 같이 설명했다. "공급업체와 몇 차례 심각한 문제 상황과 관련된 통화escalation call를

** 사회심리학적 현상의 하나로, 누군가 어떠한 일이 발생한다고 예측하거나 기대하는 것인데, 이러한 예측 혹은 기대가 실현되는 것은 순전히 자신이 그렇게 될 것이라고 믿고서, 행동을 믿음에 따라 맞춰가기 때문으로 '자기 실현적 예언', '자성예언 효과'라고도 함

했는데, 여기엔 항상 중대한 요구 사항이 있다. 사실 상대방은 몇 년 전부터 알고 지내던 사람이고, 어렵게 협상을 마치고 저녁을 먹으며 함께 시간을 보냈고, 항상 다른 행사에서도 만나고 있다. 개인적인 측면, 특히 시간이 지남에 따라 쌓이는 관계와 신뢰가 중요하다고 생각한다."[16]

일대일 커뮤니케이션은 현재 상황과 양측이 고려 중인 조치에 대한 구조화되지 않은 정보를 제공하는 데 도움이 된다. 이는 해결책을 협상하고 상호 행동에 대한 약속을 얻는 데 유용하다. 토렐은 "기술적으로는 얼마든지 능통할 수 있지만, 결국에는 전화를 걸어 해결책을 얻을 수 있는지 알아봐야 한다"라고 말했다.[17]

공급망에서 고객–공급업체의 관계는 상당히 복잡할 수 있다. 대규모 조직은 공급업체 및 고객 조직이 서로의 기업 내 여러 직급 또는 기능에 걸쳐 개인적 관계를 맺을 수 있다. 운영 및 관리 담당자는 구매 주문, 발송 및 결제와 관련된 문제를 해결하기 위해 자주 상호작용할 수 있다. 두 조직의 엔지니어는 신제품을 개발하거나 신기술을 구현할 때 상호작용을 한다. 관리자와 경영진은 전략적인 토론과 협상을 진행한다.

기업은 종종 특정 고객을 전담하는 팀을 운영하면서 장기적인 대인관계를 형성한다. 좋은 대인 관계는 기업이 서로를 대하는 방식을 조절하는 사회적 유대감을 형성한다. 예를 들어 P&G는 미 아칸소주 벤톤빌 Arkansas Bentonville 월마트 Walmart 건물 옆에 사무실을 두고 있다. 이 사무실에는 수백 명의 직원이 근무하고 있으며 모두 P&G와 월마트의 관계에 전념하고 있다. 월마트 주변에는 많은 다른 공급업체들이 사무실을 두고 있어 이 지역을 '벤더빌 Vendorville(업체마을)'이라고 부르고 있다.

전략적 고객과 공급업체의 경우, 이 관계가 경영진 executive suite 에까지 확대될 수 있다. 예를 들어, 색소 부족 문제를 해결할 때 악조노벨 AkzoNobel의 글로벌 색상 소싱 디렉터인 이그나시오 팔라Ignacio Pala는 특정 성분 부족 문제를 해결하는 데 관계가 어떻게 도움이 되었는지에 대해 언급했다. "우리는 공급업체에 대한 압박을 계속 유지한 CEO의 지원은 말할 것도 없고, CFT 팀cross-functional team(과업 달성을 위해 분야가 서로 다른 구성원들로 조직)의 도움으로 결국 이 문제를 해결했다."[18] 마찬가지로 GM이 2011년 동일본 대지진 이후 반도체 칩 부족에 직면했을 때 CEO인 댄 애커슨Dan Akerson은 반도체 칩 제조업체 프리스케일Freescale의 이사회에서 자신의 지위를 이용하여 칩의 대체 공급원을 모색했었다. 애커슨은 "나는 직접 프리스케일의 CEO에게 전화를 걸어 '당신네 회사가 이런 유형의 칩을 만든다는 것을 알고 있다'고 말했다"며 결국 "우리는 해결책을 생각해냈다"고 말했다.[19]

산업 전반의 대응을 위한 협업
Collaborating for an Industrywide Response

에보닉Evonik Industries의 공급망 중단 사례에서 알 수 있듯이 공급망에 내재된 소셜 네트워크는 공급업체와 고객 간의 직접적인 연결을 넘어 확장될 수 있다. 2012년 3월 31일, 독일 마를Marl에 있는 에보닉의 한 화학 공장에서 가연성이 높은 부타디엔butadiens으로 가득 찬 탱크가 폭발하는 사고가 발생했다. 중공업화된 루르Ruhr강 계곡에 있는 7,000명의 근로자가 거주하는 화학 단지의 CDTCyclododecatriene 공장에서 강렬한 화염과 짙은 검은 연기가 치솟았다. 130명의 소방관이 15시간 동안 불길이 다른 시설로 번지는 것을 막고 화재를 완전히 진압하기 위해 사투를 벌였다. 결국 폭발과 화재로 근로자 두 명이 사망하고 공장은 심각한 피해를 입었다.[20]

CDT는 시클로도데칸cyclododecane, 도데칸산dodecanoic acid, 라우로락탐laurolactam을 합성하는 데 사용되는 화학 물질로, 일반인들에게는 생소한 이름일 수 있다. 그러나 CDT는 일반적으로 나일론으로 더 잘 알려진 고강도 플라스틱인 특정 폴리아미드polyamides를 만드는 핵심 성분이다. 특히 CDT는 내화학성, 내마모성, 내피로성이 뛰어난 첨단 기술 형태의 나일론(PA-12 또는 나일론-12)에 사용된다. 따라서 PA-12는 연료 라인, 브레이크 라인 및 플라스틱 하우징에 이 고강도 플라스틱을 사용하는 자동차 업계에서 선호하는 제품이다. 나일론과 다른 플라스틱 및 폴리머 합성물을 사용하면 자동차의 소음과 연료 효율을 개선할 수 있다. 1960년 약 9kg에 불과했던 경차light vehicle의 평균 플라스틱 무게가 2021년에는 약 181kg 이상으로 증가했다.[21]

자동차 제조업체만이 이 재료를 사용하는 것은 아니다. PA-12는 태양광 패널, 운동화, 스키 부츠, 광섬유, 케이블 도관, 구리선용 난연 단열재 등에도 사용된다. CDT는 브롬화 난연제, 향료, 핫멜트 접착제, 부식방지제 등 다른 많은 화학 물질을 만들기 위한 핵심 전구체precursor(선행물질로 원재료 성격)이다. 2012년 3월 독일에서 발생한 폭발과 화재로 전 세계 CDT 생산 능력의 거의 절반이 파괴되었는데, 설상가상으로 폭발 당시에는 태양광 패널 산업의 호황으로 CDT 공급이 이미 부족한 상태였다. 자동차 회사들에게 에보닉 화재의 잠재적 영향은 2011년 일본 대지진의 잠재적 영향과 거의 유사했다. 자동차 제조업체가 만드는 모든 차량은 많은 부품을 PA-12에 의존하고 있었고, 에보닉 화재로 인해 자동차 생산이 장기간 중단될 위험이 있었다.

연료 라인과 브레이크 라인 제조업체인 티아이오토모티브 TI Automotive 가 에보닉 화재의 심각한 영향에 대해 문제를 제기하면서, 자동차 산업 전체가 행동에 나섰다. 업계는 4월 17일 미시간주 트로이에서 긴급 정상회담을 소집했다. 이번 경영진 회동은 중립적 제3자 기구인 미국 자동차산업 자문위원회 Automotive Industry Action Group, AIAG 가 주관했다. AIAG는 자동차 산업의 약 4,000개 회원사에 품질, 기업의 책임 및 공급망 관리에 대한 전문 지식, 지식 및 표준을 공유하는 자원 봉사자가 운영하는 비영리 단체이다. 이번 회담에는 8개 자동차 제조업체와 50개 공급업체를 대표해 200명이 회의에 참석했다. 대형 OEM, 1차 협력사, 부품 제조업체, 고분자 수지 제조업체, 에보닉 및 BASF와 같은 화학 제조업체까지 자동차 공급망의 모든 계층에 속한 기업들이 참석했다.[22]

참가자들은 산업 전반의 집단적 전문성을 필요로 하는 3가지 목표를 가지고 있었다. 첫째, 글로벌 PA-12 재고 현황과 자동차 공급망 전체의 생산 능력의 현재 상태를 파악하고 정량화하기를 원했다. 둘째, 현재 PA-12 용량을 전략적으로 확장하고 예상되는 용량 부족을 상쇄하기 위한 대체 재료 또는 설계를 식별하기 위한 옵션을 브레인스토밍하고자 했다. 셋째, 대안을 기술적으로 검증하고 테스트하고 승인하는 데 필요한 필수 산업 자원을 파악하고 모집하고자 했다.

AIAG는 부품 및 차량 생산에 대한 부족한 영향을 줄일 수 있는 실행 계획을 신속하게 수립할 수 있도록 6개의 위원회를 구성했다. 각 위원회는 남은 재고 관리, 기존 공급업체의 생산량 증대, 수지를 생산할 신규

업체 발굴, 대체 소재 발굴 등의 과제를 처리했다. 이들은 이후 몇 주 동안 이 문제에 대한 여러 후속 기술 회의를 주최했다.[23]

이러한 다각적인 협력은 공급 문제를 극복하는 데 핵심적 역할을 했다. 회의 일주일 만에 상위 OEM 업체들은 대체 부품에 대한 검증 프로세스를 신속하게 처리하기 위한 방안을 공동으로 마련했다.[24] 통합된 검증 프로세스를 통해 공급업체는 각 고객 OEM별로 서로 다른 검증 프로세스를 수행할 필요가 없었다. 다른 산업의 공급업체들은 자동차 애플리케이션에 자신들의 역량을 제공했다. 예를 들어 캔자스에 본사를 둔 스테인마스터Stainmaster 브랜드 카페트 제조업체인 인비스타Invista Inc.는 CDT 생산 능력에 대한 계약상 청구권을 해제해서 자동차 산업에 더 많은 양이 할당될 수 있었다. 결국 에보닉 공장이 2012년 12월까지 오프라인(생산 중단) 상태였음에도 불구하고 자동차는 계속해서 생산되었다.[25]

사람의 핵심 자질
Humanity's Key Qualities

이 장의 사례는 기계와 대조되는 사람의 유연성, 강건성, 창의성, 비판적 사고, 의사소통, 회복성 및 기타 자질에 대해 설명한다. 이러한 자질은 일반적으로 '소프트 스킬soft skills'로 분류되는데, 대부분은 이 책에서 언급하고 있는 '맥락의 이해'의 일부이다. 컴퓨터가 디지털 세계의 주인이 될 수도 있지만, 사람이 물리적, 사회적 세계에 살고 있다는 사실은 공급망 운영 및 관리에 적용할 수 있는 여러 분야에서 우위를 점하게 한다. 앞서 언급했듯이, 소프트웨어는 예외 없이 알고리즘을 충실하게 실행하지만 사람은 예외적인 변화나 새로운 프로세스를 구현해야 하는 문제를 발견할 수 있다.

물리적, 사회적 세계에서의 생활

물리적 세계에서의 쌓아온 경험은 사람들에게 정상적 상황과 비정상적 상황 사이의 변화 또는 불일치를 감지할 수 있는 능력을 준다. 예를 들어, 2008년 금융 위기 당시 기업들은 공급업체의 재무 건전성을 우려했다. 많은 기업이 공급업체에 재무 데이터를 요청했지만 이러한 수치는 조작이 가능했고 공급업체의 상태에 대해 지연되거나 자주 업데이트되지 않는 의견만 제공했다. 정확한 데이터 확보를 위해 많은 업체들이 회사를 대신해 주요 공급업체의 부품 또는 자재 생산 현황을 직접 점검하기 위해 직원을 파견했다. 직원이 공급업체의 사무실과 공장을 돌아보는 것만으로도 재고가 너무 많은지 적은지, 시설이 붐비거나 조용한지, 근로자의 감정 상태를 관찰함으로써 재무 건전성을 가늠할 수 있었다.

도덕규범

많은 업무는 시스템 설계자나 관리자의 선호도에 따른 가치 판단과 주관적인 요소가 포함된다. 이러한 선호도는 시스템 사용자가 설정하더라도 영구적이지 않을 수 있으며, 목표, 도덕적 이해, 선호도는 시간이 지남에 따라 혹은 관리팀이 바뀜에 따라 달라진다. 많은 경우에 기계가 적절하게 훈련되면 많은 양의 데이터를 정밀 분석하여 작업에 대한 옵션을 제시할 수 있지만, 의사결정의 의미가 매우 중요한 경우에는 사람들이 궁극적인 의사결정을 내려야 할 수도 있다. 상황이 바뀌고 의사결정이 다

매직 컨베이어 벨트

른 환경에서 이루어져야 할 때 특히 그렇다. 예를 들어 재해에 대한 대응 우선순위를 정할 때 고객, 직원, 공급업체, 주주 또는 지역 사회를 우선 적으로 고려해야 하는가? 개인적인 삶, 가족, 친구, 동료, 고객 및 지역 사회의 인간 경험에 내재된 사람들은 경제적으로 실행 가능하고 사회 적으로 적합한 반응을 이해하고 판단하는 데 기계보다 더 나을 가능성 이 있다.

적응성과 조정

사람들은 또한 정형화되지 않은unstructured 조건과 환경에 직면했을 때 로봇보다 적응력이 뛰어나다. 특정 로봇이나 소프트웨어 시스템은 특정 작업 집합 또는 특정 도메인에 맞게 구축되고 최적화된다. 그러나 변화 (중단, 새로운 지식, 신제품, 경쟁사의 조치, 경제 주기 등)는 기계의 적합성을 무디 게 할 수 있으므로 개입하여 작업을 담당할 사람이 필요하다.

또한 조직 및 공급망의 사회적 맥락에서 위기관리팀은 2011년 일본 대지진 이후 GM에서 발생한 것과 같이 일회성 문제를 해결하기 위해 새 로운 조직 구조와 새로운 협업을 만들 수 있으며(자세한 내용은 "불확실한 상 황에서의 회복탄력성" 참조), 코로나19 팬데믹 기간 동안 C&S 도매업체("협업 을 통한 유연성" 부분 참조), 에보닉 화재 이후 AIAG 협업을 통해 가능하다. 컴퓨터도 협업을 할 수 있지만, 프로그래밍된 프로토콜을 통해서만 협업 을 수행하는 반면, 사람들은 필요할 때 적응하고 신속하게 새로운 협업 방식을 만들 수 있다.

창의적인 추진력

보다 중요한 것은 패스트 패션에서 반도체 칩 기반 하드웨어에 이르기까지 많은 소비자 및 기술 공급망에 적응을 필요로 하는 변화가 내재되어 있다는 것이다. 이러한 반도체의 변화하는 공급망은 새로운 제품이나 서비스에 대한 수요를 촉진할 수 있는 차별화를 끊임없이 모색한다. 따라서 이러한 공급망은 경쟁우위를 창출할 수 있는 새로운 재료, 새로운 부품, 새로운 프로세스, 새로운 디자인 및 새로운 서비스와 같이 새로운 것을 의도적으로 찾아낸다.

기계가 아닌 사람은 단어, 기호, 모양 및 형태의 변화하는 의미와 함축을 설정하는 문화적 환경에 내재되어 있다. 일상생활의 즐거움이나 좌절에 대한 개인적이고 인간적인 이해는 새로운 제품과 서비스에 대한 기회를 제시한다.

새로운 지식이 생성되면 필요한 대용량 데이터 세트를 수집하고 해당 시스템을 학습시켜 시스템으로 전송할 수 있다. 시스템이 운영될 때 시스템은 운영 중에 수집하고 사용하는 데이터 스트림을 내부화함으로써 개선할 수 있다. 그러나 새로운 외부 환경에 적응해야 하거나 시스템을 의도적으로 재설계해야 하기 때문에 큰 규모의 변화를 위해서는 사람이 필요하다. 특별한 목적을 위해 만들어진 기계와 소프트웨어의 한정된 존재와 달리, 사람들은 많은 경험, 아이디어, 기술의 세계에 동시에 살고, 아이디어의 상호작용을 일으킨다.

그러나 이 설명에는 주의가 필요하다. "창의적인 코봇"에서 설명한 바와 같이 머신러닝이 적용된 새로운 범주의 프로그램인 생성형 AI는 여러 영역에서 창작 프로세스의 필요성을 줄이는 동시에(따라서 디자이너, 작

매직 컨베이어 벨트

가 및 예술가의 필요성을 감소), 아이디어는 있지만 전문 창작 작업자의 기술이나 경험이 없는 다른 작업자의 창작물을 보강해줄 수 있다.[26]

공감과 소통

의료 분야에서 사용되는 인공지능 응용 프로그램들이 점점 증가하고 있지만, 컴퓨터는 환자를 치료하는 동안 간호사에게 필요한 공감 능력을 보여줄 수 없다. 동네 슈퍼마켓에서 점원을 알아보는 미소와 그에 따른 수다를 주고받는 일은 기계가 대신할 수 없다. 마찬가지로, 양측이 서로를 이해하고, 공감대를 형성하며 서로의 관점을 이해하지 않으면 계약 협상이 성사되기는 쉽지 않다. 개인적인 인맥을 형성하고 의사소통하는 능력은 사람과 기계의 가장 강력한 차별화 요소 중 하나다. 이러한 특성은 시스템에 장애가 발생하여 사람들이 힘을 합쳐 어려움을 극복해야 하는 경우에 분명하게 드러난다.

그러나 창의성과 마찬가지로 인공지능 기반 프로그램도 이러한 한계를 뛰어 넘어 공감empathy 과 감정feelings 이라는 인간 영역으로 진입하기 시작했다. 2017년 11월 출시된 생성형 AI 챗봇 앱 '레플리카Replika'나 심리학 박사 앨리슨 다시가 창업한 우울증 치료를 위한 챗봇 서비스 '워봇Woebot' 같은 프로그램을 통해 사람들은 자신의 고민을 이야기하고 상담까지 받을 수 있다. 프로그램이 발전할수록 인간과 기계를 구별하는 것이 더 어려워질 수 있다. 병원에서는 이러한 챗봇이 의료진의 다양한 업무를 보조하는 동시에 환자에게 수술과 그 과정에 대해 반복적으로 설명해야 하는 수고를 덜어줄 수 있다. 이러한 프로그램은 의료진을 대체하거나 의료진의 전문성을 위협하는 것이 아니라 단지 의료진을 보조할 뿐이다. 물론, 의료 전문가들의 생산성이 높아지면 업무에 필요한 전문가가 조금 더 필요할 수는 있다.

감성 지능emotionally intelligent, EI 챗봇은 기업이 정보를 공유하고, 내부 및 외부 자원과 협력하며, 소비자가 말하기도 전에 요구 사항을 해결하는 능력을 향상시키는 데 도움이 될 수 있다. 어펙티바Affectiva*** 와 같은 프로그램은 얼굴 표정과 목소리를 분석하여 인간의 인지 상태와 감정을 포착할 수 있다. EI 챗봇은 소비자의 감정 반응을 기반으로 필요한 데이터를 수집해 상황에 맞는 적절한 답변을 내놓을 수 있다. 특히 영업 및 영업 지원 관련 업무를 하는 직원은 이러한 챗봇을 사용하여 고객의 요구 사항을 더 잘 파악할 수 있다.

그러나 기계가 만들어내는 시뮬레이션된 감정과 공감을 실제로 받아들이는 것은 상상하기 어렵다. 고객은 챗봇을 "당신의 전화는 우리에게 중요합니다" 또는 "기다려 주셔서 감사합니다"와 같은 형식적이고 의미없는 비즈니스 대화로 인식할 수 있다.

위험 감수

인공지능 기반 시스템은 대부분의 경우 다양한 작업을 수행할 수 있다. 가능한 각각의 작업에는 특정 목표(최대 이익, 가장 안전한 결과, 최소 배출량 등)를 달성할 수 있는 확률이 제공될 수 있다. 단 하나의 목적만 있고 사회적 또는 도덕적 고려 사항이 전혀 없는 경우에도, 위험에 대한 판단이

*** 2009년 창설된 스타트업. 인공지능을 구축한 소프트웨어 기업으로 2021년 스마트 아이가 인수함. 사람들의 안구와 머리 움직임, 각종 제스처 등 사람의 표정을 분석하는 AI를 사용해서 자동차 운전자의 피로도를 파악하거나, 영화 예고편에 대한 사람들의 반응을 평가하는 방법 등을 연구함

필요할 수 있다. 고위험/고보상 옵션 또는 안전한 옵션 중 어떤 것을 선택해야 하는가? 아니면 완전히 안전한 것은 아니지만 최소한의 보상보다는 나은 그 중간을 선택해야 하는가? 규칙을 프로그래밍할 수 있지만 맥락에 따라 가장 적절한 선택은 규칙이 제안하는 것과 다를 수 있다. 예를 들어, 기업이 경기 침체를 예상하는 경우 더 안전한 대안을 선호할 수 있다.

위험 허용 범위는 상황에 따라 달라지는 고려 사항의 예이며, 따라서 가까운 미래에 사람들이 관여할 가능성이 높은 항목이다. 기계가 숫자를 분석하는 동안 최종 결정은 사람이 내린다. 일반적으로 의사결정의 결과가 중요할수록 사람이 최종 결정을 내릴 가능성이 높아진다. 상황에 따라 달라지는 문제(맥락 의존형)의 다른 예로는 리쇼어링, 새로운 전략적 비즈니스 결합, 정치적 입장 등이 있다.

변화가 다가오고 있다. 이에 대해서는 의심의 여지가 거의 없다. 사람들이 다양한 수준의 자동화 작동 기계와 함께 일하게 될지, 로봇을 조작해야 할지, 로봇의 작동 방식을 설계, 제작, 설명해야 할지, 기계와 일자리를 공유해야 할지, 기계와 사람이 결합된 환경을 감독해야 할지, 사회는 이러한 변화에 대해 근로자와 기업을 준비시켜야 한다. 그 방법은 4부의 주제이다.

4부
인공지능과 일의 미래 전망

PART 4

LOOKING FORWARD

현대의 AI가 바르게 사용된다면 생산성을 높이고 새로운 경제 성장의 시대를 열 수 있다는 것은 의심의 여지가 없다. 하지만 이번에는 조금 다를 수 있는 이유는 바로 변화의 속도에 있다. 전기나 증기기관과 달리 거대한 공장을 지을 필요가 없기 때문이다. 한번 개발되면 빛의 속도로 움직이는 소프트웨어이기 때문이다. AI가 더욱 정교해짐에 따라 더 넓은 범위의 가능성을 개발할 것이다.

또한 공급망은 기술과 프로세스라는 여러 가지 요소가 결합된 것이지만, 결국은 인간 네트워크이다. 궁극적으로 공급망은 상품을 만들고, 보관하고, 운송하고, 계약하고, 소통하는 사람들로 구성되어 있으며, 모두 점점 더 강력해지는 기술로 보강될 것이다. 그리고 기술은 인간만이 가진 고유한 특성을 보완하는 힘이지, 대체하는 힘이 아니다.

퓨처 트렌드

Future Trends

공급망과 기업의 미래는 공급망 종사자에게 두 가지 상반된 영향을 미치는 다음의 세 가지 외부 트렌드의 상호작용에 의해 결정될 가능성이 높다. 첫째, 글로벌 공급망과 경제는 VUCA(변동성, 불확실성, 복잡성, 모호성) 수준이 증가하는 상황에 직면하고 있다는 사실이다. 그리고 둘째, 세계 인구는 이미 상당한 지리적, 인구 구조적 변화를 겪고 있으며, 이러한 변화는 가까운 미래에 더욱 가속화될 것으로 예상된다. 셋째, 끝없이 성장하는 정보 기술은 이러한 세상에서 유용한 데이터, 의사 결정, 제어 및 기능을 제공할 수 있다. 이러한 트렌드의 두 가지 영향은 다음과 같다. 첫째, 기술이 새로운 유형의 작업, 역할 및 일자리를 창출하더라도 이러한 기술은 필연적으로 기존 인력의 일부를 대체할 것이다. 둘째, 자동화의 확산에도 불구하고 글로벌 경제를 뒷받침하는 공급망의 모든 활동을 설계, 관리, 실행하기 위해 조직은 (추가된 기술 외에도) 사람을 계속 필요로 할 것이다.

인구 변화(저출산, 고령화)
Shifting Populations

사람은 공급망의 모든 단계에서 처음부터 끝까지 필수적인 역할을 한다. 공급 측면에서 사람은 누구나 필요한 제품과 서비스를 만드는 근로자, 관리자이면서 발명가이기도 하다. 수요 측면에서 이러한 사회 경제적 거시구조와 관련된 지출, 투자 및 규제에 큰 영향을 미치는 고객(그리고 유권자)이 바로 사람이다. 따라서 인구의 위치와 환경의 변화는 공급망의 운영 방식과 장소에 영향을 미친다.

이주

기후 변화, 지정학적 불안, 전쟁, 더 나은 삶에 대한 갈망으로 인해 세계 몇몇 지역의 사람들은 자국 내에서 또는 더 삶의 질이 높은 안전한 국가로 이주를 계속할 것이다. 유엔UN의 기후 변화에 관한 정부 간 협의체 Intergovernmental Panel on Climate Change, IPCC에 따르면 전체적으로 최소 33억 명의 사람들이 기후 변화에 매우 취약한 지역에 살고 있다고 한다.[1] 또한 20억 명의 사람들이 분쟁지역에 살고 있어 난민 이주 가능성이 높다고 추정한다.[2] 마지막으로, 세계 인구의 절반 이상이 하루 12달러 미만

매직 컨베이어 벨트

으로 생활하는 빈곤층이다.[3] 이 세 그룹*은 이주를 강요받을 수 있는 조건을 경험하기 쉬우므로 세계 여러 지역의 인구 규모가 변화하고 미래의 공급망이 해결해야 할 필요성이 발생한다.

이주는 새로운 소비자와 새로운 노동자를 이주 지역으로 데려올 것이다. 긍정적인 측면에서는 새로운 아이디어, 새로운 유형의 소비자 수요, 추가 노동력이 유입되어 경제에 새로운 활력을 불어넣을 것이다. 글로벌 이주는 일부 국가의 고령화 또는 인구 감소와 관련된 경제적 문제를 일부 완화할 수 있다. 예를 들어 일본이 더 많은 이주 노동자를 유치할 수 있게 이민 정책을 변경한 것도 이러한 이유 때문이다. 그러나 부정적인 측면에서는 이민자들이 이주 지역에서 환영받을 것인지 아니면 일자리 경쟁자로 인식되어 사회적 갈등을 유발할 것인지가 중요한 문제가 될 것이다. 또 다른 문제는 점점 더 기술적으로 숙련된 인력을 수용하길 원하는 이주 국가에서 완전한 참여자가 될 수 있는 기술과 자격을 갖췄는지 여부이다.

고령화 및 출산율 저하

기술, 경제 발전, 사회 변화 등 글로벌 요인을 확실하게 예측할 수 있는 경우는 거의 없지만, 인구통계학은 이미 정해진 운명과도 같다. 세계 인구는 고령 인구가 매우 많아지는 세계로 인구통계학적 전환을 겪고 있다. 2021년에는 전 세계 인구의 12%가 60세 이상이었지만 2050년에는 그 수가 거의 두 배인 22%로 늘어날 것이다.[4] 가장 극명한 예는 아마도

---

* 이 세 그룹은 자연스럽게 서로 겹치는 부분이 많다.

중국일 것이다. 2019년 중국의 60세 이상 인구는 2억 5,400만 명에 이르렀으며, 2040년까지 중국의 고령화 인구는 4억 명 이상으로 증가할 것으로 예상된다.[5]

많은 선진국에서는 출산율이 감소하고 수명이 늘어나면서 인구 고령화 추세가 나타나고 있다.[6] 일본, 이탈리아, 그리스, 동유럽 국가 등 여러 국가의 인구는 낮은 출산율로 인해 이미 감소하고 있다(대체출산율은 인구가 안정적으로 유지되기 위해 필요한 출산율의 수준으로 가임 여성 1명당 2.1명을 적정한 수준으로 보고 있으나, 일본은 1.37명, 이탈리아는 1.30명, 그리스는 1.35명, 한국은 매우 놀랍게도 한국은 0.87명이다).[7]** 앞으로 더 많은 선진국 인구는 고령화되고 감소할 것이다. 고령화 사회는 특히 인구 감소와 맞물려 근로 연령층과 은퇴 시민 사이에 불균형 문제를 야기하며, 정부 지출 패턴에도 변화를 가져온다.

젊은층이 줄어들고 노년층이 늘어나는 인구 구조는 전례 없는 어려움을 준다. 직장에서 일할 수 있는 근로자가 줄어들면서, 국민 건강 및 연금 시스템은 건강, 주거 및 사회적 돌봄이 필요한 노년층의 인구학적 홍수에 직면할 것으로 예상되는 반면, 공공 프로그램에 비용을 지불하고 노인을 돌보는 데 필요한 노동력을 제공할 젊은층은 줄어들 것이다.[8]

충분한 노동력을 확보할 수 있든 없든 이러한 요구는 여전히 존재할 것이다. 예를 들어 웨어러블, 주변 감지, 지능형 어시스턴트 및 관련 혁신의 형태로 삶과 일의 주요 영역을 향상시키는 데 사용할 수 있는 인공

** 통계청 발표에 의하면 2023년 합계출산율은 0.7명으로 OECD 국가 중 가장 낮은 수치를 기록했으며, 2024년은 0.68로 예상된다.

매직 컨베이어 벨트

지능과 로봇 공학 같은 범용 기술이 부분적인 해결책 중 하나가 될 수 있다. 이는 또한 이동성, 가정 간호, 가정 서비스를 개선하여 고령화 인구를 위한 서비스 기회를 제공한다.[9] 고령화 소비자는 건강 관리 및 일상생활 지원과 관련된 더 많은 제품과 서비스를 필요로 할 것이다. 이는 새로운 제품 기회 외에도 제품 배송, 설치 및 지원 서비스에서 공급망 서비스 기회를 창출한다. 많은 기업은 제품을 '서비스화servitize'하여 단순한 제품이 아닌 고객이 필요로 하는 완전한 솔루션을 판매할 가능성이 높다.

인구통계학적 변화는 미래의 일자리와 관련된 주요 문제이다. 예를 들어, 유럽의 제조업 엔진인 독일의 노동력은 2030년까지 500만 명이 부족할 수 있다.[10] 고령화는 기업이 노년층의 직장 생활을 연장할 수 있는 코봇(협동로봇)뿐만 아니라 로봇 공학에 투자하는 원동력 중 하나이다. 한 연구에 따르면 고령화와 노동력 감소가 업무 자동화 전환 원동력의 최대 35%를 차지할 수 있으며, "기술이 제공하는 효율성보다 노동력 고령화가 업무 자동화 도입에 더 중요한 요인이 될 수 있다"고 한다.[11] 기술이 인력 부족을 메울 가능성이 높지만 일부 직업에는 여전히 숙련된 인력이 필요하다. 이러한 (고령) 근로자는 다양한 코봇의 도움을 받을 수 있다(15장 "경쟁자가 아닌 동료로서의 로봇" 참조).

가장 중요한 점은 인력 고령화의 영향이 단순히 필요한 모든 업무를 수행하기에 충분한 인력을 유지하는 문제 그 이상이라는 점이다. 대규모 인력의 은퇴가 임박하면 조직이 알고 있는 업무 지식, 즉 흔히 '제도적 기억institutional memory'이라고 부르는 업무 지식의 이탈이 발생할 가능성이 높다. 직원들이 퇴사하기 전에 직원의 지식을 파악하고 관리하는, 즉 인수인계하는 것은 모든 조직에서 점점 더 중요한 우선순위가 될 것이다.

기업은 문서화된 매뉴얼에만 의존하는 대신 첨단 AI로 구현되는 위키, 챗봇, 첨단 센서, 카메라, 오디오 시스템 등의 대안을 활용해 정보를 수집하고 기존 직원으로부터 학습하고 데이터를 정리하며 해당 정보를 새로운 세대에 효율적으로 이전할 수 있는 몰입형 지식 관리 시스템을 만들어야 할 것이다.

새로운 산업혁명
A New Industrial Revolution

14장 "기계들의 행진"에서는 지난 몇 세기 동안 일자리, 공급망, 경제에 심오한 영향을 미친 일련의 산업혁명을 설명한다. 현재 진행 중인 4차 산업혁명에 대한 맥킨지 분석에서는 파괴적 기술의 네 가지 기본 범주와 그 예를 식별했다.[12]

- 연결성, 데이터 및 계산 처리 능력(예: 클라우드 기술, 인터넷, 블록체인, 센서)
- 애널리틱스Analytics와 인텔리전스(예: 고급 분석, 기계 학습, 인공지능)
- 인간−기계 상호작용(예: 가상현실VR 및 증강현실AR, 로봇 공학 및 자동화, 자율 주행 차량)
- 고급 엔지니어링(예: 적층 제조/3D 프린팅, 재생 에너지, 나노입자)

EU(유럽연합) 정책입안자들은 인더스트리 4.0을 보완하고 인더스트리 5.0으로 확장하는 미래 비전을 제안했다. 이 개념은 인더스트리 4.0의 결합된 정보 및 물리적 시스템을 사람 및 지구(환경)에 대한 고려 사항과 함께 "미래에도 경쟁력이 있도록future-proof, 회복탄력적, 지속가능 및 인간 중심"으로 통합한다. 이를 위해 EU는 인더스트리 5.0을 지원하는 6가지 구현 기술 카테고리를 제시했다.[13]

- 개별화된 인간-기계 상호작용
- 생체영감·모방 기술과 스마트 소재
- 디지털 트윈 및 시뮬레이션
- 데이터 전송, 저장 및 분석 기술
- 인공지능
- 에너지 효율성, 재생 에너지, 저장 및 자율성을 위한 기술

이 6개 영역은 인더스트리 4.0의 비전과 크게 겹치는 동시에 인더스트리 5.0의 인간중심humanist, 지속가능성 및 회복탄력성resilience 목표를 달성하는 데 유용한 기술 및 정책에 중점을 두고 있다. 여러 면에서 인더스트리 5.0의 비전은 4.0과 동일한 기술 혁명이지만 EU 정책 입안자의 문화적, 열망적 우선순위를 반영하는 몇 가지 차이점이 있다는 점에서 인더스트리 4.0B(유사점을 강조하기 위한 저자의 표현)와 더 비슷하다.

일자리는 어디에서 생겨날까
Where the Jobs Will Be

과거의 산업혁명은 사람들이 일하고 생활하는 방식에 큰 변화를 일으켰다. 19세기와 20세기 전반에 걸쳐 농업 고용은 감소한 반면 제조업 고용

은 증가했다. 농장 근로자들은 농촌 지역을 떠나 제조업 중심지로 향했고, 이는 접근 가능한 자재, 전력, 저렴한 교통 수단 또는 기존 인구 밀집 지역이 있는 도시 지역의 성장에 박차를 가했다. 20세기 후반에는 제조업 고용이 감소한 반면 서비스업 고용은 증가했다. 금융 서비스, 첨단 기술, 엔터테인먼트 및 관광업에 특화된 지역은 성장했지만, 기존 제조업 중심지는 축소되었다. 본질적으로 많은 근로자가 들판에서 공장으로, 공장에서 사무실로 이동하면서 인구 분포 패턴이 바뀌었다.

정보 기술, 자동화, 로봇 공학의 활용이 증가함에 따라 사람들이 일하는 장소도 변화할 가능성이 높다. 아웃소싱, 오프쇼어링, 다입지multi-location 기업과 조직, 다중 계층 공급망multi-tier supply chains 등 여러 번 설명한 트렌드는 사람들이 응집력 있게 일하기 위해 모두 함께 근무하거나 심지어 동일한 조직 내에 있을 필요가 없음을 보여준다. 통신, 인터넷, IoT 및 클라우드 서비스의 사용이 증가하면서 고도로 분산되었지만 효과적으로 조정된 인간 활동을 위한 강력한 인프라를 제공한다. "중개자로서의 코봇"에서 언급한 것처럼 자동화된 언어 번역의 도움을 통해 언어의 다양성조차 협업의 장애물이 되지 않는다.

코로나19 팬데믹의 재택근무 단계는 일부 사람들(주로 직장인)이 일하고 생활할 곳을 선택하는 또 다른 미래 트렌드를 예고할 수 있다. 사무실 건물이 폐쇄되고 원격근무가 시작되면서 많은 조직에서는 직원들이 값비싼 대도시 오피스 타워에 모일 필요가 없고, 직원들은 임대료가 비싼 도시에 살 필요가 없다는 것을 깨달았다. 사람들은 더 저렴한 장소에서 원격으로 일할 수 있게 되었고, 일부는 '디지털 노마드'가 되기 위해 해외로 이주하기도 했다. 재택근무는 대퇴사시대the Great Resignation 동안 사람들이 직장을 그만두는 상위 5가지 이유 중 두 가지인 유연성과 보육 문제를 해결했으며, 비좁고 값비싼 도시 지역 주택이나 매우 힘든 출퇴근 시간의 문제를 일부 완화해주었다. 위에서 언급한 기술은 원격 작업의 거의 모든 측면을 더욱 활성화할 수 있을 것으로 보인다. IoT 센서는 원격 가시성을 제공하고, 클라우드 앱은 데이터 및 기능에 대한 원격 액세스를 제공하고, 로봇은 물리적 시스템의 원격 제어를 제공하고, 직원 성과 모니터링 시스템은 원격근무자가 실제로 근무하고 있는지 확인하며, AR/VR 시스템은 근무자가 물리적으로 어디에 있든 더 나은 텔레프레즌스telepresence(참가자들이 실제로 같은 방에 있는 것처럼 느낄 수 있는 가상 화상회의 시스템)를 제공할 수 있다.

그러나 일부 고용주는 사무실에서 대면 상호작용이 사라지면 통제력, 문화, 커뮤니티 및 아이디어의 상호 교류가 사라질 수 있다고 우려한다.*** 이러한 이유로 일부 기업은 재택근무를 축소했지만 직원들의 반발로 인해 일부 기업은 직원들이 매주 며칠은 사무실에서, 다른 날은 원격으로 일할 수 있는 다양한 형태의 하이브리드 시스템을 제공하게 되었다. 2022년 9월을 기준으로 미국 주요 10개 대도시의 사무실 사용률은 팬데믹 이전 수준의 50%에 불과했다.[14] 자동차 덕분에 많은 사람들이 도시를 벗어나 교외로 이주할 수 있었던 것처럼, 인터넷과 원격근무는 인재의 디아스포라diaspora(흩어져 정착함)를 더욱 확대하고 있다.

오프쇼어링과 아웃소싱의 성공은 원격지에서도 얼마나 많은 일을

*** 나이키의 CEO 존 도나호는 실적 추락 원인으로 원격근무를 꼽으며 "줌(Zoom) 같은 원격 회의로는 파괴적 혁신을 하기 어렵다"고 인터뷰했다(2024년 4월 CNBC).

할 수 있는지 증명한다. 휴렛 패커드의 설립자 중 한 명인 데이비드 패커드가 1995년 출판한 회고록 《HP만의 방식The HP Way》에서는 모든 임직원이 전 세계 수십 개의 부서와 시설에 흩어져 있어도 기업이 응집력 있는 문화를 만들 수 있음을 보여준다.

디지털에 익숙한 소위 디지털 네이티브는 온라인 상호작용에 매우 익숙해 보이며 실제로 대면 회의나 전화 통화보다 문자 메시지를 선호하는 것으로 나타났다(물론 개인적인 상호작용도 중요하다고 말하지만).[15] 이들은 메타버스와 같은 가상 디지털 환경에서 편안하고 생산적일 수 있으며, 사이버 공간에서는 이러한 상호작용에 대한 물리적 공간의 엄격한 제약이 훨씬 줄어들기 때문에 우연한 만남을 가능하게 하고 심지어 개선할 수도 있다. 마지막으로, 기업은 물리적 출퇴근 거리 내에 있는 제한된 인구 중에서만 인재를 채용하는 것과 전 세계의 방대한 인력 풀에서 최고의 인재를 채용하고 대부분 온라인을 통해 이들을 상대해야 하는 것 사이에서 상충되는 문제에 직면하게 된다.

우버Uber는 P2P 플랫폼을 통해 사람들이 일하는 방식을 변화시키는 긱 워크gig work라는 새로운 범주의 기술 기반 고용의 전형적인 예이다. 긱 워크 플랫폼은 개인, 독립 계약자, 프리랜서들이 전통적인 회사의 고용 시스템을 피할 수 있게 해준다. 이러한 플랫폼은 첨단 기술 시스템을 사용하여 개인이 공항까지의 차량 이동, 새 로고 제작이나 심리 상담과 같이 명확하게 정의된 특정 작업이 필요한 소비자 또는 기업과 직접 연결할 수 있게 해준다. 2021년 미국의 비영리, 비정당적 사회과학 연구 기관 퓨 리서치 센터의 보고서에 따르면 미국인의 9%가 현재 또는 최근에 시작한 긱 워커이며, 약 3%의 미국인이 긱 워크를 주요 직업으로 사용하는

것으로 나타났다.[16]

이러한 긱 워크 작업의 대부분은 레스토랑 테이크아웃, 식료품, 드라이 클리닝 또는 승객 운송과 같은 특정 형태의 교통 및 물류를 포함한다. 그러나 다른 플랫폼에서는 실제 제품과 고도의 기술이 필요한 서비스를 제공한다. 파이버Fiverr 는 500개 카테고리의 프리랜서를 기업과 연결해주고, 베터헬프BetterHelp 는 정신심리 상담사와 개인을 연결해주는 플랫폼이며, 엣시Etsy 는 공예가나 장인이 전 세계 소비자와 연결할 수 있도록 해준다. 일반적으로 이러한 플랫폼은 마케팅, 판매, 고객 커뮤니케이션, 청구, 회계 및 업무별 도구(예: 우버 운전자를 위한 차량 경로 지정 및 결제 처리)와 같은 수많은 비즈니스 기능을 자동화하거나 강화하여 긱 워커가 업무에 집중할 수 있도록 지원한다.

직업은 어떻게 될까
What the Jobs Will Be

14장 "저항"에서 언급했듯이 직업의 미래에 대한 예측은 전문가마다 다르다. 분명한 것은 세상과 기술의 변화가 고용 시장과 대부분의 사람들이 일하는 방식에 근본적인 변화를 가져올 가능성이 높다는 점이다.

WEF가 발표한 〈2023 일자리 미래 보고서Future of Jobs Report 2023〉에 따르면 수요가 가장 급격히 감소할 것으로 예상되는 상위 10개 직업은 다음과 같다.[17]

• 은행 창구 직원 및 관련 사무원

- 우편 서비스 직원

- 계산원 및 매표원

- 데이터 입력 사무원

- 행정 및 임원 수행 비서

- 자재 기록 및 재고 관리 사무원

- 회계 및 급여 처리 사무원

- 가전제품 설치 및 수리 기사

- 입법자 및 공무원

- 통계, 재무 및 보험 사무원

이러한 유형의 감소하는 일자리 중 상당수는 최신 세대의 AI 및 로봇 공학으로 자동화할 수 있는 단순하고 일상적인 관리 또는 육체적 업무와 관련이 있다. 그러나 자동화로 인한 일자리 감소에도 불구하고 많은 사람들이 여러 가지 이유로 이러한 직업 범주에 남아 있을 수 있다. 첫째, 쉽게 자동화할 수 없는 복잡한 사례나 예외를 처리하는 데 도움을 주기 위해 고용될 것이다. 복잡하거나 변화된 상황을 이해하는 사람들의 능력, 즉 맥락을 파악할 수 있는 능력은 이 분야에서 유용하게 활용될 것이다. 둘째, "창의적 코봇"에 설명된 대로 아무리 정교한 AI 시스템이라도 조건이나 이벤트가 학습 데이터의 범위를 벗어나면 오류가 발생할 수 있다. 따라서 사람들은 자동화를 감독하고 시스템 오류나 무의미한 산출에 인위적으로 개입하는 등 이러한 영역에서 도움을 주기 위해 일부 업무를 유지하게 될 것이다. 궁극적으로 이러한 일자리를 유지할 가능성이 가장 높은 사람은 가장 숙련된 직원이 될 것이다. 즉, 기계의 산출이 말이 되지 않는 경우와 기계가 실수를 하거나 상황을 처리할 수 없는 경우 어떻게 해야 하는지 아는 경험이 있는 사람이 될 것이다.

기술 발전은 덜 숙련되거나 교육 수준이 낮은 많은 사람들의 일자리를 대체할 가능성이 높지만, 한편으로는 일부 유형의 일자리에서는 요구되는 숙련도를 낮춤으로써 낮은 기량의 일자리를 포함하여 더 많은 일자리를 창출할 수 있다는 점에 주목하라. 런던 택시 기사와 우버의 사례("기술이 일자리를 파괴하는 방법" 참조)에서 알 수 있듯이 차량 경로 안내 소프트웨어를 사용하여 '지식'이 필요 없어지자 일반 자동차 운전자도 매우 복잡한 런던 시내 전역에서 차량 서비스를 제공할 수 있게 되었다. 은행이 더 많은 지점을 개설하고 더 많은 창구 직원을 고용하게 된 ATM 설치의 사례처럼, 일자리가 없어져도 비즈니스 비용이 절감되어 성장과 더 많은 일자리로 이어질 수 있다.

일부 연구에 따르면 운송, 창고 및 제조 분야가 가장 빠르게 자동화되어 저숙련 근로자의 공급망 관련 고용이 크게 감소할 수 있다고 한다. 로봇 시스템이 선반에서 상품을 고르고, 상자를 포장하고, 팔레트를 트럭에 싣는 데 더욱 능숙해지면서 창고 및 주문 처리 센터에는 과거보다 더 적은 인력이 필요할 수 있다. 14장 "기계로 대체된 물류 업무의 구조 파악"에서 언급했듯이 자율주행 트럭이 도로에 투입될 준비가 되면 트럭 운전사 수는 줄어들 수 있지만 모든 노선과 모든 지역에서 트럭 운전사를 대체하지는 못할 것이다. 더욱이 운전 업무 관련 일자리 감소는 계획, 모니터링, 기술 일자리뿐만 아니라 화물 운송 센터 및 도시 주문 처리 센터를 지원하는 일자리 창출로 상쇄될 가능성이 높다.

앞서 언급한 WEF가 발행한 〈2023 일자리 미래 보고서〉에 따르면

수요가 가장 급격히 증가할 것으로 예상되는 상위 10개 직업은 다음과 같다.[18]

- AI 및 머신러닝 전문가
- 지속가능성 전문가
- 비즈니스 인텔리전스 분석가
- 정보 보안 분석가
- 핀테크 엔지니어
- 데이터 분석가, 데이터 사이언티스트
- 로봇 공학 엔지니어
- 빅 데이터 전문가
- (기후 변화 대응, 농업기술 수요 증가에 따른) 농업 장비 운영자
- 디지털 트랜스포메이션 전문가

이러한 상위 10개 직업 성장 분야의 대부분은 최근 인터넷과 인공지능 기술의 발전과 도입에서 비롯되었으며, 20년 전에는 거의 존재하지 않았던 직업도 많다. 이러한 각 직업군은 단순히 새로운 유형의 직종 그 이상을 나타낸다. 각 직업은 소프트웨어, 서비스 및 컨설턴트의 생태계를 갖춘 새로운 하위 산업을 대표하기도 한다. 따라서 이러한 기술 집약적인 직업들은 일부 비기술자들도 고용할 필요가 있는 기술 회사들을 포함하여 미래 고용의 빙산의 일각에 불과하다(WEF의 <일자리 미래 보고서> 목록은 대기업의 수요에 초점을 맞춘 것으로 보이며, 사람이 직접 수행하는 서비스 일자리에 대한 수요 증가 가능성은 간과하고 있다는 점에 유의). 미국 회계감사원US

매직 컨베이어 벨트

Government Accountability Office에서도 미래에 요구되는 기술에 초점을 맞춘 유사한 목록을 개발했으며, 이는 19장 "기술 격차에 유의하라"에서 설명하고 있다.

이 감소하는 직업과 증가하는 직업의 범주는 모든 직업에 영향을 미칠 많은 변화의 모습을 보여준다. 대부분의 직업은 가시성을 제공하고 조정을 지원하며 결과를 추적하기 위해 데이터, 온라인 커뮤니케이션 및 기술을 더 많이 활용하게 될 것이다. 많은 직원들은 명확성, 어조 및 전문성을 위해 이메일과 업무 관련 작문을 챗GPT나 그래머리Grammarly(문서작성 지원, 영문법 검사)와 같은 AI 기반 서비스를 사용하여 자동으로 조정할 수 있도록 함으로써 의사소통 기술을 강화할 것이다. 그리고 많은 직원들이 공급업체, 비즈니스 고객, 인사 관리 및 기타 부서를 위한 포털과 같은 기술 플랫폼과 더 많이 상호작용할 것이다. 이러한 변화는 생산성을 향상시키고 모든 직원이 고객에게 제공하는 가치를 높이는 데 도움이 될 것이다.

미래 개선의 본질
The Essence of Improving the Future

사회, 기업, 개인의 미래를 바라보면 시간이 지남에 따라 이 세 가지 범주의 조직을 어떻게 개선할 수 있을지에 대한 장기적인 문제가 제기된다. 최소한 장기적으로 긍정적인 미래를 갖기 위해서는 이러한 주체들이 지속적으로 생존할 수 있도록 보장해야 한다.

소비자의 경제적 생존 가능성은 그들이 근로를 통해 벌거나 다른 출처에서 얻는 수입보다 구매하는 상품에 대해 더 적은 비용을 지불하는 데 달려 있다. 공급망은 가계 지출과 가계 소득 사이의 균형을 맞추는 데 있어 양쪽 모두에서 중요한 역할을 한다. 비용 측면에서는 공급망의 효율성과 생산성이 많은 소비재와 서비스의 가격을 결정한다. 소득 측면에서 공급망은 일자리의 상당 부분을 제공한다. 6장 "공급망의 사람들"에 언급된 MIT 보고서에 따르면, 공급망 서비스 직종은 제조업 종사자나 B2C 경제 부문에 비해 평균 급여가 더 높다.[19] 이러한 직업은 특히 국제 무역과 관련된 직업의 경우 더 많은 STEM(과학, 기술, 엔지니어링, 수학) 역량을 더 많이 사용하는 기술 집약적인 직업이다. 따라서 공급망 서비스는 혁신의 중요한 동인이며(서비스 프로세스 혁신은 특허를 받기 어렵기 때문에 과소평가될 가능성이 있음에도 불구하고), 이는 공급망 일자리에서 높은 노동 생산성과 높은 임금으로 이어진다.

앞으로 기업의 생존 가능성은 기업 비용과 수익 간의 바람직한 균형에 달려 있다. 한편으로 기업은 근로자, 공급업체, 투자자, 정부 및 기타 이해관계자에 대한 지불과 같은 비용을 최소화해야 한다. 반면에 기업은 고객으로부터 수익을 극대화해야 한다. 두 경우 모두 기업은 근로자와 공급업체에 지불할 수 있는 금액과 고객에게 청구할 수 있는 금액이 제한된다. 시장 가격의 압박을 감안할 때 기업은 혁신을 통해 제품과 서비스의 매력을 높여 수익을 늘릴 수 있다. 또한 생산성을 높이고 자재 낭비를 줄이며 자산 활용도를 개선하여 비용을 절감할 수 있다.

사회의 장기적인 생존 가능성은 사회적 지속가능성과 환경적 지속가능성에 따라 결정된다. 사회적 지속가능성을 위해서는 사회적, 정치적, 지정학적 안정성이 필요하며, 이는 사람과 국가 간 소득과 부의 분배에 달려 있다. 이는 또한 법으로 강제할 수 있는enforceable 인권과 자원에 대한 공평한 접근을 포함한 사회 정의에 달려 있다. UN은 환경 지속가능성을 "미래 세대가 자신의 필요를 충족할 수 있는 능력을 손상시키지 않으면서 현재의 필요를 충족시키는 것"으로 정의한다.[20] 이 정의는 지구를 지탱하는 생태계의 수용 능력 내에서 생활하고 기후 변화와 광물 자원, 농업 자원, 수자원을 포함한 지구 자원의 고갈을 막는 것을 의미한다.

지속가능성의 사회적, 환경적 측면은 모두 제품 경제성 및 근로자 임금에 대한 역할과 광물 및 농업 자원 추출에 대한 중요한 영향으로 인해 공급망과 매우 밀접한 연관성을 가지고 있다.

이러한 생존 가능성과 지속가능성의 형태와 공급망 성과에 영향을 미치는 세 가지 요소(VUCA, 사람, IT 자동화 확산)의 상호작용은 두 단계로 이루어진 핵심 과제로 이어진다. 첫 번째는 미래의 공급망이 저렴한 상품과 서비스를 만들고 제공하는 데 필요한 기계와 노동력을 확보하는 것이다. 두 번째는 현재와 미래 세대의 사람들이 노동력을 제공하는 데 필요한 기술을 갖도록 보장하는 것이다. 맥킨지는 AI가 2029년까지 세계 경제에 13조 달러를 기여할 것으로 추정한다.[21] 중요한 문제는 이 13조 달러가 세계 경제 전반에 어떻게 확산될 것인가이다. 개인, 조직, 국가가 '더 나은 미래'를 원하는 만큼, 더 나은 미래는 저렴한 제품, 충분한 임금, 수익성 있는 기업, 지속가능한 사회라는 측면에서 정의될 수 있다.

직업의 중요성은 명백하게 말하면 생계를 유지하는 능력 이상이다. 직업은 개인적 성취감, 사회적 상호작용, 새로운 기술을 배울 수 있는 기회를 제공한다. 더욱이 기업, 조직의 일원이 된다는 것은 집단에 대한 소속감과 개인을 초월하는 목적의식을 형성할 수 있다. 현대 공급망은 생산과 소비를 모두 익명화하는 것처럼 보이지만, 데이터 가용성과 투명성 수준이 높아지면 얼굴 없는 기업의 이면이 드러날 수 있다. 정보 기술은 장거리long-distance 공급망에서 사람과 사람을 연결할 수 있는 더 많은 기회를 제공한다. 즉, 비인격적인 "57번 검사자" 같은 태그가 아닌 제품을 누가 만들었는지 보여줄 수도 있다. 개인정보 보호 문제로 인해 이러한 세부 정보가 제한될 수 있지만, 이러한 방향으로 나아가는 이니셔티브의 예로 커피를 재배하는 농부와 고객을 연결하려는 스타벅스의 노력이 있다. 스타벅스는 자사 앱에서 포장된 커피의 원산지와 로스팅 장소 및 시간을 보여주는 기능을 개발 중이다. 또한 커피 농부들이 원두를 판매한 후 어디로 가는지도 확인할 수 있다.

개선에는 시간과 투자가 필요
Improvement Will Take Time and Investment

스마트폰에 새로운 앱을 다운로드하고 실행하는 데는 단 몇 분밖에 걸리지 않지만, AI 기반 애플리케이션과 같은 일부 인더스트리 4.0 및 5.0 기술의 광범위한 도입에는 오랜 시간이 걸릴 수 있으며 항상 성공을 담보하는 것도 아니다. 그 이유는 이러한 기술 중 일부가 비즈니스의 조직 및 운영 방식에 광범위한 영향을 미칠 수 있기 때문이다. AI 기술의 초기 도입은 대부분 비즈니스 프로세스 솔루션 범주에 속하며(14장 "기술이 일자리를 파괴하는 방법" 끝부분 참조), 주로 인건비 절감에 초점을 맞추고 있어 근로자들 사이에서 두려움을 불러일으키고 있다.

매직 컨베이어 벨트

도입을 향한 긴 여정

14장의 "저항"에서 설명된 바와 같이, 역사는 기술이 많은 일자리를 사라지게 하거나, 임금을 감소시키고 혹은 근로자가 불편한 방식으로 일자리를 변화시킬 것이라는 두려움 때문에 기술 변화에 저항한 사례로 가득 차있다. 그리고 모든 기술에는 단점이 있기 때문에 일부 세력은 변화에 저항하기 위해 그러한 단점을 강조할 가능성이 높다. 일반적으로 언급되어온 단점은 학습 곡선learning curve이 길어서 학습 비용이 높아질 수 있다는 것이다. 시행 후에도 직원들이 새로운 프로세스와 기대에 맞게 일상적인 업무 습관을 조정하는 데 시간이 걸릴 수 있다. 직원들이 잘 알고 사용하고 있는 기존 시스템을 버리는 과정은 더욱 어려울 수 있다.

다른 변경 관리 과제와 마찬가지로 업무에 실질적인 영향을 미치는 새로운 소프트웨어 시스템을 도입하려면 직원의 동의가 필요하다. 이는 디지털 네이티브가 아닌 기업이 디지털 혁신을 시작할 때 특히 중요하다. 프로세스는 일반적으로 조직에 대한 변화의 필요성과 변화의 이점에 대한 광범위하고 자세한 설명으로 시작된다. 어떤 경우에는 비즈니스에 대한 위협을 인식함으로써 그러한 변화가 이루어지기도 한다. 예를 들어, 월마트, 타겟Target 및 기타 여러 전통적인 소매업체의 다양한 디지털 프로세스 채택은 아마존이 제시하는 경쟁 위협으로 인해 확실히 가속화되었다.

고객관계관리CRM 소프트웨어의 도입을 생각해 보자. 예상되는 이점으로는 고객 서비스 개선과 고객 유지율 향상으로 인한 매출 증대 등이 있다. 그러나 이러한 시스템을 구현하는 데에는 몇 가지 어려움이 있다. 첫째, 규모가 크고 복잡하다. 숙달하는 데 오랜 시간이 걸리며 일반적으

로 각 기업 고유의 전문화된 주문 제작 요소를 구축하고 사용하는 작업
이 포함된다. 둘째, 직원이 온보딩 onboarding(새로운 지식, 기술, 행동을 교육하
는 과정)하고 이를 사용할 수 있게 되는 과정에 오랜 시간이 걸린다. 교육
에는 여러 세션이 포함되며 사용자가 필요할 때 액세스할 수 있어야 하는
상황별 도움말 개발이 포함된다. 셋째, 아마도 가장 큰 장애물은 기존 및
잠재 고객 거래에 대한 포괄적인 기록을 보유하기 위해 조직의 많은 사람
들이 시스템에 데이터를 입력해야 한다는 것이다. 이는 영업사원이 고객
상호작용을 문서화해야 할 뿐만 아니라 조직 내 모든 사람이 기존 고객
또는 잠재 고객과 접촉한 내용도 기록해야 함을 의미한다. 많은 경우, 이
러한 기록 관리는 추가 업무로 이어지지만, 이로부터 혜택을 받는 사람
은 이를 기록한 사람이 아니다.

공급망 과제

공급망은 한 조직 내에서만 아니라 공급망 전반에 걸쳐 사용되는 기술 도
입을 조정해야 하기 때문에 일부 새로운 기술의 도입에 상당한 어려움
(및 지연)이 있다. 예를 들어, 2001년에 전자상품코드 EPC 가 부착된 수동
형 RFID 태그가 광학 바코드보다 큰 발전을 이룰 것으로 예상되었다. 이
러한 태그는 모든 단일 제품 단위에 고유한 제품 코드를 할당할 수 있으
며, 태그를 들고 스캐너로 방향을 맞추는 추가 작업 없이 멀리서도 판독
할 수 있었다. 2003년에 월마트는 상위 100개 공급업체에게 모든 팔레트
와 케이스(연간 약 10억 케이스)에 이러한 태그를 사용하도록 의무화했다.[22]
그 후 이 의무사항을 확대했다. 월마트는 RFID 태그가 재고 정확성, 배
송 및 수령, 품절 사례, 품질 검사, 자동 결제, 리콜, 도난 등에 대해 더

나은 성능을 제공할 것으로 기대했다.[23] 업계 전문가들은 모든 제품에 태그를 부착하고 공급망의 모든 측면에 대한 엔드투엔드End-to-end, E2E(종단간) 가시성을 확보할 수 있을 것이라고 장밋빛 전망을 내놓았다.

하지만 실제로 이 기술을 도입하는 것은 생각보다 훨씬 어려웠다. 월마트와 공급업체들은 상호 운용 가능한 스캐너 찾기, 스캐너 정확성, 소프트웨어 통합, 손상된 스캐너 안테나, 다른 무선 장치의 간섭, 신호를 차단하는 액체 및 금속 캔으로 인한 문제 등 수많은 기술적 문제에 직면했다. 그러나 가장 큰 문제는 이러한 공급망 기술이 긍정적인 영향을 미치기 위해서는 해당 기업(여기서는 월마트)이 이를 채택해야 할 뿐만 아니라 전체 공급 생태계도 이를 채택해야 한다는 것이다. 여기에는 공급업체, 유통업체, 서비스 제공업체는 물론 업계 경쟁업체까지 포함된다.

많은 사람들이 태그 비용, 즉 태그가 대량 생산될 때만 저렴해지고 공급업체가 (비싼) 태그를 채택할 때까지 대량 생산되지 않는, 즉 '닭이 먼저냐 달걀이 먼저냐chicken-and-egg problem' 문제 때문에 주저했다. 특히 소규모 공급업체는 스캐너, 소프트웨어, 교육 및 추가되는 모든 데이터 처리 비용에 부담을 느껴 도입을 주저했다. 실제로 월마트에 따르면 6만 개의 공급업체 중 600여 개의 대형 공급업체만이 RFID를 '어느 정도' 채택했다고 한다.[24] 실패의 원인 중 대부분은 광범위한 RFID 채택의 이점이 월마트에 돌아가는 반면 공급업체, 특히 소규모 공급업체는 뚜렷한 이익 없이 상당한 양의 자원을 투자해야 했기 때문일 것이다. 결국 월마트는 이 계획을 포기하고 RFID 의무화 조치에서 벗어났다.

품목 수준의 RFID가 새로운 방식으로 돌아온 것은 최초 발표 이후 16년이 지나서였다. 2019년에 월마트는 의류, 신발, 선글라스, 시계에 대한 품목 수준 태그를 사용하여 RFID 의무화를 향한 행진을 다시 시작했다. 2022년에는 그 의무가 확대되어 다양한 가전제품, 가정용품 등이 추가되었다.[25] 한편, 타겟, 테스코, 메이시스Macy's, 노드스트롬Nordstrom 과 같은 소매업체에서도 일부 상품 카테고리에 RFID 태그를 의무화하기 시작했다. 전반적으로 RFID는 가트너Gartner 소매 산업 '수석 연구원' 산딥 우니Sandeep Unni 가 말했듯이 "보편적인 과대광고부터 피할 수 없는 소강상태, 팬데믹으로 촉발된 르네상스까지" 롤러코스터 같은 하이프 사이클**** 관심의 행보를 보였다.[26]

RFID 사용 의무화의 두 번째 물결에서 월마트가 성공할 수 있었던 것은 기술의 이점을 널리 알린 덕분이다. 첫째, 공급업체가 구매하여 제품에 부착해야 하는 태그 비용이 개당 약 20센트에서 2018년에는 개당 3~8센트로 급락하면서 더 많은 공급업체가 RFID를 채택하기 시작했다. 공급업체가 RFID를 채택한 두 번째 원동력은 시간 절약 측면에서 여전히 소매업체에 많은 이점이 발생하는 동시에 공급업체도 재고 정확성 측면에서 자체 운영에서 이점을 찾을 수 있다는 점이었다.

예를 들어, 허먼 카이Herman Kay 는 뉴욕에 본사를 둔 의류 위탁 제조업체로 마이클 코어스Michael Kors, 런던 포그London Fog, 카렌 밀렌Karen Millen, 앤클라인Anne Klein 등 여러 브랜드 의류를 생산하고 있다. 이 회사의 최고 기술 및 정보 책임자인 리치 해이그Rich Haig 는 RFID 도입에 대

**** 기술 성숙도를 표현하기 위한 시각적 도구로 기술 개발업체의 과장, 언론의 호들갑부터 대중의 과잉 기대가 어우러져 초기에 지나치게 큰 환상(hype)이 형성되는 것이 일반적이며, 그 이후 실망감에 다시 관심이 사라지고, 어느 정도 시장이 형성되면서 재관심을 받고, 본격적으로 해당 기술이 보급되는 양상이 보인다고 설명하는 모델

매직 컨베이어 벨트

해 설명하면서 다음과 같이 말했다. "이제 우리는 주문을 100% 정확하게 처리하고 있다. 과거에는 소매업체가 블랙 300벌, 네이비 300벌 등 다양한 사이즈의 코트 600벌을 주문하면 주문한 특정 사이즈와 색상이 제대로 들어왔는지 알 수 없었다. 이제는 기대치가 바뀌었고 소매업체와 고객은 어떤 상품이 어디에서 판매되는지 알고 싶어 한다. 덕분에 우리는 훨씬 더 나은 공급업체가 되었다."[27]

범용 기술GPTs

일부 신기술은 업무, 비즈니스, 공급망 및 경제에 광범위한 영향을 미치며, 혁신적인 성과를 내기까지 수십 년이라는 긴 시간이 걸리기도 한다. 범용 기술general-purpose technologies, GPTs 은 다양한 목적을 위해 여러 가지 방법으로 사용될 수 있는 기술이다. 예를 들어, 에너지는 모든 제품과 서비스의 필수 요소이다. 에너지가 없으면 공장, 교통, 난방, 조명, 심지어 부엌까지 멈춘다. 에너지 생산, 저장 또는 유통 분야에서의 신기술은 GPT인 것이다.

단순히 하나의 에너지 기술이 다른 에너지 기술을 대체하는 것처럼 보일 수도 있지만, 기존 기술과 신기술의 특정 특성 및 제약 조건은 광범위한 영향을 미칠 수 있고 이러한 효과가 나타나는 데는 상당한 시간이 걸릴 수 있다. 예를 들어, 증기 시대에 공장은 중앙 증기 발전소를 중심으로 지어진 다층 블록형 건물인 경우가 많았다. 에너지 집약적인 공장 작업은 건물 내 기계 전력을 분배하는 데 드는 높은 비용을 최소화하기 위해 발전소 근처에 위치해야 했다. 전기 발전이라는 혁신이 처음 도래했을 때 공장은 기존의 다층 블록형 건물 내에서 증기 발전소와 기계

배전 시스템을 전기 모터와 전선 배전 시스템으로 교체했다. 그러나 전기는 증기와 같은 제약이 없었기 때문에 공장 설계에서 훨씬 더 광범위한 제2의 혁신을 가능하게 했다. 하나의 거대한 구동축에 맞춰 공장을 설계하는 대신, 생산 라인의 필요에 따라 공장을 설계할 수 있었고, 이는 낮고 긴 건물 설계로 이어졌다. 증기 동력과 달리 긴 조립 라인을 따라 전력을 생산하여 필요한 지점으로 전달할 수 있다. 기업들이 증기와 달리 전기로 가능한 것이 무엇인지 완전히 이해하고 증기보다 전기의 이점을 극대화하는 완전히 새로운 생산 방식을 설계하는 데는 수십 년이 걸렸다.

증기 발전에서 전기 발전으로의 전환은 산업체의 위치에 훨씬 더 큰 영향을 미쳤다. 증기 발전소는 탄광과 같은 연료 공급원 근처에 위치해야 했지만 전기가 등장하며 공장과 제분소는 전기가 공급되는 곳이라면 어디든 위치할 수 있게 되었다. 이로 인해 공장은 농촌 지역을 떠나 더 많은 노동력, 수많은 소비자, 편리한 교통 접근성을 활용할 수 있는 도심 지역으로 이동하게 되었다. 이는 도시의 성장에 기여했고, 전기의 생산과 유통과 관련된 새로운 산업의 발전으로 이어졌다.

또 다른 미래지향적인 사례로, 사람이 운전하는 직접적으로 대체할 수 있는 자율주행 트럭을 생각해 보자. 로봇트럭은 운전자의 제약이 없기 때문에 단순히 사람 운전자의 필요성을 줄이는 것을 넘어 더 큰 변화를 가져올 것이다. 미국에서 트럭 운전사는 합법적으로 하루 11시간(연속 10시간 휴식 후) 이상 운전할 수 없으며, 최대 연속 14시간까지 근무할 수 있다. 반면 자율주행 트럭은 하루 24시간 동안 운전할 수 있다. 트럭이 하루에 이동할 수 있는 거리는 전략적 공급 네트워크 설계에 영향을 미칠 가능성이 높기 때문에 지속적으로 운전할 수 있는 능력이 공급 및 유통에

매직 컨베이어 벨트

미치는 영향은 매우 크다. 공급 및 유통 네트워크는 각 유통센터에서 고객에게 서비스를 제공하는 데 필요한 시간을 기준으로 설계되었다. 업계의 일반적인 서비스 요구 사항은 하루 내 배송delivery within one day이다. 예를 들어 운전자의 근무 시간 제한으로 인해 트럭이 하루에 이동할 수 있는 최대 거리가 약 804km라면, 소비 및 산업 중심지로부터 물류센터가 위치하게 될 거리는 이 정도이다.

그러나 자율주행 트럭은 하루에 1,609km 이상을 운전할 수 있기 때문에 기업은 물류센터 거리를 두 배로 늘리면서도 하루 내 배송 서비스를 유지할 수 있다. 동일한 인구 규모에 서비스를 제공하는 유통센터 수가 더 적다는 의미는 유통 인프라 비용 절감에만 국한되지 않는다. 이러한 변화는 기업의 재고 유지 비용 절감으로 이어져 리스크 풀링risk pooling*****의 이점을 더욱 극대화할 수 있다. 각 물류센터에서 서비스를 받는 고객 수가 증가함에 따라 시스템의 총 안전 재고는 감소한다. 그 이유는 각 물류센터에서 서비스를 받는 고객 수가 증가할수록 수요 변동이 서로 상쇄될 가능성이 높아져 재고 수준의 증가가 서비스를 받는 고객 수의 증가보다 작아지기 때문이다.

자율주행 트럭 운송은 예상치 못한 환경적 이점도 가져올 수 있다. 우선, 엔진이 연료를 적게 사용하면서 속도를 제어하고 최적의 성능으로 작동하도록 프로그래밍할 수 있다. 하지만 더 큰 이점이 있다. 내가 만난 한 업계 임원은 자율주행 트럭이 트럭 회사의 소모 연료를 40% 절약할 수 있다고 주장했다. 운전실 내부의 냉난방과 대기 시간 동안 엔진을 공

***** 여러 수요를 통합 관리하여 불확실성을 상대적으로 감소시키는 방안

회전 상태로 유지하는 데 사용되는 연료의 경우, 사람이 운전하지 않으면 이 두 가지가 모두 필요하지 않으므로 연료 소비를 절감할 수 있다는 것이다. 따라서 GPT로 인식되지 않는 기술이라도 즉각적인 영향을 넘어 시간이 지남에 따라 널리 그리고 광범위하게 영향을 미칠 수 있다.

Chapter

18

사람과 조직을 위한 더 나은 도구

Better Tools for People and Teams

사람, 팀, 조직이 새로운 자동화/AI 기술로 생산성을 극대화하기 위해서는 새로운 도구가 필요하다. 이러한 도구는 작업자, 팀, 관리자가 기술을 활용하여 협업할 수 있어야 한다. 다음 섹션에서는 업무 프로세스에서 사람이 차지하는 위치에 대해 논의한 후, 복잡하게 연결된 글로벌 공급 망에서 사람들이 상황을 감지하고 분석하며 행동 방침을 권장하는 데 도움이 되는 네 가지 범주의 도구에 대해 설명한다.

인간참여형 모델 스펙트럼
A Spectrum of Human-in-the-Loop Models

사람들이 기계와 함께 일하기 위해 필요한 도구는 미래 경제에서 사람들의 역할과 AI 및 자동화와 가장 잘 협업할 수 있는 방법에 따라 달라질 것이다. 《하버드비즈니스리뷰》의 기사에서 액센추어Accenture의 고위 임원 두 명은 기업이 인간과 AI 간의 협업을 최적화하는 데 도움이 될 수 있는 5가지 원칙을 설명했다. 비즈니스 프로세스 재구상, 실험/직원 참여 수용, 적극적인 AI 전략 방향 설정, 책임감 있는 데이터 수집, 관련 직원 기술을 함양하는 동시에 AI를 통합하기 위한 업무 재설계 등이 바로 그것이다. 저자들은 12개 산업 분야의 1,075개 기업을 대상으로 한 연구 결과를 기반으로, 이러한 원칙을 더 많이 채택한 기업은 속도, 비용 절감, 매출 또는 기타 운영 측면에서 더 나은 성과를 내는 AI 이니셔티브를 갖고 있다고 말한다.[1]

비즈니스 프로세스를 재구상하고, AI를 통합하기 위해 업무를 재설계하고, 관련 직원 기술을 육성하려면 조직 내 활동과 업무의 자연스러운 흐름에 대한 고민이 필요하다. 여러 이론가들은 사람과 조직이 업무와 프로세스를 효과적으로 수행할 수 있는 다양한 프레임워크를 개발해 왔다. 미 육군은 OODA 루프(관찰, 판단, 결정, 행동)라는 프레임워크를 사용하고, 비즈니스 변경 관리자는 PDCA(계획, 실행, 평가, 개선)를, 6시그마는 DMAIC(정의, 측정, 분석, 개선, 관리)를 사용한다. 약어 선택과 각 프레임워크의 뉘앙스에 관계없이 모든 프레임워크에는 상황에 대한 정보 수집, 결정 또는 계획 수립, 조치 및 결과에 대한 추가 정보 수집을 포함하는 일종의 순서와 반복 또는 루프 단계를 포함한다.

매직 컨베이어 벨트

AI와 자동화의 맥락에서 중요한 질문은 이러한 통제된 활동 루프에서 사람과 기계가 어떤 역할을 해야 하는가이다. 사람은 다양한 범위에서 '루프(상황에 핵심 역할로 참여)in the loop'에 관여할 수 있다. 극단적으로는 사람이 작업을 수행해야 할 때마다 하나 이상의 필수 단계를 실행해야 한다는 점에서 완전히 루프에 참여할 수도 있다. 이 경우 자동화가 루프의 일부를 처리할 수 있지만 사람이 없으면 활동이나 프로세스가 중단될 수 있다. 또는 기계가 대부분의 일상적인 작업 인스턴스를 자동으로 처리하고 예외적이거나 변칙적이거나 복잡한 작업의 경우만 루프의 측면 분기 side branch of the loop 에 있는 사람에게 보낼 수 있다. 이러한 프로세스는 대부분의 활동에 대해 연중무휴 24시간 실행될 수 있으며 정상 업무 시간까지 지연되는 경우는 극히 일부에 불과하다. 더욱 발전된 자동화의 사례에서는 사용자가 대시보드를 통해서만 루프를 볼 수도 있다. 대시보드의 일부 요소가 녹색에서 노란색 또는 빨간색 상태로 변경되는 경우에만 해당 사람은 무슨 일이 일어나고 있는지 조사하고 잠재적으로 개입할 수 있다. 마지막으로, 사람의 개입은 기계의 완전 자율 시스템을 설계하는 것과 같이 더 높은 수준에서만 이루어질 수 있으며, 작동 중에는 사람이 거의 개입하지 않고 지속적으로 작동한다. 예를 들어, 창고용 냉동 시스템 설계자는 창고 직원과 관리자가 온도 조절 장치를 설정하거나 조정할 필요가 없을 정도로 효과적인 제어 시스템을 만들 수 있다.

이전 장에서 언급한 인간과 기계의 상대적인 강점과 약점은 노동 분업과 인간과 기계 간의 효과적인 파트너십 구축의 필요성을 모두 시사한다. 내 동료인 MIT대 마리아 지저스 사엔즈Maria Jesus Saenz 는 사람과 자동화 간의 협력을 뒷받침하는 네 가지 기능을 다음과 같이 정의한다.[2]

- **상호 운용성:** 정보, 제어, 결정 및 피드백 교환을 위해 사람과 자동화 간의 상호 호환 가능하고 촉진된 채널
- **권한 균형:** 제어 순서 및 우선순위 측면에서 의사결정 프로세스 및 의사결정 권한에 대한 명확한 정의
- **투명성:** 사람(및 자동화)이 서로 신뢰하는 법을 배울 수 있도록 자동화(및 사람)의 조건, 결정, 근거, 결과 및 신뢰성에 대한 시의적절한 데이터
- **상호 학습:** 사람들의 결정과 전문 지식에 대해 기계를 훈련시킬 수 있는 동시에 사람들도 기계가 내린 결정으로부터 배울 수 있는 피드백 루프

사례 연구: 인텔

630억 달러 규모의 반도체 칩 제조업체인 인텔은 200개국의 약 16,000개 공급업체로부터 자재, 인력, 장비 및 서비스를 구매한다.[3] 인텔은 '인지 컴퓨팅cognitive computing'이라고 부르는 AI를 활용하여 이미 수집한 데이터로 소싱 기능을 관리하고 공급업체 선택 및 모니터링을 개선하는 것을 목표로 한다.[4] 인텔은 상품 관리자가 최고의 공급업체를 선택하고 이러한 공급업체의 성과를 지속적으로 모니터링하여 두 영역을 모두 꾸준히 개선할 수 있기를 원한다. 이를 위해 시스템은 과거 실적, 애널리스트 보고서, 재무 보고, 뉴스 보도, 소셜 미디어를 비롯한 방대한 양의 데이터를 분석한다. 이러한 데이터의 대부분은 구조화되어 있지 않지만 시스템의 자연어 기능을 통해 비정형 텍스트의 정보를 권장 사항을 작성하는 데이터에 포함시킬 수 있다.

공급업체를 선택하기 위한 시스템은 여러 기준에 따라 순위를 매기고 그 결과를 이해하기 쉬운 막대 그래프로 의사 결정권자에게 제시한

다. 조달 관리자가 선택을 할 때 시스템을 조회하여 선택한 공급업체와 협상하는 데 도움이 될 수 있는 더 자세한 정보를 얻을 수 있다.

공급업체가 인텔과 거래를 시작하면 시스템의 다른 부분에서 해당 공급업체를 지속적으로 모니터링한다. 이 시스템은 공급업체와 해당 제품의 품질 및 대응에 대한 보고 외에도 현안 문제에 대해 인텔에 통보하도록 설계되었다. 예를 들어, 인텔과 공급업체의 관계에 영향을 미칠 수 있는 합병 논의, 공급업체와 인텔 경쟁사 간의 논의, 고위급 임원의 퇴사 기타 공급업체와의 관계가 위험에 처할 수 있음을 나타내는 징후 등이 이에 해당할 수 있다. 문제가 드러나면 관리자는 시스템에 추가 정보를 요청하고, 원인을 조사하고 가능한 해결책을 개발하기 위한 조치를 취할 수 있다.

블랙박스 들여다보기
Illuminating the Black Box

투명성과 상호 학습의 원칙은 사람들, 특히 관리자와 '루프에 있는', 다시 말해 상황에 참여하고 있는 사람들이 AI가 그런 일을 한 이유를 이해해야 함을 의미한다. 차세대 딥 러닝 AI 시스템은 강력해 보이지만 작동 방식에 대한 투명성이 부족하다는 심각한 단점을 안고 있다. 많은 머신 러닝 시스템은 이해하기 어려운 블랙박스처럼 작동한다. 그들은 시스템이 해당 답변을 선택한 이유에 대한 설명 없이 답변을 제공한다. AI의 설명 부족은 딥 러닝 시스템의 도입과 안정적 사용에 모두 장애가 되는데, 설명은 모든 의사 결정 과정에서 세 가지 핵심 역할을 하기 때문이다. 첫째, 이해관계자(관리자, 직원, 고객, 규제 기관 등)에게 AI의 답변이 정확하다는 것을 납득시키기 위해서는 설명이 필요하다(참고로 EU의 일반 데이터 보호 규정GDPR에 따라 기업은 대출 신청과 같은 알고리즘 기반 결정에 대해 소비자에게 설명을 제공해야 한다). 둘째, AI의 답변을 교차 확인하거나 검증하려면 설명이 필요하다. AI가 의심스러운 데이터나 논리를 사용하고 있지는 않은가? 셋째, 답변뿐만 아니라 그 이론적 근거도 확인함으로써 사람들이 AI로부터 학습할 수 있도록 돕는 데 유용하다.*

이 '블랙박스' AI 문제를 해결하기 위해 연구원과 엔지니어는 XAI(Explainable AI, 설명가능한 인공지능)로 알려진 새로운 종류의 기계 학습 시스템을 개발하고 있다. 예를 들어, 미국 국방고등연구계획국DARPA 은 "인간 사용자가 차세대 인공지능 파트너를 이해하고 적절하게 신뢰하며 효과적으로 관리할 수 있도록 지원"하는 것을 목표로 하는 XAI 프로그램에 자금을 지원하고 있다. 이러한 XAI 기계 학습 시스템은 답변과 일종의 이유를 모두 산출해 낸다.[5] XAI에 필요한 연구에는 머신러닝 모델 자체에 대한 변경뿐만 아니라 인간이 시스템을 최대한 활용하기 위해 어떤 종류의 설명이 필요한지 또는 원하는지 파악하기 위한 심리학 연구도 포함되었다.

---

* 2024년 3월 유럽연합(EU)이 세계 첫 인공지능 기술규제법안인 'AI법'을 통과시킴. AI에 위험등급을 부여하고, 고위험 AI 개발에는 적합성 평가와 인간의 감독을 강조하고 AI 학습 데이터의 투명한 공개를 명시함

관리와 시뮬레이션을 위한 디지털 트윈
Digital Twins for Management and Simulation

비즈니스 환경, 공급망 및 기술이 더욱 복잡해짐에 따라 사람들은 기존 시스템을 이해하고 제안된 결정, 전술 및 전략을 안전하게 실험하는 데 도움이 되는 더 많은 도구가 필요하다. 사람들이 이를 수행하는 데 도움이 되는 인더스트리 4.0의 핵심 요소 중 하나는 디지털 트윈이라는 개념이다. 디지털 트윈은 장비, 운송 수단, 공장, 창고, 회사 또는 전체 공급망과 같은 물리적 시스템의 상세하고 사실적인 디지털 복제이다. 그러나 디지털 트윈은 단순한 자산의 컴퓨터 표현 그 이상이다. 자산은 디지털 표현과 연결되어 있으며 실제 조건으로 계속 업데이트된다. 따라서 예를 들어 트럭 운송회사는 엔진 및 변속기와 같은 트럭의 중요한 부품의 상태 및 기능에 대한 실시간 업데이트를 통해 모든 트럭에 대해 디지털 트윈을 생성할 수 있다. 트럭 부품이 마모되어 교체되면 트럭의 디지털 트윈이 업데이트되므로 디지털 표현이 물리적 자산과 지속적으로 동기화된다.

디지털 트윈은 다양한 운영, 성능 개선 및 전략적 목적을 달성할 수 있다. 예를 들어 증강현실AR 및 가상현실VR 인터페이스를 포함하여 물리적 시스템의 성능을 시각화하고 모니터링하는 데 사용할 수 있다(다음 섹션의 "더 나은 인터페이스와 협업 도구" 참조). 디지털 트윈은 기본 운영이나 문제 처리 방법을 교육하는 데에도 사용할 수 있다. 항공기 비행 시뮬레이터는 이러한 목적으로 사용되는 디지털 트윈의 예로 생각할 수 있다. 회사는 디지털 트윈의 복사본을 여러 개 만들 수 있으며, 복사본을 사용하여 변동성, 시나리오, 우발 상황 또는 제안된 변경 사항이 개체에 미치는 영향이나 개체 사용 방법을 시뮬레이션하고 비교할 수 있다.

보다 기술적인 조직의 경우 고급 디지털 트윈 시뮬레이션 소프트웨어를 사용하여 복잡한 공급망을 관리하거나 훈련이나 실제 중단 상황에서 중요한 시설을 관리하는 데 도움을 줄 수 있다. 독일 루트비히스하펜에 있는 BASF의 주요 시설은 2,000개가 넘는 건물과 200개의 생산 공장이 2,850km의 파이프라인, 230km의 철도, 106km의 도로로 서로 연결되어 있다.[6] 이 시설은 BASF가 페어분트Verbund(모든 공정이 유기적으로 '연결'된 BASF 고유의 통합관리시설)라고 부르는 전략에 따라 많은 수직 통합 시스템을 갖추고 있다.[7] 이러한 통합 구조는 200개 BASF 생산 공장의 가장 중요한 공급업체 및 고객 중 일부가 다른 BASF 공장임을 의미한다. 이러한 모든 시설의 정교한 관리를 통해 BASF는 수천 가지의 다양한 제품을 생산할 수 있다. 이를 안전하고 효율적으로 수행하려면 사업장 캠퍼스 전체의 복잡한 배관을 통해 증기 분해기, 증류탑, 반응 용기, 보일러 및 응축기를 상호 연결하는 탱크, 밸브, 펌프, 파이프라인 및 유조선 선적의 복잡한 배열을 관리해야 한다.

시뮬레이션 기술과 디지털 트윈은 페어분트 개념을 구현하는 데 중요한 역할을 한다. BASF의 글로벌 공급망 전략 및 관리 담당 수석 부사장인 랄프 부셰Ralf Busche는 다음과 같이 설명했다. "우리는 페어분트 시뮬레이터를 보유하고 있다. 이는 원자재, 보조재, 운영 자재 등의 주요 구성 요소와 전원 공급 장치, 증기 등의 유틸리티가 시뮬레이터에 내장되어 있는 실제 플랜트의 디지털 거울이다. 시뮬레이터를 사용하여 우리는 페어분트를 계속 운영하는 데 필수적인 가장 중요한 가치 사슬을 조사한다. 우리는 기술적으로나 상업적으로 지속적으로 운영할 수 있는지를 끊임없이 보고 있다." 시뮬레이션 소프트웨어는 BASF 제품의 모든 '레

매직 컨베이어 벨트

시피'를 알고 있으며, 이 제품들이 어떻게 서로 연결되고 공급되는지 알고 있다. 부셰는 이 이니셔티브에 대해 다음과 같이 말했다. "공급망 관리자, 제어 기술자, 공장 관리자, 엔지니어 등은 사용 사례, 질문, 상황에 따라 생산 계획, 용량 조정, 신규 투자 및 중단 관리에 이 소프트웨어를 사용한다."[8]

디지털 트윈 기술을 사용하면 강화 학습reinforcement learning이라는 일종의 AI를 사용할 수도 있다. 다른 유형의 머신러닝과 달리 이 강력한 머신러닝 접근 방식은 과거 데이터에만 국한되지 않는다. 강화 학습에서 AI 시스템은 시행착오를 통해 학습한다. 즉, 다양한 행동을 시도하고 그 결과에 대해 '보상' 또는 '처벌'을 받는다. 강화 학습은 체스나 바둑을 배우는 컴퓨터, 걷는 법을 배우는 로봇 등 복잡한 문제를 성공적으로 해결할 수 있다. 디지털 트윈의 복사본은 이러한 시행착오 학습 시스템을 위한 현실적인 시뮬레이션 환경을 제공할 수 있다. 디지털 트윈 내의 강화 학습은 디지털 트윈의 품질, AI 관리자의 상상력 및 사용 가능한 컴퓨팅 성능의 양에 의해서만 제한되기 때문에 수천 개의 다양한 시나리오와 수년간의 '경험'을 무한히 시뮬레이션할 수 있다.

더 나은 인터페이스와 협업 도구
Better Interfaces and Collaboration Tools

사람과 기계 간의 인터페이스는 인간과 컴퓨터 간의 협업에 필수적인 요소이다. 3차 산업혁명 기간 동안 프로그래머가 아닌 사람들의 컴퓨터 사용 증가의 대부분은 메뉴, 아이콘, 마우스, 풀 컬러 그래픽 디스플레이

및 터치스크린과 같은 보다 직관적인 인터페이스의 개선에서 비롯되었다.

초고속, 저전력, 저비용 모바일 컴퓨터, 디스플레이, 카메라의 발전으로 AR과 VR을 제공하는 두 가지 혁신적인 컴퓨터 인터페이스가 가능해졌다. AR을 사용하면 사용자는 헤드셋이나 스마트 안경을 착용한다. 사용자는 또한 사용자가 헤드셋으로 보거나 장치를 가리킬 때마다 디지털 데이터를 겹치도록(오버레이)하는 휴대용 장치를 사용할 수 있다. 이와 대조적으로 VR은 사용자의 시야를 가상 또는 디지털 세계에 대한 몰입형 컴퓨터 생성 뷰로 완전히 대체한다. 이러한 고급 인터페이스에는 작업자, 관리자 및 소비자를 위한 다양한 응용 프로그램이 있다.

예를 들어, AR은 사물 인터넷과 디지털 트윈이 제공하는 정보 유형을 크게 향상시킨다. 이는 물리적 개체와 이와 관련된 디지털 데이터를 두 가지 방식으로 시각적으로 연결하기 때문이다.

첫째, AR은 사용자의 물리적 환경에 디지털 데이터를 덮어씌운다. 따라서 사용자가 개체를 보는 동안 개체에 데이터를 오버레이할 수 있다. 예를 들어, 사람은 상자를 보고 안에 무엇이 있는지, 어디서 왔는지, 어디로 가야 하는지에 대한 데이터를 볼 수 있다. 또는 장비를 보고 해당 장비의 성능 추세, 오류 메시지, 사용 설명서, 사용 일정 등을 확인할 수도 있다. 소비자 영역에서는 많은 자동차 모델의 헤드업 디스플레이가 AR의 한 예이다. 운전 지침과 엔진 성능 정보를 운전자의 시야에 직접 배치할 수 있다.

둘째, 많은 AR 시스템에서 발견되는 카메라는 물리적 공간과 그 안의 객체(예를 들어, 객체의 위치, 상자의 수량과 손상 여부, 진열대 상품 오류)뿐만 아니라 취한 임의의 동작(예를 들어, 객체의 선택 또는 패킹, 유지 보수 작업 완료)

매직 컨베이어 벨트

을 기록하는 다른 종류의 센서를 제공한다. AR의 이러한 두 가지 측면은 물리적 객체와 그 각각의 디지털 데이터 사이의 동기화를 향상시켜 객체와 그 디지털 트윈이 동기화되도록 보장한다.

VR은 일반적으로 완전히 합성된 세계를 생성하거나 엔지니어링, 교육, 고객 경험 및 '가상' 탐색 분야의 애플리케이션에 대한 몰입형 시뮬레이션을 위해 디지털 트윈의 복사본을 사용한다. VR은 또한 VR 시스템의 몰입형 디스플레이가 원격 위치의 실시간 비디오 카메라 데이터를 중계하는 원격 작업이나 텔레프레즌스를 가능하게 한다. VR에는 특히 텔레프레즌스 애플리케이션을 위한 추가 인터페이스 기술이 포함되는 경우가 많다. 예를 들어, 휴대용 센서나 보조 카메라는 사용자의 손과 손가락의 움직임을 사용하여 가상 세계와 상호작용할 수 있다. 햅틱 인터페이스Haptic Interfaces(피부표면을 통한 촉감 정보 제공)는 보다 자연스러운 원격 작동을 위해 원격 제어 로봇 팔이 어떤 물체를 만지거나 밀고 있을 때 사용자에게 '느낌'(일종의 컴퓨터 생성 힘 또는 촉각 피드백)을 제공한다.

AR 및 VR과 같은 더 나은 개인 인터페이스는 필요하지만 인더스트리 4.0 및 5.0에는 충분하지 않다. 팀, 조직 및 공급망의 맥락에서 기계 인터페이스는 개인 장치의 인터페이스 이상으로 확장되어야 한다. 여러 사람과 컴퓨터 시스템이 참여하는 효과적인 협업을 위해서는 그룹 구성원이 서로 및 기계와 자유롭게 상호작용할 수 있어야 한다.

대화형 다중 사용자 컴퓨터 인터페이스의 예로는 MIT CTL에서 만든 CAVE(컴퓨터 및 시각 교육)실이 있다. 이 방에는 10~15명의 참가자를 위한 공간이 있으며, 구석구석 넓은 터치스크린 벽면 디스플레이가 있다. 거대한 아이패드처럼 중앙에 위치한 대형 '홀로테이블holotable' 그리고 제어 콘솔이 있다. 사용자는 다양한 화면과 상호작용하여 협업할 수 있으며, 사용자 입력에 따라 생성된 지리 공간 데이터, 대시보드 및 기타 복잡한 시각적 데이터를 업데이트하고 표시할 수 있다. CAVE와 같은 시설을 통해 연구원, 엔지니어 및 경영진은 상호 연결되고 색상으로 구분된 3D 지도, 그래프, 다이어그램 및 애니메이션을 통해 복잡한 조직 또는 공급망 문제를 모델링하고 시각화할 수 있다. 더 중요한 것은 이러한 시설을 통해 사람들이 시각적 스토리텔링을 사용하고 분석 및 시뮬레이션과 자연스러운 상호작용을 할 수 있다는 것이다.

한 사용 사례에서는 대규모 소매업체와 대규모 화학 회사가 각각 유통 네트워크를 이해하고 최적화하는 데 도움이 되는 CAVE를 사용하여 연구를 후원했다. 이러한 시각화는 창고 수와 위치, 고객 인구와의 근접성, 인바운드 및 아웃바운드 운송 비용, 시장 점유율, 판매량 및 이익과 같은 요소를 고려한다. 시각적 인터페이스를 통해 기업 경영진은 창고를 열거나 닫거나 어떤 제품이 어떤 창고를 통해 배포되는지 변경할 수 있다. 그 뒤에서는 정교한 최적화 프로그램이 실행되고 결과는 흡수하기 쉬운 다양한 형식으로 대형 화면에 표시된다. 경영진은 창고 네트워크 수정으로 인해 서비스 지표, 시장 점유율, 비용, 수익 등 수십 가지 핵심 성과지표KPI가 어떻게 변경되었는지 확인할 수 있다. CAVE와 같은 대화형 시스템은 정보에 입각한 데이터 기반 의사 결정을 가능하게 하며, 이해할 수 없는 최적화 알고리즘과 시스템 성능에 대한 직관적인 이미지 사이의 격차를 해소한다. 이 사례의 결과 더 나은 솔루션일 뿐만 아니라 경영진이 시스템에 시간을 투자하고 결과가 타당하다는 확신을 얻었기 때문에 솔루션에 대한 더 큰 신뢰가 생겼다(룩셈부르크와 중국에 있는 MIT대

매직 컨베이어 벨트

CTL 산하 연구 센터의 CAVE에서 영감을 받은 시설은 다대륙 동기식 또는 24시간 비동기식 공동 의사 결정, 공유 연구 및 협력 교육을 수행할 수 있는 가능성을 제공함).

　　VR 환경은 동일한 시뮬레이션 3D 환경 내에 여러 사람을 포함하도록 확장될 수 있다. 사이버 공간이라고 불렸던 공간은 2023년 초 현재 개발 중인 많은 경쟁적 접근 방식과 함께 메타버스Metaverse 로 브랜드가 변경되었다. 다중 사용자 VR은 CAVE와 같은 협업 기능을 원격 작업자 및 멀리 떨어져 있는 이해관계자에게 제공할 수 있다. VR을 사용하면 각 사용자 주변의 바닥, 벽, 천장 전체 공간을 디지털 데이터로 채울 수 있다. 사용자는 자신이 있는 방의 물리적 한계에 구애받지 않고 여러 가상 공간을 '걷거나' '휘젓고 다닐' 수 있다. 가상 인터페이스는 글로벌 공급망 맥락에서 또는 동일한 지리적 위치에서 모든 전문 지식이나 이해 관계자를 모으는 것이 너무 비용이 많이 들거나 시간이 많이 소요되는 원격 사업장에서 유용할 수 있다.

도구 개발의 대중화
Democratizing Tool Development

엑셀MS Excel 을 통해 여러 세대의 관리자와 사무 직원이 자신만의 개인 컴퓨팅 도구를 만들 수 있었던 것처럼 현재와 다음 세대의 직원은 업무에 필요한 자동화 및 AI 기반 시스템을 만드는 데 도움이 되는 도구의 혜택을 누릴 것이다. 컴퓨터와 첨단 기술의 근본적인 추세 중 하나는 이러한 기술의 탈숙련화이다. 즉, 점점 더 많은 사람들이 점점 더 많은 컴퓨터 사용 측면에 접근할 수 있게 되는 것이다. 전반적으로 이러한 유형의 도구를 통해 작업자는 미래에 수요가 더 많아질 소프트웨어 지원 작업으로 전환하는 데 도움이 되는 자동화, AI를 만들 수 있다. 또한 회사에서 부족한 IT 담당 직원의 고용 필요성도 줄어든다.

이러한 사용자 친화적인 도구 중 하나는 작업자가 코드를 직접 작성하지 않고도 자체 로봇 프로세스 자동화Robotic Process Automation, RPA 시스템을 만들 수 있도록 도와준다. 도구는 작업자가 컴퓨터에서 단순 반복적 작업을 수행하는 동안 도구는 일련의 활동을 기록한다(스프레드시트의 매크로 기록 기능과 크게 다르지 않음). 이러한 반복 작업에는 다양한 소스에서 데이터를 가져와서 양식을 작성하거나 이메일 초안을 작성하거나 스프레드시트에 데이터를 입력하는 작업이 포함될 수 있다. 그런 다음 도구는 해당 작업의 향후 인스턴스에 대해 해당 작업을 반복할 수 있는 작은 로봇 프로세스를 생성할 수 있다.

하지만 RPA를 만드는 것이 컴퓨터 코드를 명시적으로 작성하지 않고도 컴퓨터화할 수 있는 유일한 프로세스는 아니다. 이러한 도구의 전체 범주는 소위 로우 코드 또는 노 코드low-code or no-code(기존의 프로그래밍 방식을 단순화시켜 최소한의 코딩으로 앱을 만들 수 있게 하는 방식) 개발 플랫폼이다. 이러한 플랫폼을 통해 프로그래머가 아닌 사람도 웹사이트, 애플리케이션, 모바일 앱과 같은 소프트웨어를 만들 수 있다. 플랫폼은 그래픽 디자인 도구, 잘 갖춰진 템플릿 세트, 모듈식 빌딩 블록을 사용하여 사용자가 기존 프로그래밍 언어를 배울 필요 없이 소프트웨어를 구성할 수 있도록 돕는다.

코드 개발 플랫폼은 사람들이 코드를 작성하는 데 도움을 주기 위해 방대한 양의 기존 소프트웨어에 적용된 머신러닝을 사용할 수 있다. 15

매직 컨베이어 벨트

장 "창의적인 코봇"에서 언급했듯이 생성형 AI는 코드가 수행해야 하는 작업에 대한 간단한 텍스트 설명을 통해 일부 코드를 생성할 수 있다. 이러한 시스템을 사용하면 프로그래머가 아닌 사람도 자신이 원하는 것에 대한 '평범한 영어plain English' 설명을 작성할 수 있으며 AI는 해당 설명과 일치하는 코드를 생성한다. 이 영역의 다른 기술 제품은 프로그래머가 소프트웨어의 알려진 구조 패턴과 프로그래머가 이미 작성한 내용을 기반으로 코드 블록을 자동 완성하는 데 도움이 된다.

이러한 생성형 AI 시스템은 소프트웨어 개발 숙련도를 떨어뜨려 프로그래머와 소프트웨어 엔지니어의 일자리를 잃게 할 수 있지만 도메인 전문가에게는 이점을 제공한다. 노코드 플랫폼 버블Bubble의 공동 창립자 엠마누엘 스트라스치노프Emmanuel Straschnov는 "우리는 비즈니스 상황을 가장 잘 이해하는 사람들이나 고객과 가장 많이 소통하고 상호작용하는 사람이 직접 제품을 만드는 세상으로 이동하고 있다"라고 말했다.[9] 2021년 가트너는 2024년까지 기술 제품과 서비스의 80%가 기술 전문가가 아닌 사람들에 의해 구축될 것이라고 예측했다.[10] 그렇다면 "8,500만 개의 일자리가 사라지고 9,700만 개의 일자리가 늘었다"는 이야기는 기존 직원의 일자리 유무보다는 기존 직원이 시간을 보내는 방식의 변화에 대해 더 많은 것을 설명해줄 것이다.

미래를 위한 기술

Skills for the Future

기술 변화와 관련된 인류의 난제 중 하나는 새로운 기술이 새로운 일자리를 가져오지만, 새로운 일자리는 대체로 새로운 업무 기법을 필요로 하는데, 일자리를 잃은 근로자가 이를 항상 가지고 있지 않다는 점이다. 자동화 수준이 높아지고 기술 변화가 빠른 세상에서 많은 근로자들에게 고용을 유지, 회복하기 위해 새롭거나 발전된 업무 기법이 요구된다.

더욱이 유망한 기술의 혜택과 기업의 경쟁력은 해당 기술을 도입하는 기업의 능력에 달려 있다. WEF가 발표한 〈일자리 미래 보고서〉에 따르면 신기술 도입을 가로막는 3대 장애물은 현지 노동 시장의 기술 격차, 전문 인재 유치 능력 부족, 기업 리더십의 기술 격차였다.[1] 따라서 기술

매직 컨베이어 벨트

은 기업의 기술적 미래와 사람들의 고용 미래 모두에서 절대적으로 중심적인 역할을 한다.

기술 격차에 유의하라
Mind the Skills Gaps

대량 해고 소식과 인기 있는 새로운 직업에 대한 뉴스가 헤드라인을 장식하지만, 더 중요한 이야기는 모든 사람의 직업에 대한 광범위한 변화에 있다. 많은 근로자가 동일한 직위로 같은 직장에 계속 근무하더라도 업무는 동일하지 않다. 이들은 업무 시간의 상당 부분을 차지하던 반복적인 업무 중 상당수를 자동화에 위임할 가능성이 높다. 이들은 전체 환경과 각 작업 사례 모두에 대해 점점 더 많은 데이터를 적시에 확인하고 사용해야 할 것이다. 또한 수행해야 하는 모든 작업에 대해 알아야 할 뿐만 아니라 해당 작업에 사용되는 기술도 이해해야 한다. 또한 일부 프로세스의 결함이나 알고리즘의 잘못된 작업 실행으로 인해 발생할 수 있는 정상적인 작업의 편차를 발견하는 동시에 재정의가 필요할 수 있는 더 광범위한 환경의 변화를 고려해야 할 것이다. 그리고 잠재적인 이상 징후가 수정해야 할 사항인지, 적응해야 할 변화인지, 아니면 그냥 무시해야 할 문제인지 판단하는 데 도움이 될 것이다.

컴퓨터가 비즈니스 전반과 특히 공급망의 자동화된 부분에서 더 많은 데이터를 교환하더라도 사람들은 여전히 다른 사람들과 협력해야 한다. 그 이유는 기술이 발전함에 따라 관리자의 주의가 필요한 문제가 점점 더 드물어지고 덜 친숙해질 가능성이 높기 때문이다. 자동화는 공급망의 복잡성을 증가시킬 수도 있다. 결과적으로 사람들 간의 협의와 지식 공유가 더욱 중요해질 수 있다는 것이다.

미국 회계감사원GAO은 다양한 정부 데이터를 사용하여 근로자가 향후 일자리를 구하는 데 필요한 기술을 파악했다. 이를 위해 기관의 연구원들은 2019년부터 2029년까지 다양한 직업에 필요한 기술과 예상 성장률을 분석했다. 다음으로 GAO는 세 가지 교육 수준(고등, 전문학교some college, 학사 학위 이상) 각각에 대해 수요가 증가하는 상위 20개 직업을 식별했다. 마지막으로 각 교육 수준에 따라 고성장 직업에 필요한 기술을 집계했다.[2]

GAO의 연구에서는 교육 수준에 관계없이 모든 사람에게 필요한 8가지 기본 기술 세트를 확인했다. **그림 8**에서 이러한 기술은 고등학교 카테고리 아래에 나열되어 있다.

대졸 이상의 학력(학사 또는 고급 학위 소지자 포함)이 필요한 수요가 많은 직업을 찾는 사람들은 처음 8가지 기본 기술과 5가지 추가 중요한 기술이 필요하다. 마지막으로, 학사 또는 고급 학위가 필요한 수요가 많은 직업을 찾는 사람들은 일반적으로 교육 수준이 낮은 직업에 필요한 모든 기술 외에도 추가로 6가지 기술이 필요하다.

이 프레임워크에 언급된 많은 기술은 학교 표준 커리큘럼에서 가르치는 것이 아니다. 예를 들어, 단순하고 반복적인 블루칼라 및 화이트칼라 직업은 자동화될 가능성이 높기 때문에 더 많은 사람들이 서비스 직종에서 일하게 될 것이다. 이러한 서비스 직종은 사회성이 더욱 강조될 것이다. 그러나 경제를 뒷받침하는 육체적, 정신적 노동을 기계가 점점 더 많이 수행할 수 있는 시대에 사람들에게 필수적인 능력임에도 불구하고,

그림8 수요가 많은 상위 20개 직업에서 중요하다고 간주되는 기술 (미국 감사원, 2022)

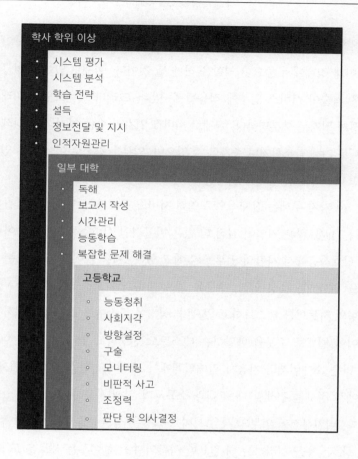

대부분의 학교에서 사회성(또는 더 인간적인 태도)은 정식 과목이 아니다. 인력이 위에서 언급한 기술을 갖추도록 하려면, 20장 "미래를 위한 인재 공급망"에서 설명한 것처럼 교육 및 훈련에 대한 다양한 접근 방식이 필요할 수 있다.

서비스업의 미래
Future of Service Work

앞서 언급한 것처럼 고객은 물론 팀원과의 상호작용이 많은 서비스 업무는 미래 경제에서 중요한 역할을 하게 될 것이다. 실제로 앞에서 언급한 많은 기술이 서비스 업무에 적용될 수 있다. 그러나 서비스업의 미래가 어떻게 될지는 불분명하다. 실제로 서비스 일자리 수는 여러 가지 상쇄적 추세로 인해 감소하거나 증가할 수 있으며, 일부는 감소로 이어질 수 있는 반면 다른 일부는 증가로 이어질 수 있다.

세 가지 추세는 잠재적으로 인적 서비스 근로자의 수를 감소시킬 수 있다. 첫째, 많은 기업이 점점 더 많은 반복적인 서비스를 자동화하여 많은 상호작용에서 사람의 업무를 없애고 있다. 예를 들어, 맥도날드는 주문을 위한 앱, 음성 인식, 주문용 셀프 서비스 키오스크를 포함한 여러 유형의 자동화를 테스트하고 있으며, 심지어 드라이브 스루 창구에서 컨베이어 벨트로 주문을 배달하는 테스트도 진행하고 있다. 또 다른 예로는 많은 소매업체와 자동차 판매업체에서 고객이 전화를 걸거나 웹사이트에서 정보를 검색할 때 고객과 소통하기 위해 사용하는 챗봇이 있다. 둘째, 비일상적인 업무의 경우 서비스 직원은 생산성을 향상시키고 주어진 상호작용을 처리하는 데 필요한 사람의 수를 줄여주는 새로운 도구(증강 augmenting 또는 탈숙련화 de-skilling 기술)의 이점을 누릴 수 있다. 셋째, 점점 더 많은 스마트 제품과 스마트 서비스에는 자체 구성, 자동 업데이트, 자체 복구 기능을 갖춘 높은 신뢰성, 플러그 앤 플레이 기능이 포함될 것이며, 이로 인해 더 많은 일자리가 사라질 수도 있다.

동시에 네 가지 추세로 인해 더 많은 서비스 인력이 필요할 수 있다.

매직 컨베이어 벨트

첫째, 많은 소비자 제품이 점점 더 정교해지고 상호 연결성이 높아짐에 따라(예: 가정 내 자동화, 자율 주행 자동차, 원활한 기기 간 자동전환device-to-device hand-offs 등) 소비자는 이러한 복잡한 시스템을 설정, 구성 및 문제 해결을 위해 더 많은 도움이 필요해질 것이 확실하다. 둘째, 이 책의 2부에서는 공급망의 복잡성이 증가함에 따라 기업이 최고 수준의 서비스, 경쟁력 있는 성능, 사회 및 환경적 지속가능성, 회복탄력성을 제공해야 한다는 기대가 높아지는 동시에 규제, 변동성, 불확실성, 모호성에 직면하고 있음을 설명했다. 변화하는 환경에 대응하기 위해 필요한 지속적인 시스템 업데이트와 개편은 서비스직 인력의 필요성을 증가시킬 수 있다. 셋째, 많은 국가의 인구 고령화는 의료 및 일상 활동 모두에서 보다 집중적인 서비스를 필요로 하는 노년층 소비자의 인구 증가를 의미한다. 넷째, 정보 제품 및 서비스에 대한 승자독식의 금전적 수익으로 창출된 부의 증가는 인간과 밀접한 경험을 추구하고 기꺼이 비용을 지불할 수 있는 부유한 소비자층을 더 많이 창출할 것이다.

이 두 범주의 추세가 어떻게 결합되어 서비스 근로자 수를 순증가 또는 감소시킬지는 아직 알 수 없다. 성장하는 상위 20개 직종에 대한 GAO의 분석에 따르면 주로 의료 분야에서 개인 서비스 직종이 높은 성장세를 보이고 있다.[3] 고객 서비스는 저비용 자동화 서비스와 복잡한 상호 연결된 제품 사용 방법을 소비자에게 배송, 설치 및 교육하는 데 도움이 되는 "세심하고 오점없는white-glove" 서비스 같은 인간 중심의 하이터치 서비스로 양분될 수 있다. 그러나 자동화가 고객이나 공급업체의 문제를 처리할 수 없는 경우 이러한 비일상적인 상호작용에는 상대방이 경험하고 원하는 것을 인식하고 공감할 수 있는 사람의 감성 지능이 필요하다.

디지털 리터러시와 수리 능력
Digital Literacy and Numeracy

다양한 형태의 방대한 데이터, 고급 AI, 클라우드 플랫폼 사용은 공급망 관리에 새로운 기회를 제공한다. 기업은 직관이나 '직감gut feeling'이라는 주관적인 프로세스를 강화하기 위해 A/B 테스트(두 가지 버전의 제품 또는 솔루션을 서로 비교하여 어느 것이 더 나은 성능을 갖는지 결정하는 방법)와 데이터의 자연 패턴에 대한 정밀한 분석을 활용할 수 있다. 또한 공급망을 효율적으로 관리하기 위해 수십 년 전에 개발된 많은 수학적 모델은 수학과 컴퓨팅의 발전으로 인해 더욱 강력해졌음에도 불구하고 아직 널리 구현되지 않고 있다. 그러나 이 엄청난 기회의 혜택을 누리려면 데이터, 기술 및 분석에 대한 이해도가 높은 인력 및 관리팀이 있어야 한다.

디지털 리터러시Digital Literacy는 다양한 디지털 플랫폼을 탐색하고 이를 통해 이해, 평가 및 의사소통하는 능력으로 정의할 수 있는 기본 기술이다.[4] BBC 방송국 알렉스 크리스티안Alex Christian은 이를 "도구, 기기 및 플랫폼 전반에 걸쳐 적응력 있고 전략적으로 작업할 수 있는 개인의 능력"이라고 설명했다.[5] 다행스럽게도 (적어도 디지털 환경에서 작업할 수 있는 능력이 우려되는 정도) 대부분의 어린이는 디지털 네이티브가 되어가고 있다. 스탠포드 의과대학 연구에 따르면 미국 어린이 중 4분의 3 이상이 13세[6] 이전에 스마트폰을 보유하는 것으로 나타났다. 더욱이 코로나19 팬데믹으로 인해 많은 지역에서 원격 수업으로 전환하면서 대부분의 어린이들이 학습과 의사소통을 위해 디지털 도구를 채택할 수밖에 없었다. 더 큰 문제는 자동화로 인해 일자리를 잃을 경우 재교육이 가장 필요한 중년 및 노년층 근로자의 디지털 활용 능력이다. 퓨 연구소Pew Research

매직 컨베이어 벨트

Center에 따르면 18~49세 미국 성인의 95% 이상이 스마트폰을 보유하고 있는 반면, 50~64세는 83%, 65세 이상은 61%만이 스마트폰을 보유하고 있다.[7]

그러나 스마트폰, 태블릿, PC를 조작하는 기본적인 능력은 필요하기는 하지만 충분하지 않다. 데이터 기반 접근 방식을 사용하는 업무가 점점 더 많아지면서 작업자와 관리자는 수학을 사용하고 이해하는 능력인 수치 활용 능력과 데이터 및 통계를 이해하고 추론하는 능력인 통계 활용 능력이 더 많이 필요하다(이 두 가지 능력은 모두 18장에서 언급한 것과 같은 디지털 도구를 통해 강화될 수 있다). 스마트폰으로 데이터를 보는 것과 이러한 데이터의 의미를 이해하고 이에 대응하여 올바른 조치를 취하는 것은 완전히 다른 문제이다. 작업자와 관리자는 관련 수학적 모델, 데이터 분석, 기술 도구의 장점과 한계를 잘 이해해야 한다. 디지털 활용 능력과 수리 능력을 모두 갖추면 일터와 일선 직원의 역할을 근본적으로 개선할 수 있다.

존슨앤존슨Johnson&Johnson의 소비자 건강 부문 글로벌 공급망 담당 부사장인 메리 스티븐스Meri Stevens는 디지털 기술이 일선 기계 작업자의 역할을 강화하는 방법을 설명했다. 예를 들어, 브라질의 J&J 공장에서는 각 기계 작업자가 태블릿 컴퓨터를 사용하여 작업자가 조작하는 기계의 활동과 생산성에 대한 실시간 데이터를 제공한다. 이 시스템은 작업자가 기계의 성능에 대한 전문가가 되어 이상 징후나 최적이 아닌 성능을 찾아낼 수 있도록 도와준다.

이 기술을 통해 작업자의 역할은 단순히 지시를 받는 작업자에서 유지 관리 및 엔지니어링 지원을 요청할 수 있는 권한을 가진 기계의 관리자로 전환된다. 작업자는 기계가 작동하는 모습을 사진으로 찍고 해당 이미지와 성능 데이터를 지원 담당자와 공유할 수 있다. 스티븐스는 "근본 원인 조사처럼 몇 시간이 걸리던 작업을 디지털 정보에 액세스할 수 있기 때문에 실시간으로 수행할 수 있다"라고 말했다.[8] 대시보드, 카메라, 협업 시스템이 내장된 새로운 태블릿 기반 기계 관리 시스템은 어느 정도까지는 데이터 수집, 확인, 활용 프로세스의 탈숙련화를 실현하고 있습니다. 하지만 이러한 도구가 나오기 전에는 이런 종류의 데이터 수집이 거의 수행되지 않았기 때문에 이러한 탈숙련화는 기존 일자리를 개선하고 더 많은 일자리를 창출하기도 합니다. 관련 지표의 직관적인 표시, 사용하기 쉬운 협업 도구, 작업 제안(또는 기계가 수행한 작업에 대한 보고) 덕분에 점점 더 많은 작업자가 디지털 업무환경에 참여할 수 있다.

새로운 관리 기술
New Management Skills

점점 더 복잡해지는 공급망을 더 잘 다루기 위해 관리자는 시스템 평가 및 시스템 분석과 같은 고급 기술이 필요하다. IoT, 로봇, 자율주행차, 수학적 모델, AI 등 고급 공급망 도구를 인력과 통합하는 방법을 알아야 하며, 고도로 자동화된 공급망에서 인간의 역할을 정의해야 한다. 또한 관리자는 업무량 패턴을 예측하고 기술로 강화된 작업자의 생산성을 이해할 수 있어야 한다. 이러한 지식을 바탕으로 모든 로드를 처리하는 데 필요한 리소스 수준(인력+기술)을 예측하고 가용성 및 리드타임과 같은 예상 서비스 요구 사항을 유지할 수 있다.

맥킨지의 자크 버긴Jacques Bughin은 저서 《다가오는 기술 변화에 대비하기Preparing for the Coming Skill Shifts》에서 인적자원관리HR는 인간−기계 '상호 작업'에 초점을 맞춰야 한다고 강조했다.[9] 런던정경대LSE에서 기술, 일 그리고 세계화를 연구하는 레슬리 윌콕스Leslie Willcocks 경영학과 교수는 "일자리 전체가 사라지는 것이 아니라 일의 일부가 사라지게 되며 업무를 다른 유형의 일자리로 재조립할 수 있다는 근거가 있다"라고 예측한다.[10] 이러한 전망에 따르면 관리자는 자동화로 인해 각 근로자가 수행하는 업무가 어떻게 변화할지 고려한 다음 조직의 활동과 직무를 다양한 사람과 기계 시스템으로 어떻게 나눌지 결정해야 한다.

또한 '시스템' 기술 요건은 관리자가 자신의 부서에서 사용하는 모든 기술, 심지어 관리자의 직원이 상호작용해야 하는 다른 부서나 외부인의 기술까지 어느 정도 이해하고 있어야 한다는 의미이기도 하다. 특히 관리자는 이러한 기술을 적절하게 배포하고 적절한 인적 시스템을 관리하기 위해 이러한 기술의 강점과 약점을 이해해야 한다. 또한 이러한 시스템에서 발생할 수 있는 오류 유형을 이해하여 직원들이 사용하는 기술을 어디까지 신뢰해야 하고 무시해야 하는지, 언제 관리자와 전문가에게 회색 영역gray area(애매한, 어중간한 영역)을 알려야 하는지를 알 수 있도록 해야 한다.

가장 중요한 것은 관리자가 18장 "인간참여형 모델 스펙트럼"에 설명한 상호 운용성, 권한 균형, 투명성 및 상호 학습을 통해 인간−기계 협업을 생성하기 위해 이러한 기술을 필요로 한다는 것이다. 이러한 기술은 가용 인력, 자동화된 시스템, 내부 및 타사 디지털 도구를 사용하여 인간 참여형 시스템을 설계하고 관리하는 데 도움이 된다. 예를 들어 AI

가 사람이 수행한 작업에 오류나 이상이 있는지 확인하는가? 사람이 AI의 작동을 확인하는가? 아니면 사람과 AI가 일종의 합의 시스템을 통해 서로 교차 확인을 하는 것인가? 그리고 오류와 이상 현상이 너무 자주 발생하는 경우 조직은 AI, 사람 또는 둘 다를 재교육하는가?

적응성, 학습 그리고 변화 관리
Adaptability, Learning, and Change Management

기술, 경쟁이 치열한 시장, 그리고 실제로 세계의 변화 속도가 빨라짐에 따라 자크 버긴이 주장한 것처럼 "장기적 목표는 인력에 새로운 유연성과 적응성을 부여하는 것"임을 시사한다.[11] 조직이나 공급망에서 자동화를 도입하는 것은 일회성 이벤트가 아니라 사용 중에 얻은 교훈, 변화하는 요구 사항, 관련된 모든 기술 및 프로세스에 대한 지속적인 업데이트를 통해 진행되는 점진적인 프로세스이다.

지속적인 적응과 조직 변화에 대한 요구 사항은 원활하고 안정적인 공급망 운영이라는 조직의 중요한 운영 목표에 반하는 것처럼 보일 수 있다. 이러한 운영은 제품과 서비스의 원활한 제공을 위해 공급망 내 사람과 기술의 예측 가능하고 일관된 성과에 달려 있다. 그러나 이것이 변화를 피해야 한다는 의미는 아니다. 찰스 다윈Charles Darwin이 말했듯이, "살아남는 종은 가장 강한 종도, 가장 똑똑한 종도 아니고 변화에 가장 잘 적응하는 종이다." 사실 이 말은 다윈의 저작 어디에도 나타나지 않지만, 이는 진화뿐 아니라 공급망에도 적용되는 중요한 원칙을 담고 있다. 변화는 조직이 생존하기 위한 필수 요소이다.

공급망과 같은 복잡한 시스템의 신속한 적응은 시스템의 모든 요소와 이들이 서로 상호작용하는 방식을 이해하지 않고는 불가능하다. 공급망의 복잡성은 대부분의 작업이 크고 광범위한 영향을 미치고 종종 의도하지 않은 결과를 초래하는 경우가 많다는 것을 의미한다. 공급망에 심각한 장애가 발생한 경우에도 조직 전체가 나서서 문제를 해결하고 공급망을 다시 가동하는 데 필요한 조치를 체계적으로 수행해야 한다. 따라서 자동차 제조사 GM은 16장 "불확실한 세상에서의 회복탄력성"에서 설명한 바와 같이 2011년 동일본 대지진, 쓰나미, 멜트다운meltdown(원자로 노심부가 녹아버리는 일)이라는 삼중 재난에 대한 자체적인 대응책을 개발했을 때, 이 요건을 "자신의 분야 역할에 최선을 다하라Stay in your swim lane"는 모토로 명문화했다. 물론 장애나 혼란이 발생하면 누구나 도움을 주고 싶어 하지만, 성급하고 계획되지 않은 행동은 상황을 더욱 악화시킬 수 있다. 따라서 적응과 변화는 필수이지만, 자동차 공급망처럼 복잡한 시스템을 다룰 때는 전체 시스템과 그 복잡성에 대한 깊은 이해를 바탕으로 변화가 이루어져야 한다.

다행히도 이 책에서 논의된 솔루션 중 일부는 변화하는 조건에서도 일관된 성능을 유지하는 데 도움이 될 수 있다. 첫째, RPA(15장 "사무실 코봇" 참조)와 같은 자동화를 통해 공급망 운영의 예측 가능하고 일관된 요소를 대신할 수 있다. 둘째, 플레이북(13장 "최악의 상황에 대비하기" 참조)은 비표준 조건에 대한 표준 운영 절차를 만들 수 있다. 셋째, 디지털 트윈 digital twins(18장 "관리와 시뮬레이션을 위한 디지털 트윈" 참조)을 사용하면 부주의하거나 원치 않는 결과를 방지하기 위해 제안된 창의적 또는 적응형 작업에 대한 '가상분석what-if' 테스트가 가능하다.

불확실성이 증가하는 세상에서 공급망 인력은 자동화가 쉽게 처리할 수 없는 상황에 신속하게 대처할 수 있는 창의성과 적응력을 갖춰야한다. 모든 작업자는 발생하는 문제를 신속하게 파악하고 올바르게 대응할 수 있도록 모니터링, 비판적 사고, 판단, 의사 결정과 같은 기술이 필요하다. 이러한 문제는 기계 오류부터 조직 목표 변경에 이르기까지 다양한 원인으로 인해 발생할 수 있다. 이는 또한 운영 환경의 변화 또는 기계가 프로그래밍되거나 훈련된 범위를 넘어서는 고객 요청의 결과일 수도 있다. 또한 대부분의 높은 기술을 요구하는 직책(대학 학위가 필요한)의 근로자는 직무, 분야, 회사 전략 또는 산업 방향의 변화를 파악하기 위해적극적인 학습과 복잡한 문제 해결 기술이 필요하다.

공급망 전문가는 조직 내부 및 외부 사람들과 지속적으로 상호작용하므로 원활한 의사소통, 관계, 협상 및 설득 스킬이 필요하다. 그러나모든 근로자는 상당한 사회적, 디지털, 인지적, 관리 스킬이 필요할 가능성이 높다. 실제로 앞에서 다룬 WEF 보고서에 따르면 기존 역할을 유지하는 근로자에게도 필요한 핵심 스킬의 약 40%가 2025년까지 바뀔 것으로 추정했다.[12] 그렇다면 과제는 사람들의 능력을 키우고 향상시키며, 미래의 인력으로 진입하고, 유지하고, 발전하는 데 필요한 스킬을 빠르게습득할 수 있는 기회를 만들어내는 것이다.

미래를 위한 인재 공급망 구축

Building Talent Supply Chains for the Future

인재 개발은 원자재를 조달하고 변환 과정을 거쳐 제품을 필요한 곳에 전달하는 것과 유사한 공급망 문제로 생각할 수 있다.

인재 공급망에는 크게 두 가지 목표가 있다. 첫 번째는 사람들이 좋은 일자리를 얻고 유지하는 데 필요한 기술을 제공하는 것이다. 사람들에게 높은 임금과 지속적인 고용을 보장한다는 것은 복잡하고 기술 중심적인 세계에서 가치를 제공하는 데 필요한 기술을 갖추도록 보장한다는 것을 의미한다.

서로 얽혀 있는 두 번째 목표는 기업이 고객을 위해 저렴하고 가치 있는 제품과 서비스를 생산하는 데 필요한 숙련된 인재를 확보하도록 보장하는 것이다. 다시 말해, 기업이 효율성과 생산성을 높이려면 우수한 직원을 채용하고 고용할 수 있는 능력이 있어야 한다. 이를 위해서는 해당 기업이 이미 보유하고 있는 인재를 재교육하거나 업그레이드하도록 지원해야 할 수도 있다.

이러한 목표를 달성하려면 크게 세 가지 범주의 사람들을 훈련하고 교육해야 한다. 첫 번째는 안정적이거나 향상된 커리어 패스career path(경력 경로)를 유지하기 위해 지속적이고 점진적인 재교육이나 기술 향상이 필요한 기존의 생산력을 가진 근로자이다. 두 번째는 다음 직업이나 경력을 얻기 위해 실질적인 재교육이 필요한 실직 근로자이다. 세 번째는 자신의 적성과 경제 내 인간 노동에 대한 일반적인 수요에 모두 적합한 기술 기반이 필요한 노동력에 진입하는 젊은이들이다. 이러한 다양한 그룹을 위한 교육에는 간단한 주문형 학습부터 중간 수준의 기술 인증 프로그램, 최신 고등학교, 대학 및 대학원 학위 프로그램에 이르기까지 다양한 프로그램이 필요하다.

신입사원 채용의 과제
The Challenge of Entry-Level Employment

공급망 인재의 미래를 위한 중요한 도전 과제 중 하나는 신입 직원과 관련된 것이다. 자동화가 모든 '쉬운' 업무를 처리할 수 있게 되면 경험이 없고 교육 수준이 낮은 근로자는 취업 기회가 제한될 것이다. 이러한 신입사원 일자리 부족은 개인의 생계나 청년실업에 따른 사회적 병폐를 넘어 심각한 문제를 야기하고 있다. 만약 기업에 신입사원 자리가 없다면,

기계의 오류 처리와 잘못된 판단을 바로잡고, AI나 통신 시스템에 장애가 발생했을 때 기업을 운영하는 데 필요한 숙련된 직원을 육성할 방법이 없다. 5년 동안 신입 직원을 채용하여 고용하지 않고 어떻게 5년 경력의 중간 관리자 인력 풀을 확보할 수 있을까? 근로자, 기업, 사회가 직면한 이 문제는 대략 세 가지 방법으로 해결할 수 있으며, 그중 하나는 600년 전으로 거슬러 올라간다.

첫 번째, 중세 시대까지 거슬러 올라가는 견습 제도apprentice system로, 젊은이들이 직업을 배우고 결국 지배적인 길드 제도guild system*하에서 실무 자격을 부여받는 수단이었다. 일반적으로 견습생은 훈련과 숙식을 제공받는 대가로 고용주에게 일정 기간의 노동력을 제공하는 데 동의했다. 현대 독일의 견습 제도는 약 70%는 회사에서 근무하고 30%는 직업 학교에서 훈련을 받으며 급여와 생활비 보조금을 제공받는 2년에서 3년 반의 프로그램이다. 독일 고등학교 졸업생의 절반 이상(54.5%)이 이 제도에 참여하고 있으며, 327개의 인정된 직업에 종사하고 있다. 독일에서는 견습생의 약 3분의 2가 처음 견습생으로 채용한 고용주의 정규직으로 취업한다. 이러한 견습생에게 일자리를 제공하는 것은 기업이지만(지원자는 학교가 아닌 기업에 지원) 독일 정부는 프로그램에 대한 교육 표준을 규제하고 설정하는 데 도움을 준다.[1]

두 번째, 신입 직원들이 가치를 창출할 수 있도록 고급 기술을 사용하여 노동력을 증가시키는 것이다. 예를 들어, AI 기반 증강현실을 사용하면 소프트웨어의 지시를 받아 특정 작업을 수행하기 때문에 경험이 적

---

* 후계자 양성을 위한 기술적 훈련과 동업자 간의 경제적 독점을 목적으로 설립

거나 전혀 없는 사람도 고용할 수 있다. 18장의 "더 나은 인터페이스와 협업 도구" 부분에서 설명한 것처럼, AR 시스템은 디지털 정보를 작업자의 물리적 환경과 실시간으로 통합한다. 예를 들어 창고 작업자는 AR 고글을 착용하여 물리적 환경을 확인하면서 어떤 품목을 선택해야 하는지, 해당 품목이 어디에 있는지 등과 같은 지침을 오버레이하여 품목을 선택할 수 있다(이러한 직원은 프로세스가 실행되는 방식에 대한 이론적 배경을 이해하기 위해 다른 직원을 관찰하고 '기술 없는' 환경에서 연습하는 데 시간을 할애해야 한다는 점에 유의).

마지막으로, AI는 경험이 부족한 직원이 경험이 많고 유능한 동료에게 배우는 것을 돕는 데에도 사용될 수 있다. 예를 들어, 영리 온라인 교육기관인 유다시티Udacity는 영업사원의 성과를 높이기 위해 AI를 사용했다. 유다시티는 영업사원과 잠재 고객 간의 상호작용에 대한 메시지 스트림(잠재 고객이 고객이 되었는지 여부에 대한 데이터 포함)을 수집한 다음 해당 데이터를 머신러닝 시스템에 공급했다. 유다시티는 자동화된 판매 에이전트 시스템을 만드는 대신 이 시스템을 사용하여 우수한 상담원을 통해 학습한 일반적인 질문과 상호작용에 대한 권장 답변을 실제 (인간) 판매 에이전트에 안내했다. 이 시스템을 통해 유다시티 영업사원의 효율성은 54% 향상되었고 생산성은 두 배로 증가했다.[2]

매직 컨베이어 벨트

발전을 위한 사다리
Ladders of Advancement

2021년에 직장을 그만둔 근로자를 대상으로 한 퓨 연구소 설문조사에서 두 번째로 많이 언급된 퇴직 사유는 '발전 기회 부족'이었다.[3] 많은 기업과 조직에서 경력 발전의 핵심 관건은 점점 더 많은 인원을 관리하는 것이다. 유망한 신입사원이 10명의 다른 신입 사원을 관리하는 일선front-line 관리자나 부관리자assistant manager 로 성장할 수도 있다. 관리자당 직속 부하 직원의 비율을 관리 범위라고 한다. 일반적으로 관리자 1명당 5~12명의 직원이 있으며, 미국의 경우 평균 9~10명 정도이다.[4] 승진한 일선 관리자가 좋은 성과를 거두면 다음 단계의 관리직으로 승진하여 10명의 직접 보고자(일선 관리자)와 총 100명의 간접 보고자로 구성된 부서, 사업부를 운영할 수도 있다.

안타깝게도 표준적인 위계 조직과 관리직으로 올라가는 승진 사다리는 관리직의 자리가 턱없이 부족하기 때문에 대다수의 근로자들이 넘어설 수 없는 수치상의 장벽이 존재한다. 고위직의 수는 적고, 고위급 임원은 거의 없으며 CEO는 대개 한 명뿐이다. 따라서 내부 승진 기회가 적어지면 직원들이 퇴사하고 기업은 전문성과 경험을 잃게 될 수 있다.

인텔은 여러 개의 병렬 사다리를 만들어 승진 사다리의 혼잡을 줄였다. "인텔에는 다양한 경로가 있다. 이는 여기서 커리어를 시작하는 독특한 측면 중 하나이다. 직원 개인의 초점과 열망에 따라 다양한 기술 영역에 걸쳐 각기 다른 역할로 구성된 최소 10개의 경로가 있다"고 인텔의 인적 자원 비즈니스 담당 파트너인 폴리나 고스카Paulina Gorska 는 말했다.[5] 인텔에는 CEO 한 명과 고위급 경영자 10여 명만 있으면 되지만, 반도체 제조 프로세스, 칩 설계, 칩 프로그래밍 및 고객 애플리케이션의 극도로 복잡한 기술적 특성으로 인해 회사에는 고도로 숙련되고 경험이 풍부한 기술 리더가 필요하다. 더 많은 사람을 관리하여 승진하는 대신 다른 트랙의 직원은 더 뛰어난 기술, 엔지니어링 또는 과학적 공헌을 통해 조직에 더 가치 있는 영향을 미치기 때문에 승진한다.

일반적으로 직원은 조달, 아웃소싱과 같은 업무를 수행하기 위해 더 많은 예산을 배정받거나 더 많은 고객 책임을 맡음으로써 승진할 수도 있다. 경력 발전의 본질은 동일한 자원으로 더 많은 업무를 수행하도록 강요받는 것이 아니라 조직 자원의 더 많은 부분을 관리할 수 있게 되는 것이다. 그러나 승진을 위한 예산 배정은 기업이 직원들에게 지급할 수 있는 총 금액에 의해 제약을 받는다. 따라서 자원 배분은 제로섬 게임이 된다. 시스템은 본질적으로 잘라야 하는 파이와 같다. 그리고 사람들은 점점 더 그 파이의 큰 조각을 얻는 것을 기준으로 경력 발전을 측정한다. 이러한 시스템에서는 승진할 때마다 소수의 사람들이 더 큰 파이 조각을 얻지만 다수의 많은 사람들은 더 적은 파이를 얻게 되는 상황이 발생한다.

제로섬 할당 문제에 대한 해결책은 생산성 향상이다. 이는 승진한 직원이 조직의 총 수익을 상응하게 증가시키거나 총 비용을 감소시킬 때 적용된다. 이러한 성과는 더 높은 급여와 지출 또는 승진한 사람이 관리할 더 많은 인력을 고용하는 것을 정당화할 수 있다. 즉, 승진한 사람이 파이를 키우는 만큼 승진자는 물론 부하 직원 모두가 급여, 예산, 업무 기회가 늘어나는 혜택을 누릴 수 있다는 것이다. 안타깝게도 각 직원이 매출, 비용 및 기타 핵심 성과 지표에 어떻게 기여하고 있는지 파악하는 것은 매우 어려운 작업이다. 그 이유는 개인 성과에 좌우되는 역할과 업무는 거의 없으며, 중요한 성과 지표 중 하나는 그룹(예: 팀, 공장, 부서, 기능)의 성공에 대한 개인의 기여도이기 때문이다. 데이터의 가용성과 새로운 분석 방법이 도움이 될 수 있지만, 아무리 잘 관리되는 기업이라고 하더라도 개인의 기여도를 측정하는 것은 완벽하지 않다. 그러나 기업 기능, 사업부, 공장 등 그룹의 영향력은 기업의 나머지 부분과 어느 정도 분리될 수 있을 만큼 클 수 있기 때문에 그 영향력을 측정하는 것이 더 쉽다.

자동화는 기술적 통제 범위 측면에서 직원에게 새로운 발전 기회를 제공한다. 15장의 "사무실 코봇"에서 언급했듯이 일부 기업에서는 실제로 액세스를 제어하고 감독을 보장하기 위해 각 RPA 봇을 가상 직원으로 관리한다. 각 로봇은 누군가에게 '보고'한다. 19장 "디지털 리터러시와 수리 능력"에서 설명한 기술 증강 기계 운영자에 대한 존슨앤존슨J&J 사례는 일선 직원도 기계의 관리자가 될 수 있음을 보여준다. 따라서 숙련된 직원은 하나 이상의 자동화 시스템을 관리하고 AI를 '교육'하는 책임을 맡는다는 측면에서 승진할 수 있다. 즉, 회사 내에서 개인의 입지는 로봇, 자율주행차, RPA와 같은 자동화 시스템의 가상 인력에 대한 통제력을 기준으로 측정할 수 있다. 클라우드 컴퓨팅의 시간당 비용이 매우 저렴하기 때문에 직원들은 수십, 수백 명의 디지털 '작업자'를 '고용'하고 관리할 수 있다. 이러한 방식으로 장기적으로 인력을 고용하고 교육하는 데 드는 높은 비용 없이도 광범위한 통제권을 가질 수 있다.

말한 것을 실천하기

많은 기업에서는 커뮤니케이션에 직원이 가장 중요한 자산이라고 강조한다. '가장 중요한 자산'이 표준 슬로건이지만 실제로 모든 기업이 그런 철학을 실천하는 것은 아니다. 부분적으로는 이러한 '자산'이 매일 저녁 회사 문밖으로 나간다는 사실을 알고 있기 때문이다.[6] 예를 들어, 이 글을 쓰고 있는 지금 이 순간에도 수만 명의 근로자가 일자리를 잃고 있으며, 기업들은 사업부나 일부 지적 재산과 같은 유형 자산을 매각하지 않고 있다. 대부분의 기업에서는 경기 침체기 동안 고정 자산의 가치가 하락할 가능성이 높지만 경제가 다시 회복되면서 그 가치가 증가할 수 있기 때문에 이는 어느 정도 이해가 된다. 경기 침체기에는 우수한 직원을 고용하는 것이 더 쉽고 비용도 저렴하지만, 경제가 활성화되면 이러한 직원은 더 나은 기회를 찾아 떠날 수도 있다.

그러나 일부 기업은 '말한 것을 실천walk the talk'하는 것으로 유명하다. 예를 들어, 2008년 금융 위기 당시 자동차 수요가 둔화되자 토요타는 직원을 해고하는 대신 일련의 교육 및 품질 향상 프로젝트를 시작했다. 토요타의 제조 및 품질 담당 수석 부사장인 윌 제임스Wil James 는 "우리는 가동 중지 시간을 문제 해결 능력 향상과 표준화된 업무 개선뿐 아니라 환경, 안전보건, 다양성 교육에 활용했다"라고 말했다.[7]

직원들에게 투자하는 대기업도 늘어나고 있다. 월마트, 스타벅스, 페덱스와 아마존 등의 기업은 직원들에게 교육 및 기술 훈련 혜택을 제공한다. 예를 들어, 월마트는 비즈니스 또는 공급망 관리 분야에서 준학사 또는 학사 학위를 취득한 직원에게 대학 등록금과 교재비를 100% 지원한다. 월마트 학습 및 리더십 담당 수석 부사장인 로레인 스톰스키Lorraine Stomski 는 "우리 회사의 교육 서비스는 월마트의 성장 영역과 직접적으로 연결되어 있으며, 미래 인재의 파이프라인을 채우는 데 직원들보다 더 좋은 방법은 없을 것이다"라고 말했다.[8] 이 프로그램에 참여한 월마트 직원들을 대상으로 한 연구에서는 이들이 비참여자들에 비해 회사에 계속 남아 있을 가능성이 높고 승진할 가능성도 높은 것으로 나타났다.[9]

새로운 교육과 훈련 모델
New Educational and Training Models

한 번에 한 교실씩 그룹 단위로 교육하는 전통적인 대면 교육 방식은 학생당 높은 비용과 모든 학생과 강사가 특정 요일, 특정 시간에 특정 강의실에 올 수 있어야 한다는 심각한 제약이 있다. 더 많은 사람들, 특히 강의실과 강사와 멀리 떨어진 곳에 사는 사람들을 저렴한 비용으로 교육하기 위한 새로운 모델은 학생들에게 우편으로 발송되는 교육 서신에 의존하는 통신 대학의 출현과 함께 19세기 중반에 시작되었다. 정보를 배포하는 새로운 방법이 등장하면서 소위 원격 학습이라는 획기적인 방법이 등장했다. 1971년 영국은 TV와 라디오 교육을 통해 원격 학위 교육을 제공하는 개방대학Open University 을 설립했다.

무크의 행진

인터넷은 학생들에게 텍스트, 오디오, 비디오 및 대화형 교육을 전송할 수 있는 새로운 온라인 채널을 열었을 뿐만 아니라 학생들과 상호작용하여 학습을 평가하고 질문에 답할 수 있는 새로운 수단을 제공했다. 인터넷은 인터넷이 연결된 곳이면 언제 어디서나 누구든 수강할 수 있는 대규모 온라인 공개 강좌Massive Open Online Courses, MOOC**의 개발을 가능하게

** 국내에는 국가평생교육진흥원에서 진행하는 한국형 무크인 K-MOOC가 있음

했다. 비동기식(일정 조정 및 자기 주도 학습에 더 높은 융통성을 제공)이며, 대부분 무료로 제공되고, 매우 저렴한 비용으로 학위나 자격증을 취득할 수 있다. 광대역 시스템을 통해 교육 콘텐츠 및 데이터의 디지털 사본을 제공하는 데 드는 비용이 거의 없기 때문에 확장성은 무제한에 가깝다. 이러한 교육 시스템은 AI를 사용하여 학생의 연습 문제, 시험 답안 및 에세이 평가를 자동화할 수도 있다.

MIT CTL은 MIT의 온라인 교육 서비스 중 하나를 선보였다. 2014년 가을, 동료인 크리스 캐플리스Chris Caplice는 MIT에서 공급망 관리에 대한 소개인 최초의 비동기식 무크를 개발, 녹음 및 강의를 제공했다. 마케팅 예산이 없었음에도 불구하고 이 강의는 4만 명 이상의 수강생이 몰려, CTL과 MIT 모두를 놀라게 했다. CTL은 2015년 가을에 공급망 설계에 대한 후속 강의를 개설하고 제공했다.

CTL의 사례는 무크 모델이 여전히 직면하고 있는 문제점을 드러내기도 한다. 예를 들어 이러한 프로그램은 학습자에게는 저렴하지만 제작자에게는 초기 제작 비용이 높다. 고품질의 우수한 무크를 설계하고 제작하려면 동영상, 텍스트, 연습 문제, 퀴즈 자료, 채점 시스템 제작에 상당한 수준의 전공 지식과 시간과 비용 투자가 필요하다. 종종 간과되는 또 다른 고려 사항은 대규모 무크를 운영하는 데 드는 작업량과 비용이다. 무크의 디지털 데이터는 학생당 매우 저렴한 비용으로 배포될 수 있지만, 수강생이 많다는 것은 무크 제공자가 이러한 수강생들로부터 매일 들어오는 수천 건의 이메일 문의에 답변해야 한다는 것을 의미한다. 이는 고객 서비스 담당자의 인건비나 성능이 뛰어난 교육 지원 챗봇 개발 비용을 부담해야 함을 의미한다. 여기서 가장 좋은 접근 방식은 RPA 및 기타 기술의 일반적인 고객 서비스 배포와 동일하다. 챗봇은 간단하고 반복적인 질문에 응답할 수 있으며, 일반적이지 않거나 어려운 질문은 조교와 교수에게 이관한다.

무크 모델은 또한 전통적인 교육에도 변화를 가져오고 있다. 예를 들어, MIT대 공급망 관리 석사 대면residential(기숙형) 프로그램에 입학하는 학생들은 확률 및 통계와 같은 기초 주제를 다루는 입문 무크를 온라인으로 먼저 이수해야 한다. 이 요건은 온보딩 프로세스를 간소화하고 모든 학생이 후속 과정에 필요한 핵심 지식을 갖출 수 있도록 보장한다. 석사 과정의 여러 수업에서는 무크에서 자주 사용되는 '역전형inverted' 수업 스타일을 차용했다. 학생들은 집에서 강의를 시청하고, 온라인으로 퀴즈를 풀고, 수업에 와서 대면 상호작용을 한다. 이러한 상호작용은 시사 문제, 사례 연구 또는 초청 강의 분석에 중점을 두고 있으며, 학생들은 수업 토론 중에 동영상에 설명된 원칙과 방법을 당면한 이슈에 적용해야 한다.

강좌부터 학점 취득까지

2015년 10월, MIT는 4차 산업혁명을 위해 공급망 관리 분야에 새로운 학위 제도로 '마이크로마스터스MicroMasters'라는 프로그램을 발표했다. 이 프로그램은 한 학기 동안 5개의 무크 과정과 종합 최종 시험을 성공적으로 이수하면 취득할 수 있다.

공급망 관리 마이크로마스터스 프로그램***에는 중요한 특징이 하나

*** micromasters.mit.edu/scm/

더 있었다. 최상위 졸업생은 MIT에 초청되어 한 학기 동안 MIT에서 거주하면서 나머지 석사 과정을 이수하게 된다. 해당 학생들은 무크 과정과 MIT의 캠퍼스 내 대면 수업을 결합한 '혼합형' 프로그램으로 MIT 학점을 취득할 수 있다.

마이크로마스터스 프로그램은 시작 첫해부터 성공을 거두었고 불과 7년 만에 백만 번째 수강생을 유치했다. 이러한 성공은 온라인 무크의 무제한적인 규모에 비해 캠퍼스 기숙형 프로그램의 제한된 공간으로 인해 학생 수용 문제를 야기했다. MIT CTL은 마이크로마스터 자격을 갖추었으나 혼합형 프로그램에 입학할 수 없는 학생들의 반발을 우려해, 마이크로마스터스 수료 자격 인증을 받아주는 수십 개의 다른 대학을 모집해, 학생들이 다른 대학에서 단기에 정식 학위를 취득할 수 있도록 했다.

데이터 중심Data-Driven 교육

개방형 등록 온라인 교육 시스템(예: MOOC)과 엄격하게 통제되는 선별적 등록 기숙형 교육 시스템(예: MIT)의 엄청난 차이는 이 두 시스템에서 학생의 자질에 대한 근본적인 의문을 제기한다. 학생들이 강의실에서도 동등하게 잘 배울 수 있을까? 마이크로마스터스 프로그램에서 기숙형 프로그램으로 넘어오는 학생들의 자질을 검증하기 위해 MIT의 교육 연구소(MIT CTL과는 독립된 기관)는 마이크로마스터스 학생들이 다른 MIT 학생들과 섞여 함께 수업하는 혼합 수업에서 마이크로마스터스 학생들의 성과를 분석했다. 결과는 혼합 프로그램에 참여한 학생들이 해당 과목에서 평균적으로 MIT의 모든 공학부engineering departments 의 학생들보다 우수한 성적을 거둔 것으로 나타났다.

이 결과는 혼합 프로그램 학생들의 수준을 익히 알고 있던 캠퍼스 내 교수들에게는 그리 놀라운 건 아니었다. 우선, 혼합 프로그램 학생들이 MIT에 입학하기 전에 그랬던 것처럼 직장인으로 일하면서 MIT 수준의 무크를 다섯 개나 이수하는 것은 엄청난 근성과 노력이 필요한 일이다. 이번 평가는 이러한 인간적 자질의 중요성을 보여주었다. 열정, 배움에 대한 갈망 및 끈기는 온라인 세계에서 분명하게 드러나는 중요한 특성이지만 성적 증명서, 추천서, 표준 시험 점수 및 온라인 인터뷰와 같이 캠퍼스 입학 학생을 평가하는 데 사용되는 다양한 고려 사항에서는 항상 드러나지는 않는다.

또 다른 예로, 입학 위원회가 기숙형 과정에 참여할 학생을 선별하기 위해 검토한 무크 학생에 대한 데이터는 일반적인 데이터보다 훨씬 더 풍부했다는 것이다. 온라인 마이크로마스터스 과정에서는 시스템이 각 키 입력을 기록하기 때문에 개별 학생의 성취에 대한 방대한 데이터를 산출할 수 있었고 이는 분석에 사용할 수 있는 수백만 개의 데이터 포인트를 생성했다.

또한 교육자는 이러한 모든 데이터를 사용하여 무크의 품질을 지속적으로 향상시킬 수 있다. 교수는 수업이 진행됨에 따라 각 학생의 활동, 이해도 및 성과를 추적할 수 있다. 학생 성과를 분석하는 동일한 피드백 루프는 무크 커리큘럼을 미세 조정하는 데 도움이 된다. 너무 많은 학생이 동일한 개념을 동일한 방식으로 오해한다면 문제는 학생이 아니라 커리큘럼에 있는 것이다. 따라서 커리큘럼과 교육 과정은 시간이 지남에 따라 확실히 개선된다.

디지털 미래를 위한 디지털 교육

코로나19로 인한 감염병 대응과 방역 필요성 때문에 많은 학교가 온라인 학습을 채택했지만, MIT 공급망 관리 프로그램은 온라인 학습이 그 자체로도 많은 이점을 가지고 있음을 시사한다. 전 미국 플로리다 주지사이자 우수 교육 재단Foundation for Excellence in Education 의 창립자인 젭 부시 Jeb Bush 는 《워싱턴 포스트》지 논평에서 "이제는 단지 코로나바이러스 때문이 아니라 필요하기 때문에 원격 교육을 수용해야 할 때이다"[10]라고 주장했다. 2014년 MIT 교육의 미래에 관한 태스크 포스MIT-wide task force on the future of MIT education 역시, 온라인 교육 및 훈련 도구의 혁신이 궁극적으로 비용을 낮추고 효율성을 높이며 모든 연령과 기술 수준에 적합한 교육 서비스의 접근성을 넓힐 것이라고 주장했다.[11] 무크 운동은 자동화 확산으로 인한 비관론에 대응하는 데 도움이 될 지속적으로 개선되는 교육 모델을 만들기 위한 훌륭한 플랫폼이자 출발점이 될 수 있다.

온디맨드, 모듈식 학습 그리고 JIT
On-Demand, Modular Learning, Just in Time

일반적으로 대부분의 학력 취득을 위해서는 수년간의 학업 기간이 필요하다. 고등학교 졸업장을 취득하려면 12년, 준학사 또는 학사 학위를 취득하려면 2~5년, 석사 및 박사 수준의 고급 학위를 취득하려면 추가로 2~6년이 필요하다. 그러나 훨씬 더 짧고 점진적인 교육을 통해 많은 교육적 요구를 충족할 수 있다. 예를 들어, WEF 〈일자리 미래 보고서〉에 따르면 기업에서는 평균적으로 약 40%의 근로자가 6개월 이하의 재교육이 필요할 것으로 추정한다.[12] 전문 자격증 프로그램은 3~6개월 과정이 필요할 수 있다. 단일 무크 과정은 몇 주에서 몇 달 동안 지속될 수 있다. WEF가 비즈니스 리더를 대상으로 실시한 설문조사에 따르면 운송 및 창고업에 필요한 재교육의 1/4 이상이 한 달도 채 걸리지 않는 것으로 나타났다.[13] 흥미롭게도 새로 취임한 제프 샤피로Jeff Shapiro 펜실베이니아 주지사는 취임 첫날, 주 내 모든 행정부 직무의 92%가 더 이상 4년제 학위가 필요하지 않다고 선언하는 행정 명령을 발표했다. 이에 따라 수백 개의 주정부 채용 공고가 이 요건을 삭제하도록 변경되었다.

더욱이 변화의 속도가 빨라지고 기술 사용이 증가함에 따라 근로자는 끊임없이 직무를 바꾸고 재교육을 받아야 하는 상황에 처하게 될 것이다. 실제로 일부 기업에서는 리더십 역할을 수행하는 데 도움이 되는 폭넓은 경험과 다양한 맥락에 대한 이해를 쌓기 위해 의도적으로 근로자들을 여러 위치와 직무에 순환 배치하여 인재를 개발하기도 한다. 변화의 속도는 특정 사실만을 전달하기 위해 고안된 커리큘럼에 대한 의문을 제기한다. 공유된 지식은 사회를 결속하고 그에 따른 기술적 지식도 필요하겠지만, 기술이 접목된 미래 사회에서 요구되는 것은 지속적으로 학습하고, 비판적으로 사고하며 효과적으로 협업할 수 있는 능력이다.

글로벌 공급망은 일반적으로 공급업체, 공장, 고객이 서로 다른 시간대에 분산되어 있기 때문에 24시간 연중무휴로 운영되는 경향이 있다. 따라서 공급망 전문가는 업무를 중단하지 않고도 지식을 업데이트할 수 있는 기회가 필요하다. WEF 〈일자리 미래 보고서〉에 따르면 비즈니스 리더의 94%는 직원들이 업무 중에 새로운 기술을 습득하기를 기대한다.[14] 근무 중 다시 기술을 익히는 것은 과거에 비해 더 짧고, 단기적이며, 적응력이 높고, 비동기식의 비전통적인 교육 프로그램에 의존할 것이다. CTL 교육의 미래 설문조사를 실시한 CTL의 온라인 교육 프로그램 책임자인 나의 동료 에바 폰스Eva Ponce 에 따르면 많은 공급망 전문가들이 온라인 및 혼합형 교육 프로그램을 선호하고 있다.

한 가지 솔루션은 온디맨드(주문형) 학습on-demand learning인데, 교육 관점의 JIT Just-In-Time 라고 생각하면 된다. 이는 특정 문제를 해결하거나 새로운 작업을 수행해야 할 때 사람을 신속하게 가르치도록 설계된 교육 제공 시스템이다. 짧은 동영상 강의나 읽기 과제, 간단한 연습 문제, 학생의 이해를 확인하기 위한 문제 세트 등으로 구성된 작은 모듈식 지식 블록을 제공하고, 성과나 오답에 대한 신속한 피드백을 제공한다. 간단한 강의와 자가 테스트를 통해 점진적인 기술을 빠르게 구축하거나 새로 고칠 수 있다.

AI는 근로자의 기술 향상을 돕는 데에도 사용될 수 있다. 예를 들어, 에어버스Airbus 는 품질 저하 없이 신형 A350 항공기의 조립 속도를 높이고자 했다. 새로운 항공기 설계를 도입하면 작업자가 생산 프로세스를 설정하고 실행하는 데 경험을 쌓으면서 학습 곡선이 생긴다. 기업은 기존 데이터 및 분석 인프라를 사용하여 원시 정보를 캡처하고 이를 AI 시스템에 입력하여 직원 간의 경험을 빠르게 전달할 수 있도록 지원했다.[15] 이러한 시스템은 전반적으로 인간 작업자가 생성한 창의적인 솔루션의 패턴을 인식한 다음 이를 직원 전체에 공유하고 확산시킨다.

기업은 기술 혁신을 활용하여 직원이 소프트 스킬을 개발하도록 도울 수 있으며, 이는 기술이 접목된 작업 환경에서 점점 더 가치가 높아질 수 있다. 런던비즈니스스쿨 린다 그라튼Lynda Gratton 교수에 따르면 여기에는 공감, 상황 감지, 협업, 창의적 사고와 같은 기술이 포함된다고 한다.[16] 예를 들어, 패스트푸드 체인 KFC는 다양한 형태의 학습을 사용하여 고객 서비스 교육을 제공한다. 맥킨지 보고서에 따르면, "세션은 매장의 전체 팀을 고객 역할로 배치하는 근무 시간 외 보드 게임으로 시작된다. 그 다음에는 교대 근무 중 대략 15분 단위로 진행되는 '게임화된 gamified' 학습이 이어진다. 이러한 비디오 게임과 같은 모듈을 통해 직원들은 매장 계산 카운터 뒤에서 시청각적 만족 신호에 응답하는 등 여러 가지 대표적인 고객 경험을 처리하게 된다."[17]

더 나은 미래를 위하여
Delivering a Better Future

지식은 곧 힘이며, 관련 지식을 전달하는 능력은 사람들이 기술에 의해 대체되기보다는 기술에 의해 지원받고 활성화되도록 보장할 수 있다. 웨스턴 디지털Western Digital CEO인 데이비드 게클러David Goeckeler는 "이는 단순히 회사가 더 좋아지고 미래를 준비하는 것뿐만 아니라 모든 직원을 중심에 두고, 적극적으로 참여하게 하며, 재교육을 실시하고, 미래에 대한 기대감을 갖게 하는 등 모든 직원이 미래를 준비하는 것"[18]이라고 말한다.

인간의 생산성과 기술의 힘을 최대한 활용하는 고성능 공급망은 EU의 인더스트리 5.0 비전을 실현하는 열쇠이다. 인더스트리 5.0의 야심찬 목표는 사회에서 산업의 역할을 강화하고 근로자의 복지를 생산 과정의 중심에 두는 것이다. 유럽연합 집행위원회가 말했듯이 목표는 "지속가능하고 인간 중심적이며 회복력이 있는 유럽 산업으로의 전환을 위한 서비스에 연구와 혁신을 구체적으로 투입함으로써 기존 인더스트리 4.0 접근 방식을 보완"하는 것이다.[19]

무엇보다도 이러한 목표를 달성하려면 인간과 기술 모두의 성과를 극대화하는 것이 중요하다. 풍부한 데이터와 분석을 통해 투명성을 확보하면 환경에 미치는 영향을 관리하고 방지할 수 있는 책임감을 가질 수 있다. 자동화는 일상적인 작업을 처리하여 사람들이 업무에서 보다 만족스러운 부분에 집중할 수 있도록 도와준다. AI와 디지털 도구는 사람들의 힘을 강화하여 과거에는 처리할 수 없었던 작업을 처리할 수 있게 해준다. 시의적절하고 저렴한 교육과 지식은 근로자, 관리자 및 시민이 기술 변화, 변동성 및 혼란에 대처하는 데 도움이 될 수 있다. 이러한 새로운 기술은 기후 변화 위협, 기회 불평등, 새로운 감염병 대유행, 지정학적 권력 갈등, 식량 및 자원 부족, 그리고 다양한 ESG(환경·사회·지배구조) 과제를 달성하는 데 도움을 주는 동시에 사회를 더 나은 방향으로 변화시킬 수 있는 잠재력을 가지고 있다. 기업의 관리자와 근로자는 기술과 협력하여 만족스럽고 충분한 보상이 주어지는 일자리, 저렴한 제품과 서비스, 밝은 미래를 창출함으로써 AI와 자동화를 최대한 활용할 수 있다. 그러한 비전이 실현되도록 하는 것은 결국 시민사회civil society 의 몫이라는 것을 강조하고 싶다.

Chapter 1 소비자가 모르는 공급의 진실

1. Tim Newcomb, "7 of the World's Largest Manufacturing Plants," *Popular Mechanics*, January 5, 2017, https://www.popularmechanics.com/technology/infrastructure/g2904/7-of-the-worlds-largest-manufacturing-plants.

2. P.B. Jayakumar, "Wolfsburg: Volkswagen's Largest Manufacturing Plant in the World," *Business Today*, April 16, 2019, https://www.businesstoday.in/latest/story/wolfsburg-volkswagen-largest-manufacturing-plant-in-the-world-186919-2019-04-16.

3. Volkswagen AG, "Volkswagen AG Wolfsburg Plant," news release, February 2021, https://www.volkswagen-newsroom.com/en/volkswagen-ag-wolfsburg-plant-6811.

4. Emily Walsh, "The Color Blue Is the Latest Victim of the Supply Chain Crisis as Paint Manufacturers Run out of Additives," *Business Insider*, October 22, 2021, https://www.businessinsider.com/color-blue-latest-victim-of-the-supply-chain-crisis-2021-10.

5. AkzoNobel NV, "How the 2021 Raw Materials Shortage Improved Our Forecasting," accessed January 3, 2023, https://www.akzonobel.com/en/careers/our-people/raw-materials-shortage-improves-forecasting.

6. The *Wall Street Journal* illustrated one level of supply chains using a hot tub manufacturer in Utah, demonstrating the various parts and subassemblies and their travel to get to the Utah factory. See Austen Hufford, Kyle Kim, and Andrew Levinson, "Why Is the Supply Chain Still So Snarled? We Explain, With a Hot Tub," *Wall Street Journal*, August 26, 2021, https://www.wsj.com/articles/why-is-the-supply-chain-still-so-snarled-we-explain-with-a-hot-tub-11629987531.

7. Food and Agriculture Organization of the United Nations, "Bananas," accessed January 3, 2023, http://www.fao.org/documents/card/en/c/cc2323en.

8. Yossi Sheffi and Edgar Blanco, "Impact Assessment," in *Balancing Green: When to Embrace Sustainability in a Business* (And When Not To) (Cambridge, Mass.: MIT Press, 2018), 55–90.

9. For a description of various supply chain disruptions and the means used to

mitigate the impact, see, for example, Yossi Sheffi, *The Resilient Enterprise: Overcoming Vulnerability for Competitive Advantage* (Cambridge, Mass.: MIT Press, 2005); Yossi Sheffi, *The Power of Resilience: How the Best Companies Manage the Unexpected* (Cambridge, Mass.: MIT Press, 2015).

10. Peter S. Goodman, "How the Supply Chain Broke, and Why It Won't Be Fixed Anytime Soon," *New York Times*, October 22, 2021, https://www.nytimes.com/2021/10/22/business/shortages-supply-chain.html.

11. Adam Smith, *An Inquiry into the Nature and Causes of the Wealth of Nations*, 3 vols. (London: W. Strahan and T. Cadell, 1776).

12. John Baffes and Peter Nagle, "Commodity Prices Surge Due to the War in Ukraine," *World Bank Blogs*, May 5, 2022, https://blogs.worldbank.org/developmenttalk/commodity-prices-surge-due-war-ukraine.

13. Geoffrey Kaviti, Chinedu Asadu, and Paul Wiseman, "Russian War Worsens Fertilizer Crunch, Risking Food Supplies," *Associated Press*, April 12, 2022, https://apnews.com/article/russia-ukraine-putin-business-health-europe-c6a2d11380d3cb0c48d4c22703d1954e.

14. Association for Supply Chain Management, "ASCM Supply Chain Operations Reference Model: SCOR Digital Standard" (2020), https://www.ascm.org/globalassets/ascm_website_assets/docs/intro-and-front-matter-scor-digital-standard.pdf.

Chapter 2 복잡하게 뒤틀린 공급망

1. Goodyear Chemical, "PLIOGUM® 1028," Technical Data Sheet, August 28, 2020, https://www.goodyearchemical.com/docs/tds/pliogum_1028.pdf.

2. Boeing Japan, "Made with Japan: A Partnership on the Frontiers of Aerospace", November 2013, https://www.boeing.jp/resources/ja_JP/Boeing-in-Japan/Made-with-Japan/1122_boeing_cb13_final.pdf.

3. Yu Sun, Eleanor Olcott, and Donato Paolo Mancini, "Moderna Refused China Request to Reveal Vaccine Technology," *Financial Times*, October 1, 2022, https://www.ft.com/content/a481c129-c5aa-4972-84a8-3a45bb000098.

4. Reuters, "Japan's First Commercial Jet in 50 Years Makes Maiden Flight," *Reuters*, November 10, 2015, https://www.reuters.com/article/us-mitsubishi-airplane-idUSKCN0T003220151111.

1. Dan Sanchez, "Trade Is What Makes Us Human," *FEE Stories*, Foundation for Economic Education, August 28, 2017, https://fee.org/articles/trade-is-what-makes-us-human.

2. Yuval Noah Harari, *Sapiens: A Brief History of Humankind* (New York: Harper Collins, 2015), 34–35.

3. Dan Sanchez, "Trade Is What Makes Us Human," FEE Stories, Foundation for Economic Education, August 28, 2017, https://fee.org/articles/trade-is-what-makes-us-human.

4. David Ricardo, "On Foreign Trade," in *On the Principles of Political Economy and Taxation* (London: John Murray, 1817; repr., Mineola, N.Y.: Dover, 2004), 77–93.

5. Matt Ridley, "Third Culture," Edge, accessed August 27, 2020, https://www.edge.org/3rd_culture/serpentine07/Ridley.html.

6. Michael Schuman, "China Makes Everything. Why Can't It Create Anything?" *Time*, November 11, 2013, https://content.time.com/time/subscriber/article/0,33009,2156209,00.html.

7. Organisation for Economic Co-operation and Development, "Global Value Chains and Trade," policy brief, February 2020, https://www.oecd.org/trade/topics/global-value-chains-and-trade.

8. Organisation for Economic Co-operation and Development and World Trade Organization, "Trade in Value-Added: Concepts, Methodology, and Challenges (Joint OECD–WTO Note)," 2012, https://www.oecd.org/sti/ind/49894138.pdf.

9. Homi Kharas, "How a Growing Global Middle Class Could Save the World's Economy," Pew Charitable Trusts, July 5, 2016, https://pew.org/37iRyT7.

10. Based on middle values from Figure 9.3 in Michail Moatsos, "Global Extreme Poverty: Present and Past since 1820," *How Was Life? Volume II: New Perspectives on Well-Being and Global Inequality since 1820* (Paris: OECD Publishing, 2021), 195, https://doi.org/10.1787/e20f2f1a-en.

11. Wolfgang Lehmacher, *The Global Supply Chain: How Technology and Circular Thinking Transform Our Future* (New York: Springer, 2017), xii.

12. Mike Schuler, "Madrid Maersk, the Latest World's Biggest Containership, Enters Service in China," *GCaptain*, May 2, 2017, https://gcaptain.com/madrid-maersk-worlds-biggest-ship-enters-service.

13. American Trucking Associations, "Economics and Industry Data," accessed August 15, 2022, https://www.trucking.org/economics-and-industry-data.

14. Quoctrung Bui, "Map: The Most Common* Job In Every State," *NPR*, February 5, 2015, https://www.npr.org/sections/money/2015/02/05/382664837/map-the-most-common-job-in-every-state.

15. American Trucking Associations, "Economics and Industry Data," accessed August 15, 2022, https://www.trucking.org/economics-and-industry-data; Eurostat, "Road Freight Transport as a Percentage of Total Inland Freight Transport in the European Union (EU-28) from 2007 to 2020," *Statista*, April 1, 2020, https://www.statista.com/statistics/1068592/eu-road-freight-share-of-inland-transport.

16. Boeing, "World Air Cargo Forecast 2022–2041," October 2022, https://www.boeing.com/resources/boeingdotcom/market/assets/downloads/Boeing_World_Air_Cargo_Forecast_2022.pdf.

17. Japan Aircraft Development Corporation, "Freight-Ton Kilometers Share of Air Cargo Traffic Worldwide in 2019, by Type," chart, October 25, 2021, Statista, https://www.statista.com/statistics/535543/worldwide-freight-ton-kilometer-share-belly-cargo-and-main-cargo.

18. Bureau of Transportation Statistics, "Weight and Value of Freight Shipments by Domestic Mode: 2017," January 12, 2021, https://www.bts.gov/topics/freight-transportation/freight-shipments-mode.

19. For example, the Horrea Lolliana. See Rome and Art, "Horrea Lolliana," September 23, 2021, https://www.romeandart.eu/en/art-horrea-lolliana.html.

20. Jason Depreaux, "28,500 Warehouses To Be Added Globally To Meet E-Commerce Boom," *Interact Analysis* (blog), March 2021, https://www.interactanalysis.com/28500-warehouses-to-be-added-globally-to-meet-e-commerce-boom.

Chapter 4 공급망의 실질적 목적

1. Food and Agriculture Organization of the United Nations, "Small Family Farmers Produce a Third of the World's Food," April 23, 2021, https://www.fao.org/news/story/en/item/1395127/icode.

2. Govind Bhutada, "All the Metals We Mined in One Visualization," *Visual Capitalist*, October 5, 2021, https://www.visualcapitalist.com/all-the-metals-we-mined-in-one-visualization.

3. Ruth F. Schulte and Nora K. Foley, "Compilation of Gallium Resource Data for Bauxite Deposits" (Reston, Va.: United States Geological Survey, 2014), USGS Publications Warehouse, http://pubs.er.usgs.gov/publication/ofr20131272.

4. "IAI Releases 2020 Total Global Primary Aluminum and Alumina Production Data," *Light Metal Age*, March 15, 2021, https://www.lightmetalage.com/news/industry-

news/smelting/iai-releases-2020-total-global-primary-aluminum-and-alumina-production-data.

5. International Business Machines Corporation [IBM], "IBM Unveils World's First 2 Nanometer Chip Technology, Opening a New Frontier for Semiconductors," news release, May 6, 2021, https://newsroom.ibm.com/2021-05-06-IBM-Unveils-Worlds-First-2-Nanometer-Chip-Technology,-Opening-a-New-Frontier-for-Semiconductors.

6. Brooks Johnson, "125 Years of Grape-Nuts: Same Recipe, Same Taste—Still No Grapes or Nuts," *Star Tribune* (Minneapolis), August 13, 2022, https://www.startribune.com/125-years-of-grape-nuts-same-recipe-same-taste-still-no-grapes-or-nuts/600196247.

7. Johnny Diaz, "Grape-Nuts, Supermarket Mainstay, Is No Longer So Easy to Find," *New York Times*, January 29, 2021, https://www.nytimes.com/2021/01/29/business/grape-nuts-shortage.html.

8. Yossi Sheffi, *The Power of Resilience: How the Best Companies Manage the Unexpected* (Cambridge, Mass.: MIT Press, 2015), 10–11.

9. Yossi Sheffi, *The Power of Resilience: How the Best Companies Manage the Unexpected* (Cambridge, Mass.: MIT Press, 2015), 53–63.

10. Louise Story, "Lead Paint Prompts Mattel to Recall 967,000 Toys," *New York Times*, August 2, 2007, https://www.nytimes.com/2007/08/02/business/02toy.html.

11. Joseph Gilbert and Joel Wisner, "Mattel, Lead Paint, and Magnets: Ethics and Supply Chain Management," *Ethics & Behavior* 20, no. 1 (January 26, 2010): 33–46, https://doi.org/10.1080/10508420903482491.

12. Parija B. Kavilanz, "Mattel Fined $2.3 Million over Lead in Toys," *CNN Money*, June 5, 2009, https://money.cnn.com/2009/06/05/news/companies/cpsc.

13. Ben Rooney, "Mattel's Recall Rebound," *CNN Money*, October 12, 2007, https://money.cnn.com/2007/10/12/markets/spotlight_mat.

14. Brad Kenney, "How The Mattel Fiasco Really Happened," *IndustryWeek*, September 6, 2007, https://www.industryweek.com/innovation/article/22010797/how-the-mattel-fiasco-really-happened.

15. *Examining the State of the Domestic Automobile Industry, Hearing Before the Sen. Comm. on Banking, Housing, and Urban Affairs*, 110th Cong. 85–86 (2008) (statement of Alan R. Mullaly, President and CEO of Ford Motor Company), https://www.govinfo.gov/content/pkg/CHRG-110shrg50418/html/CHRG-110shrg50418.htm.

16. Kelly McCarthy, "Beverages, Especially Cans, in Short Supply Due to Lack of Materials and Global Demand," *ABC News*, December 9, 2021, https://abcnews.go.com/GMA/Food/beverages-cans-short-supply-due-lack-materials-global/

story?id=81646871.

17. Jess Ma and Su-Lin Tan, "How Has China's Magnesium Monopoly Crippled Global Supply?," *South China Morning Post*, October 28, 2021, https://www.scmp.com/economy/china-economy/article/3153909/chinas-power-crisis-sends-magnesium-prices-skyward-choking; Tom Daly and Min Zhang, "China's Metal Consumers to Feel Supply Sting from Forced Power Cuts," *Reuters*, September 29, 2021, https://www.reuters.com/world/china/chinas-metal-consumers-feel-supply-sting-forced-power-cuts-2021-09-29.

18. Sam Meadows, "Lockdown Causes Marmite Shortage as Pub Closures Result in Scarcity of Brewer's Yeast," *Telegraph*, June 10, 2020, https://www.telegraph.co.uk/news/2020/06/10/lockdown-causes-marmite-shortage-pub-closures-result-scarcity.

19. Kamila Rachwał et al., "Utilization of Brewery Wastes in Food Industry," *PeerJ* 8, no. e9427 (2020), https://doi.org/10.7717/peerj.9427.

Chapter 5 멀티모달의 복잡성

1. "15 km Traffic Jam on Dhaka-Chittagong Highway," *Bangladesh Live News*, April 9, 2022, https://www.bangladeshlivenews.com/en/bangladesh/details/15-km-traffic-jam-on-dhaka-chittagong-highway.

Chapter 6 공급망과 사람: 성장과 번영의 길

1. Homi Kharas, "How a Growing Global Middle Class Could Save the World's Economy," Pew Charitable Trusts, July 5, 2016, https://pew.org/37iRyT7.

Michail Moatsos, "Global Extreme Poverty: Present and Past since 1820," *How Was Life? Volume II: New Perspectives on Well-Being and Global Inequality since 1820* (Paris: OECD Publishing, 2021), 195, https://doi.org/10.1787/e20f2f1a-en.

2. Mercedes Delgado and Karen G. Mills, "The Supply Chain Economy: A New Industry Categorization for Understanding Innovation in Services," *Research Policy* 49, no. 8 (2020): 104039, https://doi.org/10.1016/j.respol.2020.104039.

3. Kim Parker and Juliana Menasce Horowitz, "Majority of Workers Who Quit a Job in 2021 Cite Low Pay, No Opportunities for Advancement, Feeling Disrespected," Pew Research Center, March 9, 2022, https://www.pewresearch.org/fact-tank/2022/03/09/majority-of-workers-who-quit-a-job-in-2021-cite-low-pay-no-opportunities-for-advancement-feeling-disrespected.

4. Jeff Cox, "There Are Now a Record 5 Million More Job Openings than Unemployed People in the U.S.," *CNBC*, March 29, 2022, https://www.cnbc.com/2022/03/29/

there-are-now-a-record-5-million-more-job-openings-than-unemployed-people-in-the-us.html; Kathryn Vasel, "Workers Have so Much Leverage in This Job Market, They're Ghosting Employers," *CNN Business*, December 2, 2021, https://www.cnn.com/2021/12/02/success/job-candidates-ghosting-hiring/index.html.

5. "European Driver Shortage Report 2022," IRU Intelligence Briefing (Geneva: International Road Transport Union, 2022), 14.

6. Peter S. Goodman, "The Real Reason America Doesn't Have Enough Truck Drivers," *New York Times*, February 9, 2022, https://www.nytimes.com/2022/02/09/business/truck-driver-shortage.html; Robin Kaiser-Schatzlein, "How Life as a Trucker Devolved Into a Dystopian Nightmare," *New York Times*, March 15, 2022, https://www.nytimes.com/2022/03/15/opinion/truckers-surveillance.html.

7. "The Truth about Trucking Turnover," *American Trucking Associations Blog*, March 25, 2022, https://www.trucking.org/news-insights/truth-about-trucking-turnover.

8. Sarah Jackson, "One of the Largest Trucking Companies in the US Is Giving Raises of up to 33%, Allowing Drivers to Make up to $150,000 in Their First Year, amid Worker Shortage," *Business Insider*, January 22, 2022, https://www.businessinsider.com/trucking-firm-kllm-gives-33-percent-raise-drivers-make-150k-2022-1.

9. *Industry and Labor Perspectives: A Further Look at North American Supply Chain Challenges, Remote Hearing Before the Comm. on Transportation and Infrastructure*, 117th Cong. 38 (2021) (statement of David H.C. Correll, Research Scientist and Lecturer, Massachusetts Institute of Technology Center for Transportation & Logistics), https://www.govinfo.gov/content/pkg/CHRG-117hhrg47301/html/CHRG-117hhrg47301.htm; Dan McCool, "Are Supply Chains Stuck in Detention?," *MIT News*, April 25, 2022, https://news.mit.edu/2022/are-supply-chains-stuck-detention-0425.

10. Joseph R. Biden Jr., "Remarks by President Biden on the Trucking Action Plan to Strengthen Our Nation's Supply Chains," speech (White House, Washington, D.C., April 4, 2022).

11. American Trucking Associations, "Driver Shortage Update 2021," October 25, 2021, https://www.trucking.org/sites/default/files/2021-10/ATA%20Driver%20Shortage%20Report%202021%20Executive%20Summary.FINAL_.pdf.

12. Michael Wayland, "Ford's Supply Chain Problems Include Blue Oval Badges for F-Series Pickups," *CNBC*, September 23, 2022, https://www.cnbc.com/2022/09/23/fords-supply-chain-problems-include-blue-oval-badges-for-f-series-pickups.html.

13. Shawn Baldwin, "What's behind the Congestion at U.S. Ports," *CNBC*, February 18, 2022, https://www.cnbc.com/2022/02/18/whats-behind-the-congestion-at-us-ports.html.

14. Mark Solomon, "Inland Empire Warehouse Vacancy Rate Hit 0.7% in Quarter:

CBRE," *FreightWaves*, October 29, 2021, https://www.freightwaves.com/news/inland-empire-warehouse-vacancy-rates-hit-07-in-quarter-cbre.

Chapter 7 21세기의 복잡성 양상

1. Jean-Paul Rodrigue, "Transport and Communication Costs Indexes, 1920-2015," The Geography of Transport Systems, October 29, 2017, https://transportgeography.org/contents/chapter1/what-is-transport-geography/transport-communication-costs-index.

2. Gavin Wightman, "The History of the Bar Code," *Smithsonian Magazine*, September 23, 2015, https://www.smithsonianmag.com/innovation/history-bar-code-180956704.

3. Jack Flynn, "25 Amazing Cloud Adoption Statistics [2023]: Cloud Migration, Computing, And More," Zippia, December 19, 2022, https://www.zippia.com/advice/cloud-adoption-statistics.

4. Council of Economic Advisers, Executive Office of the President, "Economic Report of the President (2022)" (Washington, D.C.: Government Publishing Office, April 14, 2022), 200–201, https://www.govinfo.gov/app/details/ERP-2022.

5. United Nations Conference on Trade and Development, "Trends in Global Export Value of Trade in Goods from 1950 to 2021," chart, September 28, 2022, Statista, https://www.statista.com/statistics/264682/worldwide-export-volume-in-the-trade-since-1950.

6. Anat R. Admati, "A Skeptical View of Financialized Corporate Governance," *Journal of Economic Perspectives* 31, no. 3 (2017): 133, https://doi.org/10.1257/jep.31.3.131.

Chapter 8 더 뜨거워진 경쟁의 도가니

1. Thomas H. Klier, "From Tail Fins to Hybrids: How Detroit Lost Its Dominance of the U.S. Auto Market," *Economic Perspectives* 33, no. 2 (2009): 5.

2. Taiichi Ohno, *The Toyota Production System: Beyond Large-Scale Production* (Boca Raton, Fla.: CRC Press, 1988).

3. Ananth Raman, Anna McClelland, and Marshall L. Fisher, "Supply Chain Management at World Co. Ltd.," Harvard Business Case Study no. 9-601-072 (Boston: Harvard Business School, April 4, 2001).

4. "The Future of Fast Fashion," *The Economist*, June 16, 2005, https://www.economist.com/business/2005/06/16/the-future-of-fast-fashion.

5. Pankaj Ghemawat and Jose Luis Nueno Iniesta, "ZARA: Fast Fashion," Harvard Business Case Study no. 9-703-497 (Boston: Harvard Business School, April 1, 2003).

6. Miguel Helft, "Fashion Fast Forward," *Business* 2.0, May 2002, 62.

7. Ghemawat and Nueno Iniesta, "ZARA: Fast Fashion."

8. Vauhini Vara, "Fast, Cheap, and Out of Control: Inside Shein's Sudden Rise," *Wired*, May 4, 2022, https://www.wired.com/story/fast-cheap-out-of-control-inside-rise-of-shein.

9. Paul Miller, "Apple Sold 270,000 iPhones in the First 30 Hours," *Engadget*, Yahoo!, July 25, 2007, https://www.engadget.com/2007-07-25-apple-sold-270-000-iphones-in-the-first-30-hours.html; Apple, "Unit Sales of the Apple iPhone Worldwide from 2007 to 2018," chart, November 5, 2018, Statista, https://www.statista.com/statistics/276306/global-apple-iphone-sales-since-fiscal-year-2007.

10. Barbara Kollmeyer, "How Apple's iPhone First-Day Sales Have Fared since 2007," *MarketWatch*, September 22, 2014, https://www.marketwatch.com/story/how-apples-iphone-first-day-sales-have-fared-since-2007-2014-09-22.

11. Apple, "Unit Sales of the Apple iPhone Worldwide from 2007 to 2018," chart, November 5, 2018, Statista, https://www.statista.com/statistics/276306/global-apple-iphone-sales-since-fiscal-year-2007.

12. Paul Granadillo, Senior Vice President of Supply Chain, Moderna, interview by Yossi Sheffi, April 22, 2021.

Chapter 9 커지는 기대와 더 나은 고객 서비스

1. FedEx Corporation, "FedEx Marks 40th Anniversary with Community Service, Eye to the Future," news release, April 17, 2013, https://newsroom.fedex.com/newsroom/global-english/fedex-marks-40th-anniversary-with-community-service-eye-to-the-future.

2. Yossi Sheffi, *Logistics Clusters: Delivering Value and Driving Growth* (Cambridge, Mass.: MIT Press, 2012), 109–111.

3. Georgina Torbet, "Wayfair Adds AR Furniture and 3D Visualization Tools to Its Apps," *Engadget*, Yahoo!, November 14, 2019, https://www.engadget.com/2019-11-14-wayfair-shopping-app-ar.html.

4. Khalid Saleh, "E-Commerce Product Return Rate – Statistics and Trends [Infographic]," *Invesp* (blog), April 5, 2016, https://www.invespcro.com/blog/ecommerce-product-return-rate-statistics.

5. AllBusiness.com, "The Importance of a Good Return Policy," *New York Times*, July

10, 2007, https://archive.nytimes.com/www.nytimes.com/allbusiness/AB4353479_primary.html.

6. Khalid Saleh, "E-Commerce Product Return Rate – Statistics and Trends [Infographic]," Invesp (blog), April 5, 2016, https://www.invespcro.com/blog/ecommerce-product-return-rate-statistics.

Chapter 10 확산되는 규제

1. Richard Lazarus and Sara Zdeb, "Environmental Law & Politics," *Insights on Law & Society*, American Bar Association, January 5, 2021, https://www.americanbar.org/groups/public_education/publications/insights-on-law-and-society/volume-19/insights-vol--19---issue-1/environmental-law---politics.

2. Walter Jager, "RoHS Amendment Adding Phthalates to Restricted Substances Is Published," *ECD Compliance News* (blog), June 4, 2015, https://rohs.ca/news/2015/06/04/rohs-amendment-adding-phthalates-to-restricted-substances-is-published.

3. European Chemicals Agency, "Candidate List of Substances of Very High Concern for Authorisation," accessed October 22, 2022, https://echa.europa.eu/candidate-list-table.

4. 21 C.F.R. § 169.150 (2022).

5. Nicola Clark and Stephen Castle, "Anger Flares in Europe as Scandal Over Meat Widens," *New York Times*, February 11, 2013, https://www.nytimes.com/2013/02/12/world/europe/anger-flares-in-europe-as-scandal-over-horse-meat-widens.html.

6. Neil Buckley, "Romania Hits Back over Horsemeat Scandal," *Financial Times*, February 11, 2013, http://www.ft.com/intl/cms/s/0/6b4c75ce-7465-11e2-b323-00144feabdc0.html#axzz3I9kPtOI0.

7. Arian Campo-Flores et al., "Remember Carnival's Botched Cruise? And Horse Meat at IKEA? WSJ Follows Up," *Wall Street Journal*, December 27, 2013, http://online.wsj.com/article/SB10001424052702304854804579236373135317120.html.

8. Walter Jager, "RoHS Amendment Adding Phthalates to Restricted Substances Is Published," ECD Compliance News (blog), June 4, 2015, https://rohs.ca/news/2015/06/04/rohs-amendment-adding-phthalates-to-restricted-substances-is-published.

9. PricewaterhouseCoopers International Limited, "United States," in *International Transfer Pricing 2013–2014* (London: PricewaterhouseCoopers International Limited, 2013), 816–848.

10. Itzhak (Zahi) Ben-David, Stefanie Kleimeier, and Michael Viehs, "Research: When Environmental Regulations Are Tighter at Home, Companies Emit More Abroad," *Harvard Business Review*, February 4, 2019, https://hbr.org/2019/02/research-when-environmental-regulations-are-tighter-at-home-companies-emit-more-abroad.

11. World Trade Organization, "Regional Trade Agreements Gateway," accessed December 19, 2022, https://www.wto.org/english/tratop_e/region_e/region_e.htm.

12. World Bank, "Trade (% of GDP) – World, United States, Singapore, Hong Kong SAR, China," accessed October 22, 2022, https://data.worldbank.org/indicator/NE.TRD.GNFS.ZS?locations=1W-US-SG-HK&most_recent_value_desc=false.

Chapter 11 환경, 사회적 지속가능성의 추구

1. Laura Reiley, "The Summer Drought's Hefty Toll on American Crops," *Washington Post*, September 7, 2022, https://www.washingtonpost.com/business/2022/09/05/crops-climate-drought-food.

2. Vanessa Yurkevich, "American Farmers Are Killing Their Own Crops and Selling Cows Because of Extreme Drought," *CNN Business*, August 18, 2022, https://www.cnn.com/2022/08/17/business/west-drought-farmers-survey-climate/index.html.

3. Unilever plc, "Unilever Chairman Antony Burgmans Calls for Action on Food Safety and Sustainable Agriculture," news release, April 11, 2002, http://www.unilever.com/mediacentre/pressreleases/2002/safety.aspx.

4. Reuters, "Factbox: Why Low Water Levels on the Rhine River Hurt Germany's Economy," *Reuters*, August 16, 2022, https://www.reuters.com/business/environment/why-low-water-levels-rhine-river-hurt-germanys-economy-2022-08-15.

5. Julia Jacobo, "Barges Idling along Mississippi River Sign of Supply Chain Woes to Come Should Drought Worsen: Experts," *ABC News*, October 10, 2022, https://abcnews.go.com/US/barges-idling-mississippi-river-sign-supply-chain-woes/story?id=91300170.

6. Maya Yang, "Barges Stranded as Mississippi River Water Levels Reach Critical Low," *Guardian,* October 14, 2022, https://www.theguardian.com/us-news/2022/oct/14/mississippi-river-boats-barges-water-levels.

7. Muhammad Yunus, "After the Savar Tragedy, Time for an International Minimum Wage," *Guardian*, May 12, 2013, https://www.theguardian.com/commentisfree/2013/may/12/savar-bangladesh-international-minimum-wage.

8. Steven Greenhouse, "Some Retailers Rethink Role in Bangladesh," *New York Times*, May 2, 2013, https://www.nytimes.com/2013/05/02/business/some-retailers-

rethink-their-role-in-bangladesh.html.

9. Tripti Lahiri and Syed Zain Al-Mahmood, "Wal-Mart's Bangladesh Fire: How Rules Went Astray," *Wall Street Journal*, December 6, 2012, https://www.wsj.com/articles/SB10001424127887323401904578159512118148362.

10. Yossi Sheffi and Edgar Blanco, *Balancing Green: When to Embrace Sustainability in Business (And When Not To)*, (Cambridge, Mass.: MIT Press, 2018), 388.

11. Intel Corporation, "Intel at 50: Conflict-Free Minerals," news release, July 3, 2018, https://newsroom.intel.com/news/intel-50-conflict-free-minerals/#gs.n0qual.

12. Nicholas Kulish and Julia Werdigier, "Ikea Admits Forced Labor Was Used in 1980s," *New York Times*, November 16, 2012, https://www.nytimes.com/2012/11/17/business/global/ikea-to-report-on-allegations-of-using-forced-labor-during-cold-war.html; Edward Kasabov and Alex Warlow, *The Compliance Business and Its Customers: Gaining Competitive Advantage by Controlling Your Customers* (Basingstoke, UK: Palgrave Macmillan, 2012), 91.

13. "IWAY Standard: Minimum Requirements for Environment and Social & Working Conditions When Purchasing Products, Materials, and Services," IKEA Supply AG, 2012.

14. "IWAY – IKEA Supplier Requirements," Inter IKEA Systems B.V., accessed December 19, 2022, https://about.ikea.com/en/work-with-us/for-suppliers/iway-our-supplier-code--of-conduct.

15. "Global Industrial Giant Siemens Says Procurement Improvements Driving Billions (with a B) to the Bottom Line," *Supply Chain Digest*, December 5, 2012, https://www.scdigest.com/ontarget/12-12-05-2.php?cid=6511.

16. Siemens AG, "Energy Efficiency for Customers" (Webinar, Munich, June 27, 2012).

17. Yossi Sheffi and Edgar Blanco, *Balancing Green: When to Embrace Sustainability in a Business (and When Not To)* (Cambridge, Mass.: MIT Press, 2018), 93.

18. Reuters, "Global Carbon Emissions Rise to New Record in 2013: Report," *Reuters*, November 18, 2013, https://www.reuters.com/article/us-global-carbon-emissions-idUSBRE9AI00A20131119.

19. Siemens AG, "Energy Efficiency Program," accessed January 18, 2023, https://www.siemens.com/global/en/company/about/businesses/real-estate/info-center/siemens-energy-efficiency-program.html.

20. Yossi Sheffi and Edgar Blanco, *Balancing Green: When to Embrace Sustainability in Business (and When Not To)*, (Cambridge, Mass.: MIT Press, 2018), 93.

21. Yossi Sheffi and Edgar Blanco, *Balancing Green: When to Embrace Sustainability in*

Business (and When Not To), (Cambridge, Mass.: MIT Press, 2018), 93–94.

22. Pilita Clark, "A World without Water," *Financial Times*, July 14, 2014, http://www.ft.com/cms/s/2/8e42bdc8-0838-11e4-9afc-00144feab7de.html.

23. Nestlé S.A., "Zero Water," June 2017, https://www.nestle-esar.com/stories/zero-water-factory.

24. Nestlé S.A., "Nestlé CDP Answers – Water Security 2021," March 2022, https://www.nestle.com/sites/default/files/2022-03/cdp-nestle-answers-water-security-2021.pdf.

25. Ken Jennison, "Nestlé Factory to Reduce Water Consumption 15%," *Environment + Energy Leader* (blog), October 27, 2014, http://www.environmentalleader.com/2014/10/27/nestle-factory-to-reduce-water-consumption-15.

26. Nestlé S.A., "Nestlé CDP Answers – Water Security 2021," March 2022, https://www.nestle.com/sites/default/files/2022-03/cdp-nestle-answers-water-security-2021.pdf.

27. Nestlé S.A., "Zero Water," June 2017, https://www.nestle-esar.com/stories/zero-water-factory.

28. Nestle Russia LLS, "Creating Shared Value and Sustainability Report," 2021, 13, https://ru.factory.nestle.com/sites/g/files/pydnoa571/files/2021-11/Nestle%20Russia%20CSV%20and%20Sustainability%20report%202020-2021.pdf.

29. Deanne Toto, "Striving Higher," *Recycling Today*, Summer 2020, https://www.recyclingtoday.com/article/hp-striving-higher-recycled-plastics.

30. Hewlett-Packard Company, "HP Planet Partners – Supplies Recycling Program," November 15, 2022, https://www.hp.com/us-en/hp-information/recycling/ink-toner.html.

31. Four Elements Consulting LLC, "Life Cycle Environmental Impact Assessment: Recycled vs Virgin Plastic Used in Manufacturing Original HP Ink Cartridges" (Palo Alto, Calif.: Hewlett-Packard Company, October 2010), https://www.hp.com/hpinfo/newsroom/press_kits/2010/ecoachievement/RPET_LCA_whitepaper.pdf.

32. Leon Kaye, "Hewlett Packard's Long Path towards a Closed Loop Recycling System," *Guardian*, May 16, 2012, https://www.theguardian.com/sustainable-business/hewlett-packard-closed-loop-recycling.

33. Johnson Controls International plc, "Make an Impact This Earth Day and Recycle Your Vehicle's Old Battery," *News Release*, April 19, 2016, https://www.johnsoncontrols.com/media-center/news/press-releases/2016/04/19/make-an-impact-this-earth-day-and-recycle-your-vehicles-old-battery.

34. Karen Norton, "Rising Lead Recycling Costs May Prompt Cutbacks," *Reuters*, March 26, 2012, https://www.reuters.com/article/us-metals-lead-environment-idUSBRE82P0HC20120326.

35. World Bank, "GDP per Capita (Current US$) – China," accessed December 19, 2022, https://data.worldbank.org/indicator/NY.GDP.PCAP.CD?locations=CN.

36. World Bank, "Poverty headcount ratio at national poverty lines (% of population) – China," accessed February 24, 2023, https://data.worldbank.org/indicator/SI.POV.NAHC?locations=CN.

37. "A Bay of Pigs Moment," *The Economist*, March 12, 2013, https://www.economist.com/analects/2013/03/12/a-bay-of-pigs-moment.

38. "China Urban Population 1960–2023," Macrotrends, accessed February 24, 2023, https://www.macrotrends.net/countries/CHN/china/urban-population.

39. Reuters, "China Must Raise Air Quality Standards as Smog Persists, Task Force Says," *Reuters*, April 23, 2022, https://www.reuters.com/world/china/china-must-raise-air-quality-standards-smog-persists-task-force-2022-04-23.

40. World Bank, "Life Expectancy at Birth, Total (Years) – China," accessed December 19, 2022, https://data.worldbank.org/indicator/SP.DYN.LE00.IN?locations=CN.

41. "Noodles of Longevity," *The Economist*, October 31, 2015, https://www.economist.com/china/2015/10/31/noodles-of-longevity.

42. Gary Gereffi and Stacey Frederick, "The Global Apparel Value Chain, Trade and the Crisis: Challenges and Opportunities for Developing Countries," Policy Research Working Paper (Washington, D.C.: World Bank, April 2010), http://www-wds.worldbank.org/external/default/WDSContentServer/WDSP/IB/2010/04/27/000158349_20100427111841/Rendered/PDF/WPS5281.pdf.

43. Alessandro Nicita, "Who Benefits from Export-Led Growth? Evidence from Madagascar's Textile and Apparel Industry," *Journal of African Economies* 17, no. 3 (2008): 465–489, https://doi.org/10.1093/jae/ejm030; Alessandro Nicita and Susan Razzaz, "Who Benefits and How Much? How Gender Affects Welfare Impacts of a Booming Textile Industry," Policy Research Working Paper (Washington, D.C.: World Bank, April 2003), https://www-wds.worldbank.org/external/default/WDSContentServer/WDSP/IB/2010/04/27/000158349_20100427111841/Rendered/PDF/WPS5281.pdf.

44. Sarah Murray, "Fixing the Fashion Industry," *National Resources Defense Council Blog*, January 5, 2016, https://www.nrdc.org/stories/fixing-fashion-industry.

1. Warren G. Bennis and Burt Nanus, *Leaders: The Strategies for Taking Charge* (New York: Harper & Row, 1985).

2. "EU Natural Gas," Trading Economics, accessed January 18, 2023, https://tradingeconomics.com/commodity/eu-natural-gas.

3. Kaamil Ahmed, "UN Warns Russian Blockade of Ukraine's Grain Exports May Trigger Global Famine," *Guardian*, March 18, 2022, https://www.theguardian.com/global-development/2022/mar/18/un-warns-russian-blockade-of-ukraines-grain-exports-may-trigger-global-famine.

4. Eric Martin and Jennifer M. Freedman, "Obama Says China Rare-Earths Case Is Warning for WTO Violators," *Bloomberg*, March 13, 2012, https://www.bloomberg.com/news/articles/2012-03-13/eu-joins-u-s-japan-in-challenging-china-s-rare-earth-export-restrictions.

5. World Economic Forum, "New Models for Addressing Supply Chain and Transport Risk," 2012, 8, http://www3.weforum.org/docs/WEF_SCT_RRN_NewModelsAddressingSupplyChainTransportRisk_IndustryAgenda_2012.pdf.

6. Eric Martin and Jennifer M. Freedman, "Obama Says China Rare-Earths Case Is Warning for WTO Violators," *Bloomberg*, March 13, 2012, https://www.bloomberg.com/news/articles/2012-03-13/eu-joins-u-s-japan-in-challenging-china-s-rare-earth-export-restrictions.

7. "Rare Earth Metals: Will We Have Enough?" *State of the Planet*, Columbia Climate School, September 19, 2012, https://news.climate.columbia.edu/2012/09/19/rare-earth-metals-will-we-have-enough.

8. Ernst & Young, "Business Risks Facing Mining and Metals 2012-2013," http://www.ey.com/GL/en/Industries/Mining---Metals/Business-risks-facing-mining-and-metals-2012---2013.

9. International Energy Agency [IEA], "The Role of Critical Minerals in Clean Energy Transitions," rev. ed., World Energy Outlook Special Report (Paris: IEA, March 2022), https://www.iea.org/reports/the-role-of-critical-minerals-in-clean-energy-transitions.

10. Marshall Fisher, "What Is the Right Supply Chain for Your Product?" *Harvard Business Review*, March–April 1997, 105–116, https://hbr.org/1997/03/what-is-the-right-supply-chain-for-your-product.

11. Amazon.com Inc., "The History of Amazon's Forecasting Algorithm," Amazon Science, August 9, 2021, https://www.amazon.science/latest-news/the-history-of-amazons-forecasting-algorithm.

12. Hau L. Lee, V. Padmanabhan, and Seungjin Whang, "The Bullwhip Effect in Supply Chains," MIT *Sloan Management Review*, April 15, 1997, 93–102, https://sloanreview. mit.edu/article/the-bullwhip-effect-in-supply-chains.

13. Janice Hammond, "Barilla SpA (A)," Harvard Business Case Study 9-694-046 (Boston: Harvard Business School, May 1994).

14. "Chain Reaction," *The Economist*, February 2, 2002, https://www.economist.com/special-report/2002/02/02/chain-reaction.

15. Jan Fransoo, Robert Peels, and Maximiliano Udenio, "Supply Chain Dynamics Have Major Impact on Course of Credit Crisis" (Academia, August 2010), https://www.academia.edu/62803086/Supply_chain_dynamics_have_major_impact_on_course_of_credit_crisis.

16. Robert Peels et al., "Responding to the Lehman Wave: Sales Forecasting and Supply Management during the Credit Crisis," Beta Research School for Operations Management and Logistics (Eindhoven, Netherlands: Eindhoven University of Technology, December 2009), 7, https://www.researchgate.net/publication/228718119_Responding_to_the_Lehman_wave_sales_forecasting_and_supply_management_during_the_credit_crisis.

Chapter 13 회복탄력성 구축

1. The measure was stable around 1.43 between 1997 and 2001, trending down to 1.30 by the end of 2013 and back up to 1.45 at the onset of the pandemic, only to decrease during the following shortages in 2021, increasing again toward the end of 2022. See US Census Bureau, "Manufacturing and Trade Inventories and Sales, November 2022," news release no. CB23-07, January 18, 2023, https://www.census.gov/mtis/www/data/pdf/mtis_current.pdf.

2. David Meyer, "The Biggest Corporate Victim of Europe's Energy Crisis May Be a $93 Billion Chemical Giant Whose Flagship Plant Uses as Much Gas as Switzerland," *Fortune*, October 25, 2022, https://fortune.com/2022/10/25/basf-russia-gas-ukraine-europe-energy-crisis.

3. MWPVL International Inc., "The Walmart Distribution Center Network in the United States," 2023, https://www.mwpvl.com/html/walmart.html; GlobalData, "Number of Walmart Stores in the US (FY2016–FY2022)," September 2022, https://www.globaldata.com/data-insights/retail-and-wholesale/number-of-walmart-stores-in-the-us#:~:text=By%20the%20end%20of%20FY2022,4%2C743%20operational%20stores%20in%202021.

4. Jackie Sturm, Corporate Vice President, Global Supply Chain Operations, Intel Corporation, interview by Yossi Sheffi, July 31, 2012.

매직 컨베이어 벨트

5. Valerie Reitman, "Toyota Motor Shows Its Mettle After Fire Destroys Parts Plant," *Wall Street Journal*, May 8, 1997, https://www.wsj.com/articles/SB863043244663561500.

6. Toshihiro Nishiguchi and Alexandre Beaudet, "The Toyota Group and the Aisin Fire," *MIT Sloan Management Review*, October 15, 1998, 49–59, https://sloanreview.mit.edu/article/the-toyota-group-and-the-aisin-fire.

7. Valerie Reitman, "Toyota Motor Shows Its Mettle After Fire Destroys Parts Plant," *Wall Street Journal*, May 8, 1997, https://www.wsj.com/articles/SB863043244663561500.

8. Mike Duffy, CEO, C&S Wholesale Grocers, interview by Yossi Sheffi, June 4, 2020.

9. Russell Redmann, "C&S Wholesale Grocers Partners with US Foods and Performance Food Group as Coronavirus Disrupts Jobs," *Supermarket News*, March 24, 2020, https://www.supermarketnews.com/retail-financial/cs-wholesale-grocers-us-foods-partner-coronavirus-disrupts-jobs.

10. Albertsons Companies, "Albertsons Companies Partners with Major Businesses to Offer Part-Time Jobs to Their Furloughed Employees," news release no. IR 3.3.0, March 23, 2020, https://www.albertsonscompanies.com/newsroom/part-time-jobs-to-furloughed-employees.html.

11. Mike Duffy, CEO, C&S Wholesale Grocers, interview by Yossi Sheffi, June 4, 2020.

12. Bindiya Vakil, CEO, Resilinc Corporation, interview by Sheffi Yossi, June 11, 2020.

13. Ravi Anupindi, "Supply Chain Risk Management at Cisco: Response to H1N1," Case Study (Ann Arbor, Mich.: WDI Publishing, July 17, 2012), https://wdi-publishing.com/product/supply-chain-risk-management-at-cisco-response-to-h1n1/.

14. Bindiya Vakil, CEO, Resilinc Corporation, interview by Sheffi Yossi, June 11, 2020.

15. Resilinc Corporation, "Resilinc Unveils Streamlined AI Powered EventWatch® as an Entry Level Solution for Supply Chain Risk Management," news release, October 22, 2018, https://www.resilinc.com/global-disruptions/resilinc-unveils-streamlined-ai-powered-eventwatch-as-an-entry-level-solution-for-supply-chain-risk-management.

16. Bindiya Vakil, CEO, Resilinc Corporation, interview by Sheffi Yossi, June 11, 2020.

17. Tom Linton, Chief Procurement and Supply Chain Officer, Flex, interview by Yossi Sheffi, July 30, 2012.

18. Flextronics International Ltd., "Flextronics Unveils Flex PulseTM – A Software-Based, Real Time, Comprehensive Mobile View Into Supply Chain Events," news release, July 7, 2015, https://www.prnewswire.com/news-releases/flextronics-unveils-flex-pulse----a-software-based-real-time-comprehensive-mobile-view-into-supply-chain-events-300109705.html.

19. Lynn Torrel, Chief Procurement and Supply Chain Officer, Flex, interview by Yossi

Sheffi, June 1, 2020.

20. Ralf Busche, Senior Vice President, Global Supply Chain Strategy & Management, BASF Group, interview by Yossi Sheffi, June 8, 2020.

21. World Economic Forum, "How to Rebound Stronger from COVID-19: Resilience in Manufacturing and Supply Systems," May 2020, https://www.weforum.org/whitepapers/how-to-rebound-stronger-from-covid-19-resilience-in-manufacturing-and-supply-systems.

22. Nghi Luu, "The Cisco Method" (Advancing Supply Chain Risk Management: Emerging Challenges and Strategies, MIT Center for Transportation & Logistics, Cambridge, Mass., October 10, 2012).

23. Elizabeth Olson, "Globalization Is Said to Cause Job Losses," *International Herald Tribune*, June 21, 2000.

24. Indiana Lee, "Understanding the Environmental Impact of Local Sourcing," *EuroScientist* (blog), February 8, 2021, https://www.euroscientist.com/environmental-impact-local-sourcing.

25. Dani Rodrik, "Why Does Globalization Fuel Populism? Economics, Culture, and the Rise of Right-Wing Populism," *Annual Review of Economics* 13, no. 1 (2021): 133–170, https://doi.org/10.1146/annurev-economics-070220-032416.

26. Thierry Verdier et al., "Globalisation and the Economic Geography of Social Activism," *VoxEU*, Centre for Economic Policy Research, July 30, 2021, https://cepr.org/voxeu/columns/globalisation-and-economic-geography-social-activism.

27. Yossi Sheffi, "Operational Advantages," in *Logistics Clusters: Delivering Value and Driving Growth* (Cambridge, Mass.: MIT Press, 2012), 87–120.

28. Yang Jie, "TSMC's Arizona Chip Plant, Awaiting Biden Visit, Faces Birthing Pains," *Wall Street Journal*, December 5, 2022, https://www.wsj.com/articles/tsmcs-arizona-chip-plant-awaiting-biden-visit-faces-birthing-pains-11670236129.

29. Ralf Busche, Senior Vice President, Global Supply Chain Strategy & Management, BASF Group, interview by Yossi Sheffi, June 8, 2020.

Chapter 14 다가올 로봇 대재앙?

1. World Economic Forum, "The Future of Jobs Report 2020," October 20, 2020, 29, https://www.weforum.org/reports/the-future-of-jobs-report-2020/digest.

2. "Which Workers Are the Most Affected by Automation and What Could Help Them Get New Jobs?," *WatchBlog*, US Government Accountability Office, August 23, 2022, https://www.gao.gov/blog/which-workers-are-most-affected-automation-and-what-

매직 컨베이어 벨트

could-help-them-get-new-jobs.

3. Kai Chi Yam et al., "The Rise of Robots Increases Job Insecurity and Maladaptive Workplace Behaviors: Multimethod Evidence," *Journal of Applied Psychology* (2022), advance online publication, https://doi.org/10.1037/apl0001045.

4. Luigi Pascali, "Globalisation and Economic Development: A Lesson from History," *Economic History Society* (blog), August 24, 2017, https://ehs.org.uk/globalisation-and-economic-development-a-lesson-from-history.

5. L. Ceci, "Number of Apps from the Apple App Store 2022," November 14, 2022, Statista, https://www.statista.com/statistics/268251/number-of-apps-in-the-itunes-app-store-since-2008/.

6. John H. Gormley Jr., "Train Campaign Takes on Trucks," *The Sun* (Baltimore), May 26, 1991, 1D.

7. Klaus Schwab, *The Fourth Industrial Revolution* (New York: Crown Business, 2016).

8. World Economic Forum, "The Future of Jobs Report 2020," October 20, 2020, 29, https://www.weforum.org/reports/the-future-of-jobs-report-2020/digest.

9. Lawrence H. Summers, "Accepting the Reality of Secular Stagnation," *Finance & Development* 57, no. 1 (2020): 17–19, https://www.imf.org/en/Publications/fandd/issues/2020/03/larry-summers-on-secular-stagnation; Paul Krugman, "Secular Stagnation, Coalmines, Bubbles, and Larry Summers," *The Conscience of a Liberal*, (blog), *New York Times*, November 16, 2013, https://archive.nytimes.com/krugman.blogs.nytimes.com/2013/11/16/secular-stagnation-coalmines-bubbles-and-larry-summers.

10. Thomas Frey, "Demystifying the Future," *Journal of Environmental Health* 74, no. 10 (2012): 38–40.

11. Zofia Grodek-Szostak et al., "The Impact of Industry 4.0 on the Labor Market," in 2020 61st International Scientific Conference on Information Technology and Management Science of Riga Technical University (ITMS) (Riga, Latvia: Institute of Electrical and Electronics Engineers, 2020), 1–5, https://doi.org/10.1109/ITMS51158.2020.9259295.

12. "Warehouse Employee Demographics and Statistics: Number Of Warehouse Employees In The US," Zippia, January 29, 2021, https://www.zippia.com/warehouse-employee-jobs/demographics.

13. Karen Hao, "A New Generation of AI-Powered Robots Is Taking over Warehouses," *MIT Technology Review*, August 6, 2021, https://www.technologyreview.com/2021/08/06/1030802/ai-robots-take-over-warehouses.

14. "Robot Hand Is Soft and Strong," Education, *Robotics @ MIT* (blog), Massachusetts Institute of Technology, March 16, 2019, https://robotics.mit.edu/robot-hand-soft-

and-strong.

15. Jason Del Rey, "Amazon's Robots Are Getting Closer to Replacing Human Hands," *Recode, Vox*, September 27, 2022, https://www.vox.com/recode/2022/9/27/23373588/amazon-warehouse-robots-manipulation-picker-stower.

16. Danielle Paquette, "He's One of the Only Humans at Work — and He Loves It," *Washington Post*, September 23, 2018, https://www.washingtonpost.com/world/asia_pacific/hes-one-of-the-only-humans-at-work--and-he-loves-it/2018/09/09/71392542-9541-11e8-8ffb-5de6d5e49ada_story.html.

17. Jon Bird, "Chilling Or Thrilling? JD.Com Founder Envisions A '100%' Robot Workforce," *Forbes*, April 27, 2018, https://www.forbes.com/sites/jonbird1/2018/04/27/chilling-or-thrilling-jd-coms-robotic-retail-future/?sh=9c0c6e57fcf3.

18. Cade Metz, "The Long Road to Driverless Trucks," *New York Times*, September 28, 2022, https://www.nytimes.com/2022/09/28/business/driverless-trucks-highways.html.

19. Quoctrung Bui, "Map: The Most Common* Job In Every State," *NPR*, February 5, 2015, https://www.npr.org/sections/money/2015/02/05/382664837/map-the-most-common-job-in-every-state.

20. Pete Ortiz, "10 Trucking Industry Statistics and Facts US – 2023 Update," *House Grail* (blog), January 13, 2023, https://housegrail.com/trucking-industry-statistics.

21. Jody Rosen, "The Knowledge, London's Legendary Taxi-Driver Test, Puts Up a Fight in the Age of GPS," *New York Times*, November 10, 2014, https://www.nytimes.com/2014/11/10/t-magazine/london-taxi-test-knowledge.html.

22. US Bureau of Agricultural Economics, *Horses, Mules, and Motor Vehicles: Year Ended March 31, 1924 with Comparable Data for Earlier Years*, US Department of Agriculture Statistical Bulletin 5 (Washington, D.C.: US Government Printing Office, 1925), 31.

23. Carolyn Dmitri, Anne Effland, and Neilson Conklin, "The 20th Century Transformation of US Agriculture and Farm Policy," Economic Information Bulletin (Washington, D.C.: US Department of Agriculture, Economic Research Service, June 2005), 2, https://www.ers.usda.gov/webdocs/publications/44197/13566_eib3_1_.pdf.

24. Ian D. Wyatt and Daniel E. Hecker, "Occupational Changes during the 20th Century," *Monthly Labor Review* 129, no. 3 (2006): 47, https://www.bls.gov/opub/mlr/2006/03/art3full.pdf.

25. "Just Walk Out," Just Walk Out: Technology by Amazon, accessed December 26, 2022, https://justwalkout.com.

26. Heather Kelly, "Small Businesses Turned to Technology to Survive the Pandemic. But It May Not Be Enough," *Washington Post*, June 22, 2020, https://www.

washingtonpost.com/technology/2020/06/22/small-business-tech-pandemic.

27. Yossi Sheffi, *The New (Ab)Normal: Reshaping Business and Supply Chain Strategy Beyond Covid-19* (Cambridge, Mass.: MIT CTL Media, 2020), 219–221.

28. Archives & Library Staff @ The Henry Ford, "Q. Do You Have Ford Motor Company Employment Totals by Year?" Henry Ford Museum of American Innovation, September 6, 2022, https://askus.thehenryford.org/faq/375645.

29. Ogranisation for Economic Co-Operation and Development, "Enterprises and Employment in Tourism," OECD.stat, accessed February 15, 2023, https://stats. oecd.org/index.aspx?DataSetCode=TOURISM_ENTR_EMPL.

30. Carolyn Dmitri, Anne Effland, and Neilson Conklin, "The 20th Century Transformation of US Agriculture and Farm Policy," Economic Information Bulletin (Washington, D.C.: US Department of Agriculture, Economic Research Service, June 2005), 36–37, 47; https://www.ers.usda.gov/webdocs/publications/44197/13566_ eib3_1_.pdf.

31. Fred Lamond, "Europeans Blame Computers," *Datamation*, November 1978, 107.

32. Kevin Rawlinson, "Microsoft's Bill Gates Insists AI Is a Threat," *BBC News*, January 29, 2015, https://www.bbc.com/news/31047780.

Chapter 15 경쟁자가 아닌 동료로서의 로봇, 챗GPT

1. Jay Dixon, Bryan Hong, and Lynn Wu, "The Robot Revolution: Managerial and Employment Consequences for Firms," *Management Science* 67, no. 9 (2021): 5586–5605, https://doi.org/10.1287/mnsc.2020.3812.

2. Karen Hao, "A New Generation of AI-Powered Robots Is Taking over Warehouses," *MIT Technology Review*, August 6, 2021, https://www.technologyreview. com/2021/08/06/1030802/ai-robots-take-over-warehouses.

3. H. James Wilson and Paul R. Daughtery, "Collaborative Intelligence: Humans and AI Are Joining Forces," *Harvard Business Review*, July 2018, 114–123, https://hbr. org/2018/07/collaborative-intelligence-humans-and-ai-are-joining-forces.

4. Silvia Grosso et al., "Prevalence and Reasons for Non-nursing Tasks as Perceived by Nurses: Findings from a Large Cross-sectional Study," *Journal of Nursing Management* 29, no. 8 (2021): 2671, https://doi.org/10.1111/jonm.13451.

5. Jennifer Baldino Bonett, "Meet 'Moxi' – Robotic Hospital Helper to Give Nurses More Time to Do What They Do Best," *ChristianaCare News*, May 24, 2022, https:// news.christianacare.org/2022/05/meet-moxi-robotic-hospital-helper-to-give-nurses-more-time-to-do-what-they-do-best.

6. Henry Ford, *My Life and Work* (Garden City, N.Y.: Garden City Publishing Company, 1922), 80.

7. "Look Back on 10 Years of Amazon Robotics," About Amazon, June 21, 2022, https://www.aboutamazon.com/news/operations/10-years-of-amazon-robotics-how-robots-help-sort-packages-move-product-and-improve-safety.

8. Daniela Coppola, "Number of Amazon.com Employees from 2007 to 2022," February 2023, Statista, https://www.statista.com/statistics/234488/number-of-amazon-employees/#:~:text=Amazon's%20headcount%20peaked%20in%20 2021,the%20number%20dropped%20to%201%2C541%2C000.

9. H. James Wilson and Paul R. Daughtery, "Collaborative Intelligence: Humans and AI Are Joining Forces," Harvard Business Review, July 2018, 120–121, https://hbr.org/2018/07/collaborative-intelligence-humans-and-ai-are-joining-forces.

10. "Why Mercedes Is Firing Robots And Hiring Humans," *Outlook India*, July 18, 2022, https://www.outlookindia.com/business/why-mercedes-is-firing-robots-and-hiring-humans-news-210084.

11. "Exoskeleton Suits Turn Car Factory Workers Into Human Robots," *Bloomberg*, October 16, 2020, https://www.bloomberg.com/news/articles/2020-10-16/exoskeleton-suits-turn-car-factory-workers-into-human-robots.

12. Meri Stevens, Worldwide Vice President, Supply Chain, Consumer Health and Deliver, Johnson & Johnson, interview by Yossi Sheffi, June 4, 2020.

13. Kevin McCaney, "Bots Aren't People, But Should HR Treat Them Like They Are?," GovernmentCIO, accessed January 19, 2023, https://governmentciomedia.com/bots-arent-people-should-hr-treat-them-they-are.

14. David Diamond, "The Trucker & The Professor," *Wired*, December 2001, 166–173, https://www.wired.com/2001/12/sheffi/.

15. Dwyer Gunn, "AI Improves Translation, Facilitates International Trade," *The Digest*, National Bureau of Economic Research, November 2018, https://www.nber.org/digest/nov18/ai-improves-translation-facilitates-international-trade; MIT Institute for Work and Employment Research, "A Dance with Technology: Automation and Tomorrow's Jobs," MIT Sloan School of Management, accessed January 19, 2023, https://mitsloan.mit.edu/institute-work-and-employment-research/a-dance-technology-automation-and-tomorrows-jobs.

16. Erik Brynjolfsson, Xiang Hui, and Meng Liu, "Artificial Intelligence Can Transform the Economy," *Washington Post*, September 18, 2018, https://www.washingtonpost.com/opinions/artificial-intelligence-can-transform-the-economy/2018/09/18/50c9c9c8-bab8-11e8-bdc0-90f81cc58c5d_story.html.

17. "How Many Translators Are There in the World?" *Translation News* (blog), Universal Translation Services, July 23, 2020, https://www.universal-translation-services.com/how-many-translators-are-there-in-the-world.

18. H. James Wilson and Paul R. Daughtery, "Collaborative Intelligence: Humans and AI Are Joining Forces," Harvard Business Review, July 2018, 120–121, https://hbr.org/2018/07/collaborative-intelligence-humans-and-ai-are-joining-forces.

19. Melissa Heikkilä, "AI Models Spit out Photos of Real People and Copyrighted Images," *MIT Technology Review*, February 3, 2023, https://www.technologyreview.com/2023/02/03/1067786/ai-models-spit-out-photos-of-real-people-and-copyrighted-images.

20. Kevin Roose, "Bing's A.I. Chat: 'I Want to Be Alive,'" *New York Times*, February 16, 2023, https://www.nytimes.com/2023/02/16/technology/bing-chatbot-transcript.html.

21. David Smerdon, Twitter thread, January 27, 2023, 1:42 PM, https://twitter.com/dsmerdon/status/1618816703923912704.

22. Clayton M. Christensen, *The Innovator's Dilemma: When New Technologies Cause Great Firms to Fail*, The Management of Innovation and Change Series (Boston: Harvard Business School Press, 1997).

Chapter 16 기술로는 충분하지 않다

1. Jon Bird, "Chilling Or Thrilling? JD.Com Founder Envisions A '100%' Robot Workforce," *Forbes*, April 27, 2018, https://www.forbes.com/sites/jonbird1/2018/04/27/chilling-or-thrilling-jd-coms-robotic-retail-future/?sh=9c0c6e57fcf3.

2. "JD Revenue 2013-2022," Macrotrends, accessed December 26, 2022, https://www.macrotrends.net/stocks/charts/JD/jd/revenue.

3. "Which Workers Are the Most Affected by Automation and What Could Help Them Get New Jobs?," *WatchBlog*, US Government Accountability Office, August 23, 2022, https://www.gao.gov/blog/which-workers-are-most-affected-automation-and-what-could-help-them-get-new-jobs.

4. Bill Vaughan, "Senator Soaper," *Free Lance-Star* (Fredericksburg, Va.), April 2, 1969, 1.

5. Lilly Milman, "How Moderna's CDO Leverages Software & Automation for Speed," *Innovation Leader*, April 13, 2021, https://www.innovationleader.com/healthcare/how-modernas-cdo-leverages-software-automation-for-speed.

6. *Ibid.*

7. Andy Greenberg, "The Untold Story of NotPetya, the Most Devastating Cyberattack

in History," *Wired*, August 22, 2018, https://www.wired.com/story/notpetya-cyberattack-ukraine-russia-code-crashed-the-world.

8. Lilly Milman, "How Moderna's CDO Leverages Software & Automation for Speed," Innovation Leader, April 13, 2021, https://www.innovationleader.com/healthcare/how-modernas-cdo-leverages-software-automation-for-speed.

9. Yossi Sheffi, *The Power of Resilience: How the Best Companies Manage the Unexpected* (Cambridge, Mass.: MIT Press, 2015), 53–72.

10. Olivia Solon, "How A Book About Flies Came To Be Priced $24 Million On Amazon," *Wired*, April 27, 2011, https://www.wired.com/2011/04/amazon-flies-24-million.

11. Charlie Sorrel, "What Happens When An Overly Polite Self-Driving Car Faces Off With A Cyclist?" *Fast Company*, September 2, 2015, https://www.fastcompany.com/3050556/what-happens-when-an-overly-polite-self-driving-car-faces-off-with-a-cyclist.

12. Charlie Sorrel, "Human Drivers Are Totally Going To Take Advantage Of Self-Driving Cars," *Fast Company*, https://www.fastcompany.com/3048168/human-drivers-are-totally-going-to-take-advantage-of-self-driving-cars.

13. Yossi Sheffi, *The Power of Resilience: How the Best Companies Manage the Unexpected* (Cambridge, Mass.: MIT Press, 2015), 111–112.

14. Sharon Terlep, "Americans Have Too Much Toilet Paper. Finally, Sales Slow," *Wall Street Journal*, April 13, 2021, https://www.wsj.com/articles/americans-have-too-much-toilet-paper-it-is-catching-up-to-companies-11618306200.

15. Madison Malone Kircher, "If You Want These Birkenstocks, You May Have to Pay Up," *New York Times*, October 11, 2022, https://www.nytimes.com/2022/10/11/style/birkenstock-boston-clog.html.

16. Lynn Torrel, Chief Supply Chain and Procurement Officer, Flex, interview by Yossi Sheffi, June 1, 2020.

17. Lynn Torrel, Chief Supply Chain and Procurement Officer, Flex, interview by Yossi Sheffi, July 28, 2020.

18. AkzoNobel NV, "How the 2021 Raw Materials Shortage Improved Our Forecasting," accessed January 3, 2023, https://www.akzonobel.com/en/careers/our-people/raw-materials-shortage-improves-forecasting.

19. "Chasing Chips: GM's Ace in the Hole," *Automotive News,* April 22, 2011, https://www.autonews.com/article/20110425/OEM02/304259930/chasing-chips-gm-s-ace-in-the-hole.

20. Marc S. Reisch, "Explosion At German Chemical Plant Kills Two," *Chemical & Engineering News*, April 2, 2012, https://cen.acs.org/articles/90/web/2012/04/Explosion-German-Chemical-Plant-Kills.html.

21. Joseph Chang, "Plastics in US Autos Surge," Gulf Petrochemicals & Chemicals Association, August 9, 2021, https://www.gpca.org.ae/2021/08/09/plastics-in-us-autos-surge.

22. Craig Trudell, Saijel Kishan, and Keith Naughton, "Auto Supplier Warns of Resin Shortage Hurting Global Output," *Bloomberg*, April 13, 2012, https://www.bloomberg.com/news/articles/2012-04-13/auto-supplier-warns-of-resin-shortage-disrupting-output; Melissa Burden, "Auto Group Looks for Ways to Work around Resin Shortage," Detroit News, April 19, 2012.

23. Melissa Burden, "Auto Group Looks for Ways to Work around Resin Shortage," Detroit News, April 19, 2012; Jeff Bennett and Jan Hromadko, "Nylon-12 Haunts Car Makers," *Wall Street Journal*, April 17, 2012, http://online.wsj.com/article/SB10001424052702304432704577349883297625686.html; Dustin Walsh, "Auto Industry Tries to Head off Resin Shortage, but What Can It Do?" *Crain's Detroit Business*, April 17, 2012, https://www.crainsdetroit.com/article/20120417/BLOG012/120419913/auto-industry-tries-to-head-off-resin-shortage-but-what-can-it-do; "US: Swift Tier 1 Response to Nylon 12 Crisis Praised by AIAG," *Just Auto*, May 21, 2012, https://www.just-auto.com/news/us-swift-tier-1-response-to-nylon-12-crisis-praised-by-aiag.

24. Craig Trudell, "Automakers to Speed Parts-Validation Process on Resin Shortage," *Bloomberg Businessweek*, April 24, 2012, https://www.bloomberg.com/news/articles/2012-04-24/automakers-to-speed-parts-validation-process-on-resin-shortage.

25. Alexander H. Tullo, "Inside the Race to Replace Nylon 12," *Chemical & Engineering News*, February 18, 2013, 30, https://cen.acs.org/articles/91/i7/Inside-Race-Replace-Nylon-12.html.

26. James Currier, "How Generative AI Will Supercharge Productivity," *Fast Company*, January 20, 2023, https://www.fastcompany.com/90836481/how-generative-ai-will-supercharge-productivity.

Chapter 17 퓨처 트렌드

1. Intergovernmental Panel on Climate Change, "Summary for Policymakers," in *Climate Change 2022: Impacts, Adaptation, and Vulnerability. Contribution of Working Group II to the Sixth Assessment Report of the Intergovernmental Panel on Climate Change*, ed. Hans-Otto Pörtner et al. (Cambridge: Cambridge University Press, 2022), 12.

2. United Nations General Assembly, Report of the Secretary-General 76/668,

Peacebuilding and Sustaining Peace, A/76/668, ¶ 3 (January 28, 2022), https://undocs.org/en/A/76/668.

3. Wolfgang Fengler, Homi Kharas, and Juan Caballero, "The Forgotten 3 Billion," *Brookings* (blog), Brookings Institution, October 21, 2022, https://www.brookings.edu/blog/future-development/2022/10/21/the-forgotten-3-billion.

4. World Health Organization, "Ageing and Health," October 1, 2022, https://www.who.int/news-room/fact-sheets/detail/ageing-and-health.

5. "Population Ageing in China: Crisis or Opportunity?" editorial, *The Lancet* 400, no. 10366 (2022): 1821, https://doi.org/10.1016/S0140-6736(22)02410-2.

6. United Nations Department of Economic and Social Affairs, Population Division, "World Population Prospects 2022: Summary of Results," 2022, https://www.un.org/development/desa/pd/sites/www.un.org.development.desa.pd/files/wpp2022_summary_of_results.pdf.

7. World Bank, "Fertility Rate, Total (Births per Woman)," accessed February 16, 2023, https://data.worldbank.org/indicator/SP.DYN.TFRT.IN.

8. Joseph F. Coughlin, *The Longevity Economy: Unlocking the World's Fastest-Growing, Most Misunderstood Market* (New York: PublicAffairs, 2017), 6.

9. Joseph F. Coughlin, James E. Pope, and Ben R. Leedle Jr., "Old Age, New Technology, and Future Innovations in Disease Management and Home Health Care," *Home Health Care Management & Practice* 18, no. 3 (2006): 196–207, https://doi.org/10.1177/1084822305281955.

10. Chris Reiter, "Germany's Aging Population Means 5 Million Fewer Workers," *Bloomberg*, January 11, 2022, https://www.bloomberg.com/news/articles/2022-01-11/germany-s-aging-population-means-5-million-fewer-workers-chart.

11. Jeff O'Heir, "Robots Replace Workers in Countries with Aging Workforce," American Society of Mechanical Engineers, January 18, 2022, https://www.asme.org/topics-resources/content/robots-replace-aging-workers.

12. McKinsey & Company, "What Is Industry 4.0 and the Fourth Industrial Revolution?" August 17, 2022, https://www.mckinsey.com/featured-insights/mckinsey-explainers/what-are-industry-4-0-the-fourth-industrial-revolution-and-4ir.

13. European Commission, Directorate General for Research and Innovation et al., "Industry 5.0: Towards a Sustainable, Human Centric and Resilient European Industry." (Luxembourg: Publications Office of the European Union, 2021), 6–7, https://data.europa.eu/doi/10.2777/308407.

14. Peter Grant, "U.S. Return-to-Office Rates Hit Pandemic High as More Employers Get Tougher," *Wall Street Journal*, September 19, 2022, https://www.wsj.com/

매직 컨베이어 벨트

articles/u-s-return-to-office-rates-hit-pandemic-high-as-more-employers-get-tougher-11663535754.

15. Janna Anderson and Lee Rainie, "Stories From Experts About the Impact of Digital Life" (Washington, D.C.: Pew Research Center, June 2018), 46–79, https://www.pewresearch.org/internet/wp-content/uploads/sites/9/2018/07/PI_2018.07.03_Stories-About-Digital-Life_FINAL-with-table.pdf.

16. Monica Anderson et al., "The State of Gig Work in 2021," Pew Research Center, December 8, 2021, https://www.pewresearch.org/internet/wp-content/uploads/sites/9/2018/07/PI_2018.07.03_Stories-About-Digital-Life_FINAL-with-table.pdf.

17. World Economic Forum, "The Future of Jobs Report 2023," April 30, 2023, https://www.weforum.org/publications/the-future-of-jobs-report-2023/

18. *Ibid.*

19. Mercedes Delgado and Karen G. Mills, "The Supply Chain Economy: A New Industry Categorization for Understanding Innovation in Services," *Research Policy* 49, no. 8 (2020): 104039, https://doi.org/10.1016/j.respol.2020.104039.

20. World Commission on Environment and Development, *Our Common Future* (Oxford: Oxford University Press, 1987), 8.

21. Tim Fountaine, Brian McCarthy, and Tamim Saleh, "Building the AI-Powered Organization," *Harvard Business Review*, July 2019, 64, https://hbr.org/2019/07/building-the-ai-powered-organization.

22. Bob Violino, "Wal-Mart Draws Line in the Sand," *RFID Journal*, June 12, 2003, https://www.rfidjournal.com/wal-mart-draws-line-in-the-sand.

23. Bob Violino, "Wal-Mart Spells Out RFID Vision," *RFID Journal*, June 15, 2003, https://www.rfidjournal.com/wal-mart-spells-out-rfid-vision.

24. Sharon Gaudin, "Some Suppliers Gain from Failed Wal-Mart RFID Edict," *Computerworld*, April 28, 2008, https://www.computerworld.com/article/2551910/some-suppliers-gain-from-failed-wal-mart-rfid-edict.html.

25. Marshall Kay, "Walmart To Use RFID To Improve 'Store Level' Inventory Accuracy In Home Goods, Consumer Electronics," *Forbes*, February 9, 2022, https://www.forbes.com/sites/marshallkay/2022/02/09/walmart-to-use-rfid-to-improve-store-level-inventory-accuracy-in-home-goods-consumer-electronics.

26. Claire Swedberg, "Walmart Recommits to RFID," *RFID Journal*, January 28, 2022, https://www.rfidjournal.com/walmart-re-commits-to-rfid-with-supplier-mandates.

27. Deborah Abrams Kaplan, "The Rise, Fall and Return of RFID," *Supply Chain Dive*, August 21, 2021, https://www.supplychaindive.com/news/RFID-rise-fall-and-

return-retail/530608.

Chapter 18 사람과 조직을 위한 더 나은 도구

1. H. James Wilson and Paul R. Daughtery, "Collaborative Intelligence: Humans and AI Are Joining Forces," *Harvard Business Review*, July 2018, https://hbr.org/2018/07/collaborative-intelligence-humans-and-ai-are-joining-forces.

2. Maria Jesus Saenz, Elena Revilla, and Cristina Simón, "Designing AI Systems With Human-Machine Teams," *MIT Sloan Management Review*, March 18, 2020, https://sloanreview.mit.edu/article/designing-ai-systems-with-human-machine-teams.

3. Intel Corporation, "Global Manufacturing at Intel," accessed February 17, 2023, https://www.intel.com/content/www/us/en/architecture-and-technology/global-manufacturing.html.

4. "Intel Embarks on a Digital Supply Chain Journey," *Supply Chain Brain*, December 19, 2018, https://www.supplychainbrain.com/articles/29148-intel-embarks-on-a-digital-supply-chain-journey.

5. Matt Turek, "Explainable Artificial Intelligence," Defense Advanced Research Projects Agency, 2018, https://www.darpa.mil/program/explainable-artificial-intelligence.

6. "Ludwigshafen Site Strong in the Verbund" (Ludwigshafen am Rhein, Germany: BASF SE), accessed August 10, 2020, https://www.basf.com/global/de/documents/Ludwigshafen/2020_site_brochure_Ludwigshafen_EN.pdf.

7. BASF AG, "Verbund," accessed August 10, 2020, https://www.basf.com/us/en/who-we-are/strategy/verbund.html.

8. Ralf Busche, Senior Vice President, Global Supply Chain Strategy & Management, BASF Group, interview by Yossi Sheffi, June 8, 2020.

9. Rina Diane Caballar, "Programming Without Code: The Rise of No-Code Software Development," *IEEE Spectrum*, Institute of Electrical and Electronics Engineers, March 11, 2020, https://spectrum.ieee.org/programming-without-code-no-code-software-development.

10. Gartner Inc., "Gartner Says the Majority of Technology Products and Services Will Be Built by Professionals Outside of IT by 2024," *News Release*, June 14, 2021, https://www.gartner.com/en/newsroom/press-releases/2021-06-10-gartner-says-the-majority-of-technology-products-and-services-will-be-built-by-professionals-outside-of-it-by-2024.

1. World Economic Forum, "The Future of Jobs Report 2020," October 20, 2020, 35, https://www.weforum.org/reports/the-future-of-jobs-report-2020/digest.

2. US Government Accountability Office, "Workforce Automation: Insights into Skills and Training Programs for Impacted Workers," Report to Congressional Committees, August 2022, 14,https://www.gao.gov/products/gao-22-105159.

3. US Government Accountability Office, "Workforce Automation: Insights into Skills and Training Programs for Impacted Workers," Report to Congressional Committees, August 2022, 38–49, https://www.gao.gov/products/gao-22-105159.

4. Olivia McCarthy, "Digital Literacy Skills and Examples," Study.com, March 14, 2022, https://study.com/academy/lesson/what-is-digital-literacy-definition-example. html#:~:text=information%20for%20credibility.-,Definition,you%20are%20 displaying%20digital%20literacy.

5. Alex Christian, "Why 'Digital Literacy' Is Now a Workplace Non-Negotiable," *BBC Worklife*, September 22, 2022, https://www.bbc.com/worklife/article/20220923-why-digital-literacy-is-now-a-workplace-non-negotiable.

6. Erin Digitale, "Age that kids acquire mobile phones not linked to well-being, says Stanford Medicine study," Stanford Medicine, April 28, 2022, http://med.stanford. edu/news/all-news/2022/11/children-mobile-phone-age.html.

7. Michelle Faverio, "Share of Those 65 and Older Who Are Tech Users Has Grown in the Past Decade," Pew Research Center, January 13, 2022, https://www.pewresearch. org/fact-tank/2022/01/13/share-of-those-65-and-older-who-are-tech-users-has-grown-in-the-past-decade.

8. Meri Stevens, Worldwide Vice President, Supply Chain, Consumer Health and Deliver, Johnson & Johnson, interview by Yossi Sheffi, August 16, 2022.

9. Jacques Bughin, "Preparing for the Coming Skill Shifts," in *How AI Is Transforming the Organization,* by MIT Sloan Management Review, The Digital Future of Management Series from MIT Sloan Management Review (Cambridge, Mass.: MIT Press, 2020), 25.

10. Leslie Willcocks, The value of robotic process automation, interview by Xavier Lhuer, March 1, 2017, https://www.mckinsey.com/industries/financial-services/ our-insights/the-value-of-robotic-process-automation.

11. *op. cit*

12. World Economic Forum, "The Future of Jobs Report 2020," October 20, 2020, 38, https://www.weforum.org/reports/the-future-of-jobs-report-2020/digest.

1. Diana Elliott and Miriam Farnbauer, "Bridging German and US Apprenticeship Models: The Role of Intermediaries" (Washington, D.C.: Urban Institute, August 2021), 2–5, https://www.urban.org/sites/default/files/publication/104677/bridging-german-and-us-apprenticeship-models.pdf.

2. Erik Brynjolfsson and Andrew McAfee, "The Business of Artificial Intelligence," *Harvard Business Review*, July 18, 2017, https://hbr.org/2017/07/the-business-of-artificial-intelligence.

3. Kim Parker and Juliana Menasce Horowitz, "Majority of Workers Who Quit a Job in 2021 Cite Low Pay, No Opportunities for Advancement, Feeling Disrespected," Pew Research Center, March 9, 2022, https://www.pewresearch.org/fact-tank/2022/03/09/majority-of-workers-who-quit-a-job-in-2021-cite-low-pay-no-opportunities-for-advancement-feeling-disrespected.

4. Dan Harris, "What's the Optimal Span of Control for People Managers?" Quantum Workplace, September 11, 2019, https://www.quantumworkplace.com/future-of-work/whats-the-optimal-span-of-control-for-people-managers.

5. Paulina Gorska, quoted in "Inside a Technical Career," @ *Intel* (blog), Intel Corporation, January 26, 2021, https://community.intel.com/t5/Blogs/Intel/We-Are-Intel/INSIDE-A-TECHNICAL-CAREER/post/1334545.

6. James Andrus, Rebecca Stuart, and Pat Wadors, "Human Capital Management and Modern Workforce Challenges" (Breakout session, 27th Annual Stanford Directors' College 2022, Stanford, Calif., June 21, 2022), https://conferences.law.stanford.edu/directorscollege2022/sessions/breakout-sessions-4-3.

7. Josh Cable, "Staying True to the Toyota Way During the Recession," *IndustryWeek*, April 6, 2011, https://www.industryweek.com/the-economy/article/21960972/staying-true-to-the-toyota-way-during-the-recession.

8. Abigail Johnson Hess, "From Amazon to Walmart, Here's How College Tuition Became the Hot Corporate Benefit," *CNBC*, September 30, 2021, https://www.cnbc.com/2021/09/30/from-amazon-to-walmart-college-tuition-is-the-hot-corporate-benefit.html.

9. Haley Glover, "Study Shows the Benefits of Walmart's Education Effort" (Indianapolis: Lumina Foundation, September 2021), https://www.luminafoundation.org/wp-content/uploads/2021/09/lf-lbu-program-proofv9.pdf.

10. Jeb Bush, "It's Time to Embrace Distance Learning — and Not Just Because of the Coronavirus," *Washington Post*, May 4, 2020, https://www.washingtonpost.com/opinions/2020/05/03/jeb-bush-its-time-embrace-distance-learning-not-just-because-coronavirus.

11. Massachusetts Institute of Technology, Institute-wide Task Force on the Future of MIT Education, "Final Report" (July 28, 2014), https://jwel.mit.edu/sites/mit-jwel/files/assets/files/document_task_force_foe_final_140728.pdf.

12. World Economic Forum, "The Future of Jobs Report 2020," October 20, 2020, 5, https://www.weforum.org/reports/the-future-of-jobs-report-2020/digest.

13. World Economic Forum, "The Future of Jobs Report 2020," October 20, 2020, 149, https://www.weforum.org/reports/the-future-of-jobs-report-2020/digest.

14. World Economic Forum, "The Future of Jobs Report 2020," October 20, 2020, 5, https://www.weforum.org/reports/the-future-of-jobs-report-2020/digest.

15. Sam Ransbotham, "Introduction: How AI Is Transforming the Organization," in *How AI Is Transforming the Organization*, by MIT Sloan Management Review, The Digital Future of Management Series from MIT Sloan Management Review (Cambridge, Mass.: MIT Press, 2020), xi–xii.

16. Lynda Gratton, "The Challenge of Scaling Soft Skills," *MIT Sloan Management Review*, August 6, 2018, https://sloanreview.mit.edu/article/the-challenge-of-scaling-soft-skills.

17. Artin Atabaki, Stacey Dietsch, and Julia M. Sperling, "How to Separate Learning Myths from Reality," *McKinsey Quarterly*, July 2015, 119, https://www.mckinsey.com/capabilities/people-and-organizational-performance/our-insights/how-to-separate-learning-myths-from-reality.

18. McKinsey & Company, "What Is Industry 4.0 and the Fourth Industrial Revolution?" August 17, 2022, https://www.mckinsey.com/featured-insights/mckinsey-explainers/what-are-industry-4-0-the-fourth-industrial-revolution-and-4ir.

19. European Commission, Directorate-General for Research and Innovation, *Industry 5.0 : Human-Centric, Sustainable and Resilient*, infographic (Luxembourg: Publications Office of the European Union, 2021), https://data.europa.eu/doi/10.2777/073781.

가히 인공지능AI 열풍의 시대에 살고 있다고 해도 과언이 아니다. 챗GPT로 촉발된 AI 혁명은 이제 단순한 관심에서 벗어나 기업, 사회는 물론 우리 모두의 삶에 성큼 다가왔다. 지난 2월 《월스트리트저널》 등 주요 외신에 따르면 오픈 AI의 최고경영자CEO 샘 올트먼은 향후 새로운 AI 개발을 위해 9,300조 원에 달하는 투자금 조달을 위한 펀딩에 나섰다고 한다. 작년 우리나라 전체 예산이 약 640조 원이니 도저히 가늠하기조차 어려운 규모다.

하지만 한편으로 세계적인 연구소들이 쏟아내고 있는 AI로 인한 일자리 소멸에 관한 예측이 우리의 불편함을 키우고 있는 것 역시 사실이다. 최근 세계경제포럼WEF은 향후 5년간 약 1,400만 개의 일자리(전체의 2%)가 사라질 것으로 예상하였으며, 투자은행 골드만삭스는 챗GPT와 같은 생성형 AI가 전체 일자리의 4분의 1을 대체할 수 있다는 보고서를 발간했다. 지난 1월 다보스포럼에서 '챗GPT의 아버지' 샘 올트먼은 AI 도입으로 앞으로 더 낯선 일들이 벌어질 것이고, 높은 수준의 대비와 회복탄력성, 그리고 일이 잘못될 수 있는 모든 경우의 수를 따져볼 시간이 필요하다고 강조하며 AI의 결론을 맹신해서는 안 된다고 강조했다.

확실한 것은 앞으로 더욱더 AI는 개개인의 생활은 물론 산업의 모든 영역에서 핵심적인 역할과 더불어 논란의 대상이 될 것이라는 것이

매직 컨베이어 벨트

다. 더불어 이제는 모든 기업이 AI의 도입을 심각하게 고민하기 시작했다. 최근 발표된 미국 빅테크의 실적은 AI를 중시한 회사와 AI에 뒤처져 있는 회사의 명암을 보여준다. 현재 AI로 가장 앞서간다고 여겨지는 마이크로소프트는 최대 실적을 기록해 2년여 동안 시가총액 1위에 있던 애플을 누르고 최대 시가총액을 달성했다. AI를 기업 광고 타게팅과 콘텐츠 생성에 적극 활용한 메타와 아마존의 주가 또한 크게 성장했다. AI가 작동하는 데 필요한 칩을 제공하는 엔비디아의 시가총액은 무려 2,300조 원을 뛰어넘어 삼성전자의 시가총액을 약 5배 상회하고 있다.

빠르게 변화하고 불확실성이 가속되고 있는 상황에서 개인은 물론 기업과 사회, 정부는 앞으로 AI와 관련하여 무엇을 해야 할까? AI를 어떻게 적용해야 불편함이나 두려움은 줄이고 이득과 경쟁력을 얻을 수 있을까? 이 책을 번역하는 내내 역자들은 이러한 궁금증과 고민이 많았는데, 이 책을 읽는 독자 역시 크게 다르지 않을 것이라 생각한다.

역자들은 3년 전 이 책의 저자인 MIT대 요시 셰피 교수*의 또 하나의 역작 《뉴애브노멀: 팬데믹의 그림자 서플라이 쇼크를 대비하라》 번역에 참여했다. 코로나19 감염병 대유행이 한참이었던 암울한 시기 극복을 위한 회복탄력성resilience을 강조하며 기업의 유연한 대처를 강조한 셰피 교수는 불확실하고 예측할 수 없는 포스트 팬데믹 시대를 기회로 전환한 세계 기업의 많은 사례를 제시했다. 앞으로의 미래에 정치적 불안정, 기후 변화, 자원 고갈 등 수많은 문제는 기업 생존을 위협할 가능성이 높지

---

* 셰피 교수의 주요 미디어 커버리지
조선일보 WEEKLY BIZ 커버스토리 <세계경제 채찍효과, 공급망이 무너졌다>(2022)
동아비즈니스리뷰 <미중 갈등-전쟁 등 글로벌 공급망 위기, AI 기술 업고 회복탄력성 전략 세워둬야> (2024)
삼성 SERICEO 특별기획 <코에볼루션(coevolution): 생존을 위한 선택>(2022)
KBIZ 중소기업중앙회 편집국 특별칼럼(기획 시리즈) <인공지능과 일의 미래>(2024)

만 위기에 맞서기 위해 명확한 대응 방향과 솔루션의 중요성을 설파했다.

이의 연장선상에서 이번 신간에서는 글로벌 공급망에서 벌어지는 복잡한 일련의 움직임에 대해 세세하게 분석하면서, 확산되는 규제와 공급망의 환경적, 사회적 지속가능성 같은 도전 과제들, 로봇 기술과 챗GPT, 인공지능의 도입과 확산으로 인한 일의 미래 관련 이슈들을 보다 통찰력 있게 다루고 있다. "공급망, 인공지능, 일의 미래", 얼핏 서로 다른 주제인 듯 보이지만 모두가 서로 밀접하게 연결된 이슈들의 내막을 살피다 보면 세상이 복잡다단해짐에 따라 이 주제들을 둘러싼 갈등과 쟁점 또한 단번에 해결하기 어려운 문제임을 실감케 된다. 하지만 동시에 이 주제들의 시작과 전개, 전환 사례들을 이 책을 통해 면밀히 살펴보면 성공적인 끝맺음을 위해 개인은 물론 기업과 사회, 정부가 해야 할 역할들도 분명해진다.

수출 주도형, 기술 집약형 중심 경제체제이면서, 저출산과 인구 고령화가 가속화되고 있는 우리나라의 경우 특히 공급망, 인공지능, 일의 미래라는 주제에서 결코 자유로울 수 없을 것이다. 정부와 기업, 컨설팅과 학계에서 관련 분야를 실무적으로 경험하고 오랜 기간 다루어 온 역자들은 이 책을 통해 민간 기업과 협회, 학계와 연구기관은 물론 국회, 정부에서도 앞으로 다가올 이슈에 대해 보다 많은 관심을 갖고 통찰력을 길러, 늦지 않게 합리적인 해법을 찾아내 준비하기를 기대한다. 그리고 마지막으로 이 책의 시의성과 중요성을 통찰하고 흔쾌히 출간해주신 도서출판 씨아이알 관계자분들께 진심으로 감사의 말씀을 전한다.

역자 일동

매직 컨베이어 벨트

김효석, 환경부 국립환경인재개발원 원장

대기업에서 공장과 본사, 지주사를 두루 거치며 환경 안전EHS 분야 감사와 전문 인력 양성, 그룹사 위기관리CRO 체계 구축과 운영을 맡았다. 환경부 서기관, 환경부 국립환경인재개발원 교육운영과장을 거쳐 현재 국립환경인재개발원장으로 재직하며 탄소중립, ESG 등 환경 공무원 직무 교육과 민간 기술 인력 대상 교육과 시험을 총괄하고 있다.   astra2000@hanmail.net

이승배, 글로벌기업 연수원 책임

글로벌 화학 회사에서 생산관리, 영업, 혁신활동(6시그마) 등 사내 컨설팅과 전략 업무를 수행했고, 현재 그룹 연수원에서 안전 환경, 품질, 위기관리 교육을 담당하고 있다. 안전 및 인간공학 전공으로 박사 학위를 받은 이래 10년 이상 사내외 구성원에게 안전의 가치를 전파하고 있으며 4년 전부터는 위기관리Risk & Crisis Management 분야까지 관심을 확대, 안전과 기업 위기를 아우르는 교육 체계 수립에 앞장서고 있다.

4ualife@hanmail.net

류종기, EY한영 상무

IBM 사업개발담당 임원과 애자일/리질리언스 리더를 지냈으며, 딜로이트 안진회계법인에서 기업 리스크관리와 지속가능경영 컨설팅 디렉터를 역임하고, 울산과학기술원UNIST 도시환경공학과 겸임교수로 ESG, 탄소중립, 기후변화 리스크를 연구, 강의했다. 현재 EY한영에서 기업 리스크와 리질리언스, 지속가능금융ESG 컨설팅을 담당하고 있으며, 서강대학교 지식융합미디어학과에서 겸임교수로 전략적 ESG 커뮤니케이션을 강의하고 있다.   resilience@korea.ac.kr

매직 컨베이어 벨트

지속가능한 공급망, 인공지능과 일의 미래

초판 발행 | 2024년 8월 22일

지은이 | 요시 셰피(Yossi Sheffi)
옮긴이 | 김효석, 이승배, 류종기
펴낸이 | 김성배

책임편집 | 최장미
디자인 | 쿠담 디자인, 엄해정
제작책임 | 김문갑

펴낸곳 | 도서출판 씨아이알
출판등록 | 제2-3285호(2001년 3월 19일)
주소 | (04626) 서울특별시 중구 필동로 8길 43(예장동 1-151)
전화번호 | 02-2275-8603(대표)
팩스번호 | 02-2265-9394
홈페이지 | www.circom.co.kr

ISBN | 979-11-6856-258-5 (93320)